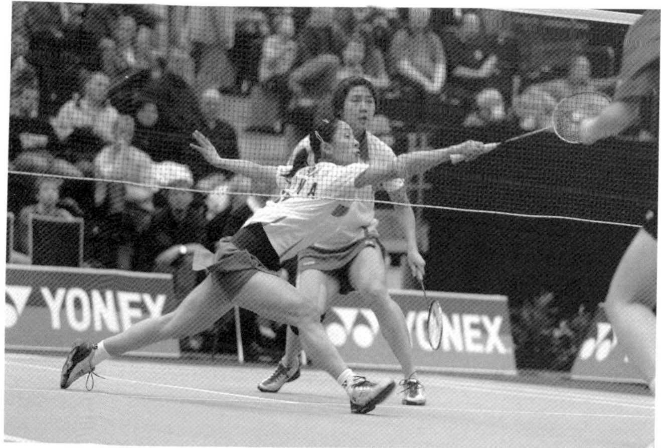

Martin Knupp

1011 Spiel- und Übungsformen im Badminton

Bibliografische Information der Deutschen Nationalbibliothek
Die Deutsche Nationalbibliothek verzeichnet diese Publikation in der Deutschen Nationalbibliografie; detaillierte bibliografische Daten sind im Internet über http://dnb.d-nb.de abrufbar.

Bestellnummer 6318

8., überarbeitete Auflage 2007
www.hofmann-verlag.de

Zeichnungen: Angela Liebold (Neumünster).
Karikaturen: Marcus Budde (Leichlingen).
Grafik: Martin Knupp.
Fotos: Monika Barther (Hövelhof): S. 7, 10, 11, 32, 54, 56, 57, 140, 141, 236, 265; Holger Bräutigam (Velbert): Titelbild, S. 1, 8, 78, 94, 138, 229, 231; Klaus Büscher (Bielefeld): S. 75, 137, 179, 204; Detlef Hainski (Düsseldorf): S. 189; Martin Knupp: S. 184; Privat: S. 63, 64, 155; Louis Ross (Totton, England): S. 64, 133, 160, 206; Guido Stein (Neuss): S. 72.

Gesamtherstellung in der Druckerei Hofmann, Schorndorf
Printed in Germany · ISBN 978-3-7780-6318-7

Inhaltsverzeichnis

TEIL 2

Einleitung

„Schlagtraining ist langweilig!" klagen die einen. „Was kann man aber anderes machen?" klagen die anderen. Beiden kann geholfen werden. Ziel des vorliegenden Buches ist es, ein Nachschlagewerk zu sein, für die im Badminton gebräuchlichen Spiel- und Übungsformen. Es stellt also eine Übungssammlung dar und verfolgt weder die Absicht eines Lehrbuches, noch die eines Trainings- oder Ausbildungsplanes. Daher ist nicht zuvorderst Wert gelegt auf das Erzielen hoher Trainingseffektivitäten, sondern – wie es erklärtermaßen die Absicht der Reihe ist, in der der Band erscheint – auf Vielfalt und Abwechslungsreichtum. Es soll eine reichhaltige Zahl von Übungen vorgestellt werden, aus denen sich der Anfänger ebenso bedienen kann, wie der Leistungsspieler, unter denen für den Sportunterricht mit einer Schulklasse ebenso Anregungen zu finden sind, wie für die Trainingsgestaltung in Vereinen.

Für den Benutzer ist es nützlich, wenn er über gewisse Grundkenntnisse des Badmintonspiels (bzw. der Trainingslehre) verfügt oder sich verfügbar machen kann. Eine ausführliche Beschreibung etwa der Technik oder von detaillierter Konditionstrainingsplanung für die unterschiedlichen Leistungsklassen war aus Gründen von Umfang und Zielsetzung nicht möglich. Hier muss auf die entsprechenden Lehrbücher und Lehrfilme, auf Übungsleiter-, Trainer-, Sportlehrerwissen verwiesen werden.

In vielen Fällen sind die Übungsformen bzw. -reihen nur beispielhaft durchgespielt. Es wurde darauf verzichtet, Übungsformen, mit vergleichbaren Inhalten gefüllt, mehrfach anzubieten; in dem Vertrauen, dass dem praktisch tätigen Benutzer das Füllen der Form mit anderen Inhalten keine Mühe bereitet.

Für die Nutzung des Buches ist es vorteilhaft, zu beachten, dass es in zwei verschiedenartige Teile gegliedert ist. Im ersten Teil ist die Übungszusammenstellung ausgerichtet nach Zielsetzungen. Was kann ich tun, um etwa
– als Anfänger methodisch die Clear-Technik zu erarbeiten, – eine große Gruppe mit Badmintonspielereien aufwärmen zu lassen, – meine allgemeinen Abwehrfähigkeiten im Spiel zu verbessern, – die Kraftausdauer in meinem Ausfallschrittbein zu erhöhen ... ?

Im zweiten Teil erfolgt die Zusammenstellung unter dem Gesichtspunkt der verschiedenen Organisationsformen, die tägliche praktische Trainingsgestaltung erfordert. Hier finden sich Vorschläge wie z. B.:
– Wie kann ich das Training einer durchschnittlichen Vereinsmannschaft auf zwei Feldern durchführen? – Wie kann ich im individuellen Leistungstraining üben? – Was kann ich mit einer Großgruppe tun, wenn mir keine Felder zur Verfügung stehen? – Wie kann ich mit 4 Personen pro Feld spielerisches Konditionstraining betreiben?

Je nach Bedarf wird sich der Benutzer des Buches also für seine jeweils aktuellen Zielsetzungen und Erfordernisse Übungsideen heraussuchen und sie zur Gestaltung von (freudvollen) Trainingsstunden verwenden. Der Verfasser hofft jedenfalls, dass möglichst viele Badmintonfreunde – ob jung oder erfahren, ob freizeitlich oder leistungssportlich orientiert, ob ausübend oder unterrichtend – der Sammlung immer mal wieder hilfreiche Anregungen entnehmen können.

Diepental/Bergisches Land – Martin Knupp

Zur 8. Auflage

Wenn das Buch in die 8. Auflage geht, so ist das für den Autor vor allem deshalb ein Grund zur Freude, weil die Mühe, die er einst in die Ausgestaltung gesteckt hat, innerhalb der Badmintongemeinde nachhaltigen und dauerhaften Widerhall gefunden hat. Auch der Verlag scheint mit den Verkaufszahlen zufrieden zu sein, denn er gestattete zu dieser Auflage eine Neubearbeitung. Da eine solche nach und nach für alle Bände der von Walter Bucher konzipierten und herausgegebenen Reihe der 1000 Spiel- und Übungsformen erfolgen soll, wird sie hoffentlich noch lange Sportlern, Übungsleitern, Trainern und Lehrern hilfreiche Anregungen bieten.

Juli 2007 – Martin Knupp

Zeichen – Begriffe – Abkürzungen

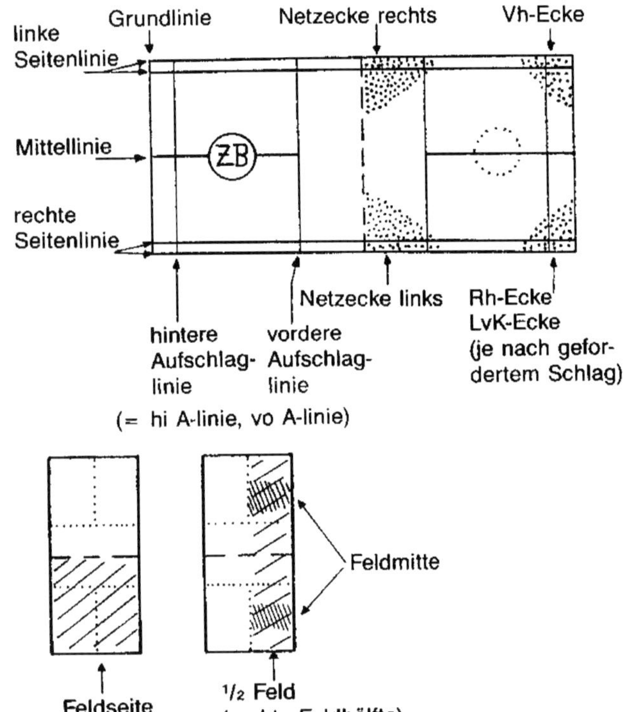

ZB = Zentraler Bereich (auch ZP = zentrale Position)
Fh = Feldhälfte
li Fh = linke Feldhälfte

Orientierung für „rechts/links" gilt von einem Spieler (Rechtshänder) aus, der das Gesicht zum Netz gewandt hat.

Vh- = Vorhand-
Rh- = Rückhand-
Uh- = Unterhand-
Sh- = Seithand-
LvK- = Links-vom-Kopf
Üh- = Überhand-
Ük- = Überkopf-
Ku Aw = Kurze (Smash-) Abwehr
Fl Aw = Flache (Smash-) Abwehr
Ho Aw = Hohe (Smash-) Abwehr
Ebenso:
Ku, Ho Aufschlag
SpaN = Spiel am Netz
Uhclear = Unterhand-clear (≈ **Lob**)
Stop = Uh-Drop auf gegn. (Üh-/Ük-)Drop
(Der Begriff ist an das Abstoppen eines Drop von der Grundlinie gebunden.)

====> Laufweg
———> }Ballflugbahnen
Ll = Linie lang, long line, parallell
cr = cross, diagonal
(Gemeint ist die Flugrichtung des Balles in Bezug zur Seitenlinie.)
re = rechts
li = links
vw = vorwärts
rw = rückwärts
Var.: = Variante, Variationsmöglichkeit
Ü = Übung (Ü 543)
Beim Zirkeltraining oder Schattenbadminton:
" = Sekunden
B = Belastung
P = Pause
= Smash
—X—X→ Alternative (auch Log
- - - ► genannt) Schlagmöglichkeit

A = Übender Spieler
A,B,C Alle Spieler gleichberechtigt
U,V,P,Q Spieler mit unterschiedlichen Aufgaben
P Partner
T Trainer
Z Zuspieler (üben selbst nicht, sondern leisten Hilfestellung)
H Herr
D Dame (beim Gemischten Doppel)
(8) = sind Wertangaben in Klammern gesetzt, sind sie als Beispiele zu verstehen. (Änderungen nach Leistungsvermögen des Übenden.)

Schlagsimulation: „Trocken" üben, d. h. Durchführung eines Schlages ohne Ball. Entsprechend: **Laufsimulation.** Beide Übungsformen finden im Rahmen des **Schattenbadminton** Anwendung.

Zuspielübung: Für jeden Schlag erfolgt neues Ballzuspiel aus einem Aufschlag heraus. Als Sonderform gilt **Multifeeding** für (ballmaschinenähnliche) Mehrfachzuspiele.

Im Schlagfluss: Wenn zwischen 2 Treffbereichen hin- und hergeschlagen wird mit einem jeweils definierten Schlag.

Bewegungsschlagübung: Wenn die Schläge aus der Bewegung erfolgen, die Übung aber eine sehr einfache Schlagfolge hat (Clear-Drop-Drop-Clear..., Vh-Smash cr – Ku Aw Ll – Netzdrop Ll – Zuspiel ...)

Schlagkombination: Schlagfolge ist festgelegt, inhaltlich aber reichhaltiger als bei der einfachen Situationswiederholung der Bewegungschlagübung.

Komplexübung: Schlagarten sind festgelegt, nicht aber Richtung der Schläge und/oder deren Reihenfolge (z. B. Übungen mit Alternativschlagmöglichkeiten).

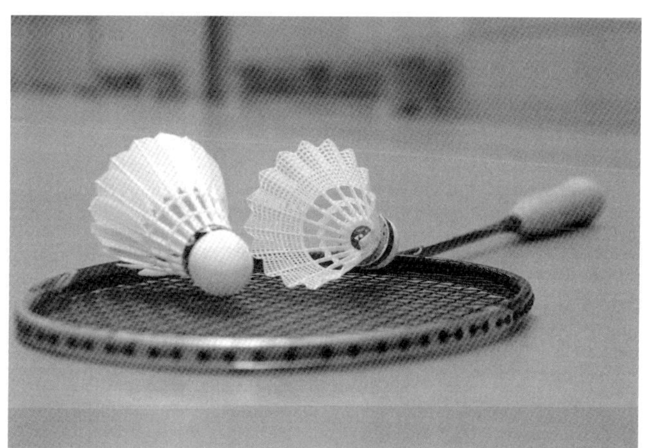

Teil 1

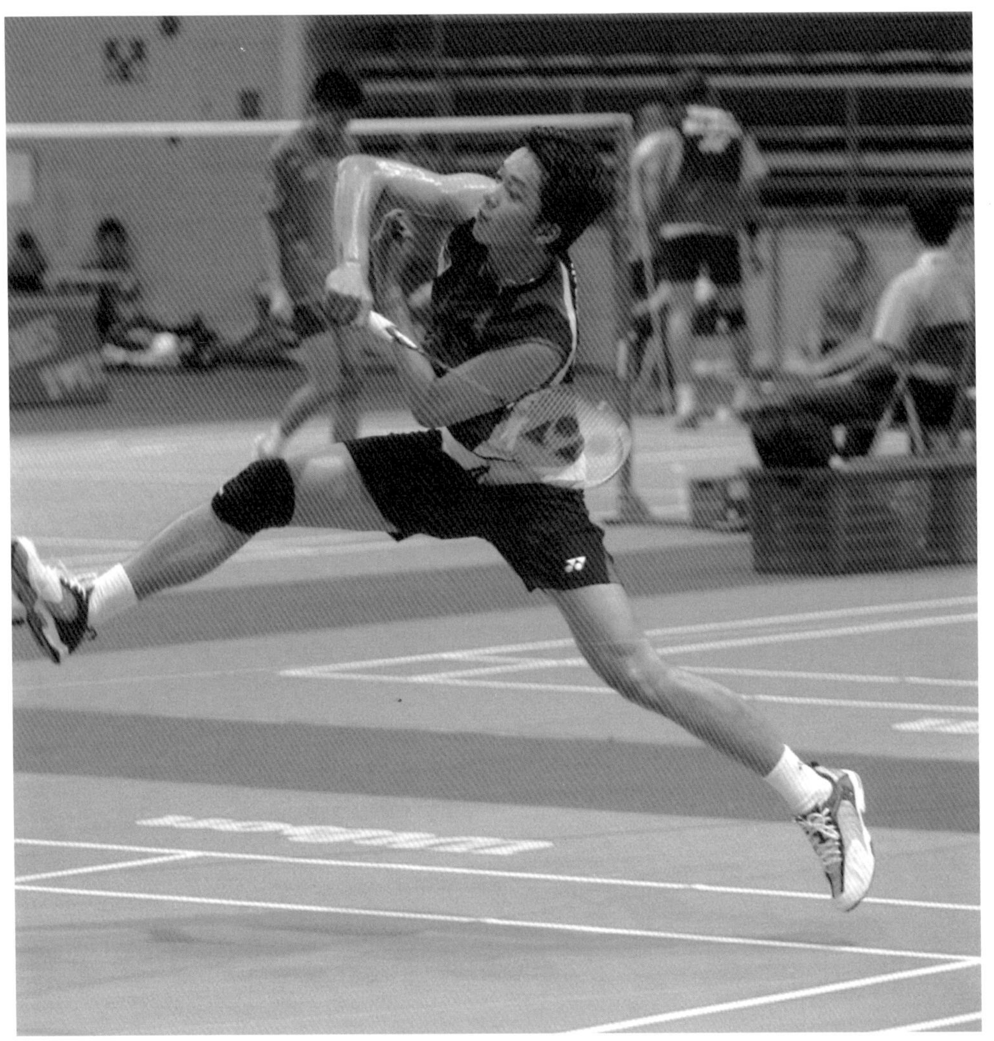

„Dynamik“

Taufik Hidayat, der indonesische Olympiasieger von Athen 2004 und Weltmeister von 2005 offenbart bei diesem Links-vom-Kopf-Smash die ganze Rasanz und Dynamik des Badmintonspiels.

Kapitel 1

Aufwärmen und Einspielen – Alleine oder in Gruppen

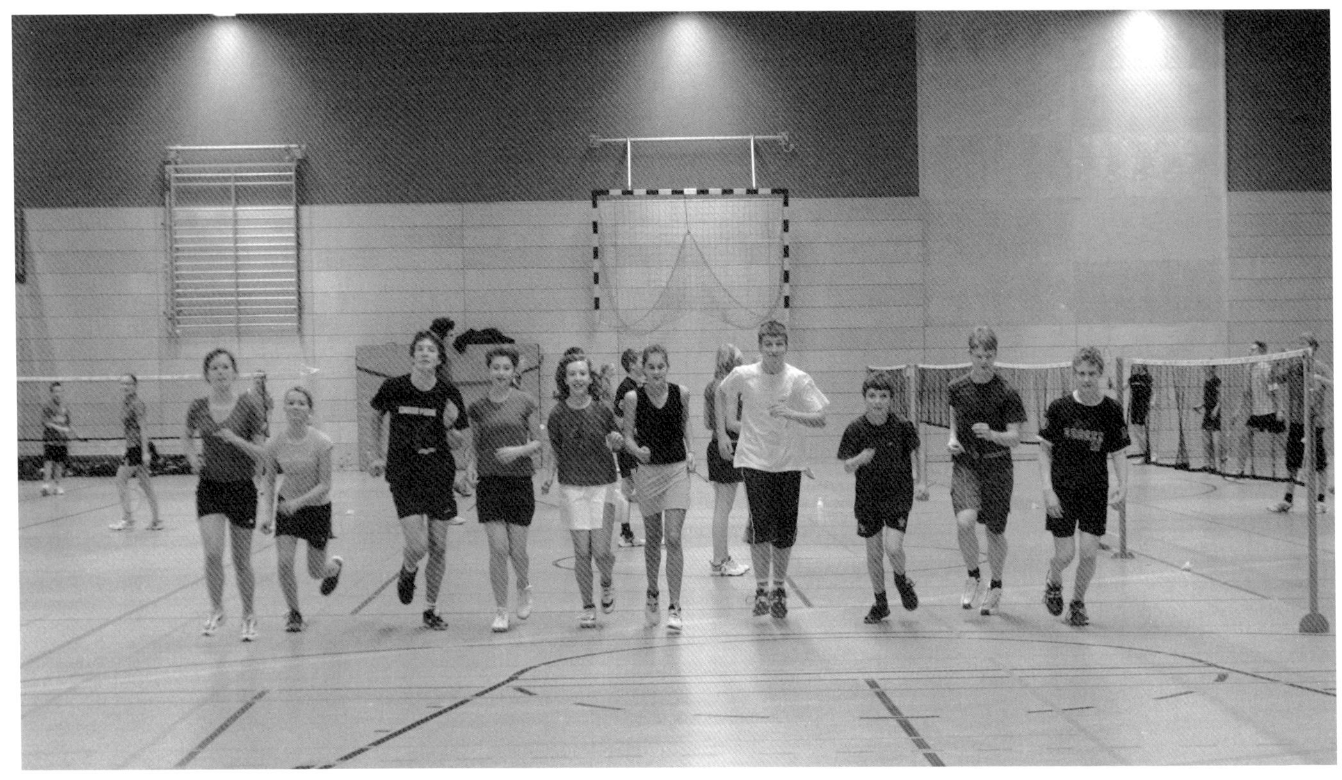

„Zunächst laufen wir uns mal alle warm . . .!"

Ob alleine oder in Gruppen, ob vor dem Training oder dem Wettkampf, ob in vorbereitender Konzentration oder lockerer Unterhaltung – die nächsten hundert Übungen bieten für jeden Bedarf etwas.
Da das AUFWÄRMEN im Rahmen der Stundengestaltung neben der biologisch begründeten Funktion der Umstellung des Körpers auf höhere Leistungsfähigkeit auch die Aufgabe haben kann, angestauten Bewegungsdrang zu entladen oder Kommunikationsbedürfnisse zu befriedigen, sind vor allem auch „spielerische" Übungen vorgestellt, die zu einem munteren Auftakt der Trainingseinheit oder Schulstunde beitragen können.
Nicht bei allen Spielformen ist allerdings die Durchführung unmittelbar aus „kaltem" Zustand zu empfehlen. Vor allem solche mit Wettbewerbscharakter bedürfen vorher einer gewissen allgemeinen Grundaufwärmung (Dehnen, Lockern, Warmlaufen), um Verletzungen vorzubeugen und Spielfluss zu gewährleisten.

„Stretching“

1

„Einspielen“

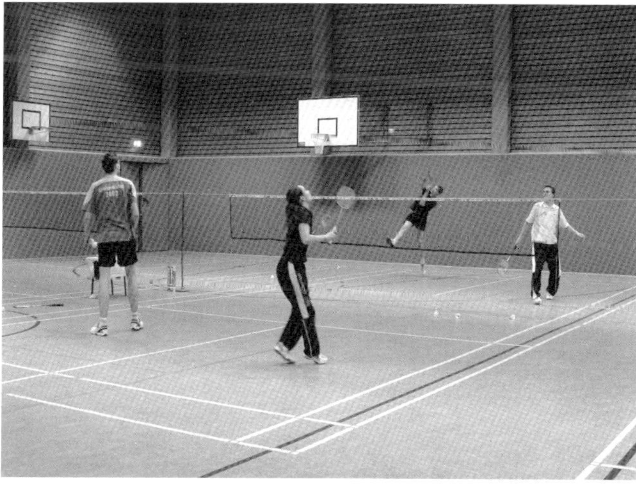

1.1 Alleine – Aufwärmen mit Schlägergymnastik

Nr.	Ziele	Idee/Beschreibung	Hinweise/Organisation
1	Herz-Kreislauf-System anregen Phantasie entwickeln	Schläger auf den Boden legen. Hin und zurück über den Schaft springen. Beidbeinig, einbeinig, Wechselschritt usw. Wer findet die vielfältigsten Sprungfolgen?	
2	Dehnen Beinmuskulatur	Schläger liegt auf dem Boden. Weite Ausfallschritte: erst rechtes, dann linkes Bein nach vorne.	
3	Dehnen Arme/Rumpf	Grätschstellung. Schläger an beiden Enden fassen. Arme hochstrecken und nach hinten drücken. Dann, ohne den Winkel der Armstreckung zu verändern, den Oberkörper nach vorne neigen. Ebenso Rumpfseitbeuge.	
4	Beine/Bauch	Auf den Boden setzen. Schläger an beiden Enden fassen und Arme nach vorne strecken. Nun die geschlossenen Beine überhocken über den Schläger, strecken und wieder unterhocken.	
5	Lockern Beine	Schläger auf Griffunterfläche aufstellen. Überspringen. Mit und ohne Anhocken, mit und ohne Drehung, mit und ohne Anlauf.	

Nr.	Ziele	Idee/Beschreibung	Hinweise/Organisation
6	Dehnen Arm/Seite	Grätschstand. Schläger in der rechten Hand, die linke Hand wird in die Hüfte eingestützt. Den rechten Arm über den Kopf nach links führen. Oberkörper soweit wie möglich neigen. Armbewegung auch nach hinten erweitern (Armbewegung mit großer Amplitude).	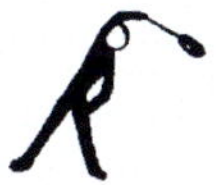
7	Schultergelenke lockern	Schläger an beiden Enden fassen. Arme hochstrecken. Ohne die Hände vom Schläger zu lösen, denselben hinter den Körper bringen und zum Gesäß absinken lassen. Ebenso wieder nach vorne bugsieren.	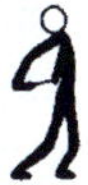
8	Arme lockern	Schläger mit rechter Hand greifen. Armkreisen. Vorwärts, rückwärts. Auch mit linkem Arm.	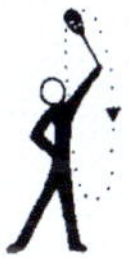
9	Beine Geschicklichkeit	In die Hocke gehen. Dann Körperstreckung zum Stand. In der Aufwärtsbewegung wird dabei der Schläger in die Luft geworfen. Wer kann ihn wieder auffangen, ohne seinen Standort verlassen zu müssen?	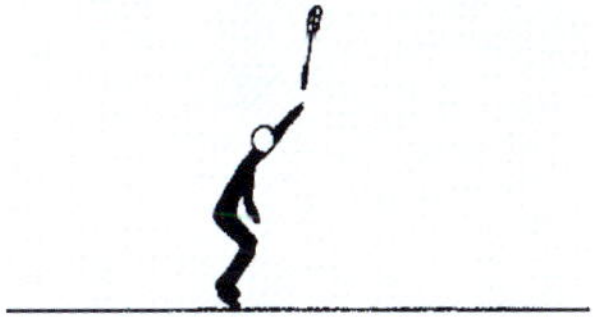
10	Reaktion Gewandtheit	Mit Schläger und Federball 1 m von einer Wand aufstellen. Ohne Unterbrechung so oft wie möglich den Ball gegen die Wand schlagen.	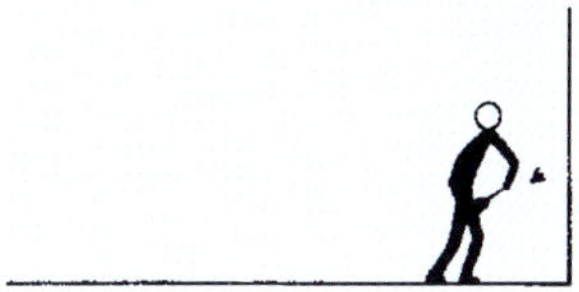

1.2 Alleine – Aufwärmen mit dem Softball

Nr.	Ziele	Idee/Beschreibung	Hinweise/Organisation
11	Herz-Kreislauf-System anregen	Softball mit Handinnenfläche hochschlagen und dabei vorwärts, rückwärts, seitwärts traben. Var.: • mit Handaußenfläche, • im Wechsel li, re Hand.	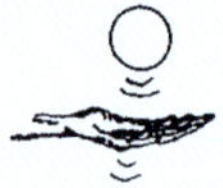
12	Dehnen Beinmuskulatur	Softball senkrecht hochwerfen. In Ausfallschritt/Ausfallschrittwechselsprung/in die Hocke gehen und dabei den Ball auffangen. Var.: Softball gegen eine Wand werfen.	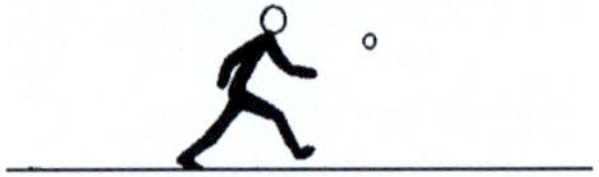
13	Dehnen und Lockern Arm/Rumpf	Softball gegen die Wand werfen und wieder auffangen. Distanz variieren. Von langsameren zu schnelleren Bewegungen steigern.	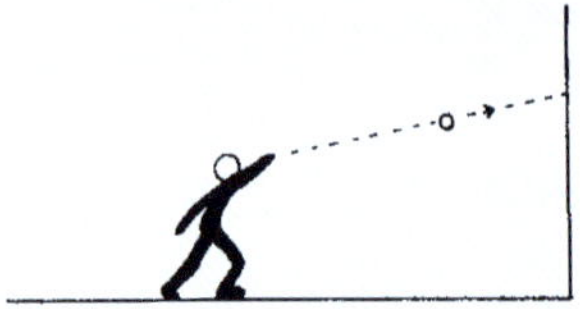
14	Einbewegen	Softball mit Schläger an die Wand schlagen, Ball aufprellen lassen, erneut an die Wand schlagen. Vh und Rh wahlweise.	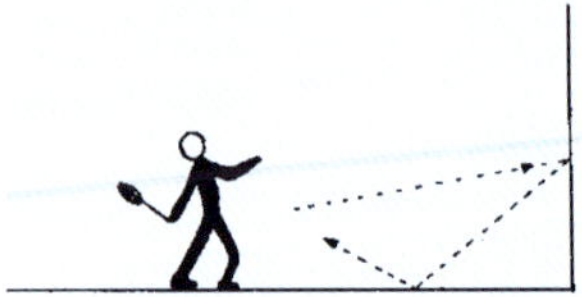
15	Einbewegen	Softball mit Schläger in Wandnähe auf den Fußboden schlagen. Den von der Wand zurückprallenden Ball ohne Bodenberührung erneut auf den Fußboden schlagen.	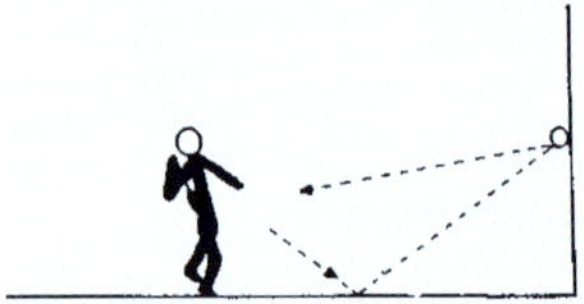

Nr.	Ziele	Idee/Beschreibung	Hinweise/Organisation
16	Einbewegen	Softball fortlaufend mit dem Schläger gegen eine Wand spielen; ohne Bodenberührung. Vh und Rh wahlweise.	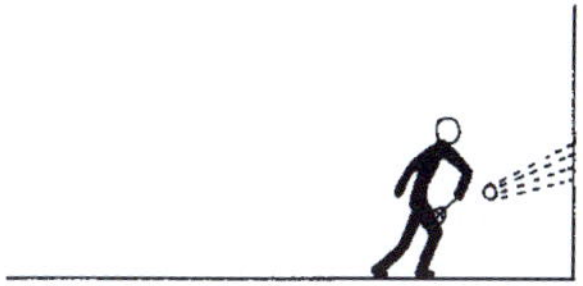
17	Weitere Erhöhung der körperlichen Aktiviertheit	Softball fortlaufend mit dem Schläger senkrecht nach oben schlagen und dabei verschiedene Bewegungen aus dem Bereich der allgemeinen Laufschule vollführen: vw, rw, seitwärts, re, li, beidbeinig hüpfen, in die schnelle Hocke gehen... Abwechselnd Vh und Rh mit Griffwechsel.	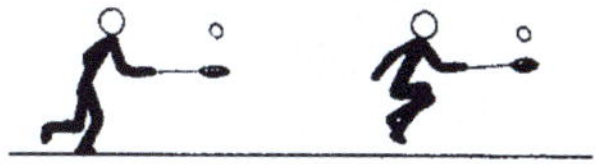
18	Antrittsschnelligkeit	Softball fortlaufend mit dem Schläger auf den Boden schlagen und dabei kurze Sprints machen.	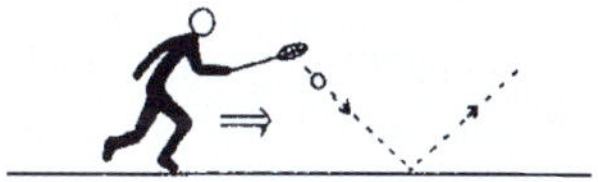
19	Weitere Aktivierung der Armmuskulatur	Softball mit Schläger senkrecht nach oben spielen und den herabfallenden Ball so auf den Fußboden schmettern, dass er kurz vor einer Wand auftrifft. Var.: mit der Hand hochwerfen.	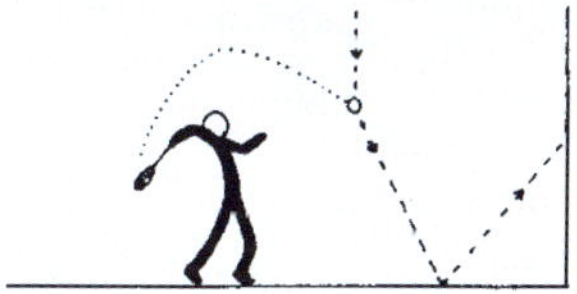
20	Warm-up zur Leistungsbereitschaft	Solo-Squash: Ball mit verschiedener Heftigkeit und im Wechsel von kurz und lang gegen die Wand schlagen.	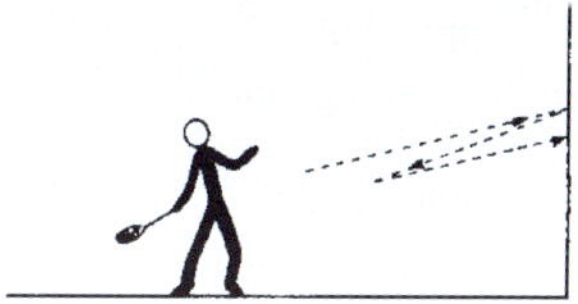

1.3 Partnerweise – Aufwärmen mit Schläger und Ball (ohne Netz und Feld)

Nr.	Ziele	Idee/Beschreibung	Hinweise/Organisation
21	Herz-Kreislauf-System anregen	Linienhüpfen. Spieler hüpft über eine der Markierungslinien im Hallenfußboden: vw, rw, seitwärts, einbeinig, beidbeinig, im Wechselsprung.	
22	Dehnen	Schläger mit den Händen an beiden Enden fassen. Arme in Hochhalte. Vor- und Seitbeugen des Oberkörpers.	
23	Dehnen und lockern	Grätschstellung. Schläger mit den Händen an beiden Enden fassen. Arme in Hochhalte. Dann Oberkörper nach vorne senken und bei gestreckten Beinen Schläger mit halber Oberkörperdrehung zwischen den Füßen durchschwingen.	
24	Einlaufen Ausfallschritt	Schläger auf Griffunterfläche stellen. Dann einige Meter Abstand nehmen. Laufen und den Schläger greifen. Nach und nach die Berührungsstelle immer tiefer ansetzen, bis der Schläger schließlich unten am Griff gegriffen wird.	
25	Lockern	Zu zweit. Abstand 2–3 m. A wirft einen Federball (Ball) in die Umgebung von B, den dieser zu fangen hat. Var.: B kehrt A bei Zuwurf den Rücken zu. Mit zwei Bällen.	

Nr.	Ziele	Idee/Beschreibung	Hinweise/Organisation
26	Warmspielen	Zu zweit. Beide spielen sich den Ball mit Clear zu.	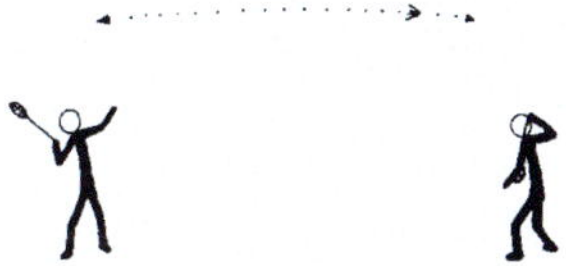
27	Warmlaufen	Zu zweit. „Stellen" mit Platzwechsel. A schlägt Clear und läuft auf B's Position. B „stellt" A's Uhclear mit Uh-Schlag senkrecht in die Höhe und läuft auf A's Position, usw. Bei Unterbrechung des Schlagwechsels tauschen Steller und Clear-Schläger die Aufgaben.	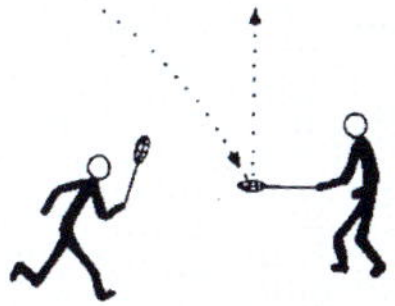
28	Aktionsschnelligkeit	Zu zweit. Drive-Spiel und Überkopf-Schläge aus der leichten Kniebeuge. Beide spielen sich den Ball in die enge Umgebung des Oberkörpers. Während des Ballwechsels gehen sie langsam aufeinander zu, so dass die Schlagfolge immer schneller wird.	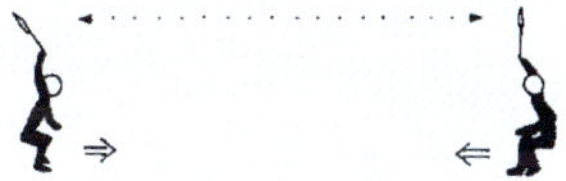
29	Intensitätserhöhung	Zu zweit. Smash mit hoher Abwehr. A beginnt den Ballwechsel mit Drop und erhöht mit jedem Schlag die Intensität bis hin zum Smash. B spielt alles als Uhclear zurück. Bei Ballverlust wechseln.	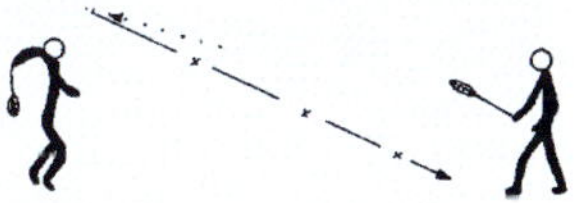
30	Spielbereitschaft herstellen	Zu zweit. Spiel aus allen Lagen. Ausgehend von einem mittleren Abstand spielen sich die Partner den Ball in alle möglichen Abstände und in alle Treffbereiche zu. Auf möglichst geringe Ballverluste achten.	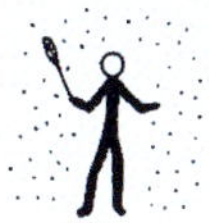

1.4 Partnerweise – Schlagfolgen auf ½ Feld zum Aufwärmen und Einspielen

Nr.	Ziele	Idee/Beschreibung	Hinweise/Organisation
31	Warmschlagen	Beide Partner schlagen Clear im Schlagfluss. Nach jeder Ballberührung ist von den Spielern eine Zusatzaufgabe zu erfüllen: beid-, einbeinig hüpfen; in Ausfallschritt gehen; in Hocke gehen; anhocken der Beine; mit Schläger eine Linie berühren; Armkreisen ...	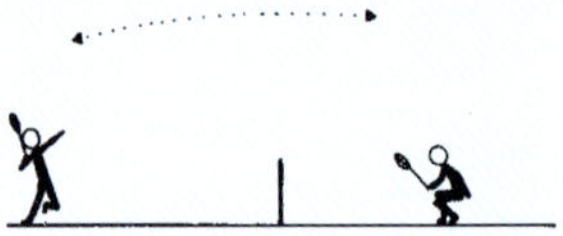
32	Einlaufen Einschlagen (Uh-)Clear	Bewegungsschlagübung: Clear – Clear – Drop – Clear – Clear – Drop ...	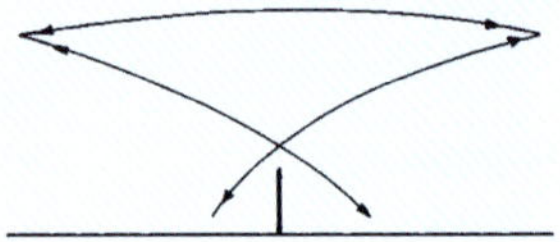
33	Einlaufen Einschlagen Drop	Bewegungsschlagübung: Clear – Drop – Stop – Clear – Drop – Stop ...	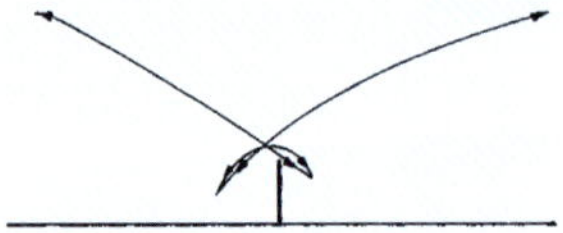
34	Einschlagen Smash und Smash-Abwehr	Wechselseitig schmettern. Smash – Ku Aw – Uh-Zuspiel – Smash – Ku Aw – Uh-Zuspiel ...	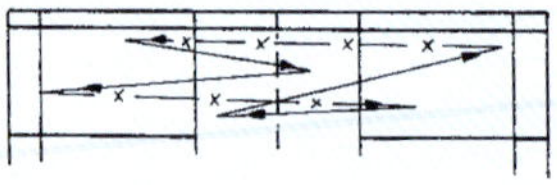
35	Aufschlag Verdeckt schlagen Reaktion erhöhen	A schlägt aus Grundlinienbereich Clear oder Drop. B spielt alles hoch zurück. (Stets hoher Aufschlag.) Wechseln.	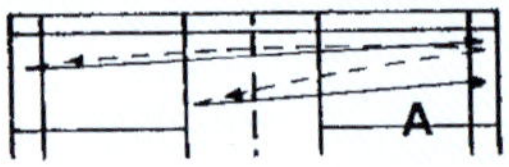 A

1.4 Partnerweise – Schlagfolgen auf ½ Feld zum Aufwärmen und Einspielen

Nr.	Ziele	Idee/Beschreibung	Hinweise/Organisation
36	Aktionsschnelligkeit erhöhen	Beide Partner spielen Drive und versuchen, aufeinander zuzugehen. Wem gelingt es, den Ball – durch die Reichweite des Gegenübers – an die Grundlinie zu schlagen?	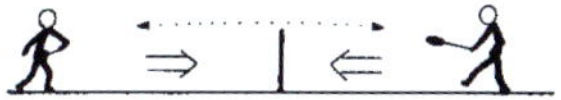
37	Kurzer Aufschlag Annehmen Spiel am Netz	Aus kurzem Aufschlag freies Netzspiel. Zunächst ohne Töten, später mit.	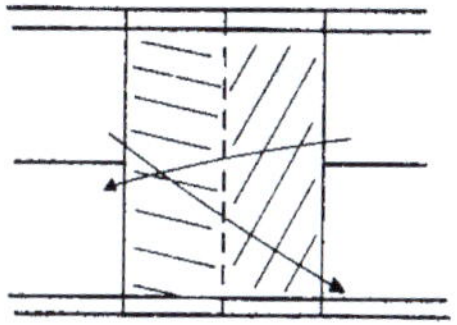
38	Intensitätserhöhung	Dauersmash: A Smash – B Ku Aw – A Netzdrop – B Uh-Zuspiel zum Smash – usw. Wechseln.	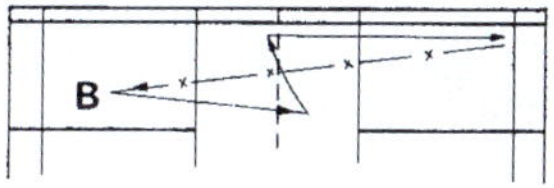 B
39	Spielbereitschaft herstellen	A schlägt von vo A-linie beliebige Schläge. B spielt alles als Drop zurück. Wechseln.	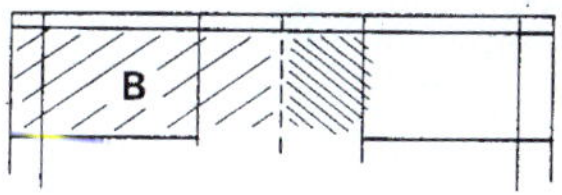 B
40	Probespiel	Einzel auf ½ Feld.	Jeder Partner hat 5 Aufschläge.

1.5 Aufwärmen und Einspielen mit 4 Personen auf einem Feld

Nr.	Ziele	Idee/Beschreibung	Hinweise/Organisation
41	Warmspielen Badmintonspezifisch einlaufen	Alle schlagen Clear. Ballflug in der Acht. Nach jedem Schlag vorlaufen und mit dem Schläger das Netz berühren.	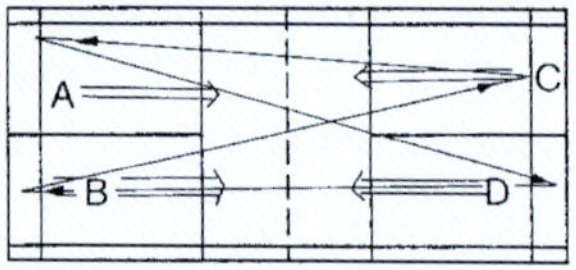 A B C D
42	Warmschlagen Zusammenarbeiten	Synchronschlagen. A mit B und P mit Q schlagen jeweils Clear im Schlagfluss. Ziel ist es, die Flugbahnen so zu gestalten, dass A und P, bzw. B und Q, den Ball zum genau gleichen Zeitpunkt treffen. Hört man nur einen Knall? Dann war es richtig!	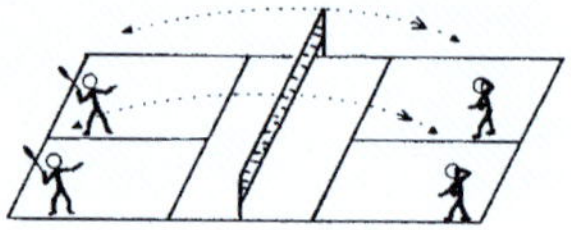
43	Warmschlagen Partnerbeobachtung	Synchronschlagen mit Platztausch. A mit B und P mit Q schlagen jeweils Clear im Schlagfluss. Nachdem B und Q ihre Schläge getan haben, tauschen sie die Plätze. Var.: Sowohl B und Q, als auch A und P wechseln die Plätze.	
44	Warmschlagen Gaudi	Der „Meisterschuss". Zwei Paare spielen jeweils Clear cross. Gelingt es, die Bälle so zu schlagen, dass sie hoch über dem Netz kollidieren? Var.: Zwei spielen Clear cross, die beiden anderen gehen auf Abschuss aus.	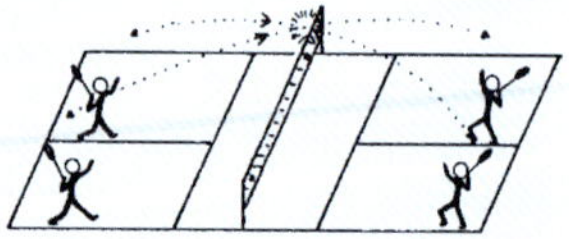
45	Warmschlagen Warmlaufen	Rundlauf mit Flanke. A ist Zuspieler und schlägt aus seiner Vh-Ecke Clear Ll. B, C, D spielen aus LvK-Ecke Clear Ll zurück und absolvieren nach jedem Schlag jeweils einen Rundlauf mit einer Flanke über einen Kasten.	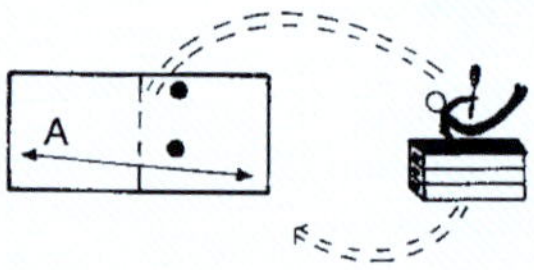 A

1.5 Aufwärmen und Einspielen mit 4 Personen auf einem Feld

Nr.	Ziele	Idee/Beschreibung	Hinweise/Organisation
46	Warmspielen Aufmerksam sein	A steht diesseits des Netzes und schlägt Uhclear. B, C, D stehen an der gegenüberliegenden Grundlinie, schlagen Drop und wechseln ihre Plätze. Wechselordnung: Wenn B angespielt wird, wechseln C und D, wenn C angespielt wird, B und D usw.	
47	Warmlaufen Warmspielen Scheinbares Chaos aufbauen	„Wanderzirkus" – Chaos für Könner. A auf der einen, B, C, D auf der anderen Netzseite. A läuft in die jeweils angespielte Ecke und spielt den Ball in eine, mit dem jeweiligen Gegenüber vereinbarte, Ecke zurück. B, C, D liefern jeweils aus ihrer Ecke einen verabredeten Schlag ab und erledigen danach Rundlauf um Markierungen.	
48	Warmspielen Auf Ungewohntes einstellen	Lockeres Doppel. Jedoch: Partner müssen – wie im Tischtennis – abwechselnd schlagen.	Immer nur so spielen, dass der Ball vom nächsten Spieler noch erreicht werden kann.
49	Warmspielen Badmintonspezifisch einlaufen	Vorwärts – rückwärts. A an der Grundlinie, B vor ihm, in der Mitte der vo A–linie. A spielt abwechselnd Clear zu P und Q, die an der entgegengesetzten Grundlinie stehen. P bzw. Q schlagen Clear zurück, laufen dann zum Netz, wo sie einen von B mittels Uh-Wurf geworfenen Federball kurz hinters Netz zurückspielen. Anschließend zurück zum nächsten Clear.	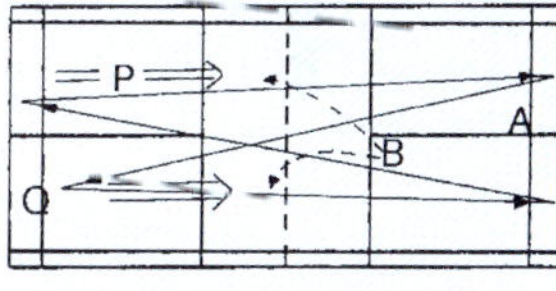
50	Warmlaufen Lösungen finden Spaß	Doppel mit Ballstellen. Ein angespielter Spieler darf nicht gleich zurückschlagen, sondern er muss den Ball zunächst zu seinem Partner spielen. Erst dieser nimmt dann den Rückschlag (nur Uh-Schläge erlaubt!) vor.	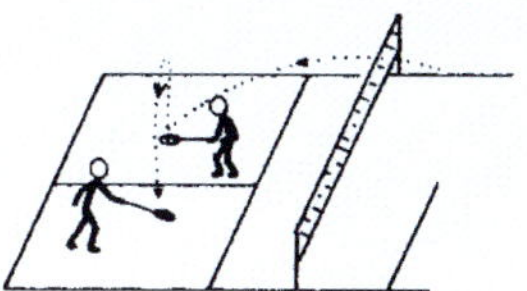

1.6 Kleingruppen – Kurzwettbewerbe zum Trainingsauftakt (für Durchschnitts- und gute Spieler)

Nr.	Ziele	Idee/Beschreibung	Hinweise/Organisation
51	Spaß Weit schlagen Abwehren	2 Mannschaften mit Schlägern stehen sich beiderseits einer Mittellinie gegenüber, auf der viele Federbälle (20) gestellt sind. Hinter den Mannschaften – in leistungsabhängiger Entfernung – sind Langbänke aufgestellt. Welche Mannschaft schlägt mehr Bälle über die gegnerische Bank? Bälle, die dort landen, sind aus dem Spiel. Es darf natürlich abgewehrt werden.	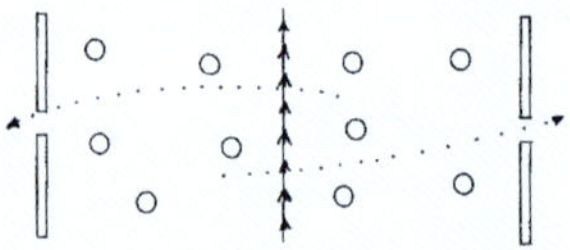
52	Warmlaufen Schnelligkeit Organisieren	2 Mannschaften stehen hinter je einem umgedrehten Kasten. Pro Spieler werden 2 Bälle in der Halle verteilt, alle in verschiedenen Entfernungen von der Startlinie. Pro Lauf darf von einem Spieler nur ein Ball geholt werden. Welche Mannschaft hat ihr Ballsoll zuerst im Kasten? Var.: Spieler laufen nicht gemeinsam, sondern einer nach dem anderen.	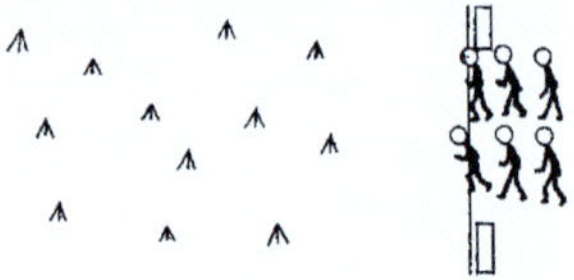
53	Warmlaufen Schlagsicherheit Ausdauer	2 Mannschaften zu je 4–6 Personen auf 2 Feldern. Einer davon Zuspieler, der von jenseits des Netzes Clear Ll schlägt. Diesseits die anderen Spieler, die ebenfalls Clear schlagen und jeweils um Markierungen einen Rundlauf zu einem hinter dem Feld stehenden Kasten machen, einen von 3–5 Federbällen dort herausfischen, um ihn in den danebenstehenden Kasten der gegn. Partei zu werfen. Dann zurück zum Clear. Wer hat zuerst seinen Kasten leer? Var.: Nach Zeit.	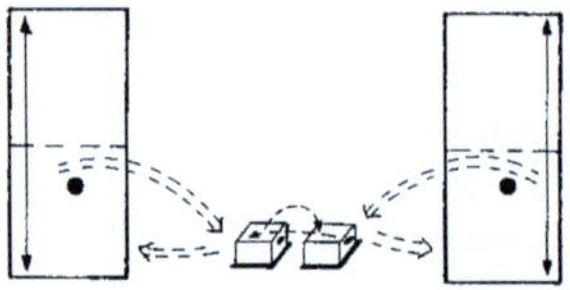
54	Warmlaufen Schlagsicherheit Wendigkeit	3–6 Personen auf einem Feld. Einer jenseits des Netzes. Er spielt alle Bälle hoch in die gegenüberliegende Vh-Ecke zurück. Die Spieler diesseits des Netzes schlagen aus der Vh-Ecke Clear Ll, Drop Ll, Drop cr und laufen dann jeweils über einen kleinen Hinderniskurs, während der nächste in die Vh-Ecke zu seinen 3 Schlägen nachrückt. Welche Gruppe hat in 5 min die wenigsten Unterbrechungen?	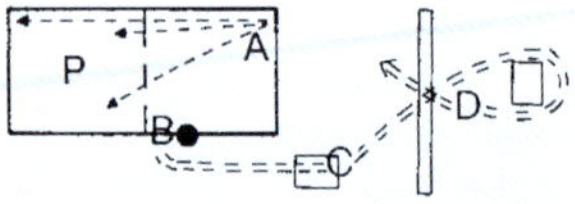 P A B C D
55	Warmlaufen Wendigkeit Zusammenarbeit	3 Personen pro Feld. 2 gegen 1. Schlagfluss mit beliebigen Schlägen. Welches Team schafft in 5 min die meisten Positionswechsel der Spieler von einer Netzseite zur anderen? Rückkehr darf erst nach Ballkontakt erfolgen. Fällt der Ball zu Boden, 3 Punkte Abzug.	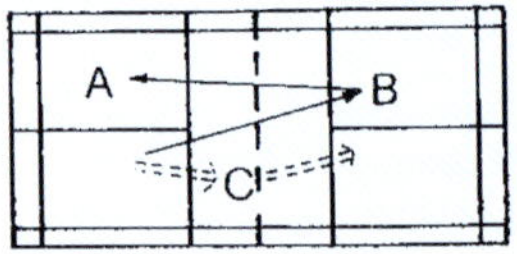 A B C

1.6 Kleingruppen – Kurzwettbewerbe zum Trainingsauftakt (für Durchschnitts- und gute Spieler)

Nr.	Ziele	Idee/Beschreibung	Hinweise/Organisation
56	Warmschlagen Konzentration Partnerbeobachtung	Mit 2 Bällen schlagen! A steht P und Q gegenüber. Er unterhält einen Schlagfluss mit P und gleichzeitig einen mit Q (alles Clear). Welches Terzett schafft auf diese Weise die größte Anzahl von Schlägen? Var.: Für P und Q Erschwerung möglich, z. B. Hocksprung nach jedem Schlag.	
57	Warmschlagen Wendigkeit	2 gegn. Paare auf einem Feld. A Uhclear Vh Ll mit B LvK-Drop Ll im Schlagfluss. P mit Q ebenso. In der Mitte des Feldes unter dem Netz liegen 2 Reifen mit je (10) Federbällen. Nach jedem Uhclear darf A nun einen Ball aus seinem Reifen in den von P werfen. P umgekehrt. Unterläuft einem ein Schlagfehler, muss er 2 Bälle kassieren. Wer hat zuerst alle Bälle im gegnerischen Reifen?	
58	Warmschlagen Wendigkeit Schlagsicherheit	2 gegn. Paare auf einem Feld. A Vh-Drop cr mit B Uhclear Vh cr im Schlagfluss. P mit Q ebenso. Nach jedem Schlag laufen A und P zur entgegengesetzten Seitenlinie, auf der eine Federballreihe aufgestellt ist, und schubsen einen der Bälle um. Welches Paar hat zuerst alle seine Bälle zu Fall gebracht?	
59	Weit schlagen	Welches Paar erreicht die längste Flugbahn pro Schlag? Gruppe organisiert sich paarweise. Alle Paare beginnen im gleichen Augenblick mit dem Aufschlag. Aufschläger zählen laut ihre nächsten Ballberührungen. Welches von allen Paaren hat als letztes den fünften (zehnten) Ballkontakt? Var.: Nach jedem Durchgang Partnertausch.	
60 	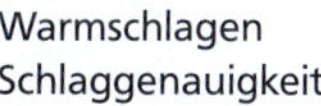 Warmschlagen Schlaggenauigkeit	Clear–Wettkampf. Paarweise auf ½ Feld. Man einigt sich auf eine Vorderlinie, die bei allen Schlägen übertroffen werden muss (Linienmarkierung ggf. mit Bällen; zu kurz = Fehler). Aufschlag von vorne, schmettern nicht erlaubt. Ein Spiel bis 3 oder 5 Punkte. Danach neuer Gegner. Wer ist der genaueste Clear-Schläger?	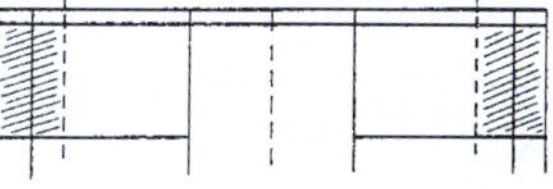

1.7 Kleingruppen — Spielerische Übungen zur Trainingseröffnung

Nr.	Ziele	Idee/Beschreibung	Hinweise/Organisation
61	Laufen	Nachlaufen–Fangen–Haschen. Ein Häscher versucht, einen Mitspieler abzuschlagen, der statt seiner Häscher wird. Als Freimale werden Schläger ausgelegt. Wer einen mit der Hand berührt (nur eine Person), darf nicht abgeschlagen werden. Verweildauer höchstens 5 sec. Var.: Federbälle als Freimale. Mit ihnen darf gelaufen werden. Berührung höchstens 7–8–9–10 sec.	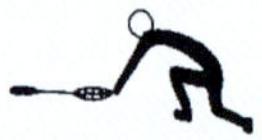
62	Reaktion Antritt	4-er- bis 6-er-Gruppe. Sie trabt, paarweise gegeneinander geordnet, durch die Halle. Ball wird von Seite zu Seite gespielt. Jeder hat eine Nummer. Der jeweilige Schläger ruft, wer von der gegenüberliegenden Seite jeweils als nächster schlagen soll.	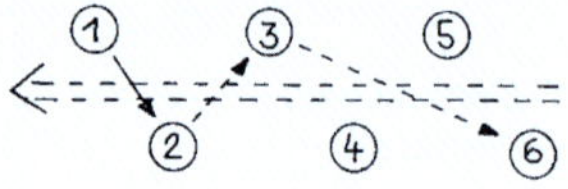 ① ③ ⑤ ② ④ ⑥
63	Laufen Organisieren	2 bis 3 Mannschaften. Jede stellt sich (sehr eng!) auf einen Kasten. Pro Spieler ist nun ein Federball in der Halle verteilt. Alle laufen gleichzeitig los, sich einen Ball zu holen. Welche Mannschaft ist zuerst auf ihrem Kasten zurück?	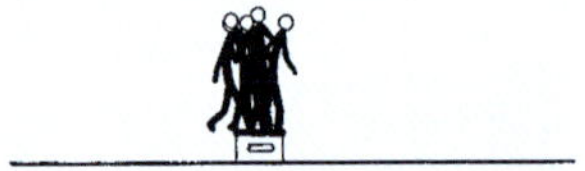
64	Dehnen Antritt	2 Spieler stehen sich gegenüber. Ihre Schläger sind mit dem Kopf auf den Boden gestellt und werden mit einem Finger gehalten. Gleichzeitig laufen beide los und jeder versucht, den Schläger des anderen aufzufangen, bevor er zu Boden gefallen ist. Welches Paar überwindet den größten Abstand?	
65	Warmspielen Schlagsicherheit	3 Personen pro Feld. 2 gegen 1. Welches Terzett hält den Ball am längsten im Spiel, ohne eintönige Ballwechsel vorzuführen? Fällt der Ball zu Boden, neuer Spieler auf die Einzelseite.	Was legte doch Nestor–Erwin Z., der große alte Coach, einer Übungsleiteranwärtergruppe einmal ans Herz: „Es gehört ganz einfach zu den Aufgaben eines Trainers, beim Training für eine allzeit heitere Gelassenheit zu sorgen!"

Nr.	Idee/Beschreibung	Hinweise/Organisation
66 Auf Ungewohntes einstellen Warmlaufen	Paarweise auf ½ Feld. Welches Paar hält den Ball am längsten im Spiel, wenn nur Schläge aus bestimmten Treffbereichen erlaubt sind? (Nicht mehr als 2 Netzdrop hintereinander und keine regelmäßige Schlagfolge.)	– Vh – Rh – Uh – Vh/Rh abwechselnd – . . . . .
67 Warmschlagen Beinmuskulatur dehnen	Clear mit Schlägertausch. Paarweise auf ½ Feld Clear schlagen. Jeder hat noch einen zweiten Schläger, der an der vo A–linie liegt. Nach jedem Zuspiel rennt der Spieler vor und tauscht seinen Schläger. Wer schafft dabei den längsten Ballwechsel?	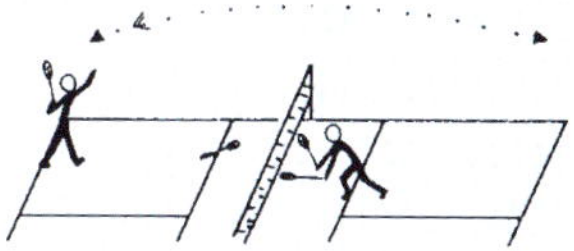
68 Warmschlagen Wendigkeit	Paarweise auf ½ Feld. Schlagen mit Zusatzaufgabe. Beide spielen z. B. Clear. Nach jedem Schlag ist eine kleinere Pflichtübung zu absolvieren. Etwa: Grätschwinkelsprung, in die Hocke gehen, Hand auf die Erde, um eigene Achse drehen, Ausfallschrittwechselsprung, Kopf an Knie, in Reifen hineinhüpfen, auf Kasten springen, ans Netz tippen usw.	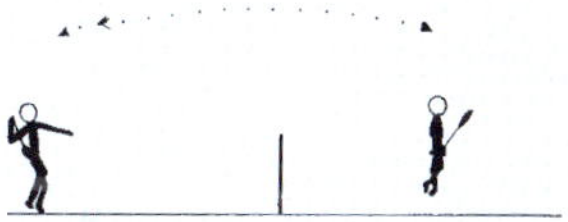
69 Laufen Schlagsicherheit	Einseitiger Rundlauf. 4 Personen pro Feld. A steht an jenseitiger Grundlinie und spielt Drop. B, C, D schlagen ihn als Uhclear zurück und absolvieren danach einen Rundlauf um Markierungspunkte (Ballhülsen). Ball soll möglichst nie aus dem Spiel sein.	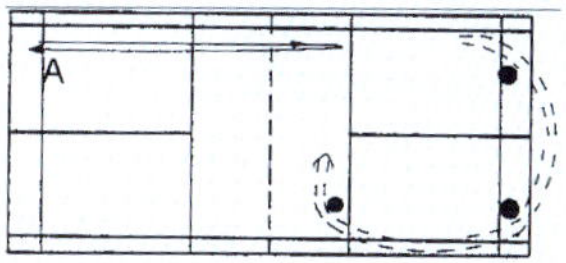 A
70 Laufen Schlagsicherheit Spaß	Chinesischer Rundlauf. 4 bis 8 Personen auf einem Feld. Netze sind hochgewickelt. Jeder schlägt einen Clear cross aus einer festgelegten hinteren Ecke, rennt unter dem Netz her und stellt sich hinten an die Gruppe auf der anderen Seite an. Var.: Wer einen Fehler macht – scheidet aus, – läuft eine Außenrunde um das Feld usw.	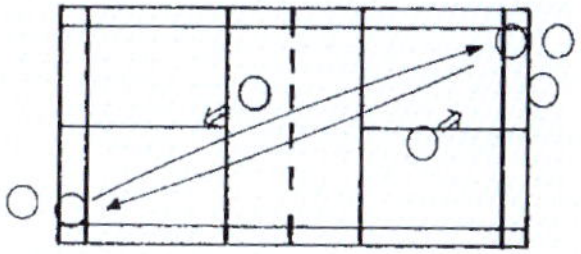

1.8 Großgruppen – Kunterbunte Federball-Wettbewerbe zum Stundenauftakt

Nr.	Ziele	Idee/Beschreibung	Hinweise/Organisation
71	Wendigkeit Zusammenarbeit	„Raupenschlepper". In Hallenmitte lange Federballreihe. Am Ende 2 Spielerkolonnen nebeneinander. Vorderleute werfen sich am ersten Ball zu Boden; Ball zwischen ihren Gesichtern. Die zweiten springen über die ersten zum zweiten Ball usw. Ist der letzte der Kolonne unterwegs, verlässt der erste seinen Ball wieder und springt bis zum nächsten freien Ball, wo er sich wieder hinwirft. Nach ihm immer gleich der nächste usw. Welche Kolonne steht zuerst am anderen Ende wieder aufrecht?	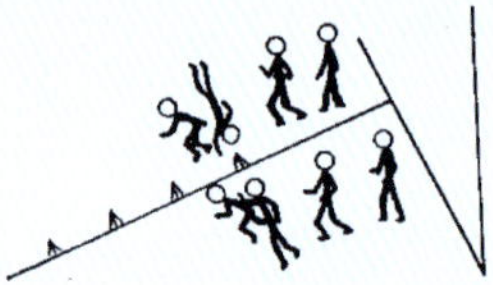
72	Werfen Zielen Spaß	Zielball. In der Mitte der Halle Langbänke mit Federbällen (2 Pkt.) und Keulen (1 Pkt.). Links und rechts hinter zwei Linien (Bänken) stehen 2 Mannschaften mit etlichen Gymnastikbällen. Jede schickt einen Ballholer in den Raum zwischen Bank und Linie. Welcher Mannschaft gelingt es, durch Runterwerfen der Gegenstände von der Bank, mehr Punkte zu erreichen?	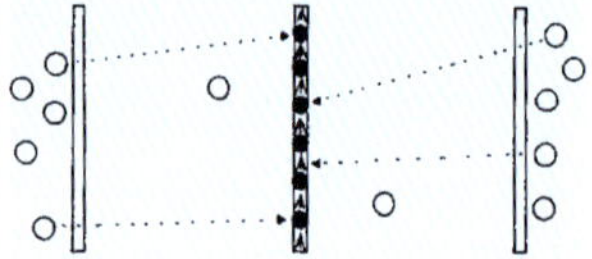
73	Spaß Weite beim Uh-Schlag	2 Mannschaften stehen mit Schlägern li und re von 2 Langbänken, auf denen viele Federbälle stehen. Es gilt, die Bälle in das Feld des Gegners zu schlagen, bzw., die von dort kommenden, zurückzubefördern. Nach 30/60 sec Pfiff. Die Mannschaft, die bei sich weniger Bälle liegen hat, bekommt einen Punkt. Wer nach dem Pfiff noch schlägt, setzt einmal aus. Wer hat zuerst 10 Punkte?	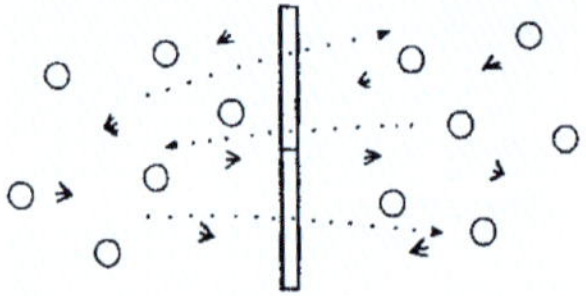
74	Im Chaos Übersicht behalten Von Umwelt abschalten	„Federballhochzeit". Paarweise nebeneinander aufstellen. Alle beginnen gleichzeitig zu schlagen und dabei langsam nach rechts zu wandern. Das rechteste Paar ändert um eine Markierung seine Richtung von seitwärts nach vw–rw und geht schlagenderweise unter den fliegenden Bällen zur linken Hallenseite zurück. Dort wieder auseinanderstreben. Überholen nur, wenn kein Ballverlust dabei entsteht!	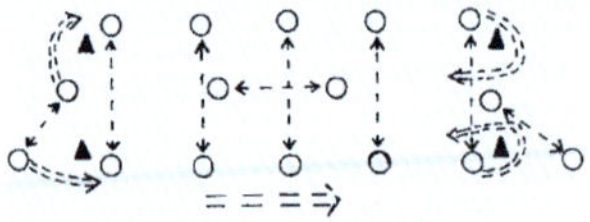
75	Reaktion Zielen	Wer ist der beste Torwart? Ein Spieler steht mit Schläger im Handballtor. Die übrigen ziehen in rascher Folge mit Schläger und Ball an der (7)–m–Marke vorbei und schlagen von dort jeweils ihren Ball aufs Tor. Wehrt der Torwart ihn ab, hat dieser den Punkt, sonst der Spieler. Gleiche Reihenfolge einhalten. Jeder ist mal Torwart.	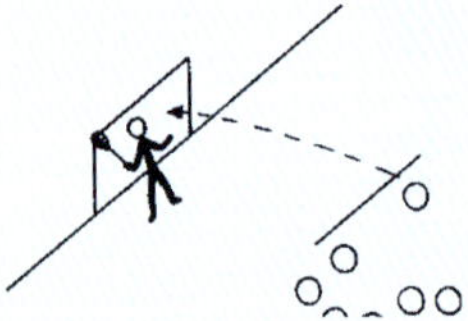

Nr.	Ziele	Idee/Beschreibung	Hinweise/Organisation
76	Sprinten Zielen	„Spießruten laufen." Spieler stehen im Abstand von 1 m in einer Reihe, etwa 2–3 m von einer Wand entfernt; jeder mit Schläger und Federball. Der vorderste wird jeweils zum Läufer. Er sprintet zwischen Reihe und Wand durch. Die anderen versuchen, ihn dabei „abzutreffen". Wer wird am wenigsten getroffen, wer erzielt die meisten Treffer?	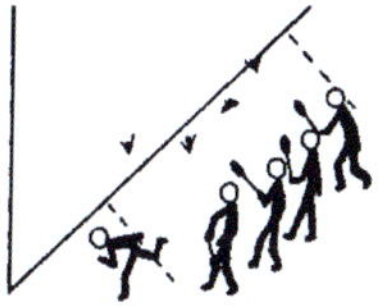
77	Antritt Sprinten Taktik ausdenken	In der Mitte der Halle sind Federbälle aufgestellt; exakt in einer äußerst akkuraten Reihe; genau einer (zwei) weniger als Spieler. Diese stehen an der Wand und laufen gleichzeitig los. Wer keinen Ball erwischt, scheidet aus. Startart darf frei gewählt werden. Var.: Minuspunkte, Extraaufgabe.	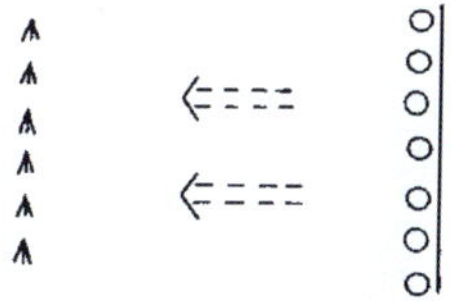
78	Laufen	2 oder mehr Mannschaften. Jede startet hinter einem (umgedrehten) „Heimkasten". In der Halle verteilt, liegen eine größere Menge gebrauchter Federbälle. Alle rennen gleichzeitig los und versuchen, möglichst viele Bälle für die eigene Mannschaft aufzusammeln. Jeder darf mehrere tragen. Bei gleicher Anzahl entscheidet, wer zuerst seine Bälle im Kasten hatte.	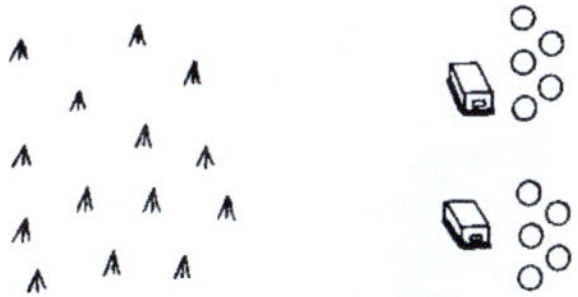
79	Laufen Schnelligkeit	Einer jagt alle! Jäger ist mit Schläger und 2 Soft– oder Federbällen bewaffnet. Die Hasen laufen durch die ganze Halle. Trifft der Jäger einen Hasen mit dem Ball ab, muss dieser sich niederhocken. Pro Person max. 1 min Jagdzeit. Jeder darf mal Jäger sein. Für jeden Treffer gibt es 2 Punkte. Wird ein Hase bei einer Jagd nicht abgetroffen, zählt er sich einen Zusatzpunkt.	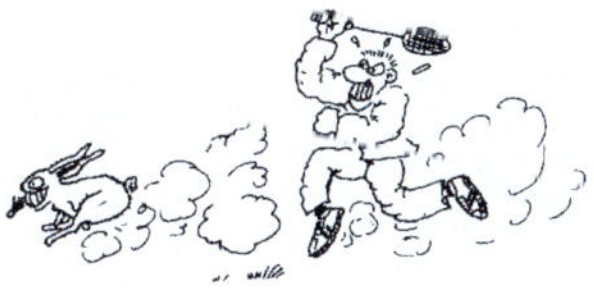
80	Spaß Zielen Organisieren	„Gänsetreiben". Spieler der Mannschaft A sind mit Schlägern und 1–4 Federbällen ausgerüstet. Jeder ist Treiber und muss versuchen, eine Gans der Mannschaft B – die frei durch die Halle läuft – mit dem Ball abzutreffen. Beide hocken sich dann sofort (!) zu Boden und der Federball steht dem nächsten Treiber zur Verfügung. Schiedsrichter misst die Zeit bis zum Abtreffen der letzten Gans. Mannschaft B muss nun versuchen, diese zu unterbieten. Var.: Ball- und Schlägeranzahl verändern.	

1.9 Großgruppen – Gemeinsames Aufwärmprogramm

Nr.	Ziele	Idee/Beschreibung	Hinweise/Organisation
81	Laufschule	Jeweils 2 bis 4 Hallenbahnen: Locker laufen – Seitl. Überkreuzen der Beine Hopserlauf – Fersengang Seitlich hüpfen – Vorw./rückw. im schnellen Wechsel Rückwärts laufen – In Ausfallschritt beugen Einbeinig hüpfen – Lauf mit Schlag im Umsprung.	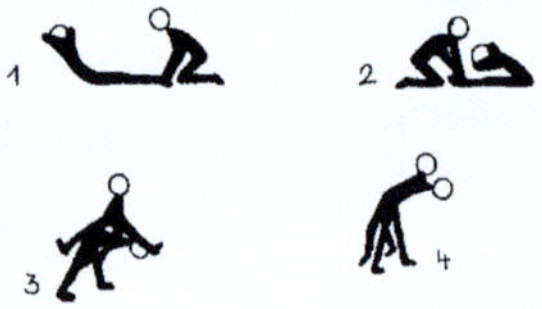
82	Gymnastik	1 Oberkörper aufrichten aus Bauchlage. 2 Kopf auf die Knie aus Rückenlage. 3 Bocksprung mit Durchkriechen. 4 Rücken an Rücken eingehakt wiegen. 5 An den Armen gefasst Rumpfsenken. 6 An re Hände gefasst, Kniebeuge und wieder hochziehen. 7 Sprintlauf mit Gegendrücken.	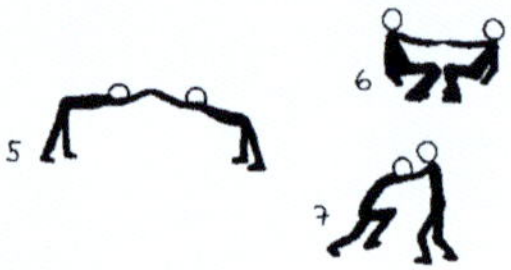
83	Intensitätserhöhung Laufen	Pendelstaffel: 4-er-Gruppen bilden. Zwei Gruppen stellen sich gegenüber an den entgegengesetzten Hallenseiten auf. A sprintet bis zur Hallenmitte, läuft locker aus, übergibt Federball an seinen Gegenüber – der seinerseits losläuft – und schließt sich hinten an die Gruppe an.	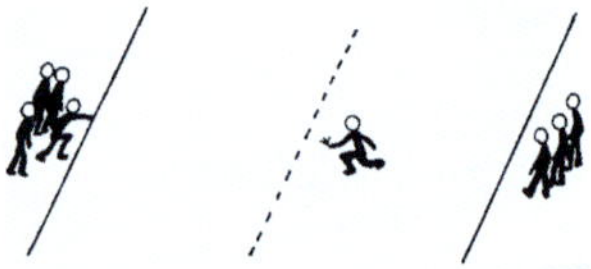
84	Dehnen und Lockern der Arme	1 Rückfedern der Arme (durch Partner). 2 Rumpfbeugen mit Oberkörperdrehung im Grätschstand. 3 Arm über Ellenbogen dehnen (andere Hand unterstützt). 4 Armkreisen: vw, rw – re, li Arm. 5 Arme vw strecken; Hände kräftig öffnen und schließen. 6 Beidarmiges Armkreisen, gleich- und gegenläufig. 7 Schattenboxen.	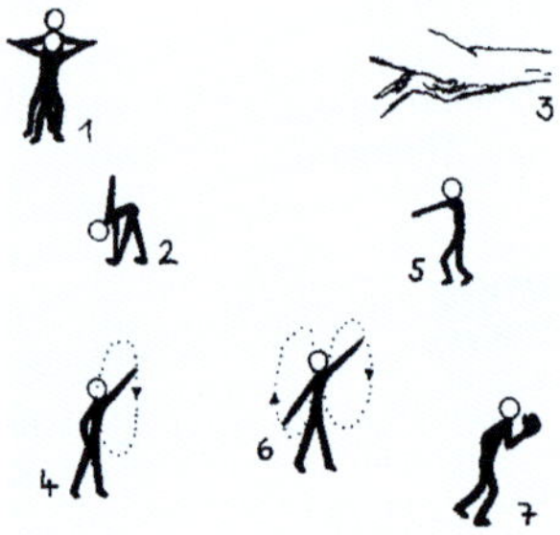
85	Spaß	Kettenhaschen. Erster Häscher wird bestimmt. Sobald er einen abgeschlagen hat, fassen sich die beiden an den Händen. Alle übrigen Abgeschlagenen kommen dazu. Wer übrig bleibt, ist Sieger. Nur die Endpersonen der Kette dürfen jeweils abschlagen. Es darf durch die Kette hindurchgeschlüpft werden.	

Nr.	Ziele	Idee/Beschreibung	Hinweise/Organisation
86	Voraussetzungen schaffen Gemeinsames Tun erleben	Netze aufbauen. Schläger, Bälle und sonstige Hilfsmittel bereitstellen.	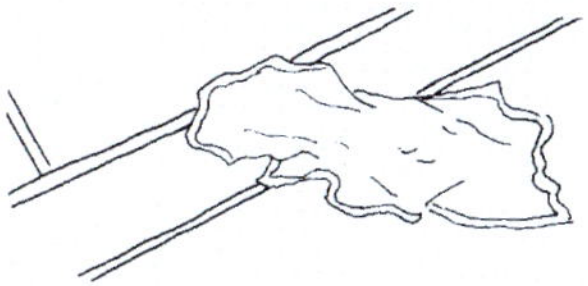
87	Locker Einspielen	Mit Partner auf ½ Feld. Beide schlagen Clear.	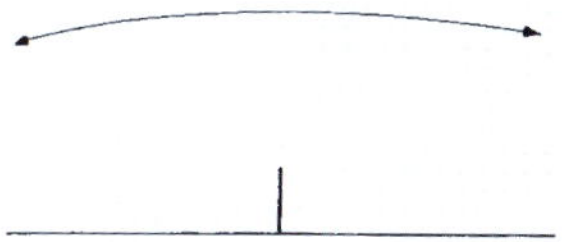
88	Einspielen im Laufen	Mit Partner auf ½ Feld. Bewegungsschlagübung: Clear – Clear – Drop – Clear – Clear – Drop – usw.	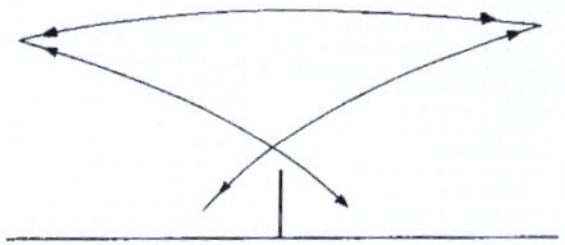
89	Steigerung der Lauf- und Schlagintensität	Mit Partner auf ½ Feld. Wechselseitig schmettern: Smash – Ku Aw – Uh-Zuspiel – Smash – Ku Aw – Uh-Zuspiel – usw.	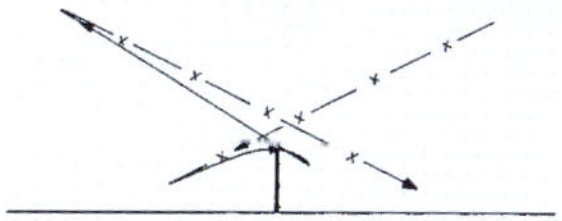
90	Höchste Betriebstemperatur erreichen	Schattenbadminton. Jeder für sich auf ½ Feld.	Zwischen Überkopfschlag an der Grundlinie und Netzdrop an der Netzkante hin und zurück usw.

1.10 Planmäßiges Aufwärmen vor dem Wettkampf

Nr.	Ziele	Idee/Beschreibung		Hinweise/Organisation
91	Herz-Kreislauf-System anregen	Seilchenspringen. Var.: Über Linie/Schläger hüpfen. 2 min.		
92	Einlaufen	Locker vorwärts Locker rückwärts Seitwärts hopsen Beine vorwärts strecken Beine rückw. ausschlagen 5 min.	Gehen, lockern, atmen Im Wechsel li re Bein hüpfen In der Hocke hüpfen Hopserlauf Skipping	
93	Stretching	Kopf sw, vw, rw Arme in Seithalte Hand zwischen Schulterblätter Hand nach innen biegen Rumpfdrehung seitwärts 5 min.	Rumpfbeuge Grätschsitz; Hand an Fuß „...; Stirn hinten an Boden Fuß am Gesäß hochziehen Ferse drücken	Langsam! An der Bewegungsgrenze.
94	Intensitätserhöhung	3 m anlaufen – 6 m sprinten – auslaufen. 2 min.		
95	Badmintonspezifisch einbewegen	Laufarbeit ohne Ball, außerhalb eines Feldes. Ausfallschritt links/rechts Umsprung auf der Stelle Sprung zur Vh 3 min.	 LvK-Schlag Smash auf der Stelle Lauf in die 4 Feldecken	

Nr.	Ziele	Idee/Beschreibung	Hinweise/Organisation
96	Einschlagen mit hilfreichem Partner	Auf ½ Feld. Grundschläge in lockerer Schlagfolge: Clear, Drop, Smash, Spiel am Netz, Rückhandclear und -drop. Mind. 2 min.	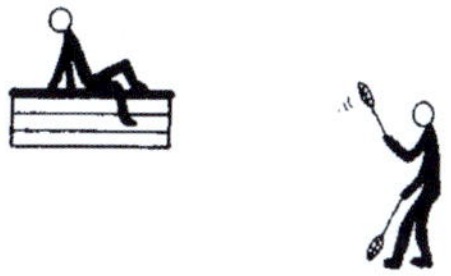
97	Intensitätserhöhung	Auswahl aus den Grundschlägen mit steigender Lauf- und Schlaggeschwindigkeit. Z. B.: Smash – Ku Aw – Töten/Drive ... Mind. 2 min.	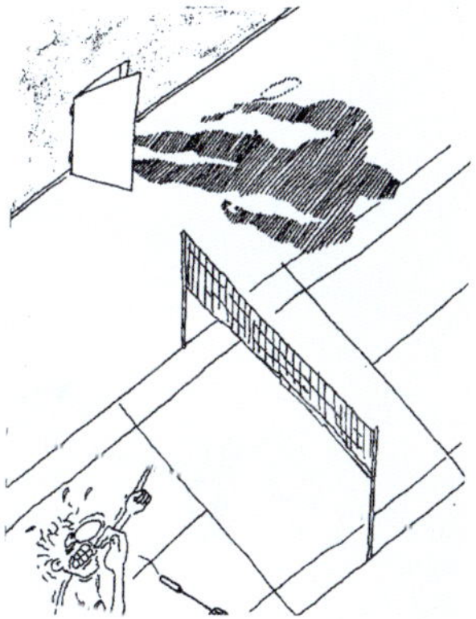
98	Besondere Bewegungsmuster bereitstellen	Individuelle Spezialschläge oder disziplinspezifische Schlagfolgen wachrufen. Etwa: Geschnittener Drop cross oder Doppel-Aufschlag. Mind. 2 min.	
99	Wettkampftempo erreichen Vorfreude auf sportliches Kräftemessen fühlen	Kurzes, konzentriertes Spiel in höchstmöglicher Schnelligkeit. 30–60 sec.	
100	Wettkampfaufnahme	Spieltrikot anziehen, Sportgerät und Hilfsmittel bereitstellen. Formelhafte Wiederholung taktischer Absichten. Gang zum Spielfeld.	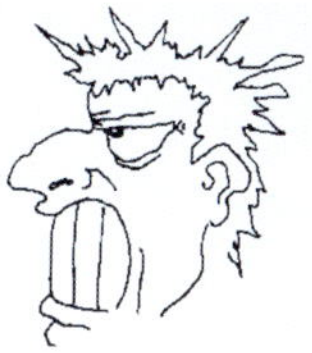

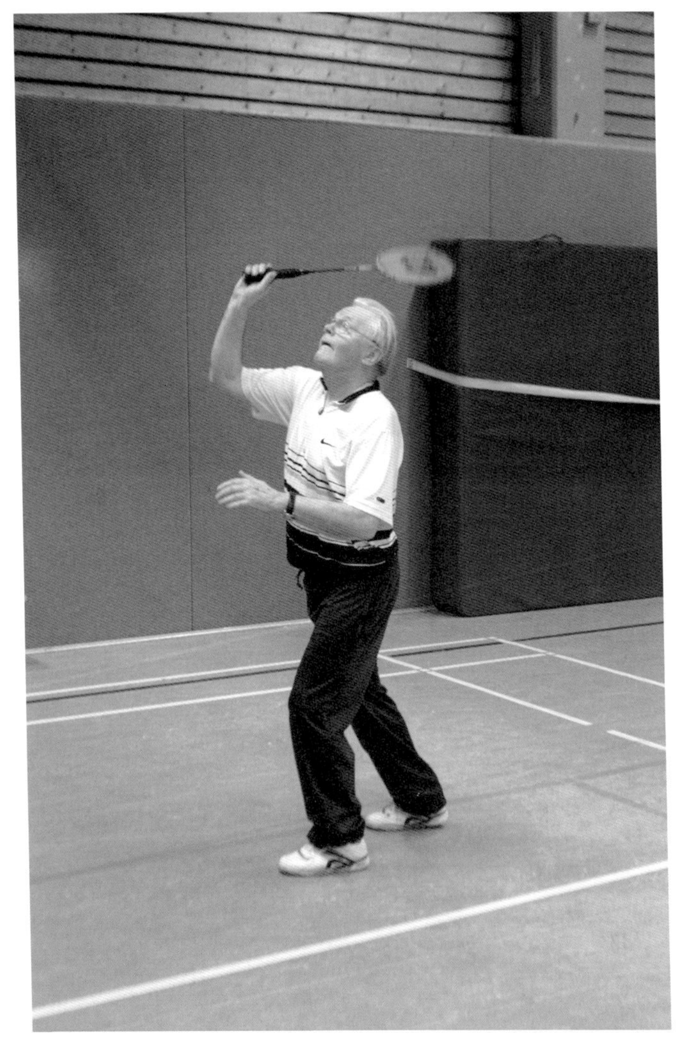

„Der Federballer“

Einer von den vielen, denen das Spiel mit dem gefiederten Freund Freudenquell und Jungbrunnen ist.

Kapitel 2

Spielformen für Anfängergruppen

2.1 Geschicklichkeitsübungen mit Schläger und Ball

Nr.	Ziele	Idee/Beschreibung	Hinweise/Organisation
101	Richtigen Griff finden	Schläger pendelt zwischen Daumen und Zeigefinger. Von dort immer wieder in den V-Griff gleiten lassen. Var.: Hochwerfen und im V-Griff auffangen. Partnerweise zuwerfen und im V-Griff auffangen.	Vgl. Fotos S. 56.
102	Griffwechsel zum Daumengriff	Abänderung des V-Griffs bei Rückhand-Schlägen. Beim Herübernehmen von der rechten zur linken Körperseite den Schläger (leichte Schlägerdrehung in der Hand) mit der daumennahen breiten Griffseite voll auf den Daumen fallen lassen. Mittels Daumenunterstützung wird dann die Unterarmdrehung (Fachausdruck: Supination) ausgeführt. „Griffwechsel" hin und her immer wieder üben, da es nicht einfach ist, ihn zu automatisieren. Muskulatur locker halten!	
103	Unterarmdrehung bei Vh-Schlag	Ball mit der Vh-Seite des Schlägers locker senkrecht in die Luft schlagen. Schwung aus Unterarmdrehung holen (nicht aus Handgelenkkippen oder Heben des ganzen Armes!). Immer wieder Schlagsimulationen (Schläge mit Schläger, aber ohne Ball) einschieben.	
104	Unterarmdrehung Unterstützender Daumeneinsatz bei Rh-Schlag	Ball mit der Rh-Seite des Schlägers locker senkrecht in die Luft schlagen. Schwung aus Unterarmdrehung holen, Daumen kräftig einsetzen (vgl. Ü 102). (Handgelenk beobachten, dies ermöglicht gute Fehlerkontrolle.)	
105	Feinkoordination	Ball hochschlagen und mit Schläger „auffangen", d. h., er soll still und schweigsam auf der Bespannung liegen. Var.: Partnerweise zuspielen und auffangen. Auch mit 2 Bällen.	

Nr.	Ziele	Idee/Beschreibung	Hinweise/Organisation
106	Griffwechsel bei Vh- und Rh-Schlägen	Ball wird mit Uh-Schlag senkrecht in die Luft geschlagen. Abwechselnd mit der Vh- und mit der Rh-Seite.	
107	Geschicklichkeit	Ball mit dem Schläger vom Boden aufheben.	
108	Griffwechsel Schlagen in der Bewegung	Ball mittels Uh-Schlag senkrecht hochschlagen – in einem vorgegebenen Vh-/Rh-Rhythmus – und dabei auf Kommando die Stellung verändern: Knien, Sitzen, Gehen, Liegen, Hüpfen ...	
109	Wechsel fester/ sanfter Schlag Feinkoordination	Ball senkrecht hochschlagen. Dabei verschiedene Höhen planmäßig zu erreichen versuchen. Wer schafft am häufigsten hintereinander Deckenberührung? Wer kann den Ball am drolligsten auf dem Schläger tanzen lassen?	
110	Kontrolliertes Schlagen	Linker Fuß steht in einem Reifen und darf diesen nicht verlassen. Während der Ball hochgeschlagen wird, soll der Reifen mit dem rechten Fuß umkreist werden. Wer schafft in 3 min die meisten Umrundungen? (Ballverlust = 2 Runden Abzug.)	

2.2 Geschicklichkeitsübungen partnerweise (ohne Netz)

Nr.	Ziele	Idee/Beschreibung	Hinweise/Organisation
111	Kontrolliert schlagen Stoppen	Paarweise zuspielen. Vor dem Zurückschlagen wird der Ball jedoch mit einem Uh-Schlag senkrecht nach oben gespielt, „gestellt". Var.: Schlagfolge für die Uh-Schläge fordern – Vh / Rh. Höhe für den Uh–Schlag fordern – Zurückspiel als Überkopf-Schlag.	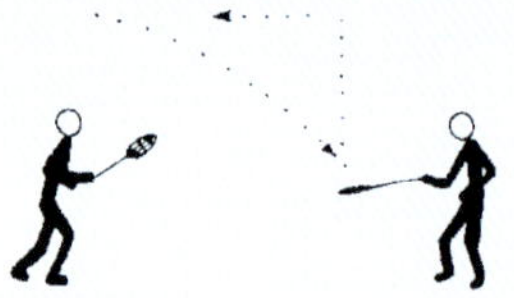
112	Bewusste Schlag- ausführung	Paarweise zuspielen. Mit einem Kommando werden bestimmte Schlagarten gefordert: Rh, Vh, Überkopf, Uh ... Ständig wechseln.	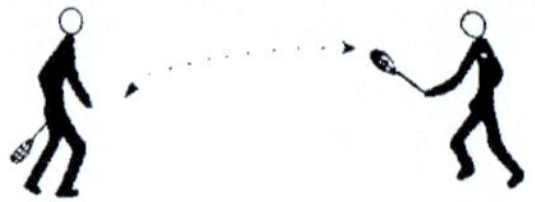
113	Genauigkeit	Paarweise zuspielen. Jedoch stehen die Partner so, dass beide wenig Bewegungsfreiheit haben (auf Langbank, Kasten o. Ä.). Var.: Nur einer als „Denkmal".	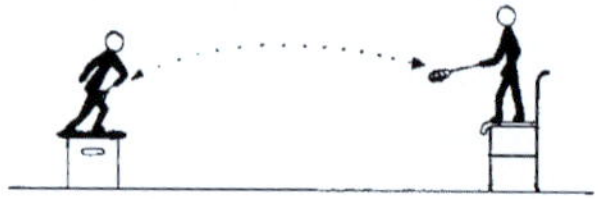
114	Geschicklichkeit	Paarweise zuspielen. Bei der dritten Ballberührung soll der Ball jeweils von den Spielern mit dem Schläger „aufgefangen" (vgl. Ü 105) werden. Var.: Auffangen mit Vh- und Rh-Seite möglich.	
115	Genauigkeit Umstellen können Das eigene Ende vorerleben	Spieler sitzen einander gegenüber und spielen sich den Ball zu. Dann legt sich einer – ohne den Ballwechsel zu unterbrechen – mit dem Rücken auf den Boden. Langsam sinkt auch der andere zurück ... und man schlägt immer noch – bis ins Grab.	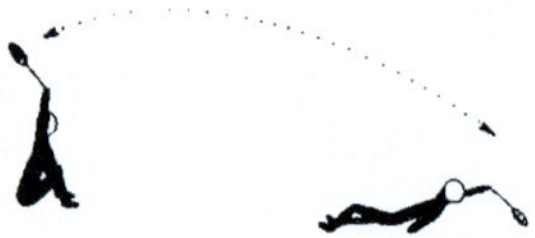

Nr.	Ziele	Idee/Beschreibung	Hinweise/Organisation
116	Hineingehen in Ausfallschritt	Paarweise zuspielen. Gefordert sind Uh-Schläge im Ausfallschritt. Daher stehen die Partner weit auseinander und gehen jeweils neu in den Ausfallschritt hinein. Flugkurve des Balles: Bogenlampe.	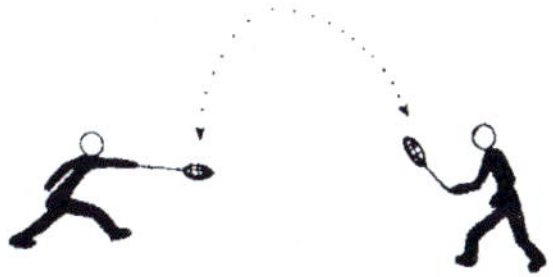
117	Gewandtheit Schlagbereitschaft herstellen	Paarweise zuspielen. Nach jedem Schlag ist eine gestellte Aufgabe zu erfüllen: in die Hocke gehen, um die eigene Achse drehen, springen, Linie mit Fuß berühren ...	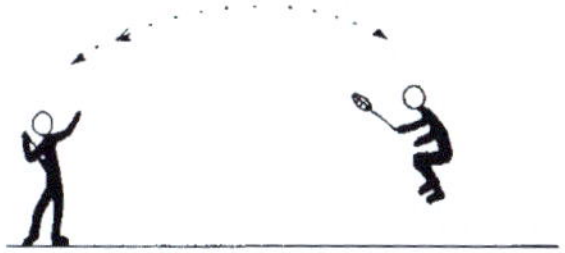
118	Ball im höchsten Punkt treffen Beinkraft	Paarweise zuspielen. Nach jedem Schlag ist eine gestellte Aufgabe zu erfüllen: in die Hocke gehen, um die eigene Achse drehen, springen, Linie mit Fuß berühren ...	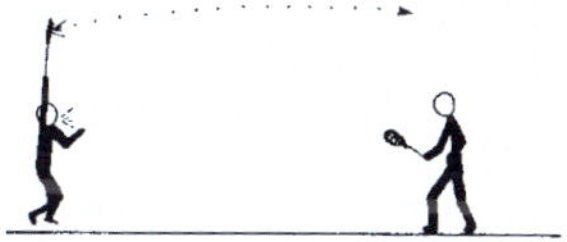
119	Genauigkeit	Paarweise zuspielen. Zwischen den Partnern ist (z. B. an den Ringen) ein Reifen aufgehängt. Wie oft gelingt es, durchzuspielen?	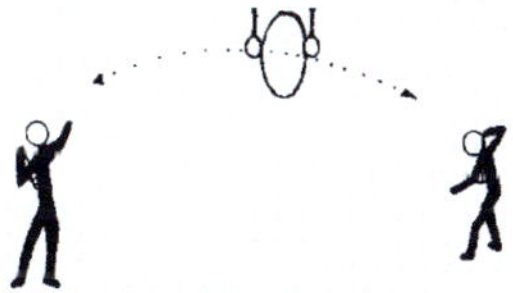
120	Fester Uh-Schlag Stellungsspiel	Paarweise zusammenarbeiten. Ein Spieler steht mit dem Rücken nahe an einer Wand. Er verlängert den vom Partner heranfliegenden Ball mit einem kräftigen (!) Uh-Schlag zur Wand, läuft in Stellung und schlägt (sich drehend) den abprallenden Ball unmittelbar als Uh-clear zurück. Var.: Nach Abprall Zwischenschlag. In kleiner Halle beide.	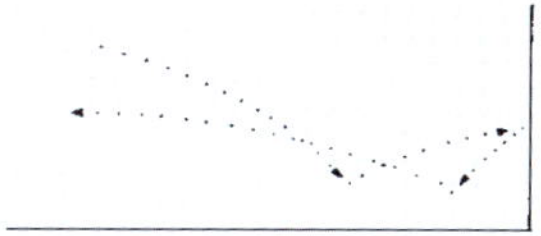

2.3 Kleine Einzelwettbewerbe

Nr.	Ziele	Idee/Beschreibung	Hinweise/Organisation
121	Sicherheit beim Uh-Schlag	Auf „Los!" beginnen alle Mitglieder der Gruppe Federbälle senkrecht in die Luft zu schlagen. (Höhe beliebig.) Fällt ein Ball zu Boden, setzt sich der dazugehörige Spieler traurig daneben – denn er ist ausgeschieden. Wer schlägt am ausdauerndsten? Var.: Vh, Rh, Vh-/Rh-Rhythmus angeben, Gehen fordern ...	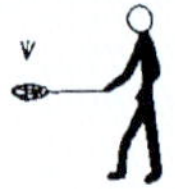
122	Dauerhafte Genauigkeit	Paarweise zuspielen. Beide Partner stehen auf einer begrenzten Fläche (Kasten, Seitpferd, u. ä.). Welches Paar hält am längsten durch?	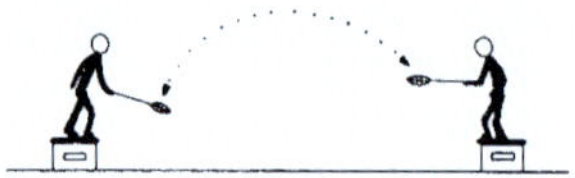
123	Zielgenauigkeit	Paarweise zuspielen. Beide Partner stehen auf einer begrenzten Fläche (Kasten, Seitpferd, u. ä.). Welches Paar hält am längsten durch?	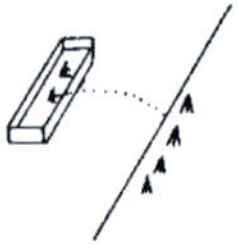
124	Schwungvolles Schlagen Zielgenauigkeit	In der Halle werden 5 Ziele angegeben, gegen die je ein Ball geschlagen, oder in die er hineingespielt werden soll (z. B. Kasten, Basketballbrett, Bodenmarkierung, Fenster, Tür, Tasche, Wandabschnitt). An einem Startpunkt liegen 5 Bälle. Es wird die Gesamtzahl der Schläge gezählt, die nötig sind, alle Ziele zu treffen.	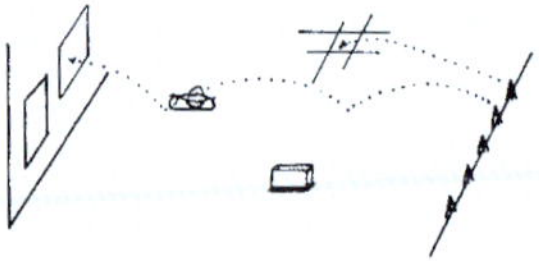
125	Weite beim Uh-Schlag	Vor einer Startlinie wird im Abstand von 3 m eine Langbank aufgestellt. Wem es gelingt, mit Uh-Schlag den Ball über die Bank zu spielen, der hat die nächste Runde erreicht. Wem es in 3 Versuchen nicht gelingt, der scheidet aus. In jeder Runde wird der Abstand zwischen Bank und Startlinie vergrößert. Wer ist bei 10 m noch dabei?	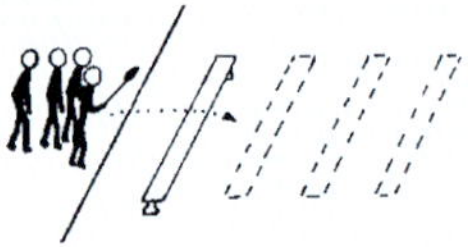

Nr.	Ziele	Idee/Beschreibung	Hinweise/Organisation
126	Genauigkeit beim Uh-Schlag	Im Abstand von 1 m vor einer Startlinie ist eine Zielfläche angegeben (Reifen). Wer den Ball in diese hineinspielt, hat die nächste Runde erreicht. Wer es aber in 3 Versuchen nicht schafft, scheidet aus. In jeder Runde wird der Abstand zwischen Startlinie und Zielfläche vergrößert. Wer bleibt bis zuletzt im Wettbewerb?	
127	Schwungvolles Schlagen Laufen Taktisch handeln	An einer Startlinie liegen 5 Federbälle. Sie sollen an die gegenüberliegende Wand getrieben werden. Spieler holt zunächst in einem Sprint den Schläger und treibt dann die Bälle mittels Uh-Schlägen durch die Halle. (Nicht mit Bällen in der Hand laufen!) Hat der letzte Ball die Wand berührt, wird gestoppt. Wer schafft es in kürzester Zeit? Var.: Zwei im direkten Vergleich nebeneinander.	
128	Geschicklichkeit	Verschiedene Geschicklichkeitsaufgaben werden gestellt und die Anzahl der Schläge gezählt, bis der Ball zu Boden fällt. Wer 20 schafft, bekommt 25 Punkte. Wer erschlägt sich die meisten Punkte? Beispiele: Hüpfend, einbeinig, liegend, kniend, hinter dem Körper, unter dem Bein, Fuß auf Bank ...	
129	Im Gehen schlagen	Kleiner Hinderniskurs wird aufgebaut (Kasten, Langbank der Länge nach, Netz usw.). Von einer Startlinie soll der Kurs durchschritten werden, wobei gleichzeitig ein Federball mit dem Schläger senkrecht hochgeschlagen wird. Fällt der Ball zu Boden: zurück und hinten anstellen! Das Überqueren von Hindernissen wird mit Punkten belohnt.	
130	Problem lösen Spaß	Aufgabe ist es, sich den Ball paarweise zuzuspielen, dabei die Halle zu durchwandern und ihn abschließend gegen eine Zielfläche zu schlagen. Pfiff: Partner müssen sich an den Händen anfassen! Fällt der Ball zu Boden, wieder hinten anstellen.	

2.4 Kleine Mannschaftswettbewerbe

Nr.	Ziele	Idee/Beschreibung	Hinweise/Organisation
131	Zusammenarbeit Auf Partner einstellen	4er-Mannschaften bilden. A und A2 stehen A3 und A4 gegenüber. A und A3 sind „Steller". Sie spielen den heranfliegenden Ball mittels (senkrechtem) Uh-Schlag dem Partner zu. Dieser muss nun mit Überkopf-Schlag zu den anderen beiden zurückspielen. Welche Mannschaft bleibt am längsten im Schlagwechsel?	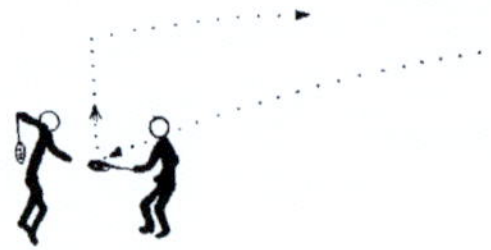
132	Spaß Zusammenarbeit Körperbeherrschung	2 bis 3 Mannschaften bilden. Vor jeder Mannschaft wird ein kleiner Hinderniskurs aufgebaut. Dann werden den ersten Mannschaftsmitgliedern die Augen verbunden. Auf den Kopf wird jeweils ein Federball gestellt. Die Mannschaften versuchen, ihren Spieler durch Zurufen gut über die Hindernisse zu lotsen. Jedes überwundene Hindernis 1 Punkt, Erreichen des Ziels 2 Sonderpunkte.	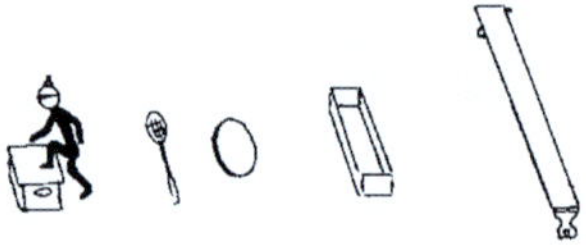
133	Schwungvolles Schlagen	Paare bilden. Spieler beginnen im Abstand von 1 m sich einen Ball zuzuspielen. Dann gehen beide rückwärts. Für beide gilt eine vereinbarte Linie als Ziellinie. Haben sie diese erreicht, müssen sie dreimal hin- und herschlagen. Danach rücken sie wieder zusammen. Bei Ballverlust stets wieder von vorne beginnen.	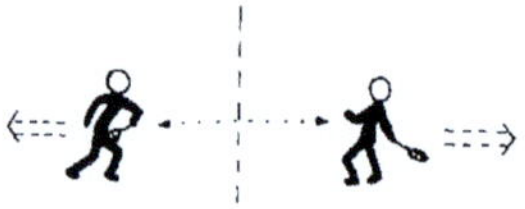
134	Lärmen Nerven behalten Hoch spielen	Zwei gegen den Rest der Welt. Ein Paar schlägt sich den Ball zu (hoch über Kopfhöhe) und wandert dabei von einer Hallenseite zur gegenüberliegenden, wo sie den Ball gegen ein Ziel (Basketballbrett) schlagen sollen. Der Rest der Gruppe startet aus einer Hallenecke (ohne Schläger) und versucht, den Ball zu erobern. Körperberührungen sind nicht gestattet.	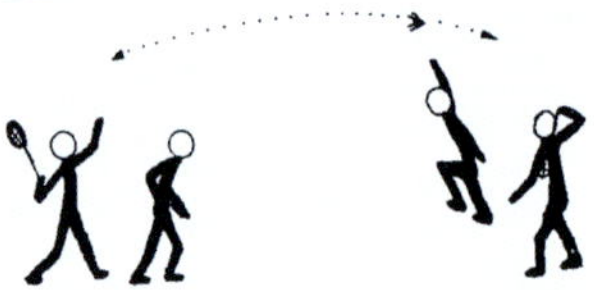
135	Genauigkeit Geschicklichkeit	3er-Teams bilden. A und A2 im Abstand von 4–6 m spielen einander den Ball zu (Überkopf-Schläge). A3 steht dazwischen und hält einen Reifen über dem Kopf. Welches Team schafft die meisten Durchflüge?	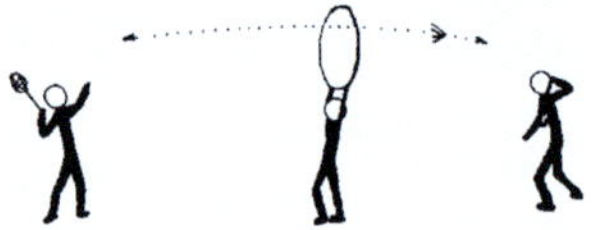

Nr.	Ziele	Idee/Beschreibung	Hinweise/Organisation
136	Aufmerksam sein Schnell reagieren	„Nummernschlagen“. 4er- bis 6er-Gruppen bilden. Im Kreis aufstellen. Jeder erhält eine Nummer. Der Ball wird in der Mitte des Kreises senkrecht hochgeschlagen (Uh-Schlag). Der jeweils schlagende Spieler ruft bei seinem Schlag eine Nummer. Der Inhaber dieser Nummer ist als nächster dran.	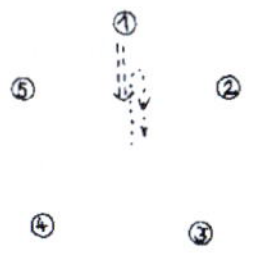
137	Schlagen im Gehen Konzentration	Paare bilden. In die Mitte der Halle werden Langbänke gestellt. Paarweise schlägt man sich nun den Ball zu und durchwandert dabei die Halle um die Bänke herum. Je nach Können viele Var.: seitwärts, rw, vw, mit und ohne Überholen, mit und ohne Ausscheiden, bestimmte Schlagart benutzen ...	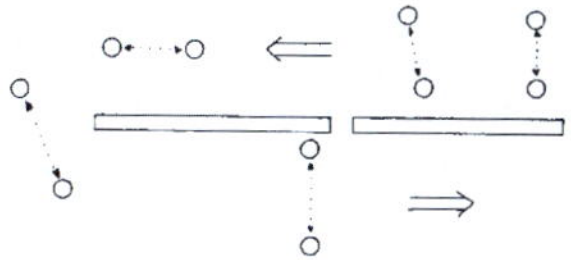
138	Spaß Ungewöhnliches probieren	„Hunnenfederball“. 4er-Teams bilden. 2 Mitglieder werden Pferde, 2 Reiter. Aufhocken. Reiter versuchen sich den Ball zuzuspielen, ohne dass er fällt. Vorher dringend notwendig: Training! Reiter auf Pferd wird vom Boden aus auf die schwierige Aufgabe vorbereitet.	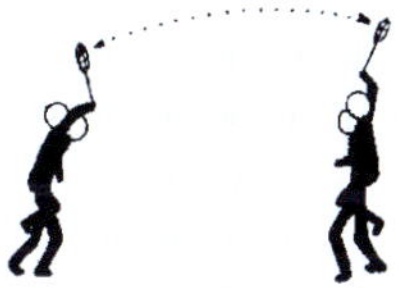
139	Genauigkeit	„Denkmalschlagen“. 3er-Teams bilden. Ein (oder zwei) Mitglieder stehen auf einem festen Platz (Kasten, Bank) und können sich nur wenig bewegen. Gegenseitig zuspielen. Welches Team hält am längsten durch?	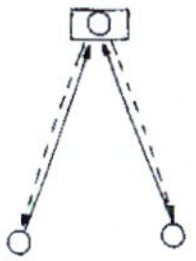
140	Geschicklichkeit Taktisches Vorgehen	2 Mannschaften bilden. Es kommt darauf an, möglichst viele Federbälle in einen „Heimkasten“ zu bringen. In der Halle verteilt beginnen alle, einen Ball mit dem Schläger senkrecht hochzuschlagen. Fällt einer zu Boden, ist er zur Eroberung frei durch einen noch schlagenden Spieler (einerlei, welcher Partei). Fällt auf dem Transport zum Kasten dem Eroberer der eigene Ball zu Boden, sind auch die Bälle, die er in der Hand hat, wieder frei.	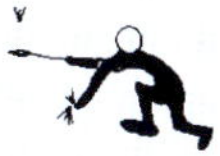

2.5 Federball-Staffeln

Nr.	Ziele	Idee/Beschreibung	Hinweise/Organisation
141	Ballgewöhnung Geschicklichkeit	Zwei oder mehr Gruppen bilden. Jeder Spieler mit Schläger. Federball wird auf den Schläger gelegt (nicht gestellt). Spieler durcheilen dann jeweils einen kleinen Hinderniskurs, kehren um eine Wendemarke zurück und übergeben den Ball vom eigenen Schläger (ohne Handhilfe) auf den Schläger des nächsten Staffelkameraden. Var.: Verschiedene Startpositionen.	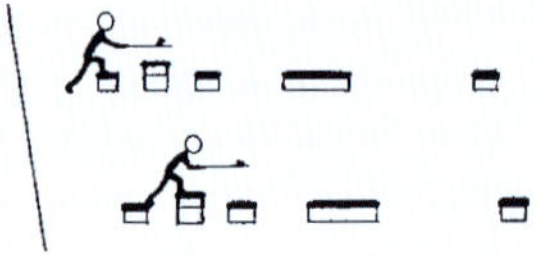
142	Geschicklichkeit Körperbeherrschung	Zwei oder mehr Gruppen bilden. Federball wird als Hut auf den Kopf gestellt. Um eine Wendemarke eilen und in einem Wechselraum – Handhilfe erlaubt – übergeben. Wenn der Ball zwischendurch herunterfällt, muss vor der Wechsellinie eine Zusatzschleife gelaufen werden.	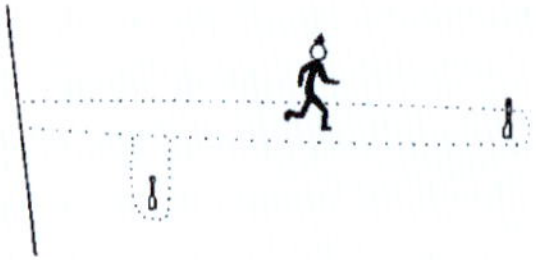
143	Laufen Geschicklichkeit	Zwei oder mehr Gruppen bilden. Federball liegt auf dem Schläger. Aus Keulen ist ein Slalomkurs aufgebaut. Spieler durchkurvt elegant den Kurs und übergibt Schläger und Ball an den nächsten Staffelkameraden.	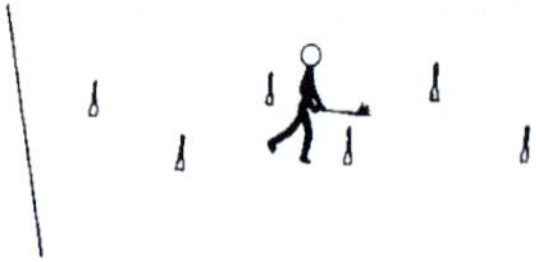
144	Laufen Schnelligkeit	Zwei oder mehr Gruppen bilden. Für jedes Staffelmitglied steht auf der Startlinie ein Federball. A nimmt ersten Ball, bringt ihn zur Ziellinie, stellt ihn dort auf, schlägt A2 ab usw. Sind alle Bälle fortgebracht, schlägt der letzte wiederum A ab, der nun seinen Ball wiederholt. Welche Gruppe hat die Bälle zuerst zurückgebracht?	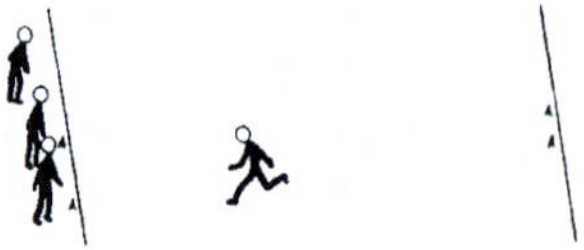
145	Geschicklichkeit Konzentration Problem lösen	Zwei oder mehr Gruppen bilden. Jedes Staffelmitglied läuft um Wendemarke, prellt dabei mit einer Hand einen (Gymnastik-)Ball und trägt in der anderen einen Schläger, auf dem ein Federball liegt. Ball und Schläger mit Federball müssen in einem Wechselraum gemeinsam übergeben werden. Var.: Ball am Fuß, dribbeln.	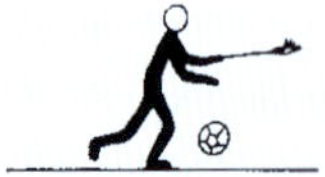

Nr.	Ziele	Idee/Beschreibung	Hinweise/Organisation
146	Schwungvolles Schlagen	Zwei oder mehr Gruppen bilden. Pro Staffelmitglied ein Federball, pro Staffel ein Schläger. A treibt seinen Ball mit festen Uh-Schlägen durch die Halle zur gegenüberliegenden Wand. Dann übergibt er den Schläger seinem nächsten Staffelkameraden, der nun den seinigen Ball gegen die Wand treibt. Var.: Ball in umgedrehten Kasten hineinschlagen.	
147	Laufen	Zwei oder mehr Gruppen bilden. Staffel um Wendemarke. Als Staffelholz dient der Schläger. Jedoch nimmt die Anzahl zu, da jedes Staffelmitglied den übernommenen Schlägern den eigenen hinzufügt.	
148	Zusammenarbeit Feinkoordination Gaudi	Zwei oder mehr Gruppen bilden. „Reiterspiel". Einer pro Gruppe spielt das Pferd, die übrigen haben jeweils Schläger und Ball. Der erste sitzt auf. Er schlägt den Ball senkrecht hoch und das Pferd marschiert zur gegenüberliegenden Wand, wogegen der Ball geschlagen werden soll. Fällt der Ball zu Boden, wirft das Pferd den Reiter ab und holt flugs den nächsten. Wer kommt zuerst zur Wand?	
149	Fantasie entwickeln Gemeinsam ein Problem lösen	Zwei oder mehr Gruppen bilden. Eine größere Anzahl von Federbällen sind von jeder Gruppe von einer Startlinie in eine Zielfläche zu bringen. Es dürfen nur Uh-Schläge gemacht werden. Welche Mannschaft organisiert den Transport am besten (Zeit)? Var.: Gegn. Mannschaft wartet derweil im Umkleideraum.	
150	Taktik entwickeln	3er- bis 4er-Teams bilden. Federball soll in Kasten „eingelocht" werden. Jedes Teammitglied hat eine andere Aufgabe: 1. Schläger von weit weg besorgen, 2. Ball aufnehmen, senkrecht hochschlagend die Halle durchwandern, 3. Ball übernehmen, während des Hochschlagens der Länge nach über Bank balancieren, 4. Ball übernehmen und in umgedrehten Kasten hineinschlagen.	1 2 3 4

2.5 Federball-Staffeln

Nr.	Ziele	Idee/Beschreibung	Hinweise/Organisation
151	Sprinten	3er-Teams bilden. „Federballtransport“. Je ein Mitglied an linker Hallenwand, erster Drittellinie, zweiter Drittellinie. Der linke hat vor sich 5 Federbälle. Los! Er läuft zum Mittelmann, übergibt ersten Ball, holt zweiten. Mittelmann bringt den Ball zum Schlussmann, der ihn zur rechten Wand bringt. Welches Team hat zuerst seinen Transport beendet?	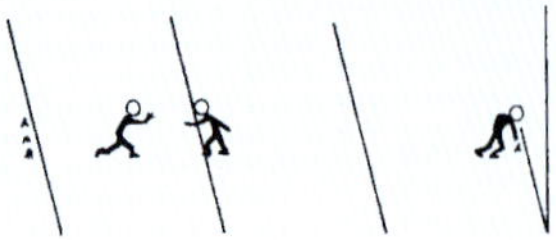
152	Planen Schnelligkeit	Zwei oder mehr Gruppen bilden. „Zusammensuchen“. Pro Gruppenmitglied wird ein Gegenstand (Federball, Medizinball, Kasten u. a.) in unterschiedlicher Entfernung in der Halle verteilt. Sie müssen einzeln geholt werden. Danach Abschlagen für das nächste Gruppenmitglied. Welche Gruppe plant am besten, wer welchen Gegenstand wann holen soll?	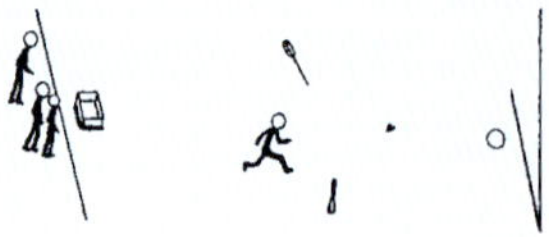
153	Schwungvolles Schlagen	Zwei Gruppen bilden, die sich jeweils halbieren. Pendelstaffel. Eine Gruppenhälfte vor linker Hallenwand, die andere vor der rechten. A treibt Federball mit Uh-Schlägen über A2's Startlinie, dieser treibt ihn zurück. Jeweils wieder hinten anstellen, bis jeder zweimal drangewesen ist. Var.: Ball senkrecht hochschlagen.	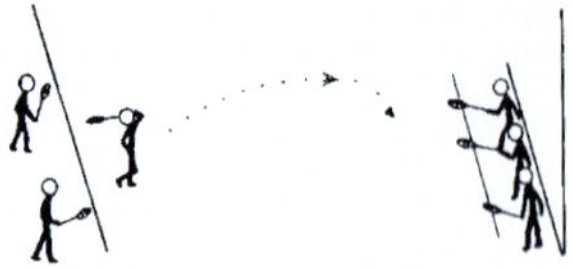
154	Gewandtheit	Zwei Gruppen bilden. In Grätschstellung in Kolonne aufstellen. Vordermann reicht 2 Federbälle zwischen den Beinen nach hinten. Schlussmann rennt dann damit nach vorne und schickt sie von dort erneut los. Welche Kolonne ist zuerst durch? Var.: Bälle seitlich weiterreichen, über Kopf; von hinten nach vorne; Schlussmann muss durchkriechen ...	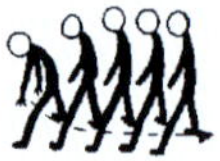
155	Gewandtheit Armkraft	Zwei Gruppen bilden. In Liegestützstellung nebeneinander in Kolonne aufstellen. Vordermann reicht Federball unter dem Oberkörper (einarmiger Liegestütz) zum Nebenmann. Nach Ankunft des Balles springt Schlussmann nach vorne und schickt ihn erneut los. Wer liegt zuerst wieder in der ursprünglichen Reihenfolge? Var.: Abstände; Art des Vorlaufens ändern.	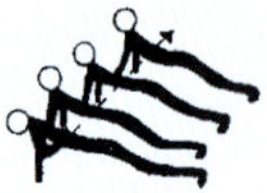

Nr.	Ziele	Idee/Beschreibung	Hinweise/Organisation
156	Dehnfähigkeit Geschicklichkeit	4er- bis 8er-Gruppen bilden. Jeder steht in einem Reifen. Startmann hat etliche Federbälle vor sich auf dem Boden liegen. Er nimmt den ersten mit dem Schläger auf und reicht ihn an das nächste Staffelmitglied weiter (Entfernung variieren). Der letzte legt ihn dann in einer Zielmarkierung ab. Gefallene Bälle sind verloren. Ein Fuß muß im Reifen bleiben. Wer hat zuerst durchgereicht?	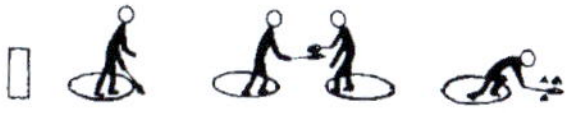
157	Geschicklichkeit Zusammenarbeit	4er- bis 8er-Gruppen bilden. Jeder steht in einem Reifen. Startmann schlägt Ball senkrecht hoch (beliebig oft) und spielt ihn dann an nächsten Staffelkameraden weiter. Der letzte schlägt ihn in einen Kasten. Reifen darf nicht verlassen werden! Gefallene Bälle sind verloren! 10 Bälle, wer bringt die meisten ins Ziel? Var.: Anzahl der Schläge pro Person beschränken.	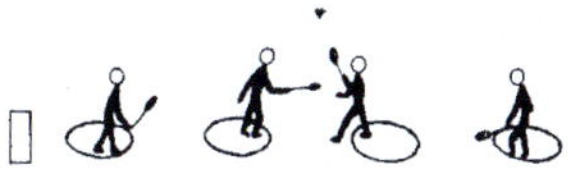
158	Geschicklichkeit Zusammenarbeit	Zwei oder mehr Gruppen bilden. Großer Innenstirnkreis, jeder mit Schläger. Zuspieler steht im Zentrum, schlägt den Ball zum ersten Mitspieler, bekommt ihn zurück, schlägt ihn zum zweiten usw. Welche Gruppe schafft zuerst drei ununterbrochene Runden?	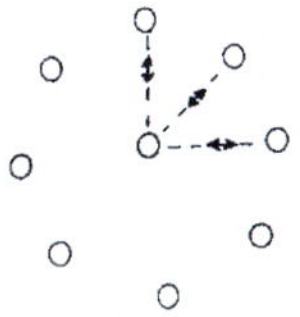
159	Geschicklichkeit Schlagen im Laufen	Zwei oder mehr Gruppen bilden. Außenstirnkreis, jeder mit Schläger. Zuspieler geht außen herum. Er schlägt dem ersten Mitspieler zu, bekommt den Ball zurück, schlägt dem zweiten zu usw. Wer schafft zwei Außenrunden, ohne dass der Ball zu Boden fällt?	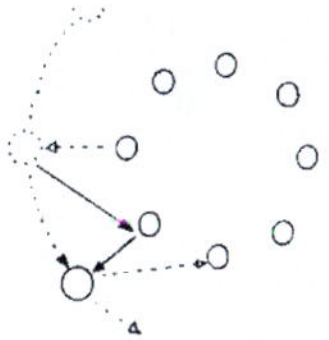
160	Genaue Uh-Schläge Für andere retten	6er- bis 8er-Gruppen bilden. „Kette". Paarweise schräg gegenüber aufstellen. Links schickt ein Startmann Federball auf die Reise, der jeweils zum nächsten Gegenüberstehenden weitergeschlagen wird. Das letzte Kettenmitglied leitet Rückkehr ein. Fällt Ball zu Boden, erfolgt Neubeginn durch Startmann. Welche Staffel schafft zuerst zweimal hin und zurück?	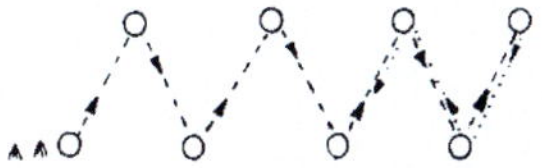

2.6 Zuspielübungen auf ½ Feld – Ein Spieler mit Laufarbeit

Nr.	Ziele	Idee/Beschreibung	Hinweise/Organisation
161	Zurückdrücken aus Ausfallschritt Drop Reaktion	A steht an vorderer Aufschlaglinie und schlägt Uhclear. Nach jedem Schlag dreht er sich um und tippt mit dem Schläger auf einen an der hinteren A-linie stehenden Kasten. B schlägt von der Grundlinie Drop aus dem Stand.	
162	Schlag im Umsprung Vorwärtslauf nach Schlag von der Grundlinie	A schlägt an der Grundlinie Clear im Umsprung. Nach jedem Schlag setzt er die Vorwärtsbewegung fort und tippt mit dem Schläger auf einen an der vo A-linie stehenden Kasten. B schlägt von der Grundlinie Clear aus dem Stand.	
163	Dosierung beim Uh-Spiel Rückwärtslauf	A spielt am Netz Netzdrop und an der Grundlinie Uh(!)-Drop; d. h., der Spieler steht hinter der Grundlinie, wenn er schlägt. B steht an der vo A-linie und spielt abwechselnd Uhclear und Stop.	
164	Spiel aus Netzbereich Umsprung Laufarbeit vw–rw	B steht an vo A-linie und schlägt abwechselnd Uhclear und Stop. A spielt Uhclear als Drop und Stop als Netzdrop zurück. (d. i. die Bewegungsschlagübung „Clear – Drop – Drop – Drop – ...") Var.: B schlägt Uhclear und Stop unregelmäßig.	
 165	Verteilen von der Grundlinie Clear im Umsprung Laufarbeit vw–rw	B steht an Grundlinie und schlägt abwechselnd Drop und Clear. A spielt Drop als Uhclear und Clear als Clear zurück. (d. i. die Bewegungsschlagübung „Clear – Clear – Clear – Drop – ...") Var.: B schlägt Clear und Drop unregelmäßig.	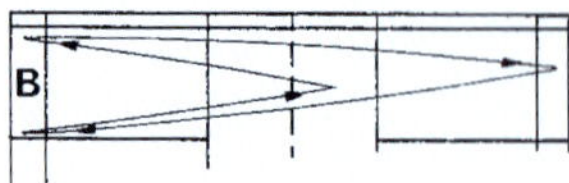

2.6 Zuspielübungen auf ½ Feld – Ein Spieler mit Laufarbeit

Nr.	Ziele	Idee/Beschreibung	Hinweise/Organisation
166	Aufschlagphase Hoher Aufschlag In Schlagbereitschaft sein Verdeckt schlagen	A macht hohen Aufschlag und stellt sich unmittelbar in der Feldmitte aufmerksam zur Return-Erwartung bereit. B läuft an die Grundlinie, schlägt Clear oder Drop aus dem Stand – möglichst aus ähnlichen Auftaktbewegungen, sodass A den Schlag erst spät erkennt – und wartet seinerseits aufmerksam in der Feldmitte. A Drop oder Stop. B ein Gegenschlag. Dann neuer Aufschlag.	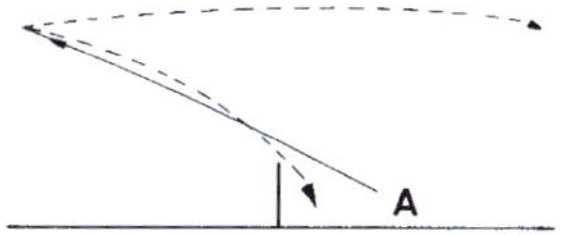
167	Schmettern Abwehren	Bewegungsschlagübung: A (Überkopf-)Smash B Kurze Abwehr Vh oder Rh A Uhclear B erneutes Zuspiel zum Smash.	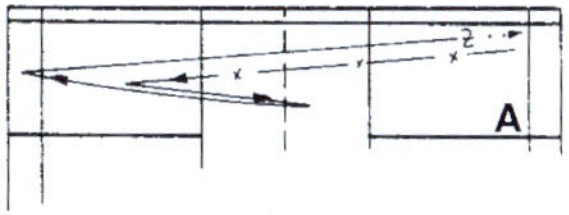
168	Drive Dosierung beim Drive	B steht im Bereich vo A-linie/Feldmitte und schlägt unregelmäßig Uh-/Sh-Drop und (feste) Drive. A schlägt alle Bälle zu B zurück. Var.: Auf der Rh-Seite schlagen, auf der Vh-Seite schlagen, auf beiden Seiten schlagen.	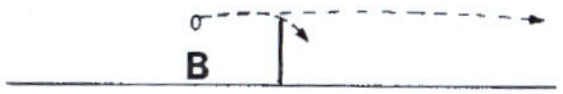
169	Auf Ungewohntes einstellen Dosierung bei Rh-Uh-Schlägen	B steht an der vo A-linie und spielt abwechselnd Uhclear und Stop. A spielt alle Bälle als Drop zurück. Er darf allerdings nur Rh-Schläge machen. Falls er den Rh-Überkopf-Schlag noch nicht beherrscht, spielt er von der Grundlinie Uh- oder Sh-Rh-Drop. Var.: B schlägt Uhclear und Stop unregelmäßig.	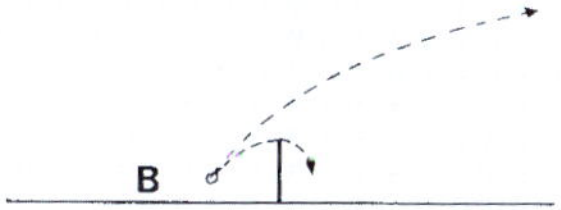
170	Rückkehr zur ZP In Schlagbereitschaft sein	Beherrschst du schon das ½ Feld? A spielt alle Bälle hoch zur gegnerischen Grundlinie und steht nach jedem Schlag aufrecht und in bester Aufmerksamkeit und Vorspannung in Feldmitte und erwartet B's Return. B versucht, die Bälle zu verteilen und gut zu platzieren. Nicht zu sehr angreifen, vielmehr Ball im Spiel halten. Ohne Unterbrechung spielen, spielen, spielen!	

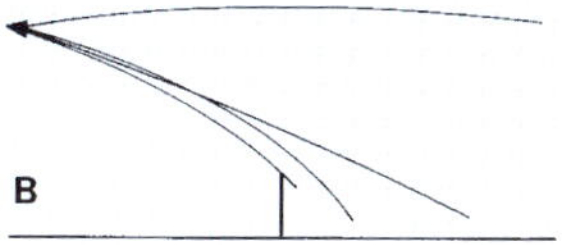

2.7 Bewegungsschlagübungen auf ½ Feld – Beide Spieler mit Laufarbeit

Nr.	Ziele	Idee/Beschreibung	Hinweise/Organisation
171	Schlag von der Grundlinie aus dem Stand	Das Paar versucht, folgende Schlagfolge einzuhalten: „Clear – Clear – Drop – Clear – Clear – Drop – usw." D. h.: A Uhclear – B Clear – A Drop – B Uhclear – A Clear – B Drop – A Uhclear – usw.	A
172	Abstand beim SpaN Hineingehen und Rausdrücken aus Ausfallschritt Feinkoordination	Spiel am Netz mit Hineingehen in Ausfallschritt. Beide Partner stehen an ihrer vo A-linie. Bei jedem Schlag soll neu in den Ausfallschritt hineingegangen werden. Das linke Bein soll möglichst die Linie nicht verlassen. (Ohne Töten.)	
173	Clear im Umsprung Wendigkeit Partnerbeobachtung	Beide Partner schlagen Clear im Umsprung. Nach jedem Schlag ist von den Spielern eine Zusatzaufgabe zu erfüllen, wobei A immer das nachmacht, das B beim vorhergehenden Schlag vormacht – oder umgekehrt. Beispiele: Ü 31.	
174	Schlag im Umsprung Stop Laufarbeit	Das Paar versucht, folgende Schlagfolge einzuhalten: „Clear – Clear – Drop – Drop – Clear – Clear – Drop – Drop – usw." D. h.: A Uhclear – B Clear – A Drop – B Stop – A Uhclear – usw. Jeder ist mal der Aufschläger.	B
175	Flach spielen Härte beim Drive Reaktions- und Aktionsschnelligkeit	Beide Partner spielen Drive. Sie beginnen hinter der Feldmitte und bewegen sich langsam aufeinander zu. Wem gelingt es, seinen Schlägen mehr Druck zu verleihen?	

Nr.	Ziele	Idee/Beschreibung	Hinweise/Organisation
176	Vorwärtslauf nach Grundlinienschlag Stop	Das Paar versucht, folgende Schlagfolge einzuhalten: „Clear – Drop – Drop – Clear – Drop – Drop – usw." D.h.: A Uhclear – B Drop – A Stop – B Uhclear – A Drop – B Stop – A Uhclear – usw.	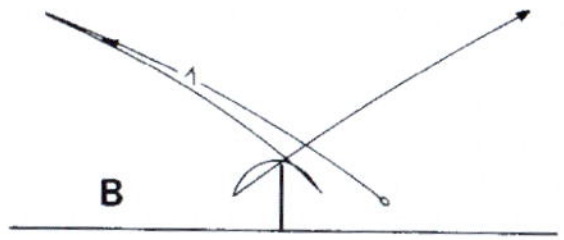 B
177	Zurücklaufen zum Schmettern Bewegungskontrolle nach dem Smash Abwehren	Das Paar versucht, folgende Schlagfolge einzuhalten: „Clear – Clear – Smash – Drop – Drop – Clear – Clear – Smash – Drop – Drop – usw." D.h.: A Uhclear – B Clear – A Smash – B Kurze Abwehr – A Netzdrop – B Uhclear – A Clear – B Smash – A Kurze Abwehr – B Netzdrop – A Uhclear – usw.	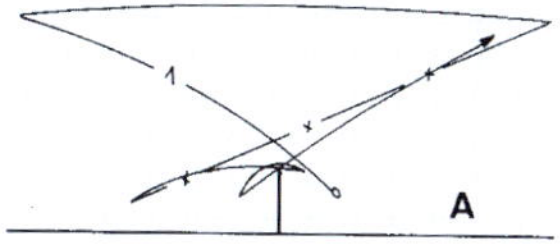 A
178	Smash aus dem Stand Kurze Abwehr	„Wechselseitig schmettern." D. h.: A Uhclear – B Smash – A Ku Abwehr – B Uhclear – A Smash – B Ku Aw – A Uhclear – usw.	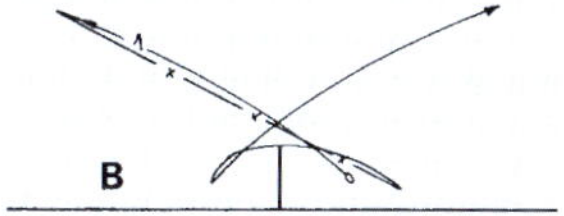 B
179	Smash unter Belastung Abwehr bei Dauerdruck	Einer schmettert – der andere wehrt ab. A Smash aus Stand oder Umsprung B Ku Abwehr Vh oder Rh A Netzdrop B Uh–Zuspiel zum nächsten Smash Gewechselt wird erst bei akuten Erschöpfungszuständen.	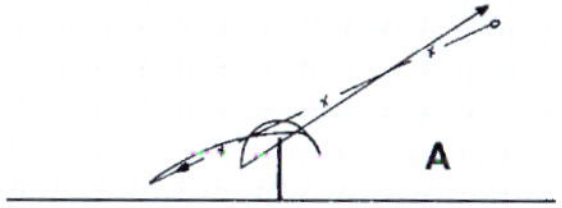 A
180	In Schlagbereitschaft sein Schrittbewegungen schnell einleiten Verdeckt schlagen	Beide Spieler dürfen von der Grundlinie Clear oder Drop spielen. Ein Drop wird als Uhclear zurückgeschlagen. Wem gelingt es, seinen Gegner durch einen verdeckten Drop zu überlisten?	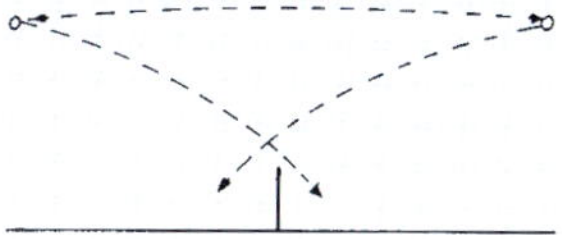

2.8 Einfache Komplexübungen

Nr.	Ziele	Idee/Beschreibung	Hinweise/Organisation
181	Grundschläge aus der Bewegung	Schlagfolge mit Alternativschlag. Auf ½ Feld. A Uhclear B Clear A Drop oder Clear B Stop Drop A Uhclear usw. Wer ist erfolgreicher, der Alternative etwa schon?	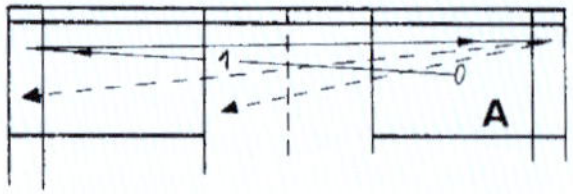 A
182	Bewusst schlagen	Ordnung gegen Unordnung. Auf ½ Feld. A darf alles durcheinander spielen. B muss dagegen die Schlagreihenfolge „Clear–Drop–Clear–Drop– ...“ bei seinen eigenen Schlägen einhalten, d. h., einem Schlag aus der Clear-Familie lässt er immer einen aus der Drop-Familie folgen.	Wie philosophierte doch Nestor-Erwin Z., der große, alte Coach, einmal beiläufig: „Wer seine Gedanken schweifen lässt, dem schweifen auch die Punkte davon!“
183	Rückwärtslaufen Schlagen aus dem Lauf	3-Personen-Rundlauf. Auf ½ Feld. Netz wird hochgewickelt. Man schlägt im (hoffentlich immerwährenden) Schlagfluss. Nach jedem Schlag läuft der ausführende Spieler zum Netz, taucht drunter her, dreht sich um, läuft rückwärts zur entgegengesetzten Grundlinie, schlägt dort den nächsten Clear, läuft wieder zum Netz, taucht wieder, usw.	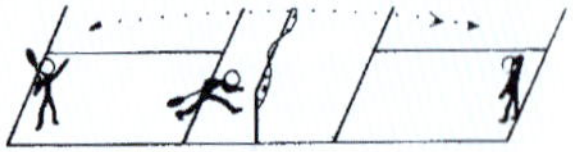
184	Gegner beobachten Verdeckt schlagen	4-fach Alternative. Auf ½ Feld. Beide Spieler dürfen – von der Grundlinie Clear oder Drop schlagen, – aus dem Netzbereich Uhclear oder Stop spielen. Netzdrop ist also nicht gestattet. Hohe Aufschläge üben!	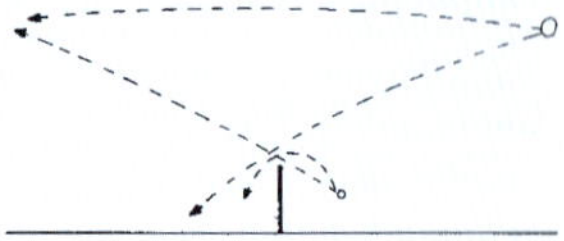
185	Feldbreite erkunden Richtungsgenauigkeit	A steht in der Mitte der vo A-linie; ganzes Feld. B an der gegenüberliegenden Grundlinie. A schlägt Uhclear abwechselnd in gegn. Vh- und LvK-Ecke. B läuft jeweils in die angespielte Ecke und schlägt von dort Drop in die Mitte zurück. Var.: Vh- oder Rh-Uhclear möglich für A, sowie unregelmäßiges Zuspiel. Für B Schlag aus Stand/Umsprung.	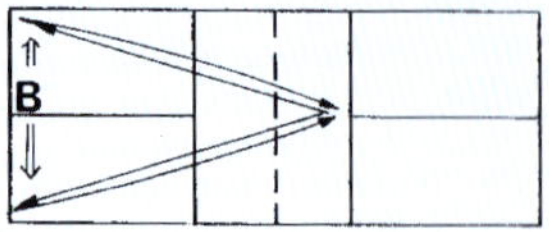 B

Nr.	Ziele	Idee/Beschreibung	Hinweise/Organisation
186	Spiel am Netz Rückwärtslauf Schnelligkeit	Spiel am Netz zwischen A und B auf ½ Feld. A darf jedoch auch Uhclear (sehr hoch) spielen. Geschieht dies, läuft B (möglichst rückwärts) hinter die Grundlinie und spielt einen Uh(!)-Drop zurück. Partner nicht austricksen, sondern auf Schlagfluss achten. Var.: Beide dürfen den Uhclear schlagen.	
187	Feldbreite erkunden Richtungsgenauigkeit	A steht in der Mitte der Grundlinie; ganzes Feld. B in der gegenüberliegenden ZP. A schlägt Drop abwechselnd in die gegn. Netzecken rechts und links. B läuft jeweils in die angespielte Ecke und spielt Uhclear in die Mitte zurück. Var.: A unregelmäßig, aus Stand, im Umsprung.	
188	Feldbreite erkunden Weite beim Clear Richtungsgenauigkeit	A steht in der Mitte der Grundlinie; ganzes Feld. B an der gegenüberliegenden Grundlinie. A schlägt Clear abwechselnd in gegn. Vh- und LvK-Ecke. B läuft jeweils in die angespielte Ecke und schlägt von dort Clear in die Mitte zurück. Var.: Laufarbeit für A und B einbauen.	
189	Schlagauswahl treffen Gegner beobachten	Beidseitige Alternative; ½ Feld. A schlägt von der Grundlinie Clear oder Smash. B schlägt von der Grundlinie Drop oder Smash. Beide schlagen im Netzbereich Stop/Ku Aw, dem ein erneutes Zuspiel an die Grundlinie folgt.	
 190	Annehmen kurzer Aufschläge Spiel auf ½ Feld	Einzelspiel mit vorgeschriebener Aufschlagphase; ½ Feld. A Kurzer Aufschlag B Uh-Drop (= kurz zurück) Danach freies Spiel. Von B ist höchste Qualität gefordert.	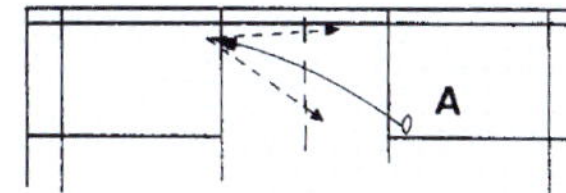

2.9 Badminton-Wettspiele auf ½ Feld

Nr.	Ziele	Idee/Beschreibung	Hinweise/Organisation
191	Raumgefühl Technisches Spiel	Einzel um Punkte. Einmal auf ½ Einzel-, andermal auf ½ Doppelfeld.	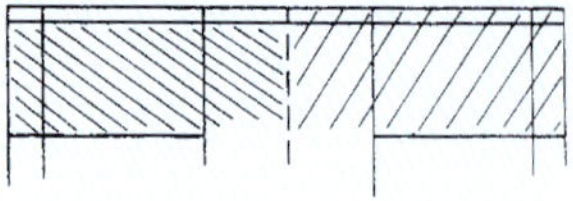
192	Konzentration bei jedem Ballwechsel	Einzel um Punkte. Jeder unerzwungene Fehler bedeutet zusätzlichen Punktgewinn für den Gegner.	Satz bis 30 Punkte.
193	Raumgefühl Schlagsicherheit	Einzel um Punkte. Jedoch ist schmettern nicht erlaubt!	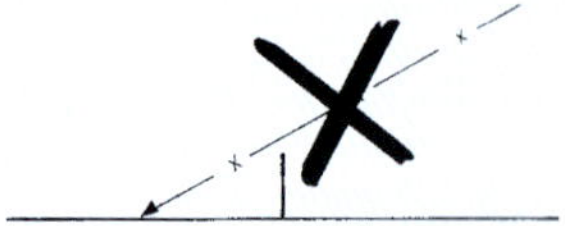
194	Sicherheit beim SpaN	Netzduell. Als Feld gilt nur der Bereich zwischen Netz und vo A-linie. Beliebiger Aufschlag, allerdings müssen Aufschläger und Annehmender mit beiden Füßen vo A-linie berühren. Ansonsten: Badmintonregeln. Beachte: Auch wer außerhalb des Feldes stehend vom Ball getroffen wird, begeht Fehler.	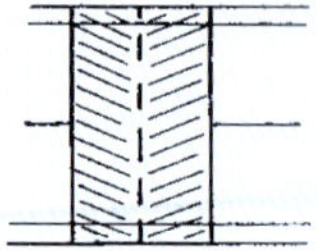
195	Höchste Aufmerksamkeit	Spielen in 3er-Gruppen. Einer wartet stets neben der Linie. Die beiden anderen spielen einen Ballwechsel auf Sieg. Der Verlierer geht vom Feld, der Wartende jeweils darauf.	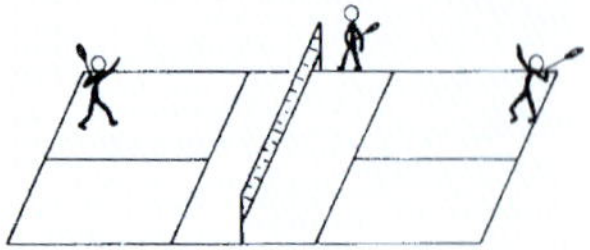

Nr.	Ziele	Idee/Beschreibung	Hinweise/Organisation
196	Schlagsicherheit Zusammenspiel	Auf mehreren Feldhälften treten mehrere Paare gegeneinander an. Welches Paar hält einen Ballwechsel am längsten in Gang und zeigt dabei die kunstvollsten Schlagfolgen? Längere Phasen „Spiel am Netz" sind ebensowenig erlaubt wie regelmäßige Schlagfolgen. Aus-Bälle müssen fallen gelassen werden.	
197	Spiel zwischen Spielern unterschiedlicher Leistungsstärke Mit Volldampf spielen	Handicapspiel. (Für Spieler unterschiedlichen Leistungsniveaus – vgl. auch Ü 771–780.) Schwächerer Spieler bekommt Punktevorsprung, z. B. 10:0. Gewinnt der Spielstärkere dennoch, wird der Abstand im folgenden Satz um einen Punkt erhöht. Im anderen Fall erfolgt Verringerung.	
198	Auf Ungewohntes einstellen Taktik überlegen	Einzel nach Badmintonregeln. Jedoch sind den beiden Gegnern nur Unterhand-Schläge erlaubt.	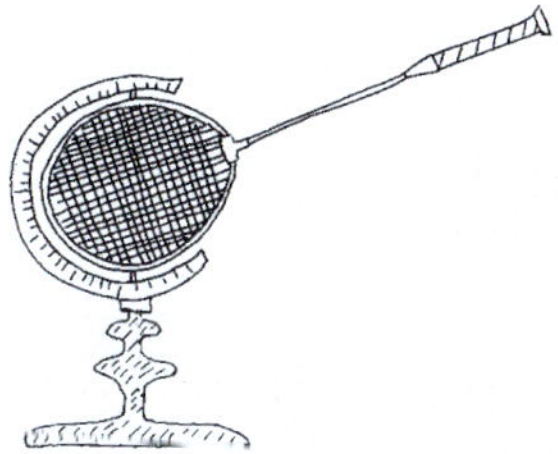
199	Druckvoll spielen Aus Körpernähe schlagen Drive	Einzel im Midcourt. Feld ist mittlere Fläche des halben Einzelfeldes. Beide müssen sich in die Reichweite spielen. Bälle, die außerhalb ankommen, können fallen gelassen werden. Evtl. in 3er-Gruppen, wobei einer stets Schiedsrichter ist.	
200	Ohne Abwärtsschläge auskommen	Spiel über hohe Leine. Ein Stück oberhalb des Netzes wird eine zusätzliche Schnur gespannt, die als Netzoberkante gilt (ggf. Netz höher hängen). Einzelspiel nach Badmintonregeln, wobei als Feld nur die Fläche zwischen vo A-linie und Grundlinie gilt.	

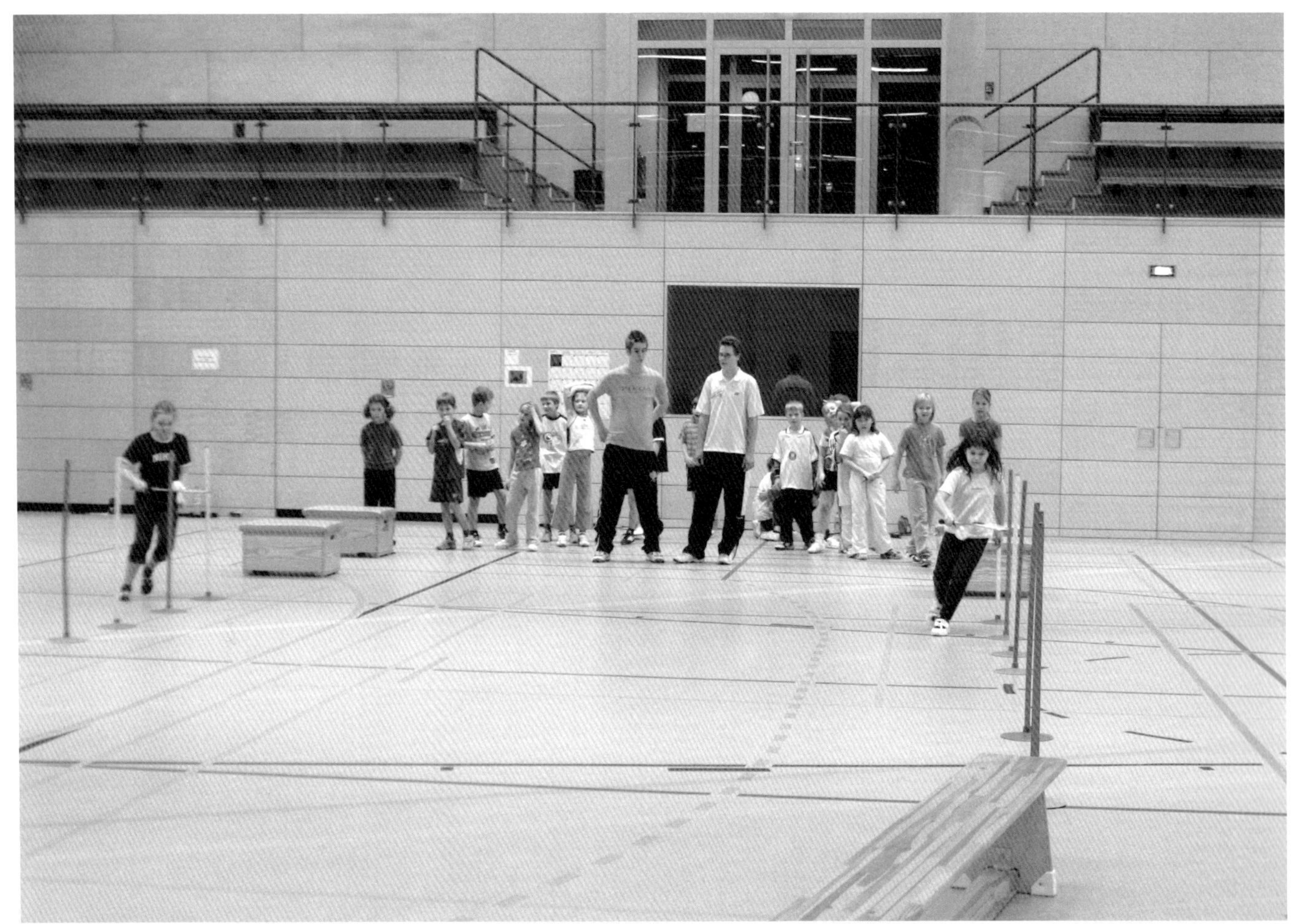

„Federballstaffeln"

Geschicklichkeitsschulung mit Unterhaltungswert.

Kapitel 3

Methodische Übungsreihen

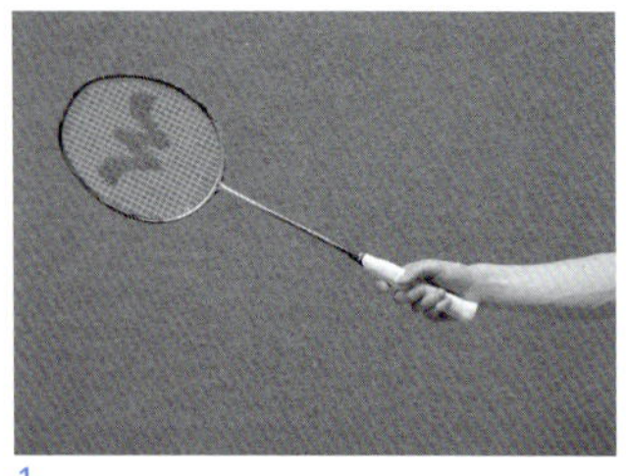

1

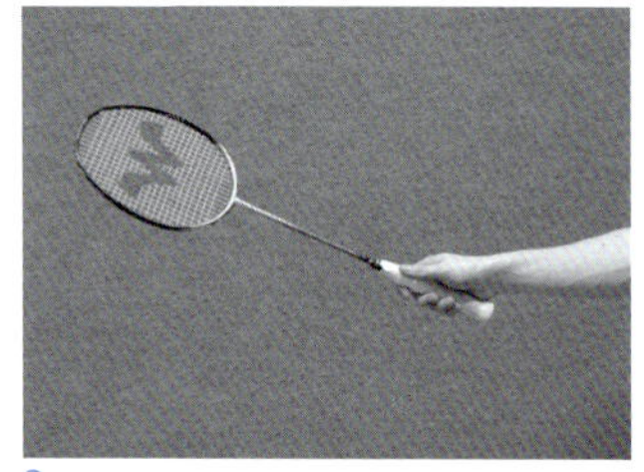

2

3

4

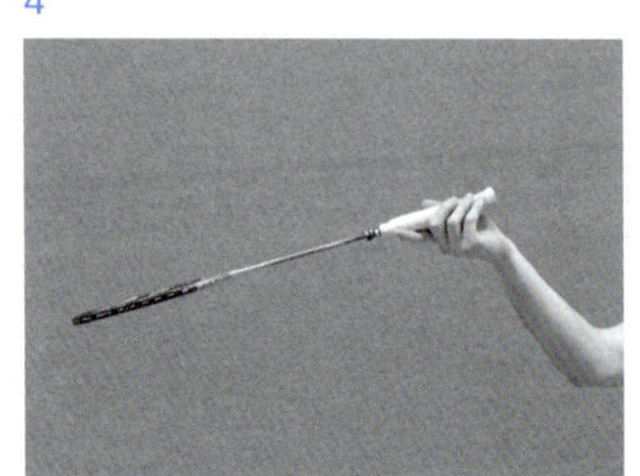

5

„Schlägerhaltungen – Griffwechsel“

Die Griffhaltung wird in den verschiedenen Spielsituationen – also bei den unterschiedlichen Schlägen – fortwährend verändert. Dieses „Umgreifen“ muss eingeübt werden.

1 V-Griff
(z. B. für hohen Aufschlag)

2 Daumengriff
(für Rückhandschläge)

3 Powergriff
(für harte Schläge)

4 Rush-Griff
(z. B. für Spiel oberhalb der Netzkante Vorhand)

5 Pinzettengriff
(für feinkoordinatives Spiel am Netz)

Die METHODISCHE ÜBUNGSREIHE kann an vielen Stellen im Trainingsprozess zum Einsatz kommen. In ihr wird eine Folge von Übungen (Lernschritte) angegeben, die das Erlernen einer bestimmten Zieltechnik ermöglichen bzw. begünstigen soll. Immer dann, wenn mit einer gewissen Systematik geübt oder verbessert werden soll, bietet sie sich an.

Dabei dient sie nicht nur zum Erlernen ungewohnter Bewegungsabläufe, sondern ebenso der Überprüfung bekannter oder deren Anwendungserweiterung.

Es werden 5 Reihen vorgestellt, deren Schwerpunkte jeweils anders gesetzt sind:

In der Reihe zu den Sh- und Uh-Schlägen wird das Einüben einer Technik im Anfängerbereich vorgestellt. Voraussetzung sind lediglich die rechte Handhabung des Schlägers (vgl. nebenstehende Fotos zur Schlägerhaltung) und elementare Informationen über den Ablauf von Badminton-Schlagbewegungen (Unterarmdrehung bei Anbeugung des Handgelenks zum Handrücken).

In der Reihe zu Clear und Drop soll ein Weg gezeigt werden, wie eine naiv ausgeführte Bewegung (schlagen kann jeder) stufenweise in Richtung auf einen „Sollablauf“ verändert und damit optimiert werden kann.

Die methodische Reihe zu den Überhand-Rückhandschlägen ist ein Beispiel für die planmäßige Erarbeitung einer Technik im Fortgeschrittenenbereich. Ausgegangen wird von bereits richtig beherrschten Grundbewegungen.

Die Übungsreihe zum Smash dient der Verbesserung einer ungenügend wirksamen Technik. Sie ist brauchbar für jedes Leistungsniveau und kann — etwa im Rahmen von Saisonvorbereitungen — auch von guten Spielern immer mal wieder durchlaufen werden.
Die Reihe zum Spiel am Netz ist ein Beispiel, für die Notwendigkeit der planmäßigen Erfassung und umfassenden Schulung von Schlagvarianten in einem Feldsektor. Hier steht nicht die Entwicklung einer Einzeltechnik im Vordergrund, sondern die Vielfalt spielgemäßer Umsetzung.

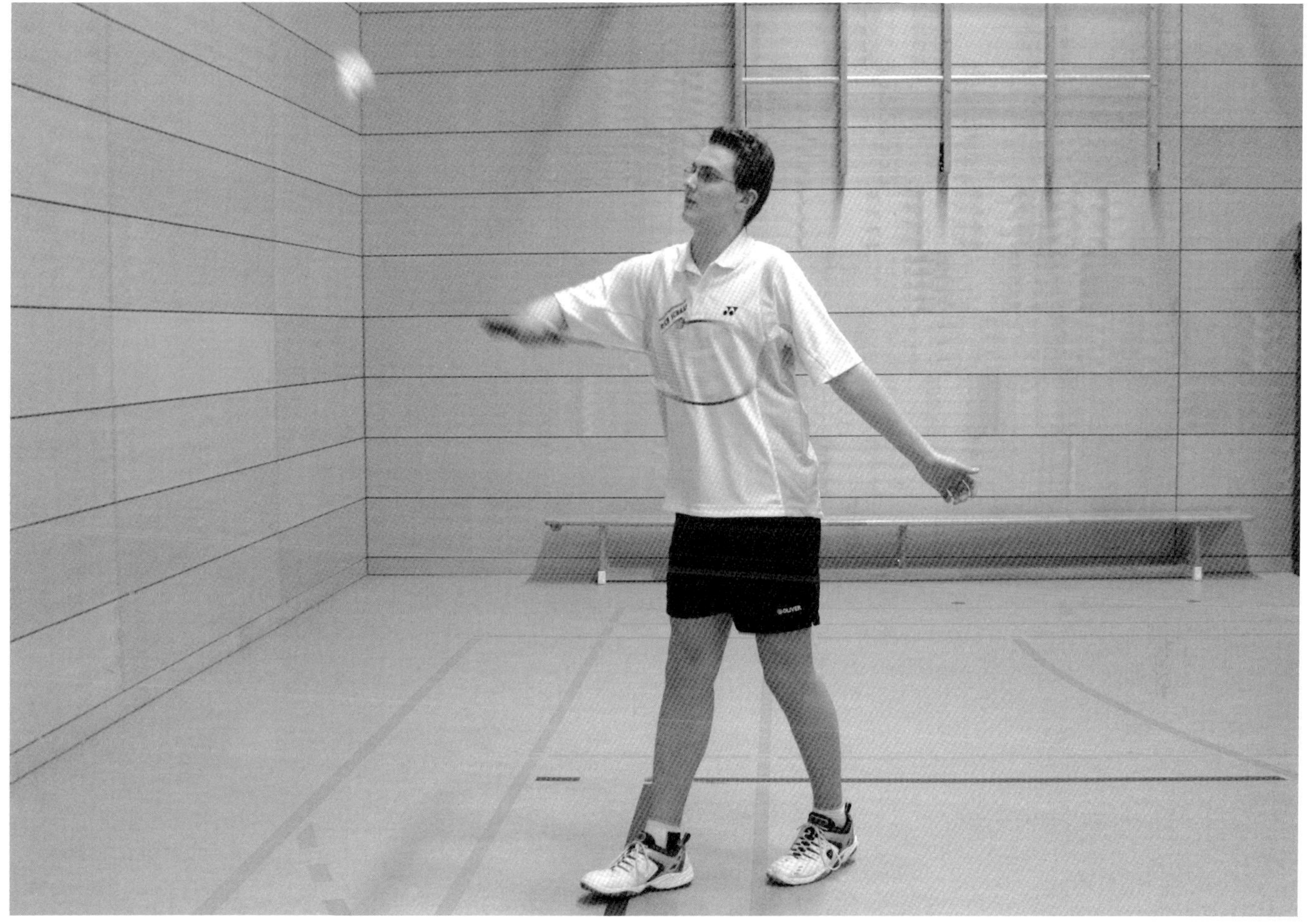

„Spiel gegen die Wand“

Ermöglicht hohe Wiederholungszahlen bei der Schulung grundlegender Schlagbewegungen.

3.1 Methodische Übungsreihe zu den Seithand- und Unterhandschlägen (Ü 201–220)

Nr.	Ziele	Idee/Beschreibung	Hinweise/Organisation
201	Automatisierung in der Grobform Präzisierung der Bewegungsvorstellung	Nur Schläger, ohne Ball; Schlagsimulationen. Spieler vollzieht Vh-Schläge im Sh- und Uh-Bereich, wobei er auf korrekte Bewegungsführung achtet. Außerdem soll er versuchen, einem Partner den theoretischen Bewegungsverlauf sowie mögliche Fehlerquellen mündlich zu beschreiben. In 20er-Serien, mind. 500 Schläge üben. (Zu Hause.)	Die Grundlagen der Schlagbewegungen sind aus den Geschicklichkeitsübungen bekannt. Der Spieler weiß, dass Schläge auf Drehbewegungen (Rotation) oder auf geradlinigen Bewegungen (Extension) des Unterarms beruhen können. Auch kennt er die Schwungschleife und ist mit dem Griffwechsel und dem Daumeneinsatz bei Rh-Schlägen vertraut.
202	Verfeinerung der Grobform	Spieler schlägt Ball mit Uh-Schlag Vh gegen ein Ziel an der Wand. Selbstzuwurf mit der schlägerfreien Hand, stets neu.	
203	Verfeinerung der Grobform	Uh-Schlag Vh gegen Wand auf genauen Zuwurf (Uh-Zuspiel) eines Partners, der vor der Wand steht. Stets neu. Var.: Falls Partner schlagsicher genug, Zuspielübung im Schlagfluss. Partner macht vor dem erneuten Zuspiel einen Zwischenschlag (Ball senkrecht nach oben).	
204	Automatisierung in der Grobform Präzisierung der Bewegungsvorstellung Fachsimpeln	Nur Schläger ohne Ball, Schlagsimulationen. Spieler vollzieht Rh-Schläge im Sh- und Uh-Bereich, wobei er auf korrekte Bewegungsführung achtet. Außerdem soll er versuchen, einem Partner den theoretischen Bewegungsablauf sowie mögliche Fehlerquellen mündlich zu beschreiben. In 20er-Serien, mind. 500 Schläge üben. (Zu Hause.)	
205	Verfeinerung der Grobform	Spieler schlägt Ball mit Sh-Schlag Rh (abwechselnd geradlinig und mit Unterarmdrehung) gegen eine Wand. Selbstzuwurf, stets neu. Var.: 2 Partner schlagen sich den Ball auf diese Weise gegenseitig zu. Allerdings kein Dauerzuspiel! Ball auffangen und erneut aus der Hand schlagen.	

Nr.	Ziele	Idee/Beschreibung	Hinweise/Organisation
206	Verfeinerung der Grobform	Sh-Schlag Rh auf genaues Zuspiel eines Partners. Es kann im Schlagfluss gespielt werden, wobei der Partner versucht, den Ball möglichst genau in den Sh-Bereich Rh zu spielen. Abstand der Spieler 3–5 m.	
207	Stabilisierung Unterscheidung zwischen Uh- und Sh-Schlägen	Partnerübung zum Vh-Schlag. Partner stehen 3–5 m auseinander, je einen Meter nach links versetzt. Sie spielen sich die Bälle jeweils in den Vh-Bereich zu, aber mit unterschiedlicher Festigkeit, sodass je nachdem ein Uh- oder ein Sh-Schlag zum Zurückschlagen benutzt werden muss.	
208	Stabilisierung Unterscheidung zwischen Uh- und Sh-Schlägen	Partnerübung zum Rh-Schlag. Partner stehen 3–5 m auseinander, je einen Meter nach rechts versetzt. Sie spielen sich die Bälle jeweils in den Rh-Bereich zu, aber mit unterschiedlicher Festigkeit, sodass je nachdem ein Uh- oder ein Sh-Schlag zum Zurückschlagen benutzt werden muss.	Hier Einführung des Ausfallschrittes: Muss der Ball weit vor dem Körper geschlagen werden, Ausfallschritt mit dem rechten Bein.
209	– Schwungvolles Schlagen – Koppeln von Teilbewegungen	Vorübung zum hohen Aufschlag. Spieler wählt eine der Hallenlinien aus, stellt sich im Abstand von etwa 5 m hin und versucht, mittels schwungvollem Uh-Schlag Vh, einen Ball bis über die Linie zu schlagen. Nach gelungenem Versuch vergrößert er den Abstand auf 6 m usw. Wer schafft mehr als zehn Meter? Wer mehr als zwölf?	
210	– Anpassungsfähigkeit	Softball-Squash: Nachdem sich der Spieler noch einmal die Bewegungsabläufe der Vh- und Rh-Schläge im Sh- und Uh-Bereich vor Augen geführt hat, versucht er diese Bewegungen beim Schlagen eines Softballes gegen eine Wand zur Anwendung zu bringen. Ball vor dem Rückschlag aufprellen lassen.	

3.1 Methodische Übungsreihe zu den Seithand- und Unterhandschlägen (Ü 201–220)

Nr.	Ziele	Idee/Beschreibung	Hinweise/Organisation
211	Dosierung	Schlage mit unterschiedlicher Festigkeit! Partner stehen, einen Meter nach links versetzt, einander gegenüber und spielen sich den Ball jeweils in den Uh-/Sh-Bereich Vh zu. Während des Ballwechsels vergrößern sie langsam den Abstand voneinander, indem sie rückwärts gehen. Auf ein Signal gehen beide wieder vorwärts und verschärfen dabei das Schlagtempo.	
212	Dosierung	Schlage mit unterschiedlicher Festigkeit! Partner stehen, einen Meter nach links versetzt, einander gegenüber und spielen sich den Ball jeweils in den Uh-/Sh-Bereich Rh zu. Während des Ballwechsels vergrößern sie langsam den Abstand voneinander, indem sie rückwärts gehen. Auf ein Signal gehen beide wieder vorwärts und verschärfen dabei das Schlagtempo.	
213	Bewegungsstabilisierung Differenzierung	Variiere beim Vh-Schlag! 2 Spieler im Schlagfluss. Partner versucht, den Ball stets in den Uh-/Sh-Bereich Vh zu spielen. Der Übende seinerseits verändert systematisch die Steilheit der Flugkurve seines Zurückspiels von ganz flach bis steil. Welchem Spieler gelingen die schönsten Variationen?	
214	Bewegungsstabilisierung Differenzierung	Variiere beim Rh-Schlag! 2 Spieler im Schlagfluss. Partner versucht, den Ball stets in den Uh-/Sh-Bereich Vh zu spielen. Der Übende seinerseits verändert systematisch die Steilheit der Flugkurve seines Zurückspiels von ganz flach bis steil. Welchem Spieler gelingen die schönsten Variationen?	
215	Automatisierung Wechsel der Griffart	Nur Schläger, ohne Ball; Schlagsimulationen. Spieler vollführt ihn beliebiger Reihenfolge folgende Schläge, wobei er auf korrekte Bewegungsführung achtet: Uh-Schlag Vh, Uh-Schlag Rh, Sh-Schlag Rh, Sh-Schlag Vh. Besonders den Daumeneinsatz beim Wechsel zu Rh-Schlägen üben. In 20er-Serien mind. 500 Schläge!	Achtung: Bei Schlagsimulationen stets so schlagen, als spiele man tatsächlich einen Ball!

Nr.	Ziele	Idee/Beschreibung	Hinweise/Organisation
216	Automatisierter Wechsel der Griffart	2 Spieler im Schlagfluss. Partner spielt Bälle im regelmäßigen Wechsel in die Sh-Bereiche Vh und Rh zu. Der Übende schlägt flache Bälle zurück, wobei er besonders auf Griffwechsel und schnelle Bewegungsausführung achtet. Abstand 3–5 m. Var.: unregelmäßiger Wechsel.	
217	Schwungvolles Schlagen Ausfallschritt vorwärts	Partnerübung auf ½ Feld. Übender steht an der vo A-linie und schlägt Uhclear Vh aus Netzhöhe, wobei er gleichzeitig jeweils in den Ausfallschritt geht. Partner steht hinter der Grundlinie und schlägt den Ball als Uh-Drop übers Netz zurück. Schlagsimulationen einschieben!	
218	Schwungvolles Schlagen Schlagen im Ausfall-schritt	Partnerübung auf ½ Feld. Übender steht an der vo A-linie und schlägt Uhclear Rh aus Netzhöhe, wobei er gleichzeitig jeweils mit dem rechten Bein in den Ausfallschritt geht. Partner steht hinter der Grundlinie und schlägt den Ball als Uh-Drop übers Netz zurück. Schlagsimulationen einschieben!	
219	Zielgenauigkeit	Hoher Aufschlag. Auf ½ Feld, mehrere Bälle. Von einem Standort hinter der vo A–linie soll versucht werden, in die Fläche zwischen gegenüberliegender hi A-linie und Grundlinie hineinzutreffen. Var.: Über einen Partner, der mit senkrecht hochgehaltenem Schläger in der Feldmitte steht, hinwegschlagen.	
220	Variable Anwendung Umstellen auf unge-wohnte Anforderungen	Einzelspiel auf ½ Feld nach Badmintonregeln. Aber: Nur Uh- und Sh-Schläge sind erlaubt! (Überkopf- und Überhand-Schläge verboten.)	

3.2 Methodische Übungsreihe zu Clear und Drop (Ü 221–240)

Nr.	Ziele	Idee/Beschreibung	Hinweise/Organisation
221	Schlagimitierende Wurfbewegung Einnehmen der Ausholphasenendstellung	Gegenseitiges Federballzuwerfen. Spieler vollführt Wurfbewegung „aus dem Stand“ („Ausholphasenend-/Nullstellung“, „Stemmschritt“) mit einem Federball. Partner – ca. 3–5 m entfernt – fängt diesen Ball mit der Hand des nach oben ausgestreckten linken Armes (schrägliegende Schulterachse) auf.	
222	Erarbeiten der grundlegenden Bewegungen Erlernen der Grobform Fachsimpeln	Anhand von Demonstration, Reihenbildern und/oder Filmen genaue Bewegungsvorstellung verschaffen. Gruppenarbeit unter fachkundiger Anleitung. Zerlegen des Überkopfschlages in seine verschiedenen Phasen, deren Merkmale kennzeichnen und praktisch umsetzen. Zusammenfügen der Teilbewegungen. In 10er-Serien mind. 500 Schlagsimulationen üben.	Fachliteratur Lehrvideos Reihenbilder S. 265
223	Automatisierung in der Grobform Kontrolle	Schlag am ruhenden Objekt. (Unter fachkundigem Blick.) Spieler schlägt festen Überkopf-Schlag gegen einen an einer Latte aufgehängten Lappen. Var.: (Feder-)Ballpendel, Styroporkugeln an Hallentrennwand u. Ä. Den korrekten Bewegungsverlauf der gewaltsamen Ausführung vorziehen. Später diese Übung immer wieder einschieben.	
224	Gesamtkoordination Schlag Timing Automatisierung	Clear gegen eine Wand auf Uh-Zuspiel. Partner steht mit dem Rücken zur Wand und spielt (wirft) A einen supergenauen, ausreichend hohen Ball zu. Dieser schlägt – bei genauer und kritischer Kontrolle des Bewegungsablaufes – Clear über den Zuspieler an die Wand. Tipp: Gute Zuwurfergebnisse auch, wenn Ball mit dem Korb auf Schläger gestellt und dann hochgeworfen wird.	
225	Stabilisierung Beinarbeit Timing	Wie weit kommen wir schon? ½ Feld; P Hoher Aufschlag. A läuft an die Grundlinie und erwartet den herunterfallenden Ball in Ausholphasenendstellung. Er versucht ihn über P, der den Schläger senkrecht hochhält, hinwegzuschlagen.	

3.2 Methodische Übungsreihe zu Clear und Drop (Ü 221–240)

Nr.	Ziele	Idee/Beschreibung	Hinweise/Organisation
226	Vorübung zum Umsprungschritt	„Viererrhythmus“: eine Schrittbewegung in 4 Takten. 1. Zurückstellen des rechten Fußes, Gewichtsverlagerung. 2. Gleichzeitig re Bein vor und li zurück (= Scherbewegung in der Luft). Li Bein fängt Gewicht auf. 3. Re Bein weit nach vorne. 4. Li Fuß neben re setzen.	0 1 2a 2b 3 4 (Vgl. Reihenbilder S. 265.)
227	Koordination Schlag/Umsprung Automatisierung in der Grobform	Schlagsimulation Clear im Umsprung. Nur Schläger, ohne Ball. Möglichst Korrektur unter fachkundiger Anleitung. In 10er-Serien üben, üben, üben.	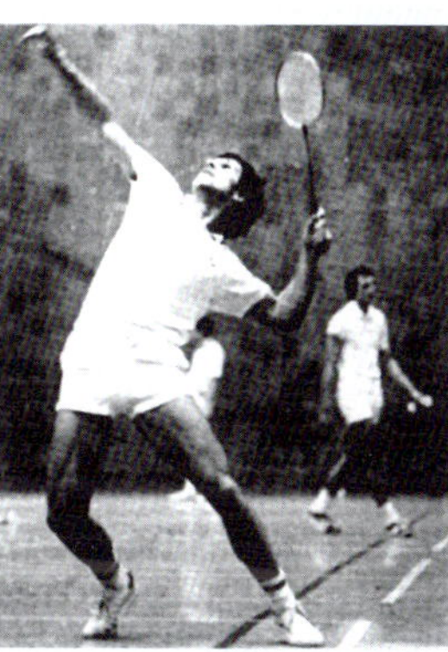
228	Erarbeiten der Bewegungsvorstellung Automatisierung in der Grobform Armstreckung	Drop aus dem Stand auf Zuspiel. Partner steht hinter dem Netz an vo A-linie und spielt ho Aufschlag an die Grundlinie. A wartet dort in Ausholphasenendstellung („in der Null“) und schlägt Drop (aus einer lockeren Clear-Bewegung, die gefühlvoll abgebremst wird). Auf 5 Zuspiele 5 Schlagsimulationen folgen lassen.	
229	Verfeinerung der Grobform Timing Gesamtkoordination	Drop im Umsprung auf Zuspiel. Partner steht hinter dem Netz an vo A–linie und spielt ho Aufschlag an die Grundlinie. A wartet kurz vor hi A-linie und schlägt Drop im Umsprung. Schläge am Ball immer wieder mit Schlagsimulationen Clear im Umsprung und Drop im Umsprung varileren.	Die Vorbereitungen sind abgeschlossen: die Null- oder Ausholphasenendstellung. (Vgl. Fotos S. 78 (1), 184, 229, 265 (3).)
230	Timing Verbesserung der Schlägerbeschleunigung Verfeinerung der Grobform	Clear aus dem Stand über eine Leine. ½ Feld. Auf der Seite des Partners ist ein Gardinenstreifen (behängte Schnur o. Ä.) über das Feld gespannt. Wer schafft von der eigenen hi A-linie in größter Weite über sie zu spielen? Zurückspiel des Partners je nach gegenseitigem Vermögen: Clear, Uh-Drop als Zwischenschlag, Sh-Clear, neues Zuspiel.	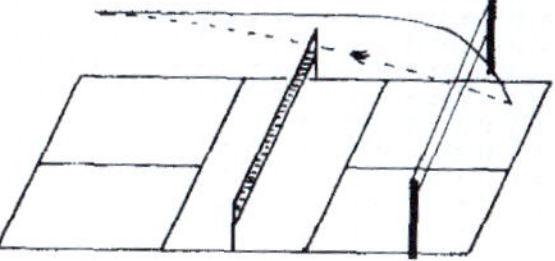

3.2 Methodische Übungsreihe zu Clear und Drop (Ü 221–240)

Nr.	Ziele	Idee/Beschreibung	Hinweise/Organisation
231	Balltreffen im höchsten Punkt Schwungvolles Schlagen Qualitätskontrolle	Clear im Umsprung. Im Schlagfluss mit Unterbrechungen. Partner unterbricht Ballwechsel sofort bei ungenauen Bewegungen oder unkontrolliertem Ballflug. Möglichst: Die Teilbewegungen werden im Rahmen der Gesamtbewegung von einem fachkundigen Beobachter auf ihre Effektivität hin bewertet.	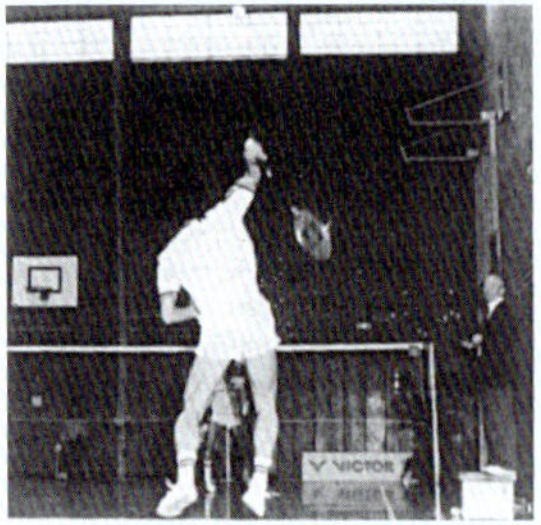
232	Unterscheidung zwischen schnellem und langsamem Drop	Drop aus dem Stand, im Schlagfluss. Partner steht hinter dem Netz an vo A-linie. Er spielt A's Drop sofort als hohen Uhclear zurück. A – an der Grundlinie – versucht die beiden möglichen Droptechniken zu erarbeiten: „Überdachen" des Balles mit dem Schläger (schnell) und Abbremsen der Unterarmdrehung vor Ballberührung (langsam).	SCHLAGPHASE – Der Schläger befindet sich am tiefsten Punkt der Schwungschleife. (Vgl. Fotos S. 78 (2), 265 (6).)
233	Gesamtkoordination Stabilisierung	Drop im Umsprung, im Schlagfluss. Partner steht hinter dem Netz an vo A-linie. Er spielt A's Drop sofort als hohen Uhclear zurück. Darauf achten, dass die schwungvolle Gesamtbewegung erhalten bleibt, auch wenn keine große Kraftanstrengung für den Drop benötigt wird.	AUSSCHWUNGPHASE – die Unterarmdrehung (Pronation) ist schon abgeschlossen. Die Beine sind noch „im Umspringen". (Vgl. Fotos S. 8, 78 (3), 231, 265 (8).)
234	Gesamtkoordination Stabilisierung	Clear aus dem Stand, im Schlagfluss. Möglichst mit einem besseren Partner üben. Dieser versucht so gut wie möglich zuzuspielen, damit A stets günstig zum Ball stehen kann, wenn er seinen Clear schlägt. Geht es schon prächtig hin und her?	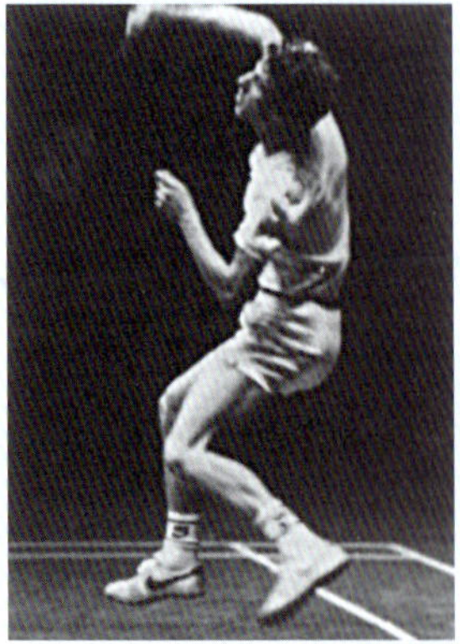
235	Gesamtkoordination Stabilisierung	Clear im Umsprung, im Schlagfluss. Möglichst mit einem besseren Partner üben, damit A den gesamten Umsprung ausführen kann. Nach jedem missglückten Schlag 3 Simulationen einschieben. (Partner macht für jedes Zuspiel, das nicht hoch genug ankommt, einen Hocksprung! Wetten, er konzentriert sich?)	

Nr.	Ziele	Idee/Beschreibung	Hinweise/Organisation
236	Lauftechnik Schlagen aus Rückwärts-bewegung	Drop nach Lauf aus Feldmitte. Bewegungsschlagübung auf ½ Feld. A Drop P Stop A Uhclear P Clear A Drop usw.	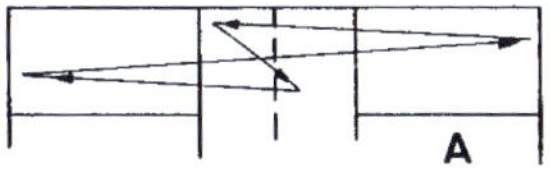 A
237	Lauftechnik Schlagen aus Rückwärts-bewegung	Clear nach Lauf aus Feldmitte. ½ Feld. A schlägt mit Partner Clear im Schlagfluss. Nach jedem zweiten Clear läuft er zu vo A-linie und tippt mit dem Schläger auf einen Kasten, der dort aufgestellt ist.	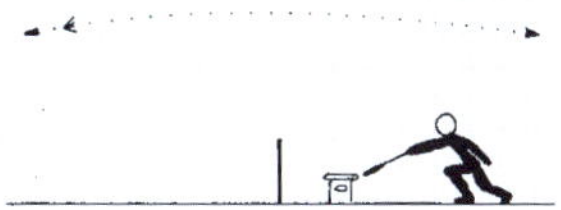
238	Auftaktbewegung gleichmäßig ausführen	Clear und Drop von der Grundlinie abwechselnd. ½ Feld. Partner spielt Clear als Clear und Drop als Uhclear zurück. Var.: unregelmäßig.	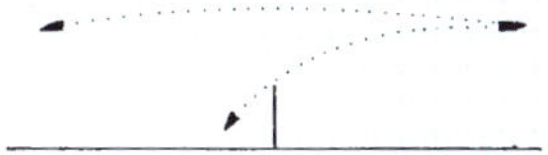
239	Dauerhaft weit schlagen Unterhaltung	Clear-Wettkampf. Auf ½ Feld. Jeder Fehler zählt Punkt. Kontrahenten einigen sich auf eine Linie auf ihren Feldseiten, die als Vorderlinie bei allen Schlägen übertroffen werden muss (zu kurz = Fehler). Je nach Leistungsvermögen kommt diese Linie immer näher an die Grundlinie (max. hi A-linie). Aufschlag von vorne, schmettern nicht erlaubt. Wettkampf auch in Turnierform möglich.	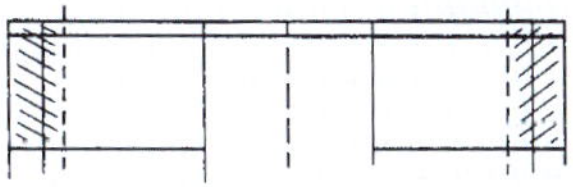
240	Erste spielerische Anwendung Fachmännische Beurteilung von Schlagarten	Wettspiel auf ½ Feld. Einzel nach Badmintonregeln. Erlaubt sind nur ausgewählte Schläge. Aus Netzbereich: Ho Uhclear oder Stop. (Kein Netzdrop.) Aus Grundlinienbereich: Clear oder Drop.	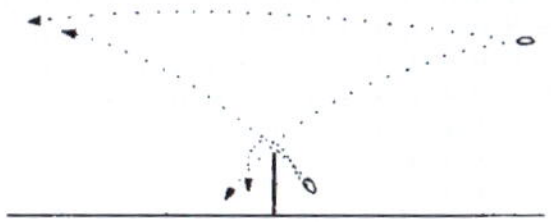

3.3 Methodische Übungsreihe zu den Überhand-Rückhandschlägen (Ü 241–260)

Nr.	Ziele	Idee/Beschreibung	Hinweise/Organisation
241	Wiederholung Bewusstmachung	Gegenseitiges Zuspiel von flachen Bällen in den Uh- bis Sh-Bereich Rh. ½ Feld, Partnerübung im Schlagfluss. Versetzt aufstellen. Man beginnt mit lockeren Schlägen, die im Verlaufe eines Ballwechsels immer schärfer werden sollen. Unterarmbewegung, Handgelenkstellung und Daumeneinsatz kontrollieren.	Uh- und Sh-Schläge Rh gelten als beherrscht.
242	Erarbeitung der grundlegenden Bewegung Lernen, Schlägerkopf nach oben zu richten	Partner spielt A den Ball zunächst so zu, dass dieser Rh-Drive spielen kann. Dann verlagert er seine Zielrichtung und spielt auch den Üh-Bereich Rh (Schulter- bis Kopfhöhe) an. A verändert Arm- und Handgelenkstellung derart, dass der Schlägerkopf senkrecht nach oben zeigt. Er spielt Drive und Drop. ½ Feld; im Schlagfluss.	Balltreffpunkt bleibt zunächst vor bzw. neben der linken Körperseite.
243	Präzisieren der Bewegungsvorstellung Automatisierung in der Grobform	Schlagsimulationen Rh-Drop. Nur Schläger, ohne Ball. Zunächst nur Auswärtsdrehung des Armes vom tiefsten Punkt der Schwungschleife aus (Kontakt Schlägerrahmen – Hüfte). Später vollziehen der gesamten Schwungschleife. Schließlich Schwungschleife bei gleichzeitigem Hineingehen in Ausfallschritt. Ohne Krafteinsatz schlagen. Fachkundige Korrektur. In 10er-Serien mind. 500 Schläge üben.	Vgl. Fotos S. 78
244	Verfeinerung der Grobform	Rh-Drop auf Zuspiel. Partner steht hinter dem Netz an vo A-linie und spielt ho Aufschlag in A's Rh-Ecke. A Rh-Drop Ll mit Hineingehen in Ausfallschritt. Var.: Evtl. 2. Teil der Schwungschleife zunächst gesondert üben.	Ballzuspiel bei allen Übungen (bis auf Ü 260) stets ausreichend hoch! Spieler muss vollständige Bewegung ausführen können.
245	Stabilisierung	Rh-Drop im Schlagfluss. Partner steht hinter dem Netz an vo A-linie. Er spielt A's Rh-Drop Ll sofort wieder als Uhclear zurück. A versucht, Körperdrehung zu Ausfallschritt und Schlag, sowie anschließende Rückorientierung Richtung ZP, schon mitzuvollziehen.	

3.3 Methodische Übungsreihe zu den Überhand-Rückhandschlägen (Ü 241–260)

Nr.	Ziele	Idee/Beschreibung	Hinweise/Organisation
246	Lauftechnik	Lauf in die Rh-Ecke. Nur Schläger, ohne Ball. Spieler übt die Schrittkombination aus ZP zu einem Rh-Üh-Schlag. Vollständige Schlagausführung (Drop) und (!) Rückkehr zur ZP. In 10er-Serien üben, mind. 10 Wiederholungen. Später diese Übung immer wieder einschieben.	Aus ZP-Stellung: rechts links rechts (in Ausfallschritt bei gleichzeitiger Schlagausführung, mit unmittelbarem Zurückdrücken).
247	Gesamtkoordination Lauftechnik Stabilisierung	Rh–Drop aus dem Lauf. Bewegungsschlagübung, wobei A darauf achtet, dass er stets über ZP läuft: A Rh-Drop Ll – B Stop Ll – A Netzdrop Rh Ll – B Uhclear Ll – usw.	
248	Verfeinerung der Grobform	Rh-Drop cross auf Zuspiel. Partner steht hinter dem Netz an vo A-linie und spielt ho Aufschlag in A's Rh-Ecke. A Rh-Drop cr mit Hineingehen in Ausfallschritt. Var.: Ho Aufschlag kommt aus diagonaler Feldhälfte.	A
249	Stabilisierung	Rh-Drop cross im Schlagfluss. Partner steht in der diagonalen Feldhälfte an der vo A-linie. Er spielt A's Rh-Drop cr sofort wieder als Uhclear cr in die Rh-Ecke zurück. A vollzieht Körperdrehung zum Ausfallschritt bei jedem Schlag neu.	A
250	Gesamtkoordination Lauftechnik Stabilisierung	Rh-Drop cr aus dem Lauf. Bewegungsschlagübung, wobei A darauf achtet, dass er stets über ZP läuft: A Rh-Drop cr – B Stop Rh cr – A Netzdrop Rh Ll – B Uhclear Ll – usw.	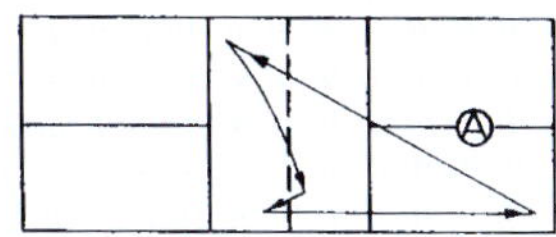

3.3 Methodische Übungsreihe zu den Überhand-Rückhandschlägen (Ü 241–260)

Nr.	Ziele	Idee/Beschreibung	Hinweise/Organisation
251	Erarbeiten der Bewegungsvorstellung Grobform	Schlagsimulationen Rh-Clear. Nur Schläger, ohne Ball. Auch hier 3-Lernschritt-Methode aus Ü 243 anwenden. Ausreichend große Schwungschleife beachten. Maximalen Krafteinsatz bei der Auswärtsdrehung des Unterarms einbringen. Möglichst Korrektur unter fachkundiger Anleitung.	Vorwärtsreißen des ganzen Armes vermeiden! Die Dynamik der Auswärtsdrehung kann dadurch erhöht werden, dass im tiefsten Punkt der Schwungschleife (1. Lernstufe) durch Abwärtsziehen des Schlägers zusätzliche Muskelspannung erzeugt wird.
252	Präzisieren der Bewegungsvorstellung Automatisierung der Grobform	Rh-Clear auf Ballzuwurf (evtl. Uh-Zuspiel). Werfer steht mit dem Rücken zur Wand und wirft A Ball in hohem Bogen zu. A vollführt Bewegung für Rh-Clear und knallt Ball oberhalb des Werfers an die Wand. Auch hier ggf. 3-Lernschritt-Methode durchlaufen. (Falls vorhanden, vorher am Ballpendel üben [vgl. Ü 223], da der ruhende Ball Konzentration auf die Bewegungssteuerung erlaubt.)	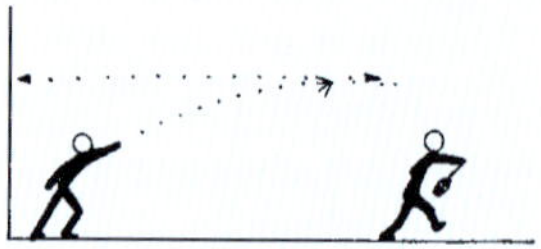
253	Verfeinerung der Grobform Timing	Lockerer Rh-Clear auf Zuspiel. Auf ½ Feld spielt Partner ho Aufschläge bis zur hi A-linie. A versucht nun, ohne zu verkrampfen, aus der Rh-Drop-Bewegung zur Rh-Clear-Bewegung zu gelangen. Nicht die Weite des Clear ist wichtig, sondern das Einschleifen eines optimalen Bewegungsablaufes. Immer wieder Rh-Drop zwischenschieben, der als Uhclear zurückgespielt wird.	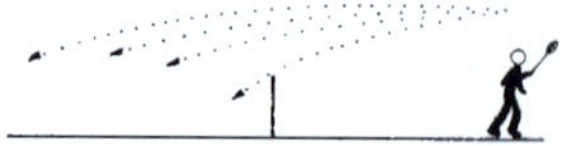
254	Automatisierung Auftaktbewegung gleichmäßig ausführen	Rh-Drop Ll und cr nebeneinander. Bewegungsschlagübung: A abwechselnd Rh-Drop Ll. und cr. B Stop Ll A Netzdrop Ll B Uhclear Ll bzw. cr in A's Rh-Ecke usw. Var.: Rh-Drop cr und Ll unregelmäßig.	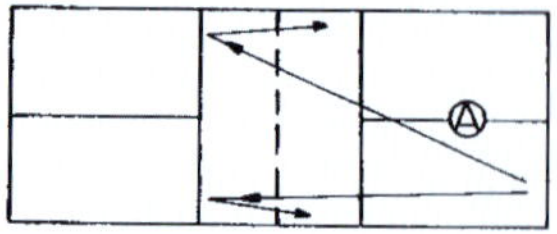 A
255	Verfeinerung der Grobform Erhöhung des Krafteinsatzes	Rh-Clear im Schlagfluss mit Unterbrechung. Partner steht in re Fh und spielt Clear etwa bis zur hi A-linie in A's Rh-Ecke. A übt Rh-Clear Ll mit Hineingehen in Ausfallschritt. Er versucht durch verbesserte Kopplung der Teilbewegungen zunehmende Weite zu gewinnen. Bei ungenauen Bewegungen oder bei unkontrolliertem Ballflug, Schlagfluss abbrechen und neu zuspielen.	Bemerkungen in Ü 253 beachten.

Nr.	Ziele	Idee/Beschreibung	Hinweise/Organisation
256	Gesamtkoordination Lauftechnik Stabilisierung	Rh-Clear aus dem Lauf. Bewegungsschlagübung: A Rh-Clear Ll B Drop cr A Uhclear cr B Clear A Rh-Clear Ll usw.	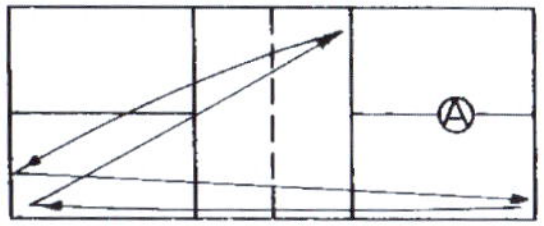
257	Stabilisierung Auftaktbewegung gleichmäßig ausführen	Rh-Clear Ll und Rh-Drop Ll nebeneinander. Bewegungsschlagübung: A schlägt abwechselnd (unregelmäßig) Rh-Clear Ll und Rh-Drop Ll Rh-Clear Ll: B Drop, A Stop, B Uhclear Rh-Drop Ll: B Uhclear	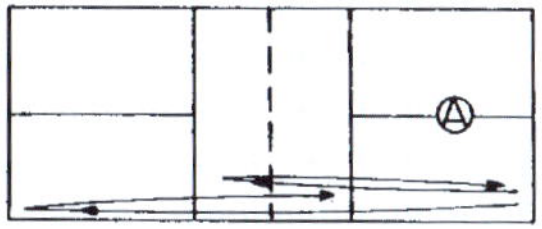
258	Stabilisierung Auftaktbewegung gleichmäßig ausführen	Rh-Clear Ll und Rh-Drop cross nebeneinander. Bewegungsschlagübung: A schlägt abwechselnd Rh-Clear Ll und Rh-Drop cr Rh-Clear Ll: B Clear als Zuspiel Rh-Drop cr: B Stop, A Netzdrop Ll/cr, B Uhclear in Rh-Ecke	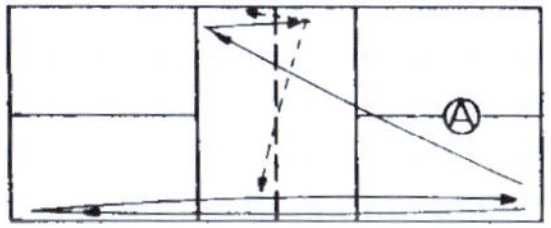
259	Spielerische Anwendung	Sektorenspiel. Einzel um Punkte. Aufschlag und Annahme ohne Einschränkung. Danach dürfen nur schraffierte Flächen angespielt werden. A muss in seiner Rh-Ecke Rh schlagen!	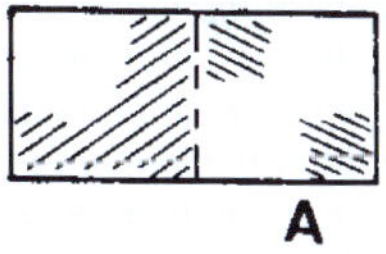 A
260	Realitätsbezug Umstellungsfähigkeit ausbilden	Rh-Üh-Spiel unter Druck. A spielt aus der Rh-Ecke nacheinander Rh-Clear Ll, Rh-Drop cr, Rh-Drop Ll. (Jeweils mit Rückkehr zur ZP.) B spielt stets sofort in die Rh-Ecke zurück. Aber nicht nur hoch, sondern auch flacher, sodass A seine Schläge unter spielgemäßen Bedingungen platzieren muss. Var.: A schlägt unregelmäßig.	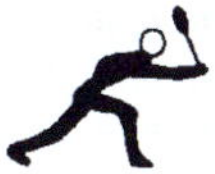

3.4 Methodische Übungsreihe zum Smash (Ü 261–280)

Nr.	Ziele	Idee/Beschreibung	Hinweise/Organisation
261	Überprüfung des zentralen Bewegungsteiles	Smash auf genaues Zuspiel eines Partners. Dieser steht mit dem Rücken vor einer Wand und spielt mittels Uhclear A einen steil herunterfallenden Ball zu, den dieser Richtung Fußboden schmettert. A beginnt seine Schlagbewegung am tiefsten Punkt der Schwungschleife und holt die Schlagkraft ausschließlich aus der Drehbewegung des Unterarms (Pronation).	Grundlegende Bewegungen gelten als im Wesentlichen beherrscht.
262	Präzisieren der Bewegungsvorstellung Koppeln der Teilbewegungen Fachsimpeln	Schlagsimulationen Smash. Nur Schläger, ohne Ball. Zunächst Konzentration auf die Schwungschleife. Beinarbeit erst hinzufügen, wenn „oben" alles automatisiert ist. Möglichst Korrektur unter fachkundiger Anleitung. In 10er-Serien üben. Später kann diese Übung nicht oft genug eingeschoben werden.	Zeit nehmen und immer wieder Fehler besprechen!
263	Gesamtkoordination Schlag Timing Automatisierung	Smash auf Uh–Zuspiel. Partner steht mit dem Rücken vor einer Wand und spielt A einen ausreichend hohen Ball zu. Dieser schmettert ihn bei genauer und kritischer Kontrolle des Bewegungsablaufes dem Zuspieler vor die Füße. Da!	
264	Stabilisierung Platzieren	Smash auf vorgegebene Zielpunkte. A und Zuspieler stehen jeweils auf der Mittellinie eines Feldes. A schmettert das Uh-Zuspiel auf markierte Flächen (Handtücher) links und rechts an den Seitenlinien.	
265	Lauftechnik Praxisbezug	Smash aus dem Stand, nachdem der Spieler zunächst hinter den Ball gelaufen ist. Zuspieler steht auf der Mittellinie und wählt, ob er A in die linke oder rechte Feldhälfte zuspielt. A wartet in ZP, läuft hinter den Ball und schmettert Ll. (Kein Umsprung!)	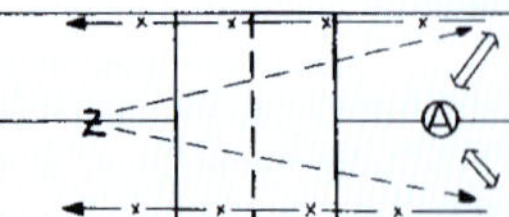

Nr.	Ziele	Idee/Beschreibung	Hinweise/Organisation
266	Erste spielerische Anwendung	Bewegungsschlagübung: A Smash (aus dem Stand) P Kurze Abwehr A Netzdrop P Zuspiel Auf ½ Feld.	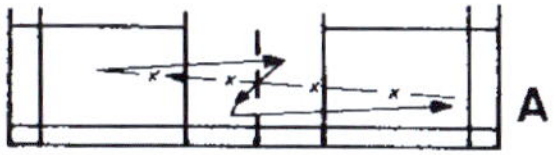 A
267	Anwendung unter Belastung	Einzelspiel mit Aufgabenstellung. Um Punkte, auf ganzem Feld. A muss jeden Aufschlag mit Smash (aus dem Stand) erwidern. P muss hohe Aufschläge machen.	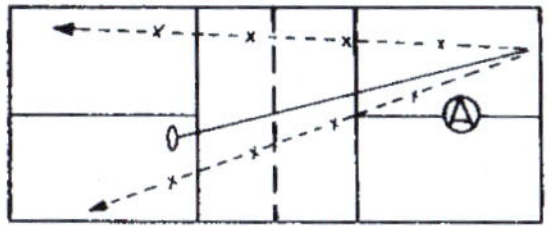 A
268	Erweitern des Anwendungsbereiches Koppeln der Teilbewegungen Kontrolle	Überkopf-Smash im Umsprung. Schlagsimulationen durchsetzt mit Smash am Ball. Auf ½ Feld. Partner spielt einen ausreichend hohen Ball zu. A schmettert im Umsprung. Nach 5 Zuspielen 10 Schlagsimulationen ohne Ball. Möglichst fachkundige Korrektur.	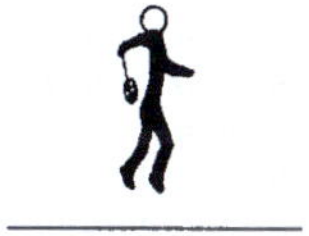
269	Stabilisierung Lauftechnik Platzieren	Überkopf-Smash im Umsprung. Bewegungsschlagübung: A Smash im Umsprung cr (nicht LvK!) P Kurze Abwehr cr A Netzdrop P Zuspiel in li Fh zum Smash Var.: A schmettert aus re Fh.	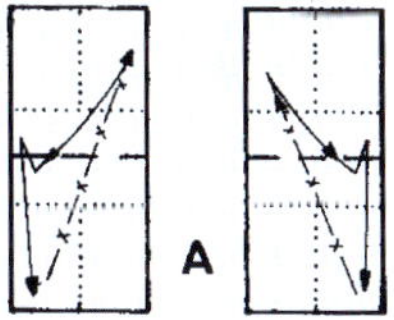 A
270	Blick auf Gegner Reagieren auf Gegnerverhalten	Überkopf-Smash im Umsprung auf Zuspiel. Partner spielt von der Mittellinie Uh-Clear in A's li oder re Fh und tritt danach in seine eigene li oder re Fh hinein. A schmettert in jene Feldhälfte, in die der Partner nicht getreten ist. Var.: A schmettert dem Partner auf die Brust.	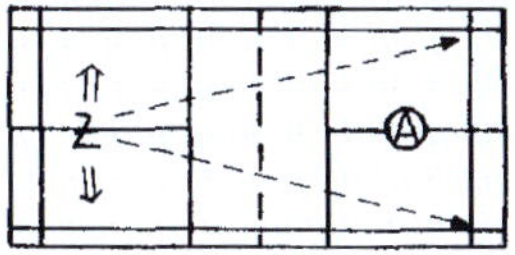 A Z

3

3.4 Methodische Übungsreihe zum Smash (Ü 261–280)

Nr.	Ziele	Idee/Beschreibung		Hinweise/Organisation
271	Erweitern des Anwendungsbereiches Präzisieren der Bewegungsvorstellung	Schlagsimulationen Links-vom-Kopf-Smash im Sprung. Nur Schläger, ohne Ball. Zunächst Konzentration auf die Schwungschleife, die so verlagert wird, dass der Balltreffpunkt links vom Kopf liegt. Sprung kann sowohl Umsprung sein, als auch beidbeinig erfolgen. In 8er-Serien üben, mind. 240 Schläge.		
272	Verfeinern der Grobform Timing	LvK-Smash auf Uh-Zuspiel. Partner spielt den Ball in einen Bereich zu, der links oberhalb A's Kopf liegt. Dieser schmettert mit möglichst großer Schwungschleife und weitester Seitbeuge des Oberkörpers. Abstand des Zuspiels variieren, sodass A nach und nach auch springen muss.		
273	Stabilisierung Lauftechnik	LvK-Smash. Bewegungsschlagübung:	A LvK-Smash Ll P Ku Aw Ll A Uhclear cr P LvK-Smash Ll A Ku Aw Ll P Uh-Zuspiel cr	
274	Spielerische Anwendung	LvK-Smash. Komplexübung:	A LvK-Smash Ll P Ho Aw Ll A LvK-Smash cr P Ku oder fl Aw Fortsetzung mit Ziel des erneuten Zuspiels für A's LvK-Smash.	
275	Erweitern des Anwendungsbereiches Verbessern eines Bewegungsteiles	Vh-Smash auf Zuspiel; ohne Beinarbeit. Partner spielt den Ball in einen Bereich zu, der rechts oberhalb A's Kopf liegt. Dieser schmettert mit möglichst großer Oberkörperunterstützung.		

Nr.	Ziele	Idee/Beschreibung	Hinweise/Organisation
276	Präzisieren der Bewegungsvorstellung Koppeln der Teilbewegungen Kontrolle	Vh-Smash im Sprung. Schlagsimulationen durchsetzt mit Smash am Ball. Auf ½ Feld. Partner spielt den Ball in einen Bereich zu, der ausreichend hoch, rechts oberhalb A's Kopf liegt. A schmettert im seitlichen Sprung. Nach 5 Zuspielen 5 Schlagsimulationen ohne Ball.	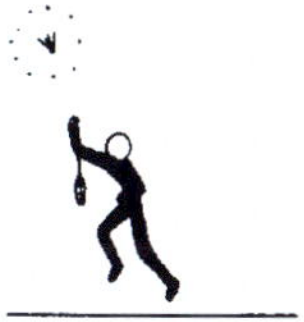
277	Stabilisierung Lauftechnik Timing	Vh-Smash im Sprung auf Zuspiel. Auf der vo A-linie in der li Fh sind 8–10 Federbälle aufgestellt. A schubst mit dem Schläger im Ausfallschritt den ersten Ball um, richtet sich wieder auf und schmettert in seiner re Fh unmittelbar ein Zuspiel des Partners.	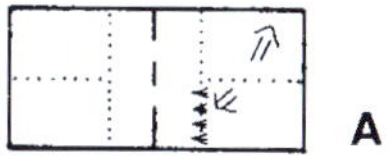 A
278	Erste spielerische Anwendung	Vh-Smash. Komplexübung: A Vh-Smash Ll oder cr P Ku Aw Ll A Netzdrop Ll P Uh-Zuspiel in A's re Fh Var.: Ll und cr wird abwechselnd geschmettert.	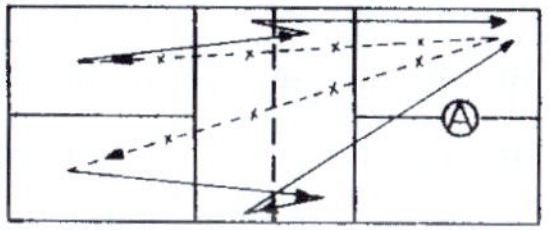 A
279	Anwendungsbereiche nebeneinander üben	A Uhclear und P Drop im Schlagfluss über ganze Feldbreite ... ... bis P sich zu (Clear-)Zuspiel (wahlweise zum Vhoder Lvk–Smash) entschließt. A Smash. Danach freies Spiel.	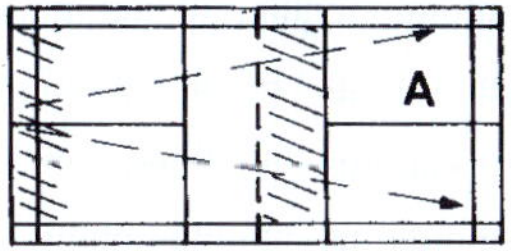 A
280	Anwendungsbereiche nebeneinander üben	Einzelspiel mit Aufgabenstellung. A sucht das Angriffsspiel und zielt dabei seine Smash auf den Körper des Gegners. P spielt defensiv und verteidigt sich so gut er kann.	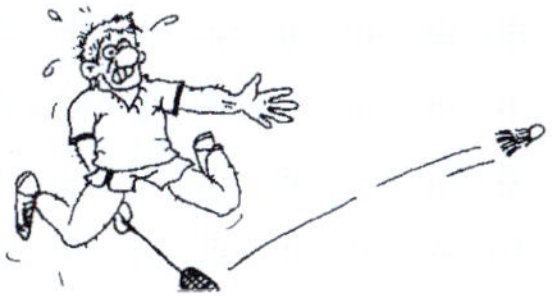

3.5 Übungsreihe zum Spiel am Netz (Ü 281–300)

Nr.	Ziele	Idee/Beschreibung	Hinweise/Organisation
281	Einstimmung	Zu zweit auf Einzelfeld: Hohe Aufschläge, dann schlagen beide solange Clear, bis sich einer zu einem Drop entschließt. Von da an nur noch Spiel am Netz erlaubt. Wer gewinnt die meisten Ballwechsel?	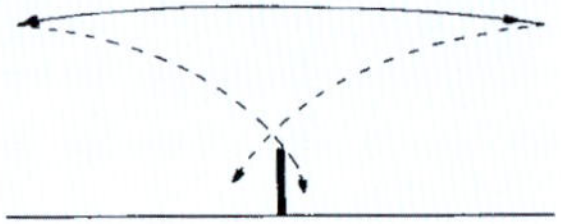
282	Uhclear Ll Stop Ll	Weiter und kurzer Uh-Schlag nebeneinander. Auf ½ Feld; Schlagkombination mit Alternativschlag. P Drop von der Grundlinie A Uhclear Vh oder Stop Vh P Drop / P Netzdrop A Uhclear als Zuspiel Var.: Uh-Schläge Rh.	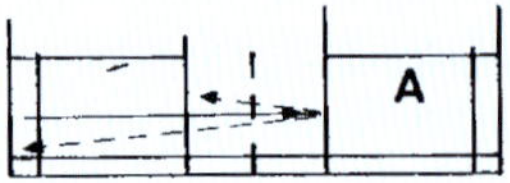
283	Stop aus Doppel-Abwehr-Stellung Einleiten eines Gegenangriffs	A spielt Uhclear und stellt sich in Doppel-Smash-Abwehr-Haltung auf. P schmettert aber nur gelegentlich, spielt meist Drop. A stürzt ans Netz und spielt Stop. P versucht zu töten, sonst freies Netzspiel. Auf ½ Feld.	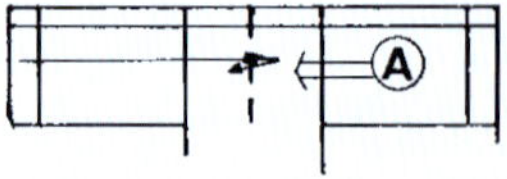
284	Stop Vh und Rh nebeneinander So hoch wie möglich annehmen	Schlagkombination mit Alternativschlägen. P aus einer der Grundlinienecken Drop Ll oder cr. A Stop Ll P Uhclear Ll A Clear Ll oder cr als Zuspiel in eine der gegn. Grundlinienecken.	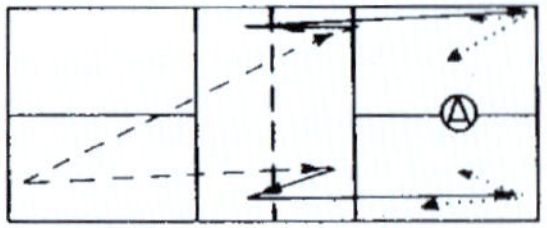
285	Stop cross	Partner als Werfer steht mit vielen Bällen auf einem Kasten hinter der vo A-linie und wirft von oben herunter. A macht aus ZP einen weiten Ausfallschritt in die betreffende Netzecke und schlägt den Ball (Bodennähe) als Stop cr zurück.	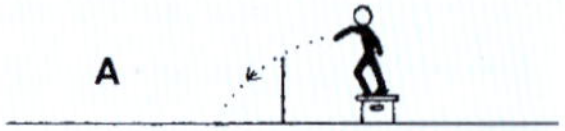

Nr.	Ziele	Idee/Beschreibung	Hinweise/Organisation
286	Stop cross unter Belastung	Schlagkombination mit Alternativschlag: P aus der LvK–Ecke: Clear Ll oder Drop Ll Clear Ll → A Clear Ll als Zuspiel Drop Ll → A Stop Vh Cr, P Uhclear, A Zuspiel	
287	Netzdrop bei gegn. Spiel am Netz	Welches Paar spielt am längsten, ohne einen Fehler zu machen? A Kurzer Aufschlag P Kurz zurück Danach Spiel am Netz ohne Töten.	
288	Netzdrop cross	Partner stehen jeweils im Ausfallschritt in ihrer Netzecke rechts. Ohne Belastung spielen beide im Schlagfluss Netzdrop Vh cr über die ganze Feldbreite. Var.: In Netzecke links stehend, Rh.	
289	Netzdrop Ll und cr	Bewegungsschlagübung: A Nur Netzdrop Ll P Nur Netzdrop cr Nach jedem Schlag hinter die vo A-linie zurück!	
290	Unterscheidung: Heben Stechen Schneiden	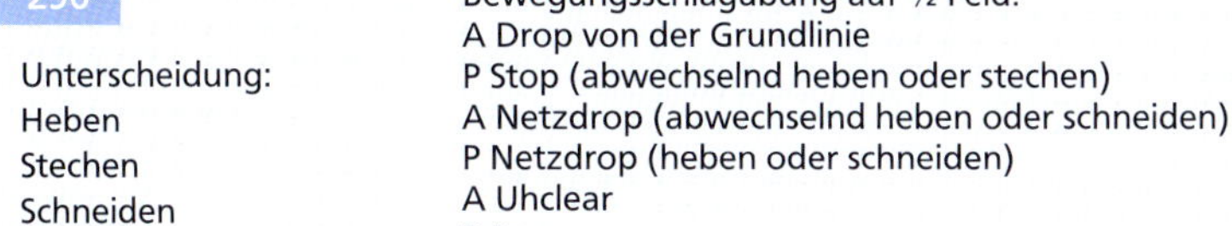 Bewegungsschlagübung auf ½ Feld: A Drop von der Grundlinie P Stop (abwechselnd heben oder stechen) A Netzdrop (abwechselnd heben oder schneiden) P Netzdrop (heben oder schneiden) A Uhclear P Drop usw.	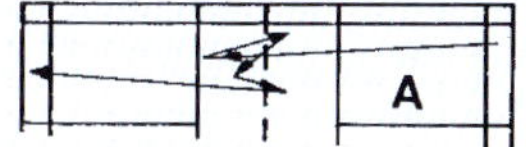

3

3.5 Übungsreihe zum Spiel am Netz (Ü 281–300)

Nr.	Ziele	Idee/Beschreibung	Hinweise/Organisation
291	Netzdrop aus Bodennähe	Spieler knien (sitzen) an der vo A-linie auf dem Boden und schaufeln sich (senkrecht nach oben) Netzdrop zu. Später dann das gleiche aus dem Stand (Ausfallschritt mit tiefer Oberkörperbeugung; Schläger parallel zum Boden).	
292	Steilheit beim Netzdrop Dauerhafte Plazierungssicherheit	TEST: Wie viele von 50 geworfenen Bällen werden auf die markierte Fläche (Handtuch) geschlagen? A steht 80 cm hinter der vo A-linie, Mittellinie zwischen Füßen. Werfer, 1 m hinter vo A-linie, wirft Uh-Drop knapp hinters Netz (Timing Zuwurf/Lauf einüben). A läuft in die Netzecke und spielt Ball von der Netzkante zurück. ! Nur korrekt geworfene Bälle zählen. Zu ho Abstoppen = unsauber.	Unter 30: Verbesserungsbedürftig!
293	Wischen	Eine Reihe gebrauchter Federbälle werden auf die Netzkante aufgesteckt. Spieler springt von der vo A-linie, führt den Schläger ganz nah am Netz entlang, und „wischt" einen nach dem anderen herunter, ohne das Netz zu berühren. Rh ist einfacher als Vh, oder?	
294	Töten Sprung ans Netz	Dauerzuspielübung: Multifeeding (vgl. Ü 881 f.). ½ Feld. Zuspieler schlägt aus der Feldmitte Uh-Drop verschieden hoch über die Netzkante. A wartet hinter der vo A-linie und versucht im Sprung zu töten. Abstand des Springers vergrößern. Einflugschneise der zugespielten Bälle verbreitern auf ganzes Feld.	
295	Reaktionsschulung Antizipationserhöhung Schlägerbereithaltung	Lockeres Spiel am Netz. P darf dabei versuchen, halblange Bälle an A vorbeizuspielen (Drive, Swip). A muss solche Bälle abfangen (Drop, Stop). Wer hat Vorteile, Odysseus, der Listenreiche, oder Argus, der Aufmerksame?	

Nr.	Ziele	Idee/Beschreibung	Hinweise/Organisation
296	Abfangen beim Spiel durch die Reichweite Antizipation Wendigkeit	Zu dritt: P spielt Drop, Smash, Dropsmash, Q alles hoch zurück. A tanzt (!) vor P auf der vo A-linie mit bereitgehaltenem Schläger und versucht so oft wie möglich dazwischenzufunken.	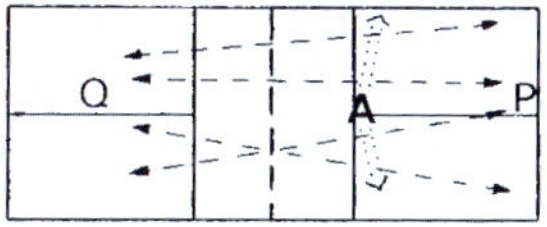
297	Standardfinte beim Spiel am Netz	A Kurzer Doppelaufschlag P Netzdrop zur Netzmitte A vollführt deutliche Auftaktbewegung zum Netzdrop Rh Ll, schlägt dann aber seinen Netzdrop an eine der Seitenlinien (Schlägerkopf zurückziehen und beim erneuten Heben leicht drehen). Var.: Zu dritt: P Drop – A Finte – Q Netzdrop – A Zuspiel.	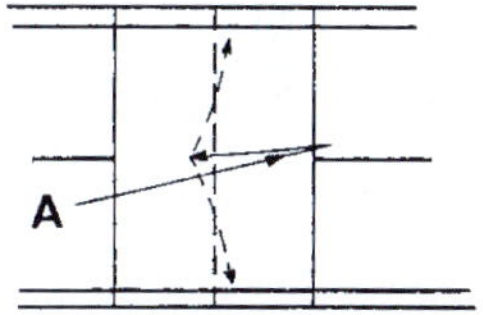
298	Drive, aus Netzbereich in die Grundlinienecken	Wie flach kann der Ball nach hinten gespielt werden? A in der Netzecke links aus Netzkantenhöhe Drive Ll. P von der Grundlinie Uh-Drop Vh. Var.: Gelingt auch der entsprechende Vh-Schlag in der Netzecke rechts? (Schlägerkopf parallel zum Netz.)	
299	Swip aus deutlicher Netzdrop-Auftaktbewegung	Ball möglichst an der Seitenlinie halten! A und P spielen an der Netzkante jeweils Netzdrop Ll oder Swip Ll. A und P spielen von der Grundlinie jeweils Sh-/Uh-Drop Ll. Erst in der einen Feldhälfte, dann in der anderen. Lauf möglichst über ZP! Wer überlistet wen häufiger?	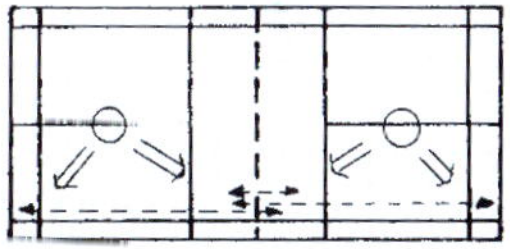
300	Spielerische Erprobung Spaß Plausch Schokolade gewinnen	NETZTURNIER. So viele Teilnehmer wie möglich. Doppeltes K.–o.–System Als Feld gilt nur der Bereich zwischen Netz und vo A-linie. Aufschlag: beliebig, allerdings müssen Aufschläger und Annehmer mit beiden Füßen ihre vo A-linie berühren. 2 Gewinnsätze bis 5 nach Badmintonregeln. Wer gewinnt die Tafel Schweizer Milchschokolade, die Herr Bucher aussetzt?	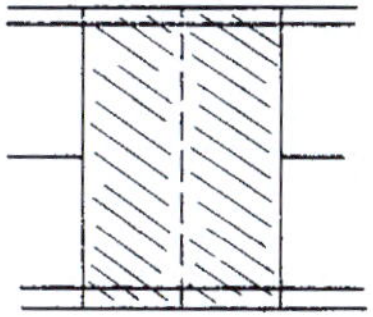

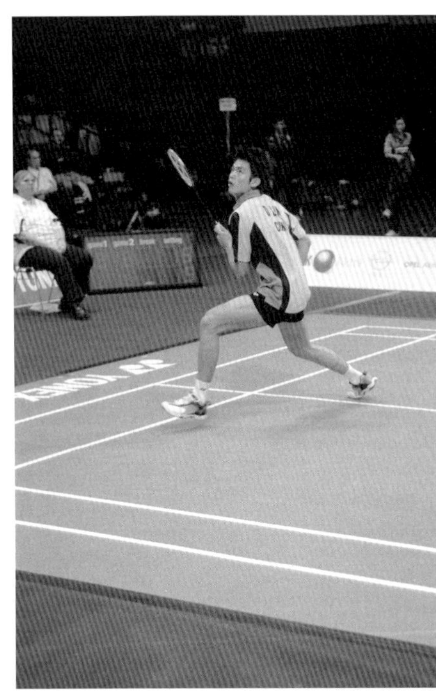

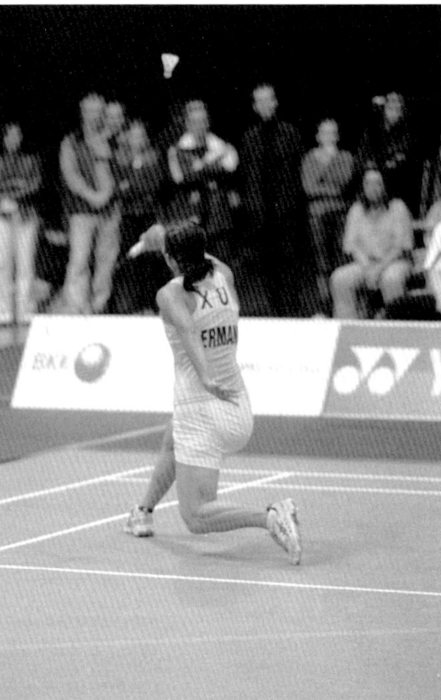

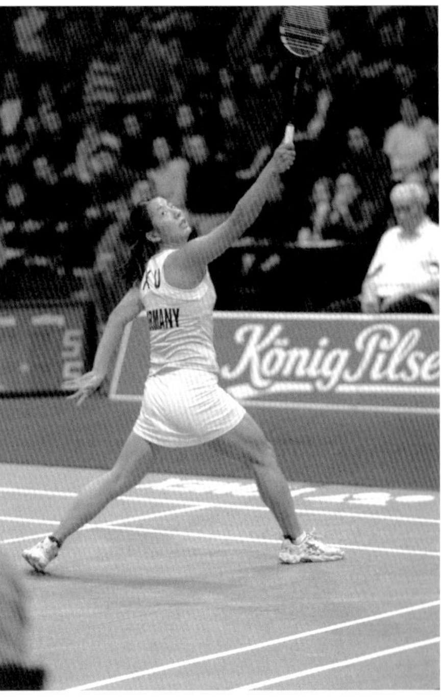

„Rückhandschlag aus dem Hinterfeld in verschiedenen Phasen des Schlages"

(Bild 1)
Nullstellung: Während ein Ausfallschritt in die Ecke gemacht wird, zeigt der Schläger aufwärts. Unmittelbar danach wird aus dieser Ruhestellung die Schlägerbeschleunigung mit Hochnehmen des Ellbogens und Absenken des Schlägerkopfes beginnen.

(Bild 2)
Beginn von Schlagphase 2: Der Schlägerkopf beginnt mit der Aufwärtsbewegung, nachdem er am tiefsten Punkt der Schwungschleife war.

(Bild 3)
Ausschwung: Nachdem der Ball getroffen wurde, schwingt der Schlägerkopf mehr oder weniger weit nach vorn – hier ist der Ausschwung nach einem Drop nicht so heftig.

Kapitel 4

Spiel- und Übungsformen zur Schulung ausgewählter leistungsbestimmender Faktoren

4

4.1 Einüben von ökonomischer Laufarbeit (in Standardsituationen)

Nr.	Ziele	Idee/Beschreibung	Hinweise/Organisation
301	Aus ZP in Richtung Netz im Ausfallschritt	Annehmen scharfer gegn. Drop im weiten Ausfallschritt aus zB. Balltreffpunkt liegt zwischen Netzunterkante und Boden. Geschlagen werden gewöhnlich Stop oder Uhclear. Erfahrungsgemäß erfolgen beim Loslaufen zwei kleine Abdrückschritte (rechts – links).	ÜBUNGSFOLGE, in deren Rahmen die einzelnen Lauftechniken etwa erarbeitet werden können: 1. Schwierige Teilbewegungen (z. B. Umsprungschritt) vorbereitend gesondert erarbeiten. 2. Schrittfolgen langsam erarbeiten, Tempo erst nach und nach steigern: – Laufsimulation aus ZP mit weichem Schlag. – Laufsimulation aus ZP mit hartem Schlag. 3. Lauf mit Schlag verbinden. Genaues Ballzuspiel. Übender darf nicht unter Druck stehen: – Lauf aus ZP zu einem Schlag bei stets neuem Ballzuspiel(-wurf). – Lauf aus ZP zu einem Schlag im Schlagfluss. 4. Bekannte Laufwege beim Schlagen automatisieren; Konzentration auf lockere Ausführung: – Lauf im Rahmen von Bewegungsschlagübungen. ↳
302	Aus ZP zur Mitte der Grundlinie zum Überkopf-Schlag im Umsprung	Schrittfolge: Rechts – links – rechts (in Ausholphasenendstellung) – Umsprung beim Schlag – Rückkehr. Die Schrittfolge wird im Anfängertraining auch oft zum Laufen in die LvK-Ecke angewandt. Vorübung: „Viererrhythmus." (Vgl. Ü 226.)	
303	Aus ZP in Vh-Ecke in Ausfallschritt-Technik	Schrittfolge: Rechts – links (hinten übersetzen) – rechts in Ausfallschritt, wobei die Fußspitze etwa Richtung Schnittpunkt Seitenlinie/hi A-linie weist. Gleichzeitig mit dem Aufsetzen des Ausfallschrittfußes erfolgt der Schlag, unmittelbar aus der Abfangbewegung das Herausdrücken zur Rückkehr zur ZP. In Vh-Ecke neben Ausfallschritt-Technik gelegl. auch Schlag im Umsprung.	
304	Aus ZP in Richtung Vh-Ecke im „Chinasprung"	Rechtes Bein nach rechts ausstellen, um etwas Raum zu gewinnen. Dann erfolgt beidbeiniger Absprung nach rechts hinten, wobei der Ball geschlagen (abgefangen) wird, ehe er die hintere Ecke des Feldes erreicht hat. Alle Schläge sind möglich, die Cross-Schläge sind schwieriger, da der Körper weiter hinter den Ball gebracht werden muss.	
305	Aus ZP in LvK-Ecke im „Malayenschritt"	Schrittfolge: Links auf links (!), bei gleichzeitiger Zurücknahme der rechten Körperhälfte bis zur fertigen Ausholphasenstellungs-Haltung (= halbe Körperdrehung, während man mit dem li Bein hüpft) und Aufkommen auf dem rechten Bein in der Ausholphasenstellung, die unmittelbar den Schlag im Umsprung erlaubt. Beim Umsprung strecken des rechten Beines Richtung ZP.	

Nr.	Ziele	Idee/Beschreibung	Hinweise/Organisation
306	Aus ZP in Richtung LvK-Ecke im Chinasprung links	Linkes Bein nach links ausstellen, um etwas Raum zu gewinnen. Dann erfolgt beidbeiniger Absprung nach links hinten, wobei gleichzeitig der Schlag erfolgt. (Zu kurz geratener gegn. Ball wird auf diese Weise direkt abwärts geschlagen.) Erfordert Sprungkraft.	(Fortsetzung) 5. Stabilisierung. Einbetten in komplexere Laufarbeit. Anwenden bei spielgemäßem Tempo: – Lauf aus ZP bei gleichzeitiger Abdeckung eines weiteren Feldsektors, da Partner alternativ schlagen darf. – Laufsimulationen, bei denen die einzuübende Technik mit anderen Laufwegen verbunden wird. – Lauf unter Belastung im Rahmen von Komplexübungen.
307	Aus ZP in Rh-Ecke zum Rh-Überhand-Schlag (Vgl. Foto S. 78.)	Schrittfolge: Rechts bei gleichzeitiger Körperdrehung auf dem li Fuß (= re Bein vor dem li übersetzen) – links (hinten übersetzen) – rechts in den Ausfallschritt, wobei Fußspitze (grob) Richtung Feldecke weist, bei gleichzeitiger Ausführung des Rh-Schlages. Balltreffen und Aufsetzen des Fußes erfolgen etwa gleichzeitig. Aus der Abfangspannung unmittelbar Rückkehr beginnen.	
308	„Lauerstellung" einnehmen	Nachdem der Spieler durch einen Stop Spiel am Netz eingeleitet hat, läuft er nicht zurück zur ZP, sondern verharrt in „Lauerstellung" (re Bein im Ausfallschritt auf vo A-linie) vorne, um bei evt. gegn. Netzdrop schnell an der Netzkante zu sein. Aus dieser Wartestellung sind spielgemäß verschiedene Fortsetzungen möglich, wie: Sprung zum Töten, Lauf an Grundlinie zum Ük-, Sh-Schlag ...	
309	Aus Aufschlagannahme-Position zur Grundlinie zum Schlag aus dem Stand	Hüpfend oder in Trippelschritten begibt sich der Spieler (bei hohem gegn. Aufschlag) bis auf die Grundlinie. Er erwartet dort in „Ausholphasenendstellung" den heranfliegenden Ball. (Vgl. Fotos S. 63 und 265.) Mit dem Schwung des Schlages wird dann gleichzeitig das rechte Bein wieder in Richtung ZP gesetzt.	Wie verdeutlichte Nestor-Erwin Z., der große, alte Coach, bei einem Lehrgang im Zillertal einmal den Endpunkt einer Lauftechnik: „Erst wenn's ihr wieder in der Mitten steht, is d'Zeit für a Jausen kumma!"
310	Darauf achten, wie man läuft Schadenfreude ertragen Putzen	„Eierspiel". Irgendwo im Feld wird ein Ei auf einem kleinen Gummiring abgelegt. 2 Spieler spielen ein lockeres Einzel, wobei jeder einen Satz auf der eierbeladenen Seite verbringen muss.	Ach so, muss noch gesagt werden: „Bitte darauf achten, dass niemand auf das Ei tritt!"

4.2 Schlagsicherheit (Erarbeitung über Übungsstufen verschiedenen Schwierigkeitsgrades)

Nr.	Ziele	Idee/Beschreibung	Hinweise/Organisation
311	Einzelnen Schlag ohne Belastung üben	A und B auf ½ oder ganzem Feld. Der zu automatisierende Schlag wird im einfachen Schlagfluss bei lockerer Laufarbeit (Minute um Minute, Stunde um Stunde, Woche um Woche) in konkreter Bewegungsausführung (!) wiederholt. Und zwar, bis er so tief im Bewegungsgedächtnis verankert ist, dass die Hand im Schlaf zuckt, wenn man von dem Schlag träumt.	
312	Einzelnen Schlag unter Belastung üben	A und B auf ganzem Feld. B spielt bei A nicht nur jenen Sektor an, aus dem der einzuübende Schlag erfolgt, sondern er darf auch einen anderen Sektor anspielen, sodass A unter spielgemäßen Laufbedingungen am sicheren Platzieren seines Schlages arbeiten kann.	
313	Zwei einzelne Schläge aus verschiedenen Sektoren nebeneinander üben	A und B auf ganzem Feld. Sektorenspiel. B spielt A unregelmäßig in zwei Sektoren an. A's Konzentration ist in jedem Sektor auf einen Schlag gerichtet, den er jeweils versucht, dauerhaft ohne Fehler auszuführen.	
314	Mehrere Schläge von einem Treffpunkt aus nebeneinander üben	A und B auf ganzem Feld. A bekommt den Ball von B immer wieder in einen Treffpunktbereich gespielt. Er soll von dort nacheinander alle vereinbarten Schläge ausführen. B wehrt ab. A Zwischenschlag. B erneutes Zuspiel.	Zum Beispiel: Aus LvK-Üh-Bereich Clear cr Drop Ll Drop cr ...
315	Mehrere Schläge aus einem Feldsektor nebeneinander üben	A und B auf ganzem Feld. A bekommt den Ball immer wieder in einen Feldsektor gespielt. Er soll von dort die unterschiedlichen (vereinbarten) Schläge ausführen. B wehrt ab – A Zwischenschlag – B erneutes Zuspiel, wobei er die Höhe bzw. Steilheit des Anspiels variieren darf.	Zum Beispiel: Aus Rh-Ecke Üh-Drop Üh-Clear Sh-Drop Uh-Drop ...

Nr.	Ziele	Idee/Beschreibung	Hinweise/Organisation
316	Aus 2 Feldsektoren variables Schlagrepertoire sicher anwenden	A und B auf ganzem Feld. A wählt auf seiner Seite zwei Sektoren aus, die von B immer wieder angespielt werden sollen. B ruft, mit der Ausführung seines Schlages, A gleichzeitig zu, welchen Antwortschlag dieser machen soll. A kann seine Schläge also nicht frei wählen, sondern ist gezwungen zu bringen, was von ihm erwartet wird.	Besser noch, wenn der Zuruf durch einen Außenstehenden erfolgt: „Clear" „Stop cross" „Kurz" ...
317	Alle Grundschläge bei geringer Belastung dauerhaft sicher plazieren	A und B freie Schlagfolge auf ganzem Feld. Zielsetzung ist es, den Ball im Spiel zu halten. Wenig schmettern. Immer wieder Uh-Befreiungsclear zwischenschieben. Wer schafft es, 5 min zu spielen, ohne dass der Ball verloren geht?	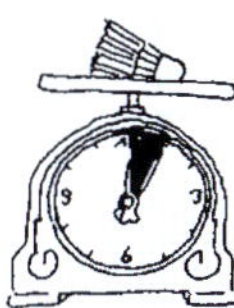
318	Alle Grundschläge bei geringer Belastung dauerhaft sicher platzieren	A und B auf ganzem Feld. B greift an, variabel und mit zunehmender Härte. A wehrt ab; nicht so sehr unter dem Gesichtspunkt „Gegenangriff", sondern mit dem Ziel, den Ball immer übers Netz zurückzubringen. Im weiteren Verlauf der Ballwechsel stellt A stets erneut die Situation her, die B den Angriff erlaubt.	Übungsbeispiele bieten Ü 651–670, wobei A stets die Rolle des Abwehrenden zu übernehmen hat.
319	Sicherheit im Offensivspiel bei hoher eigener Belastung	A und B auf ganzem Feld. A bekommt den Ball immer wieder so zugespielt, dass er Angriffsschläge ausführen kann. Nicht deren Härte oder Raffinesse steht im Vordergrund, sondern das Bemühen, den Ball auch zum vorgesehenen Zielpunkt hinzubekommen. B wehrt, so gut es sein Spielvermögen zulässt, ab, um bald erneut hoch an A's Grundlinie zu spielen.	Übungsbeispiele bieten Ü 651–670, wobei A stets die Rolle des Angreifenden zu übernehmen hat.
320	Uneingeschränkte Platzierungssicherheit beim Anspielen jedes beliebigen gegn. Feldsektors	A und B auf ganzem Feld. B steht an einer Stelle seiner Feldseite. Er hat freie Schlagauswahl mit der Zielsetzung, den Ball so zu spielen, dass A ihn immer noch erreichen kann. A spielt alle Bälle in jenen Sektor zurück, in dem B Stellung bezogen hat.	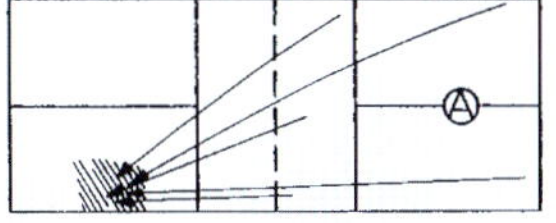

4

4.3 Schlagpräzision

Nr.	Ziele	Idee/Beschreibung	Hinweise/Organisation
321	Den Schläger richtungsgenau bei (Uh)-Schlägen steuern	Über dem Netz wird in gewünschter Höhe ein Reifen befestigt. (Ggf. können auch Geräte von der Hallendecke herabgelassen werden. Vgl. außerdem Ü 119.) Zwei Spieler versuchen nun, während sie sich den Ball zuspielen, durch dieses Ziel hindurchzutreffen. Wichtig: Stellung des Körpers zum Ball in spielgemäßer Haltung, z. B. Uhclear Rh Ll im Ausfallschritt nach links vorne.	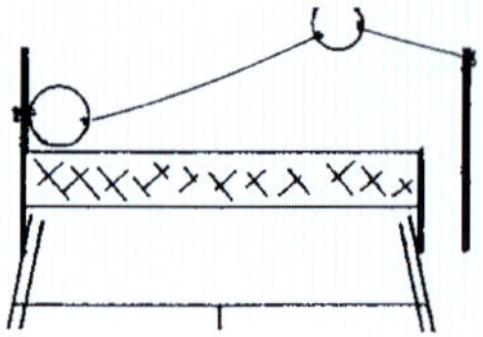
322	Den Schläger höhen- und weitengenau bei Uh-Schlägen steuern	A soll den Schläger bei einem spielgemäß ausgeführten (Ausfallschritt aus ZP) Uhclear Ll (cr) so genau führen (Feinkoordination durch Zeigefinger und Daumen), dass der Ball in eine Zielfläche (Handtuch) hineinfällt, die in gegenüberliegender Grundlinienecke vorgegeben ist. – Mit stets neuem Zuspiel durch Partner mit mehreren Bällen. – B steht hinter der angespielten Grundlinie, gibt die Abweichung des herunterfallenden Balles an und schlägt ihn als Uh-Drop zurück.	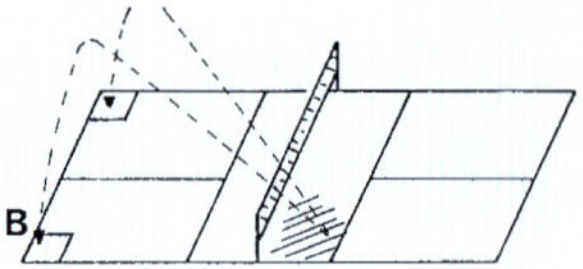 B
323	Den Schläger richtungsgenau bei harten Überkopf-Schlägen steuern	A soll den Schläger bei einem spielgemäß ausgeführten (Lauf aus ZP) Überkopf-Clear im Umsprung aus dem Bereich Grundlinie Mitte so genau führen (bewusstes Schlägergriffsteuern durch Finger), dass der Ball in die Zielfläche hineinfällt, die in den Ecken der gegenüberliegenden Grundlinie angegeben sind. Sie werden abwechselnd angespielt. Dort stehen Mitspieler, die die Abweichung angeben und zurückschlagen. Var.: Aus den Ecken in die Ecken. Vgl. außerdem Ü 230.	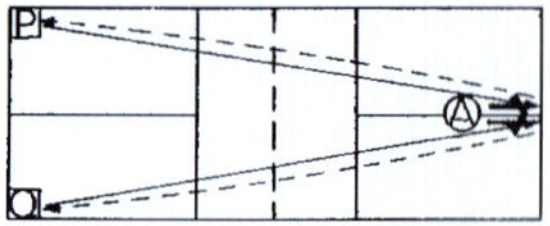 P A
324	Den Schläger weitengenau bei weichen Überkopf-Schlägen steuern	A spielt aus dem Bereich der Grundlinie Drop in spielgemäßer Ausführung, d. h., nach Lauf aus ZP. Zur Veranschaulichung der Genauigkeit ist ein Stück hinter dem Netz, etwa in Netzkantenhöhe, eine Schnur über das Feld gespannt. A soll versuchen, den Ball so zu platzieren, dass er in den Einflugsektor zwischen Netz und Schnur hineinfliegt. B spielt als Uhclear zurück.	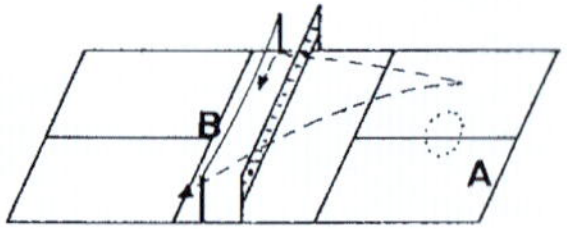 B A
325	Beliebige Flugbahnen bei Uh-Schlägen aus dem Stand erzeugen	Aus den Aufschlagpositionen für Einzel und Doppel sollen, unter Ausführung der verschiedenen Aufschläge, die schraffierten Zielflächen angespielt werden. Viele Bälle; Wiederholungsmethode. Nicht hudeln, sondern auf korrekte Aufschlagausführung achten!	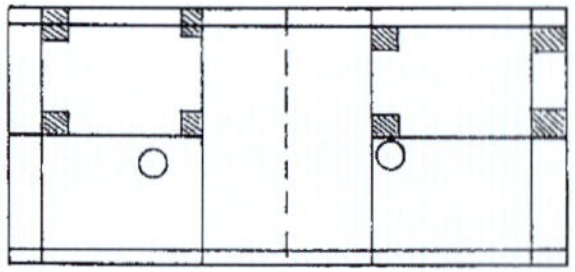

Nr.	Ziele	Idee/Beschreibung	Hinweise/Organisation
326	Ohne Anlaufzeit „voll da" sein	Kurzturnier innerhalb der Trainingsgemeinschaft. Jeder gegen jeden. Aber: Die Sätze beginnen jeweils bei einem Spielstand von sechzehn beide.	Von Rudy Hartono wird erzählt, dass bei einem Spiel im Rahmen der All-Indonesian auf der Insel Krakatau einmal ein Vulkan neben der Halle ausgebrochen sei ... – Rudy hätte von diesem Ereignis erst am nächsten Tag in der Zeitung gelesen.
327	Trotz Sauerstoffschuld planvoll die eigenen Bewegungen steuern	Zu zweit auf einem Feld. Freie Schlagfolge, beide spielen auf Punktgewinn; allerdings ohne zu zählen. Der Verlierer des jeweiligen Ballwechsels muss jedesmal einen Kurzsprint über eine vereinbarte Strecke absolvieren.	
328	Körperliche Ermüdung mit Willenskraft überwinden	Zuerst ein hartes, 20- bis 30-minütiges Konditionstraining durchführen. Nach einer kurzen Pause dann gegen einen gleichstarken Gegner einen Satz Einzel bestreiten; Verlierer zahlt Pfund Apfelsinen. Var.: Gegen einen schwächeren Gegner antreten, der aber noch ausgeruht ist.	Nicht der Erschöpfung nachgeben! Gewinnen wollen!
329	Im Spiel nicht phasenweise abschalten	Einzelspiel um Punkte. Aber: Ein Punkt darf erst dann gezählt werden, wenn der Gegner zwei Fehler hintereinander gemacht hat.	
330	Aus der Umwelt hineinsinken in die Seele des Spiels	Einzel gegen einen etwas schwächeren Gegner, der glaubt, er sei eigentlich längst besser. Neben dem Feld finden derweil allerlei Aktivitäten statt: Musik tönt aus CD-Player, eine Geräuschkulisse vom Soundblaster, der Trainer unterweist andere Spieler, die Laienspielgruppe des Vereins hält Probe ab ... Gelegentlich wird außerdem das Feld von Mitspielern durchquert.	

4.5 Aggressivität

Nr.	Ziele	Idee/Beschreibung	Hinweise/Organisation
331		Versuche, beim Spiel am Netz, wenn eben es geht, zu wischen (bzw. zu töten). A und B spielen Clear, bis B durch Drop Spiel am Netz einleitet. A Stop – B Netzdrop – A Wischen. Var.: Alle Übungen, bei denen es zur Standardsituation Spiel-am-Netz kommt.	„Hin zur Kante!" „Hin! Hin! Hin!"
332		Versuche, in den Netzbereich eindringende feindliche Bälle nicht erst fallen zulassen, sondern schon „hoch oben" gegen sie vorzugehen. B aus Grundlinienbereich Clear in A's LvK-Ecke und Drop. A spielt die Clear als Clear zurück, die Drop als Drive oder Swip, wobei er jeweils darauf brennt, dem Ball mit dem Schläger entgegenzuspringen.	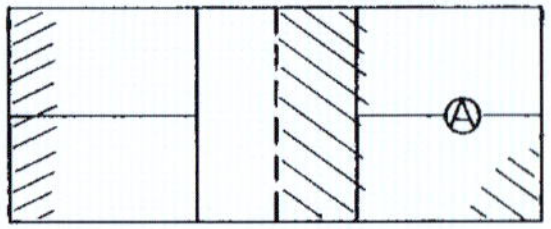 A
333	Lernen, aggressiv spielen zu <u>wollen</u>.	Versuche, kurze Aufschläge zu drücken. Doppelspiel. Zielsetzung für das jeweils annehmende Paar: Ballwechsel muss mit der dritten eigenen Ballberührung erfolgreich beendet sein. Var.: Im Einzel.	Nur kurze Aufschläge.
334		Versuche, dich bei Erwartung eines Smash nach vorwärts zu orientieren und dem Ball entschlossen entgegenzurücken. Doppel in lockerer Schlagfolge. Jedesmal, wenn eine Situation entstanden ist, in der sich der Spieler in Smash-Aw-Haltung begibt, rückt er todesmutig einen Schritt weiter in Richtung Ball vor, als er bisher gewohnt war.	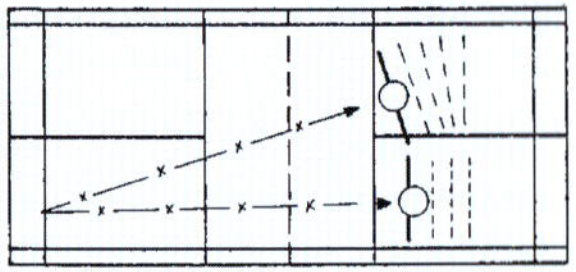
335		Versuche, in gegn. Clear „reinzuspringen", sie abzufangen und mit Angriffsdrop steil zurückzuschlagen. Nur schraffierte Sektoren anspielen. Dabei ist A begierig bestrebt, in seiner Vh-Ecke möglichst, Angriffsdrop im Sprung zu schlagen. Var.: Ebenso in der LvK-Ecke.	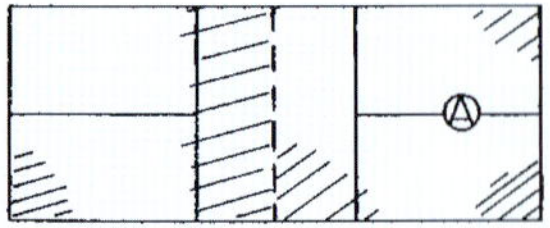 A

Nr.	Ziele	Idee/Beschreibung	Hinweise/Organisation
336	Lernen, gewisse Bewegungsabläufe so zu automatisieren, dass sie bei reflektorischem Handeln zu allererst ablaufen.	Die kurze Smash-Abwehr ist vorteilversprechender als die hohe. Im Rahmen von Bewegungsschlag- und Komplexübungen immer wieder die kurze Smash-Abwehr in der Bereichen Vh und Rh einüben. Dabei die Schlagbewegung stets von einer Grundhaltung aus (Schläger vor dem Körper) beginnen.	Die Aussagen sind natürlich immer mit der Einschränkung „im Allgemeinen" zu verstehen.
337		Bei der aufeinanderfolgenden Abwehr einer Smash-Serie ist es günstig, voranzurücken. Im Rahmen von Dauer-Smash-Übungen auf ½ Feld, wird A dahingeführt, nach einer hohen–flachen Aw nicht stehenzubleiben oder gar zurückzudrängen, sondern antizipierend dem nächsten Smash mit dem Schläger entgegenzugehen und ihn an einem Treffpunkt zu treffen, der näher am Netz liegt, als beim vorhergehenden Schlag.	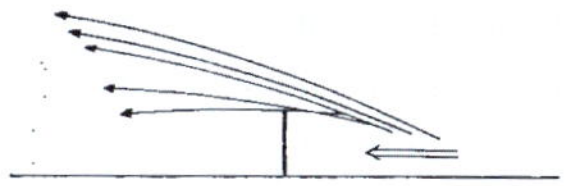
338		Ein Stop ist vorteilversprechender als ein Uhclear. Im Rahmen von Komplexübungen, während derer er alternativ im Grundlinienbereich und im Netzbereich angespielt wird, soll A üben, einen gegn. Drop auch dann als Stop zurückzuspielen, wenn er unter Druck steht.	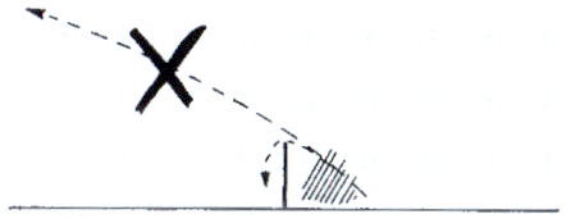
339		Beim Spiel am Netz ist es günstig, Bälle gleich an der Netzkante anzunehmen. Im Rahmen von Übungen bekommt A immer wieder die Aufgabe gestellt, am Netz nur Netzdrop zu spielen und alle Uhclear zu vermeiden.	„Oben.!!"
340		Ein Drop (Smash) ist bei der Annahme eines Swip-Aufschlages Vorteil versprechender als ein Clear. Im Rahmen von Übungen zur Aufschlagphase im Doppel (modifiziert auch im Einzel), immer wieder das Zurückspringen aus der Annehmerposition bei gleichzeitigem Abwärtsschlagen des Balles üben.	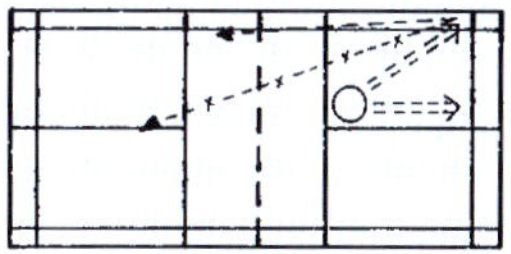

4.7 Reaktionsschnelligkeit

Nr.	Ziele	Idee/Beschreibung	Hinweise/Organisation
341	Ball mit dem Blick fassen Bei verkürzter Reaktionszeit handeln	Zuspiel-Übung. A steht in ZP und erwartet Z's Zuspiel mit dem Rücken zum Netz. Z spielt, mit einem aufmunternden „Jetzt!" verbunden, einen Ball an einen beliebigen Punkt in A's Feldseite. A wirbelt herum und versucht, den Ball noch zu erreichen und zurückzuschlagen.	
342	Aktionsschnelligkeit fördern	Über das Netz wird ein Tuch gehängt, sodass A die ankommenden Bälle erst spät sieht und entsprechend schneller handeln muß, wenn er sie noch erreichen will. A Nur Drop. B Aus seinem Netzbereich freie Schlagwahl auf A's ganze Feldseite.	
343	Gewandtheit Antizipation	Multifeeding-quick. A wartet in der „Mitte der vo A-linie auf Z's Zuspiel. Er soll in blitzschneller Folge die gängigen Schläge dieser Postion ausführen: Drive, Drücken, Drop ... (Wenig Laufarbeit, große Beweglichkeit des Oberkörpers.) Z (viele Bälle) schlägt aus gegenüberliegender ZP schnelle Zuspiel-Serie durch die Reichweite von A.	
344	Bei verkürzter Reaktionszeit handeln Aktionsschnelligkeit	„Augen zu." Auf ½ Feld. B steht an der Grundlinie und schlägt unregelmäßig Clear, Drop, Smash. A schlägt alles hoch an die Grundlinie zurück. Aber: Er hält die Augen geschlossen, bis er den Knall von B's Balltreffen gehört hat. Erst dann reagieren!	
345	Bei verkürzter Reaktionszeit handeln Ball bei ungünstigen Lichtverhältnissen mit Blick fassen	A erwartet den Ball bei schlechten Sichtverhältnissen, d. h., sein Partner spielt vor einer hellen Wand, hellen Decke, Glaswand, unruhigem Hintergrund o. Ä. A befindet sich also auf der „schlechten Seite". Er soll defensiv spielen, den Ball also so oft wie möglich hoch an die Grundlinie von B schlagen. B betreibt Angriffsspiel; viel verzögern und täuschen.	

Nr.	Ziele	Idee/Beschreibung	Hinweise/Organisation
346	Herausbilden von automatisierten Bewegungen	Aus einer spielgemäßen Grundhaltung (Ballerwartungshaltung in Vorspannung, vgl. Foto S. 206), werden auf ein Signal hin Bewegungen maximal schnell durchgeführt. Ohne Ball, aber mit Schläger. Z. B.: A in Smash-Erwartungshaltung. Auf einen Fingerzeig von B, der 2 m vor ihm steht, blitzschnelles Simulieren einer ku Smash-Aw Rh.	Häufige Wiederholungen, allein unter der Zielsetzung maximal schneller und technisch konstanter Ausführung. Nicht mit ermüdeter Muskulatur arbeiten!
347	Mehrere automatisierte Bewegungen nebeneinander einsetzen können	B steht mit mehreren Bällen, in 2–4 m Abstand, vor A. Er wirft diese nun unregelmäßig in Knie- bis Hüfthöhe neben A's linke und rechte Körperseite (zunehmende Ballgeschwindigkeit). A versucht den Schläger aus einer Abwehr-Grundhaltung jeweils noch rechtzeitig hinter den Ball zu bringen und diesen als Sh-/Uh-Drop/Drive zurückzuspielen.	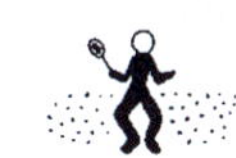
348	Gegn. Schlag antizipieren Schnell handeln wollen	B Smash oder weiche (!!) Drop. A erwartet Smash im Bereich Feldmitte in Aw-Haltung. A Ku Aw – B Netzdrop – A Uh-Zuspiel ... (Evtl. Übung auch mit ho Aw durchführen.) Wenn aber B den weichen Drop schlägt, versucht A vorzuspringen und den Ball über Netzkantenhöhe zu drücken. Auf ½ Feld.	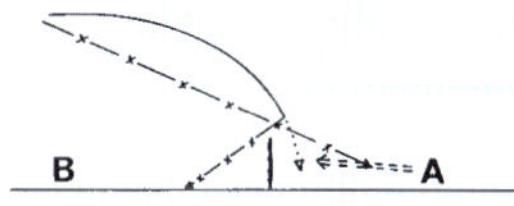
349	Schnell fliegenden Ball mit Blick fassen Mit automatisierten Bewegungen agieren	A Zuspiel zu B zum Smash. Dann unmittelbar um die eigene Achse drehen, um danach den Smash dennoch abzuwehren. B Smash auf A. Gelingt diesem die Abwehr, Ball so zurückschlagen, dass A erneut zum Smash zuspielen kann. Auf ½ Feld.	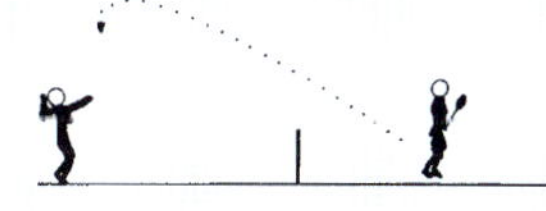
350	Automatisierte Bewegungen einschleifen Mehrere Situationslösungen verfügbar haben	Pausenlose Smash-Abwehr. A steht zwischen vo A-linie und Feldmitte und versucht B's Smash mit den unterschiedlichen Abwehr-Techniken übers Netz zurückzuspielen. Z (mit vielen Bällen) steht nebenbei an der Seitenlinie und schlägt ein Uh-Zuspiel nach dem anderen zu B. B (auf anderer Feldseite) Smash in A's Körpernähe.	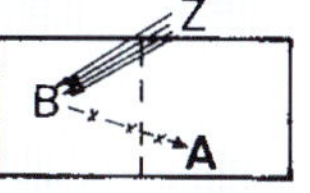

4.8 Antizipationsvermögen

Nr.	Ziele	Idee/Beschreibung	Hinweise/Organisation
351		A steht in der Mitte der vo A-linie in leichter Kniebeuge. Z (mehrere Bälle) spielt Drive-Zuspiel zu U. U Festen Drive durch (!) A's Reichweite; gelegentlich auch zu Z zurück oder Sh-Drop. A versucht, Ball bei Schlägerberührung durch U fest im Auge zu haben und entsprechend frühzeitig Gegenschlag einzuleiten, der den Drive drückt oder abstoppt.	
352		U und V in einer Feldhälfte, A in der Mitte der vo A-linie. U Smash auf V. V Hohe Abwehr. (Er darf im Verlauf der Übung auch andere Abwehrtechniken anwenden.) A versucht durch frühzeitiges Hochspringen und Schlagen, die gegn. hohe Abwehr antizipierend abzufangen.	
353	Lernen, das Handlungsziel des Gegenübers gedanklich/ wahrnehmungsmäßig vorwegzunehmen (zum Zwecke der Verkürzung der eigenen Reaktionszeit).	Freies Spiel auf (ganzem) Feld. B Angriffsspiel. A Defensivspiel. So oft wie möglich wird der Ball hoch an B's Grundlinie gespielt. A hat kein anderes Ziel, als den Ball auch nicht eine hundertstel (!!!) Sekunde aus den Augen zu lassen und sofort, wenn er die Flugrichtung ahnt, den Gegenschlag zu beginnen.	Schwierigster Punkt: Ball beim Verlassen des gegnerischen Schlägers im Blick zu behalten. Noch ein Tipp: Schon Vorspannung der Muskulatur in Beinen und Schlagarm einnehmen, bevor der Ball vom Gegner getroffen wird (vgl. Foto S. 94).
354		U spielt Drop von der Grundlinie in V's Netzecke rechts. V spielt gewöhnlich Uhclear. Gelegentlich aber auch Uh-/Sh-Drive (weich!) entlang der Seitenlinie. A, der in der Mitte der vo A-linie tanzt, soll in diese Bälle antizipierend reinspringen, um sie mit einem Rh-Schlag abzufangen (Töten, Drücken, Drop, cross). Var.: Auf anderer Feldhälfte.	
355		A Smash. („Nach vorne durchschmettern.“) Er rückt im Verlauf des Ballwechsels nach vorne (evtl. in die Knie gehend) und versucht, nicht erst nach erfolgtem gegn. Schlag zu reagieren, sondern seine Schlagbewegung sofort neu zu beginnen, so als wüsste er schon vorher, dass da noch ein weiterer Abwehrschlag von B erfolgt. B Dauer-Abwehr. Zuerst hoch, im Ballwechsel immer flacher.	Auf ½ Feld. Wichtig ist, dass B lange Abwehr-Serien zu Stande bringt.

Nr.	Ziele	Idee/Beschreibung	Hinweise/Organisation
356		A und B lockere Schlagfolge auf ganzem Feld. B spielt den Ball so oft wie möglich an A's Grundlinie, läuft dann aber nicht zur ZP, sondern an eine andere Stelle seiner Feldseite. A hat die Aufgabe, den Ball immer dorthin zu spielen, wohin sich B begeben hat.	Mit den Augen den Ball verfolgen, aus den Augenwinkeln den Gegner!
357		A spielt gegen B Einzel. Trainer steht seitlich neben B's Feldseite. Man hat 3 Armhaltungen vereinbart, die er anzeigen kann: „hoch", „Seite", „unten". Während des Spiels muß A nun nach jedem seiner Schläge T in den Blick nehmen und ansagen, welche Armhaltung dieser eingenommen hat.	
358	Lernen, Gegnerverhalten zu beobachten, während der Ball fliegt.	An einer Stelle des Feldes (im Bereich vo A-linie), wird ein kleines Hindernis abgelegt (Federball, weißes Blatt Papier ...). A und B spielen Schlagfolge unter der Devise „Schlagsicherheit". A achtet darauf, dass er bei seinen Ausfallschritten nicht auf das Hindernis tritt.	Das Hindernis kann an einen Faden gebunden und von einem Mitspieler während des Ballwechsels verrückt werden.
359		A schlägt mit B Clear und Drop. Dabei gilt folgende Vereinbarung: A muss Clear schlagen, wenn B nach dem eigenen Schlag zur ZP gelaufen ist. A muss Drop schlagen, wenn B nach dem eigenen Schlag im Grundlinienbereich verharrt hat. Var.: Umgekehrt. Auf ½ Feld.	B
360		Synchronschlagen. 4 Personen auf einem Feld. Man schlägt paarweise Clear im Schlagfluss. Die Spieler sollen dabei aber nicht nur ihren eigenen Ball beobachten, sondern auch den des anderen Paares. Ziel ist es nämlich, die Flugbahnen so zu gestalten, dass der Ball von den nebeneinanderstehenden Spielern genau zum gleichen Zeitpunkt getroffen wird.	Vgl. Ü 42.

4.10 Umstellungsfähigkeit

Nr.	Ziele	Idee/Beschreibung	Hinweise/Organisation
361	Lernen, das eigene motorische Handeln (= Schlagen) veränderten Situationen anpassen zu können.	Spieler führt gezielt Trainingsabende mit unterschiedlichen Schlägern durch: andere Fabrikate, andere Griffstärken, alte Modelle, weiche Bespannungen ... Er versucht im Verlauf der ersten Ballwechsel herauszufinden, welches veränderte Ballflugverhalten sich bei seinen gewohnten Bewegungen ergibt, und dann bewusst seine Feinkoordination so zu verändern, dass trotz des ungewohnten Schlägers die gewünschten Ballflüge erreicht werden.	Wie winkte doch weiland Nestor-Erwin Z., der große, alte Coach, einmal beiläufig ab: „Bist du erst zum Sklaven deines Schlägergriffs geworden, ist deine Laufbahn als beendet anzusehen ...!"
362		Spieler besorgt sich 3 Schläger mit verschiedenen Griffbelägen. Zwei werden neben dem Feld abgelegt. Dann spielt er mit einem Partner (etwa) Ü 762. Aber: Nach jedem Ballverlust tauscht er den Schläger gegen einen der neben dem Feld bereitliegenden um.	
363		Einzelspiel mit zu schnellen (zu langsamen) Bällen. Spieler ergeht sich dabei einmal nicht in Jammern, sondern versucht stattdessen herauszufinden, wie er die Dynamik seiner Schlagbewegung verändern muss, um der Ballgeschwindigkeit Rechnung zu tragen.	
364		Spielen unter beeinträchtigten äußeren Bedingungen, etwa durch: Anstellen der Lüftung, Erzeugen von Zugluft, Öffnen von Türen, Toren, Fenstern ... Bei dieser Aufgabenstellung kommt es darauf an, trotz der widrigen Umstände zu einem konzentrierten Spiel zu finden und möglichst sogar noch die aus der Luftbewegung resultierende Abweichung der Ballflugbahn in der Platzierung der Bälle (meist der hohen) zu berücksichtigen.	
365		Das Netz wird einige Zentimeter höher gehängt als üblich. Der Spieler versucht, für die Dauer eines harten Trainingsspiels, diesen Sachverhalt nicht im Meer des Unbewussten versinken zu lassen, sondern bei der Ausführung aller seiner Drop-Schläge bewusst zu berücksichtigen.	Beachte: Badminton-Regel 3 The top of the net shall be 5 feet in the height from the floor at the centre, and 5 feet 1 inch at the posts ...

Nr.	Ziele	Idee/Beschreibung	Hinweise/Organisation
366	Ballflug in Beziehung zur Begrenzungslinie setzen	A und B schlagen Clear (ganze Feldbreite), wobei sich B bemüht, gelegentlich so hart zu schlagen, dass der Ball über A's Grundlinie hinausfliegt. A soll nun bei jedem Schlag rufen, wie weit der heranfliegende Ball seine Grundlinie verfehlt. Ein Mitspieler steht auf Grundlinienhöhe neben A's Feld und kontrolliert die Schätzung.	„Viel zu kurz!" „Zu kurz!" „Super!" „Knapp aus!" „In Malaysia!"
367	Sich schnell orientieren	A und B spielen Einzel. A hat die Pflicht, sich nach jedem Clear, den er schlägt, (ein)mal geschwind um die eigene Achse zu drehen, bevor er ungerührt das Spiel fortsetzt.	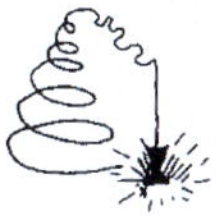
368	Standort des Körpers im Spielfeld einschätzen	Spieler vollzieht die badmintonspezifischen Laufbewegungen (SCHATTENBADMINTON) mit geschlossenen Augen. Dabei geht er stets von ZP aus, vollführt einen Standardlaufweg in eine der Feldecken und kehrt zur Ausgangsposition zurück.	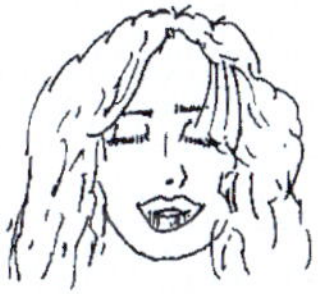
369	Mit Raumgefühl für das Spielfeld spiele	Spielen bei veränderten Spielfeldmaßen. Mit Klebestreifen (oder unter Verwendung anzutreffender Feldermarkierungslinien) wird ein verlängertes, verbreitertes, verkleinertes ... Spielfeld festgelegt, auf dem dann ein Einzel gespielt wird. Hilfreich ist es, wenn ein Mitspieler kontrolliert, wie genau die „Aus-In"-Einschätzung ist.	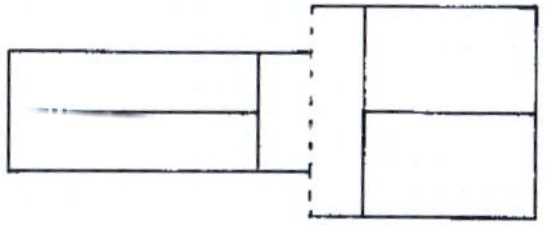
370	Spielfeldgrenzen einschätzen Steil herabfallende Bälle treffen Weite ungewohnt hoher Bälle einschätzen	Verabredung mit einem Spielerkollegen treffen, der das Glück hat, in einer gewaltigen Sporthalle sein Training abhalten zu dürfen. Für Spieler, die es gewohnt sind, in engen, niedrigen Hallen zu trainieren, ist es immer wieder schwierig, in weiträumigen, hohen Hallen die Feldmaße richtig einzuschätzen, bzw. jene beim Gegner voll auszunützen.	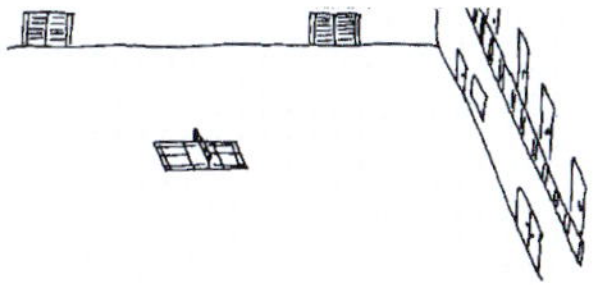

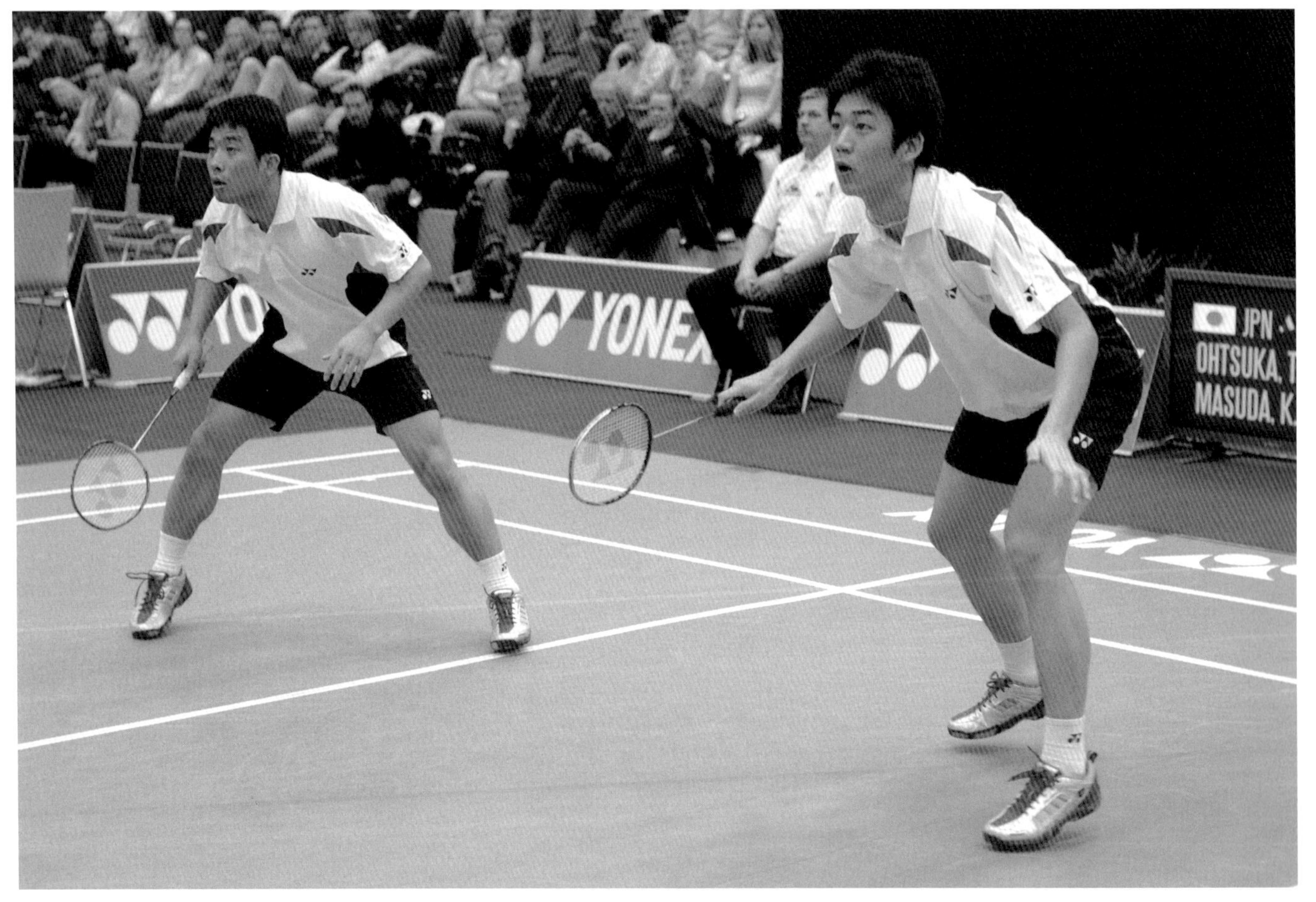

„Antizipation – Konzentrationsvermögen – Reaktionsschnelligkeit"

Alle Sinne sind im höchsten Maße aktiviert und die Muskeln der Beine und des Schlagarms sind vorgespannt, wenn in der Verteidigungsstellung ein gegnerischer Schmetterball erwartet wird.

Kapitel 5

Spiel- und Übungsformen zum Erlernen und Einüben taktischer Verhaltensweisen

5

ÜBERSICHT

1. Maßnahmen zur Verbesserung des eigenen spielerischen Verhaltens

1.0 Sorge dafür, dass dir immer einige goldene Grundregeln gegenwärtig sind. („Fallschirm-Empfehlung“)

1.1 Sorge dafür, dass du dein Feld läuferisch beherrscht. („Ausflugs-Empfehlung“)

- 1.1.1 Ich muss aus ZB meine Treffpunkte anlaufen und gleich in den ZB zurückkehren!
- 1.1.2 Ich muss das Laufen in die Feldsektoren auf perfekte Weise beherrschen!
- 1.1.3 Ich muss mich aus Notlagen befreien können!

1.2 Sorge für ein breites Schlagrepertoire, das auch angewendet wird. („Chamäleon-Empfehlung“)

- 1.2.1 Ich muss mein Schlagrepertoire ständig erweitern!
- 1.2.2 Ich muss mein Schlagrepertoire variabel anwenden!
- 1.2.3 Ich muss meine Schläge sicher anwenden!
- 1.2.4 Ich muss meine Schläge und Absichten zu verdecken suchen!
- 1.2.5 Ich muss mit Vorsatz Täuschungen einsetzen!

1.3 Sorge dafür, dass du mit aktivem Bewusstsein spielst und gestaltest. („Ikebana-Empfehlung“)

- 1.3.1 Ich muss einen Ballwechsel zu einem Spielzug gestalten!
- 1.3.2 Ich muss im Ballwechsel einem taktischen Plan folgen können!
- 1.3.3 Ich muss im Spiel einer komplexen Taktik folgen können!
- 1.3.4 Ich muss dem Spiel einen Rhythmus geben können!
- 1.3.5 Ich muss eine Taktik variieren können!
- 1.3.6 Ich muss beurteilen können, woher ein Vorteil meines Gegners in einem Ballwechsel rührt!
- 1.3.7 Ich muss während des Spiels eine gegnerische Taktik erkennen und auf sie reagieren können!
- 1.3.8 Ich muss für mich erfolglose und unerfreuliche Spielphasen bewältigen!

1.4 Sorge dafür, dass deine Reaktionszeit kurz sein kann und eine Gegenaktion frühzeitigst einsetzt. („Wecker-Empfehlung")
- 1.4.1 Ich muss den Schläger der Spielsituation angepasst halten!
- 1.4.2 Ich muss Ball und Gegner stets im Auge haben!
- 1.4.3 Ich muss versuchen, gegnerische Schläge zu antizipieren!

1.5 Sorge dafür, dass du deinem konditionellen Zustand entsprechend dein Spiel aufbaust. („Talsperren-Empfehlung")
- 1.5.1 Ich muss Gespür für unterschiedlich schnelles Spieltempo entwickeln!
- 1.5.2 Ich muss im Spiel das Tempo variieren können!
- 1.5.3 Ich muss mit meinen persönlichen konditionellen Fähigkeiten umgehen können!
- 1.5.4 Ich muss können, konditionelle Faktoren in die Entscheidung über Verlauf und Ausgang eines Spiels einzubringen!
- 1.5.5 Ich muss einer „Marschroute" folgen können!
- 1.5.6 Ich muss konditionelle Erfordernisse beim Ablauf eines Turniers beachten!

1.6 Sorge dafür, dass du psychisch auf den Wettkampf eingestellt bist. („Sakraments-Empfehlung")
- 1.6.1 Ich muss die Stunden vor dem Wettkampf vorbereitend gestalten!
- 1.6.2 Ich muss einen formelhaften Plan bezüglich des eigenen spielerischen Verhaltens formulieren können!
- 1.6.3 Ich muss Gegnerbeobachtung betreiben können!
- 1.6.4 Ich muss mir Maßnahmen zurechtlegen können, mit denen ich mich auf einen speziellen Gegner einstelle!
- 1.6.5 Ich muss auf individuelle Eigenarten eines Gegners vorbereitet sein!
- 1.6.6 Ich muss mich auf widrige Umstände, die aus der Hallensituation herrühren, einstellen!
- 1.6.7 Ich muss mich systematisch aufwärmen!
- 1.6.8 Ich muss mich zwingen, Eindrücke von Spiel und Gegner nach dem Wettkampf aufzuzeichnen!

1.7 Sorge dafür, dass du über wesentliche Merkmale von Gewinnertaktiken informiert bist und ihre Umsetzung sich in deiner eigenen Spielanlage niederschlägt. („Wassertropfen-Empfehlung")
- 1.7.1 Ich muss wissen, was mir auf niedrigem Leistungsniveau Vorteile bringt!
- 1.7.2 Ich muss wissen, was mir auf mittlerem Leistungsniveau Vorteile bringt!
- 1.7.3 Ich muss wissen, was mir auf höherem Leistungsniveau Vorteile bringt!
- 1.7.4 Ich muss wissen, was ich bei mir persönlich verbessern muss, wenn ich das nächsthöhere Leistungsplateau erreichen will!

zu 5.2 Maßnahmen zur taktischen Einwirkung auf den Gegner (Übersicht)

ÜBERSICHT

2. Maßnahmen zur taktischen Einwirkung auf den Gegner

2.0 Bringe den Gegner dadurch in Nachteil, dass du „besser“ wirst als er. („Simpelst-Taktik“)

2.1 Bringe den Gegner dadurch in Nachteil, dass du bei ihm die Feldgröße voll ausnutzt. („Jägersmann-Taktik“)

- 2.1.1 Nutze die Breite des gegnerischen Feldes aus!
- 2.1.2 Nutze die Länge des gegnerischen Feldes aus!
- 2.1.3 Nutze Länge und Breite des gegnerischen Feldes aus, „öffne“ es!
- 2.1.4 Hetze den Gegner durch sein Feld!

2.2 Bringe den Gegner dadurch in Nachteil, dass du persönliche Schwächen die er hat, planmäßig ausnutzt. („Weichkeks-Taktik“)

- 2.2.1 Spiele ihn häufig in generell-ungünstigen Treffbereichen an!
- 2.2.2 Spiele ihn häufig in bestimmten Feldsektoren an!
- 2.2.3 Zwinge ihm, für ihn nachteilige, Standardsituationen auf!
- 2.2.4 Wähle für ihn nachteilige Marschrouten!
- 2.2.5 Bringe ihn in konditionelle Defizite!
- 2.2.6 Beeinflusse das Umfeld der Ballwechsel!

2.3 Bringe den Gegner dadurch in Nachteil, dass du ihn seiner Stärken beraubst und ihm keine leichten Chancen gibst. („Delila-Taktik")

- 2.3.1 Meide für ihn generell-günstige Treffbereiche!
- 2.3.2 Spiele gewisse Sektoren bei ihm nicht an!
- 2.3.3 Vermeide gewisse Schläge!
- 2.3.4 Achte darauf, dass er jeden seiner Punkte mühselig erkämpfen muss!

2.4 Bringe den Gegner dadurch in Nachteil, dass du aktiv und unberechenbar spielst. („Kobold-Taktik")

- 2.4.1 Variiere in Standardsituationen!
- 2.4.2 Gestalte jeden einzelnen Ballwechsel aktiv, bewusst und planmäßig!
- 2.4.3 Gestalte das gesamte Spiel aktiv, bewusst und planmäßig!

2.5 Bringe den Gegner dadurch in Nachteil, dass du seine jeweilige Reaktions- bzw. Aktionszeit verkürzest. („Springflut-Taktik")

- 2.5.1 Nimm selbst alle Bälle schnell an!
- 2.5.2 Spiele steil und hart und konsequent!
- 2.5.3 Verdecke deine Schläge!
- 2.5.4 Täusche und fintiere vor deinen Schlägen!

Einige Anmerkungen zur Systematisierung der taktischen Ratschläge

Das Sammelsurium sog. taktischer Regeln, Ratschläge, Verhaltensanordnungen, Grund- oder Merksätze, Aufgabenstellungen, Marschrouten, mit dem in der täglichen Spielpraxis operiert wird, ist fast unüberschaubar. Wichtiges steht neben Nebensächlichem, Allgemeines neben Speziellem, Simples neben Ausgefuchstem. Was für den einen Fall gelten mag, ist in einem anderen unbedeutend, was bei einem Spieler keine Bemerkung wert ist, muss einem anderen stets aufs Neue ins Bewusstsein gerückt werden.

In diesem Kapitel ist der Versuch gemacht, Ordnung in die Fülle zu bringen und die Grundgedanken solcher Ratschläge in einem Gliederungsschema zu sortieren. Auf diese Weise soll nicht nur eine bessere Einsicht darüber erzielt werden, was zur Badminton-„Taktik“ gehört, sondern auch eine gezieltere Strukturierung von Trainingsprozessen ermöglicht werden — und zwar sowohl für den anweisenden Trainer, wie auch für den sein Spiel und sein Üben gestaltenden Spieler.

Der Gliederung zugrunde gelegt wurde die Beobachtung, dass es zwei grundsätzlich andersartige Sorten von Ratschlägen gibt. Zum einen sind da solche, die nur den Spieler selbst betreffen (5.1 MASSNAHMEN ZUR VERBESSERUNG DES EIGENEN SPIELERISCHEN VERHALTENS). Sie zu beachten, bzw. auf das eigene Spiel anzuwenden, bleibt von der Gestalt auf der anderen Netzseite zunächst unbeeinflusst. Sie ergeben sich aus den Erfordernissen des Sportspiels Badminton. Durch diese Ratschläge sollen zu allererst (bei Nichtbeachtung sofort auftretende) Nachteile vermieden werden. Darüber hinaus wird es durch sie aber auch möglich sein, das eigene Spiel effektiver zu gestalten.

Die andere Gruppe von Ratschlägen (5.2 MASSNAHMEN ZUR TAKTISCHEN EINWIRKUNG AUF DEN GEGNER) beinhaltet solche, die sich auf eigenes spielerisches Tun in Bezug auf den (mal mehr, mal weniger konkreten) Gegner beziehen. Ihm soll etwas aufgezwungen bzw. nicht ermöglicht werden. Wichtig ist zu bemerken, dass nicht alle Ratschläge gleichzeitig gelten, sondern immer eine auf konkrete Umstände eingehende Auswahl zu treffen ist.

Die ERLÄUTERUNGEN UND VERANSCHAULICHUNGEN sollen verdeutlichen, was mit den betreffenden Sätzen gemeint, was unter sie einzuordnen ist. Auf den ersten Blick nämlich scheinen sich manche Ratschläge zu wiederholen. Erst wenn man genauer hinsieht, erkennt man, dass Ansatzpunkt oder Schwerpunkt anders liegen. Die Beispiele erheben dabei keinen Anspruch auf Vollständigkeit. Sie sind, wie das ganze Gliederungsschema, offen und können jederzeit ergänzt werden.

Ebenso sind die angebotenen Übungen auch in diesem Kapitel wieder als Beispiele zu sehen. Sie können (und müssen in den meisten Fällen sogar!) durch weitere Übungen ergänzt werden. Dabei ist darauf hinzuweisen, dass es wesentliche Bereiche des „Taktik-Trainings“ gibt, die nicht in die Zuständigkeit der Trainingsstunden in der Halle fallen. Die Auseinandersetzung mit dem geliebten Spiel darf mit Verlassen der Sportstätte nicht beendet sein!

Erläuterungen und Veranschaulichungen zu den Merksätzen

zu 1.0 Grundregeln
Nimm jeden Gegner ernst! Konzentriere dich voll! Spiele nie ohne Plan! Störe dich nicht selbst durch unnötiges Aufregen. Nicht bevor der letzte Punkt gemacht ist, ist ein Spiel gewonnen! Kämpfe! . . .

zu 1.1.1 Rückkehr zum ZB
Schlag endet erst, wenn der Spieler wieder in ZP steht. Aktive Rückkehr. Unmittelbares Zurückdrücken aus Abfangschrittbein. Nur solche Schläge spielen, die wieder ein rechtzeitiges Abdecken des ganzen eigenen Feldes ermöglichen.

zu 1.1.2 Perfekt laufen
Lauf als Voraussetzung von Handlungsfähigkeit. Lauftechnik muss frühes Ballannehmen und rechtzeitige Rückkehr ermöglichen. Varianten zur Verfügung haben, die schnelles Ballannehmen ermöglichen (Sprünge, Abfangen, Nachstellschritt beim SpaN). Ständige Pflege des Smash im Sprung. Einnehmen günstiger Abwehrstellungen. Leichtfüßigkeit. Lockerheit. Minimaler Kraftaufwand. Ballenlauf. LvK vor Rh.

zu 1.1.3 Aus Notlagen befreien
Auch Bälle, die schon Bodennähe erreicht haben, noch erlaufen. Aus jeder Situation Neuaufbau durch hohen-weiten Clear erreichen können (Situationspatt). Uhclear in extremem Ausfallschritt. Clear im Rückwärtssprung, wenn Überspielung durch Angriffsclear droht. Wenn überspielt: — Befreiungsclear von der Grundlinie, — Sh-/Uh-Clear von der Grundlinie.

zu 1.2.1 Schlagrepertoire erweitern
Noch nicht beherrschte Schläge und Schlagvarianten einüben. Oberliga-, Spitzenspieler-, Weltklasserepertoire analysieren. Immer an irgendwelchen Techniken feilen, sie automatisieren, ihre Wirkung (Steilheit, Härte, Weite) verbessern. Smash, Rh, SpaN weiterentwickeln. Schläge in Maskierungen, Finten einbauen. Uneffektive gegen nachteilvermeidende Schläge austauschen. Nie zum Training gehen, ohne zu wissen, woran man zur Zeit übt.

zu 1.2.2 Schlagrepertoire anwenden
Breitestes Repertoire durch gelegentliches Durchspielen aufrechterhalten (Liste). Keine Schläge „vergessen". Eigenes Spiel beobachten lassen. Unterscheiden zwischen Defensiv- und Offensivrepertoire. Lernen, in Schlussphasen heißer Spiele die eingesetzten Schläge nicht einzuengen. „Schwierige" Schläge auch unter hoher Belastung einsetzen. „Technisch" spielen. Das im Training erweiterte Repertoire auch im Wettkampf einsetzen. Stereotype Spielsituationslösungen vermeiden. Berechenbares Verhalten verhindern. Alternativen bereithalten. Versuchen, etwas Spielwitz einzuüben.

zu 1.2.3 Schläge sicher anwenden
Ziel: In Situationen, in denen man nicht unter Druck steht, *nie* einen Schlagfehler zu machen. Weite beim Clear. Genaues Spielen am Netz. Cross-Bälle bis zur Seitenlinie. Drop, Smash, Rh-Drop nicht ins Netz. Steilheit, Netzkantennähe bei Stop, ku Smash-Abwehr. Aufschläge ins Feld. Jede gegn. Ecke aus jeder eigenen anspielen können.

zu 1.2.4 Absichten verdecken
Gleichförmige Auftaktbewegung in den verschiedenen Standardsituationen; vor allem im Überkopf-/Überhand-Bereich. Clear und Drop bis nahezu zum Ende der Schwungschleife gleich ausführen. Neutrale Schlägerhaltung im Netzbereich. Ansatzlose Schläge. Geschnittene Schläge. Neutrale Auftaktbewegung bei Rh-Schlägen. Physische Erschöpfung tarnen. Swip aus Netzdrop-Haltung.

zu 1.2.5 Täuschungen einsetzen
Unterschiede zwischen „verdecktem Schlagen" und „Täuschen". Bewusst andere Schläge anzeigen, als man zu tun beabsichtigt. Irritierende Vorbewegungen machen. Körpertäuschungen. Blicktäuschungen. Verzögerte Schläge. Die eigenen Täuschungen analysieren. Wirkungsweise gegn. Täuschungen zu beschreiben versuchen. Täuschungen im Spiel nicht vergeuden, sondern bewusst und klug einsetzen. Variieren zwischen Normalschlag und Täuschung. Täuschungs- bzw. Fintensammlung aufbauen.

zu 1.3.1 Spielzüge gestalten
Zwischen Ballwechsel und Spielzug unterscheiden. Zwischen Gestalten und Reagieren unterscheiden. Bei der Wahl jeder Spielsituationslösung (= jeden Schlages) stets Gegnerverhalten berücksichtigen. Jeden Ball (beabsichtigt) in einen ausgewählten gegn. Feldsektor spielen. Auch in Abwehrsituationen die Übersicht behalten. Lernen, nicht nur einfach zurückzuschlagen. Gegn. Schläge bewusst miterleben.

zu 1.3.2 Einem taktischen Plan folgen
Hinter dem Gestalten einzelner Spielzüge muss ein Gesamtplan stehen, der in das konkrete Verhalten einwirkt. In den Ballwechseln Voraussetzung schaffen, damit eine geplante Marschroute zur Wirkung kommt. Will ich ermüden, will ich zusammenschießen? Will ich kommen lassen, will ich schwindlig spielen? Gegner unter Druck halten ohne Smash. Nicht unnötig hoch spielen. Angriff planmäßig vorbereiten.

zu 1.3.3 Komplexer Taktik folgen
Unterschiedliche Verhaltensabsichten nebeneinander ausführen. Das eigene spielerische Verhalten in mehreren Punkten steuern. Verhaltensstereotype des Gegners berücksichtigen. Grundregeln beachten. Kontrolliert spielen, nicht die Übersicht verlieren. Eigene Schwächen unbarmherzig verdecken.

zu 1.3.4 Spiel Rhythmus geben
Gefühl dafür haben, ob schnell oder langsam gespielt wird. Zwischen den Ballwechseln treiben können, verschleppen können. In den Ballwechseln Spiel verlangsamen können, Spiel schnellmachen können. Rhythmus des Spiels vom Tempo in den Ballwechseln trennen können. Schnelligkeit nicht mit Hektik verwechseln. Bestimmen, wann schnell und wann weniger schnell gespielt wird. In der Schlussphase anziehen können. In der Anfangsphase Sicherheit ins Spiel bringen können. Einfluss auf Ballvorrat nehmen. Einen erfolgreichen Rhythmus nicht durch Veränderung stören.

zu 1.3.5 Taktik variieren
Umstellen können, wenn sich ein zurechtgelegter Plan als unwirksam erweist. Änderungen vornehmen, wenn sich der Gegner einstellt. Eine erfolgreiche Taktik auch in der Endphase nicht verändern. Eine Verhaltensweise nicht durch Daueranwendung entschärfen.

zu 1.3.6 Vorteile des Gegners analysieren
Nicht gedankenlos resignierend den Ball vom Boden aufheben, sondern den vorausgegangenen eigenen Fehlschlag beschreiben. Vorsagen, was besser zu machen gewesen wäre. Unterscheiden, ob man schlecht, oder der Gegner gut war. Verwirklichung der ins Spiel mitgenommenen Vorsätze überprüfen (eig. spiel. Verhalten); Weite beim Clear, Rückkehr in ZB, Spieltempo.

zu 1.3.7 Gegnerische Taktik erkennen
Die Gründe für andauernde gegn. Überlegenheit erfassen. Überlegen, wo die Schwachstellen der momentanen gegn. Taktik liegen. Diese Schwachstellen angreifen können. Sich zusammenreißen. Mit Gedanken das Spiel begleiten. Nicht an Götterunterstützung für den Gegner glauben (Troja ist weit), sondern aktiv Gegenmaßnahmen ergreifen. Verwirklichung der mit ins Spiel genommenen Vorsätze überprüfen.

zu 1.3.8 Erfolglose Spielphasen bewältigen
Goldene Regeln bereithalten (s. 1.0). Mit formelhaften Reden wieder Pfad gewinnen. Spiel mit Gedanken begleiten. Bei Linienbällen mit Aus-Entscheidung rechnen. Erinnern, wie man spielen wollte. Einwirkungsmaßnahmen auf Gegner evtl. ändern. Defensivphasen einschieben; hohe-weite Clear serienweise schlagen. Unterbrechungen herbeiführen. An eigene Standardfehler denken: Höhe der Ballannahme beim Drop, Weite beim Clear, Lockern des Schlägers in der Hand beim Balltreffen, zu lahme Laufarbeit, nicht rechtzeitige Bereitstellung in ZP.

zu 1.4.1 Schläger bereithalten
Schläger hoch bei gegn. Verteidigungsschlag. Schläger in Vorhalte bei zu erwartendem gegn. Angriffsschlag. Bereithalten zum Drücken und Töten beim SpaN. Smash-Abwehr durch rechtzeitige Beinstellung vorbereiten. Schläger hoch, Körper aufrichten nach eigenem Smash. Hineingehen in kurze Aufschläge, in kurzes Zurückspiel kurzer Aufschläge. Schläger nicht am Boden hängen haben.

zu 1.4.2 Ball anschauen
Ball auf seinem Flug aktiv mit den Augen begleiten, auch in der schwierigen Phase nach der gegnerischen Schlägerberührung (Reaktionsfähigkeitserhöhung). Peripheres Sehen üben. Stellung des Gegners innerhalb seines Feldes stets kennen. Um ungedeckte gegnerische Feldsektoren wissen. Variante der Smash-Abwehr nach Gegnerverhalten auswählen. Sich mit Gedanken auf der gegnerischen Feldseite aufhalten.

zu 1.4.3 Schläge antizipieren
Schläge des Gegners bewusst erleben, ebenso seine Bewegungen. Auftaktbewegungen von Arm/Schläger genau erleben. Körperbewegungen einschätzen. Ball fest im Blick haben. Gegenschlag schon einzuleiten beginnen, wenn der Ball noch nicht auf der Rückreise ist. Mutig dem heranfliegenden Ball entgegengehen. Aufgrund der Spielsituation mögliche gegn. Schläge hochrechnen. Spekulieren. Vorausahnen. Bälle anspringen, flach abwehren wollen. An der Netzkante wischen wollen.

zu 1.5.1 Tempogespür entwickeln
Wie schnell wird eigentlich im Augenblick gespielt? Könnte ich (noch) schneller? Wie hoch/schnell nehme ich die Bälle an? Wie einsatzfreudig ist meine Laufarbeit? Wie schnell sind die Bälle wieder hier? Wie viel Wartezeit habe ich im ZB? Kann der Gegner unser Spieltempo steigern? Drosseln? Wie würde vermutlich der Spielverlauf bei gedrosseltem Tempo ausschauen?

zu 1.5.2 Tempo variieren
Wie schnell gespielt wird, bestimme ich! Etwas mehr Druck, und mein Gegenüber bricht zusammen. Sollte ich schneller spielen? Was wäre, wenn ich das Tempo drossele? Ich muss erst mal Luft holen. Ich muss das Spiel verzögern. Ich muss längere Ballflugwege erreichen. Eine kleine Verschnaufpause, bevor die Verlängerung beginnt. Bei 10-beide Tempoerhöhung. Zwischenspurt! Ich bin zu lahm geworden, er hat mich eingelullt! Ich kann die Bälle doch schneller zurückspielen, das tue ich jetzt auch!

zu 1.5.3 Konditionelle Fähigkeiten berücksichtigen
Ich muss langsamer spielen, das halte ich nicht durch. Tempo ist mir zu hoch! Halte ich es durch, wenn ich das Tempo anziehe? Kann ich nicht schneller spielen? Mein Smash kommt nicht, weil ich immer zu spät hinter dem Ball bin. Wenn ich jetzt etwas langsamer spiele, regeneriere ich mich für die Endphase. Ich muss mehr Druck machen / längere Ballwechsel zustande bekommen, denn ich bin noch nicht im geringsten erschöpft. Die Aufholjagd macht mich nur kaputt, ich schone mich lieber für den dritten Satz. Konditionelle Schwächen verdecken, nach außen hin Stärke demonstrieren. Jegliches Erschöpfungssignal vermeiden. Ich kämpfe um jeden Ball, mal sehen, wer früher müde ist. Aussichtslosen Bällen nicht nachlaufen, das treibt mich nur in konditionelle Defizite.

zu 1.5.4 Konditionelle Fähigkeiten zur Wirkung bringen
Spiel auf Schnelligkeit aufbauen. Spiel auf Ausdauer aufbauen. Ich muss meine konditionelle Überlegenheit zur Wirkung bringen. Bei konditioneller Überlegenheit Ball im Spiel halten können. Ich will erst den Gegner ermüden. Nicht nicht-erschöpft verloren haben. Vor der Schlussphase des Satzes lange Ballwechsel provozieren. Ich muss den Ball so schnell zurückspielen, dass er nur Striche sieht. Spiel in den Pausen zwischen den Ballwechseln vorantreiben. Schnelle Ballwechsel — lange Pausen. Zu lange Ballwechsel abbrechen, um nicht in zu hohe Sauerstoffschuld zu geraten. Auf diese Hetzerei darf ich mich nicht einlassen. Soll der ruhig so weiterkloppen, das hält der nie durch; von Mitte des zweiten Satzes lasse ich ihn auflaufen. Ich muss ihn zwingen, hoch zu spielen, damit ich meinen Smash einsetzen kann. Kampfgeist und Siegeswillen mobilisieren. Zweiten Wind entfachen. Letzte Reserve freisetzen.

zu 1.5.5 Marschroute folgen
Wie muss ich mich spielerisch verhalten bei: — absolutem Angriffsspiel, — Sicherheitsspiel, — Gegner hetzen wollen, — defensivem Spiel, um Gegner zu Schlagfehlern zu veranlassen, — Ausspielen des Gegners durch variablen Technikeinsatz, — schnellem, flachem Spiel. Welche Marschroute passt zu meinem Spielertyp, welche zu meiner persön-

lichen Spielweise, welche zu meinen konditionellen Fähigkeiten? Welche kann ich gerade noch realisieren? Welche ist gänzlich ungeeignet? Wie kann ich meine übliche Marschroute effektivieren? Habe ich überhaupt brauchbare Alternativen? Kann ich Marschrouten auch im Zustand zunehmender Ermüdung verwirklichen? In welchen Situationen verliere ich erfahrungsgemäß die Kontrolle?

zu 1.5.6 Turnieranforderungen beachten
Siege mit spielerischen Mitteln erzwingen. Durch hohe Konzentration in leichten Spielen unnötigem Kraftaufwand vorbeugen. Regenerationsmaßnahmen sofort nach dem Spiel einleiten. Flüssigkeits- und Mineralstoffe-Ersatz, Kohlehydrat-Zufuhr. Aktive Regenerationsmaßnahmen am Tag nach dem Turnier.

zu 1.6.1 Wettkampf vorbereiten
Letzte Mahlzeit. Zusammensetzung der Mahlzeit. Entspannung. Auseinandersetzung mit vermutlichen Gegnern. Studium der Gegnerkartei. Überdenken des eigenen Spiel. Verhaltens. Ggf. Zurechtlegen von beabsichtigten Einwirkungsmaßnahmen. Rechtzeitiges Packen aller Utensilien. Überprüfung derselben. Frühzeitige Anreise. Bei morgendlichen Wettkämpfen frühes, intensives Aktivieren.

zu 1.6.2 Plan haben
Meine gröbsten technischen Mängel. Häufige Spielgestaltungsfehler. Wiederkehrende Funktionsstörungen in Stresssituationen. Ins-Gedächtnis-rufen aktueller Trainingsmaßnahmen. Ausschalten eigener Schwächen. Ins-Spiel-bringen eigener Stärken.

zu 1.6.3 Potenzielle Gegner beobachten
Was erwartet mich bei diesem Gegner? Welcher Spielertyp ist er? Seine konditionelle Verfassung? Stärken, Schwächen? Was macht er nie? Hat schon mal einer gegen ihn gespielt? Spezialschlag? Wie schlägt er in der Rh-Ecke? Wie am Netz.

zu 1.6.4 Vorstellung von Gegenmaßnahmen haben
Was ist zu tun, wenn: Gegner viel schmettert? Gegner sehr ausdauernd ist? Er zu allen hohen Bällen hinspringt? Am Netz gut drückt? Technisch sehr variabel, in Schnelligkeitsausdauer aber schwach ist? Er nur kurze Aufschläge macht? Er treibt / verzögert?

zu 1.6.5 Auf Eigenarten eingestellt sein
Welche Angewohnheiten hat er, welche Unarten? Können sie mich stören? Wie schafft er Kunstpausen? Welche Mimik trägt er zur Schau? Wie ist sein Betragen? Wirkt er einschüchternd? Einschläfernd? Womit macht er Gegner gern nervös? Womit macht man ihn nervös? Woran erkenne ich, dass er nervös geworden ist? Dass er erschöpft ist?
Wie viel Bälle soll ich bereitlegen? Wie soll ich mich zu Schiedsrichter-„fehl"entscheidungen verhalten?

zu 1.6.6 Widrige Hallenumstände einkalkulieren
Zuschauer, Geräusche, Lärm, Helligkeit, Tageslichteinfall, Hallenhöhe, Winde. Schieds- und Linienrichter. Balltypen und -geschwindigkeit. Worin unterscheidet sich Spielanlage in hoher und niedriger Halle? Umwelt ignorieren! Konzentration allein auf das Spiel. Es gibt keine schlechten Umstände, es gibt nur beeinflusste Spieler. Schwierigkeiten regelrecht einplanen. Peter Gade würde schweigend gewinnen, wo du lautstark jammernd verlierst.
Oder?

zu 1.6.7 Systematisch aufwärmen
Individuelles standardisiertes Aufwärmprogramm abspulen. Stretching. Berücksichtigen, dass möglicherweise nur kurz ein Feld zur Verfügung steht. Berücksichtigen, dass sich Zeitverschiebungen ergeben können. Nicht Gefangener von Ritualen werden.

zu 1.6.8 Spiele protokollieren
Standardisierten Bogen bereithalten. Wichtigste Eindrücke über gegnerisches Verhalten und über seine Stärken möglichst noch vor dem nächsten Spiel niederschreiben. Nachbereitung zu Hause.

zu 1.7 Gewinnertaktiken kennen
Lerne taktische Konzepte zu entwickeln, die an Stärken und Schwächen deiner Gegner und an das eigene Leistungsvermögen angepasst sind!

zu 1.7.1 Vorteile auf niedrigem Niveau
Etwa: Spiel in die Rh-Ecke. Gegner laufen lassen. Gutes Grundlinienspiel. Sicheres Anspielen gegnerischer Feldecken. Vermeiden grundlegender taktischer Fehler.

zu 1.7.2 Vorteile auf mittlerem Niveau
Etwa: Sicheres Grundlinienspiel. Härte beim Smash. Schlagsicherheit. Gute Ausdauer. Breites technisches Repertoire. Erfassen von Spielsituationen. Beobachten des Gegnerverhaltens im Ballwechsel. Kampfgeist. Perfektes läuferisches Beherrschen des Feldes.

zu 1.7.3 Vorteile auf höherem Niveau
Etwa: Konditionelle Überlegenheit in Endphasen. Schnelles Annehmen aller Bälle. Absolute Schlagsicherheit. Hervorragende Defensivqualitäten. Spielen mit Täuschungen u. Ä. Variable Anwendung der Technik. Psychische Härte. Spielwitz. Schnelligkeitsausdauer für 45 Minuten.

zu 1.7.4 Vorstellung von Verbesserung haben
Eigenes Training steuern. Immer an irgendwelchen Verbesserungen arbeiten. Trainingsziele klar formulieren. Zeitlich begrenzte Schwerpunkte setzen. Schwächen mindern. Nicht nur solches üben, was man eh schon gut kann. Vorgegebene Zielsetzungen bei Trainingsübungen auch einhalten. Konditionstraining nicht scheuen.

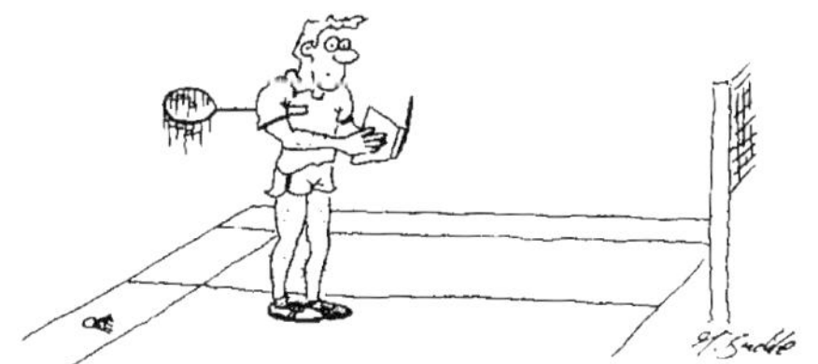

zu 2.0 Grenzen von Taktik
Ein Gegner, der auf höherem Leistungsplateau steht, kann nur begrenzt durch Anwendung von „Taktik" besiegt werden. Taktik macht 10 bis 20 Prozent der Leistung aus. „Spiel dein Spiel — und du wirst gewinnen!" Auf gleichem Leistungsplateau ist Taktik alles. Ich muss nur voll konzentriert durchspielen, dann schlage ich ihn immer. Wir müssen viel härter trainieren! „Glück! Der hat nur Glück gehabt!" Da war nichts drin! Ich habe erst später Zeit, vorher muss ich noch in den Wald. Ich bin hier, um zu trainieren, nicht um rumzufitschen. „Normal hätt' ich gewonnen!"

5

zu 2.1.1 Feldbreite nutzen
Cross-Bälle bis zur Seitenlinie. Gegner darf nicht in ZP stehen bleiben können. Links-rechts spielen. Smash, Drop, SpaN cross, nicht nur knapp über die Mittellinie. Gegner aus dem Feld treiben. Spiel durch Cross-Bälle auseinanderziehen. Der Cross als entscheidender Angriffsball. Smash-Abwehr so, dass Gegner weiten Weg hat. Nicht durch die Reichweite spielen.

zu 2.1.2 Feldlänge nutzen
Ball in den für Gegner ungünstigen Treffbereich zwischen Grundlinie und hinterer Aufschlaglinie hineinspielen. An der Grundlinie festnageln. Clear nicht zu kurz! Drop nicht zu weit hinters Netz! Abwechselnd kurz-lang, Clear-Drop spielen. Gegner hinten unten ausspielen. Konsequenzen aus ZP-Lage des Gegners ziehen. Bleibt er beim SpaN vorne, nach hinten, bleibt er zurück, kurz spielen.

zu 2.1.3 Länge und Breite nutzen
Gegner aus ZP treiben. Dann den ungedeckten Sektor mit schnellem, harten Schlag anspielen. Weit in die Ecke treiben. In der Rh-Ecke zu Rh-Schlägen zwingen. Laufen lassen. Angriff (durch schnelle / weite, gut platzierte kurze) Vorbereitungsschläge vorbereiten. So spielen, dass der Gegner nicht aus dem Stand schlagen kann, sondern zu jedem Ball hinlaufen muss. Stellung des Gegners peripher beobachten.

zu 2.1.4 Gegner hetzen
Jeden Ball in eine andere Ecke. Gegner muss hinter dem Ball herlaufen. Selbst derjenige sein, der mit Übersicht spielt. Bälle verteilen. Immer die am weitesten entfernte Stelle anspielen. So schnell wie möglich alle Bälle zurück. Ermüde Gegner durch wiederholte Serien hohen Grundlinienspiels.

zu 2.2.1 Ungünstige Treffbereiche anspielen
Spiele hoch und weit an die Grundlinie, von wo aus kein wirksamer Angriff geführt werden kann. Zwinge Gegner durch schnellen, harten abwärtsgerichteten Angriffsschlag den Ball in Bodennähe der vorderen Aufschlaglinie (tief im Netzbereich) anzunehmen, von wo aus ein hastiger Verteidigungsschlag kommen muss.

zu 2.2.2 Nachteilige Sektoren anspielen
Gegnerische Rh-Ecke anspielen. Auf der (Rh)-Seite wehrt er immer hoch ab! Zum schnellen Drop in seine Netzecke rechts kommt er schlecht hin! Als Notschlag aus Sh-Bereich der Vh-Ecke kommt immer schneller Drop cross! Schmettere ihm auf den Körper! Da hat er nicht viel drauf! „Du machst (dann) immer das Gleiche!"

zu 2.2.3 Individuelle Schwächen belagern
Weit genug die Clear, dann werden seine immer kürzer! Lass ihn ruhig schmettern, da ist nichts dahinter! Beim Netzspiel macht er viele Fehler! Mit kurzen Aufschlägen kann er nichts anfangen! In die Vh-Ecke springt er immer hinein, wenn du weit genug spielst, kommt er nicht dran! Spiele ihm flach in den Grundlinienbereich, da weiß er nicht, was er machen soll! Halte den Ball nur lange genug im Spiel, dann macht er die Fehler!

zu 2.2.4 Nachteilige Marschrouten entwickeln
Entwickle ein Konzept, das sich an seinen Schwächen und an deinen Stärken orientiert. Schmetterkünstler liegen ihm nicht! Du läufst ihn einfach tot! Bring jeden Ball zurück, dann wird er nervös! Verunsichere ihn durch Anfangsaggressivität beim SpaN. Gegen Täuschungen und Finten tut er sich schwer! Lass dich gar nicht erst auf lange Ballwechsel ein! Spiele nur schnell und aggressiv, zu schmettern brauchst du nicht! „Ich kam gar nicht richtig ins Spiel!"

zu 2.2.5 Konditionelle Defizite herbeispielen
Sei selbst immer konzentriert, vermeide alle Schlagfehler. Gegner seiner konditionellen Leistungskraft berauben, bevor das Spiel in die Endphase tritt. Mit langen Ballwechseln beginnen. Erst musst du ihn ermüden, dann das Tempo etwas anziehen. Bei 10-beide zwei, drei besonders lange Ballwechsel einschieben. Die beiden nächsten Ballwechsel nach einem langen besonders aufmerksam sein. Ballwechsel lang — Pausen kurz. Genügend Bälle bereitliegen haben. Statt eines riskanten Balles lieber einen Clear.

zu 2.2.6 Pausen aktiv gestalten
Länge der Pausen zwischen den Ballwechseln (mit)bestimmen. Ballvorrat regulieren. Ballgeschwindigkeit mitbestimmen. Gang zum Handtuch. Aufforderung an Schiedsichter, für zügigen Fortgang zu sorgen. Gegner aus Spielrhythmus bringen durch kleine Verzögerungen. Ehrenrunde auf dem Feld drehen. Verzögerte Rückgabe des Balles. Konzentrationssekunde vor Aufschlagausführung, vor Aufschlagannahme. Cool reagieren auf gegnerische Macken. Kampfgeist und Siegeswillen zur Schau tragen. Zermürbe Gegner durch Zurschaustellen des Glaubens an die eigene Stärke. Täusche Gegner durch Schauspielern von Resignation.

zu 2.3.1 Günstige Treffbereiche meiden
Kurze Smash-Abwehr vor hoher. Stop als Antwort auf Drop. Vorsicht bei Swip cross und Angriffsclear cross. Spiel nicht durch die Reichweite! Warum spielst du nicht Netzdrop Ll statt immer wieder diese unseligen cross.

zu 2.3.2 Vorteilbringende Sektoren meiden
Sein LvK-Smash ist gefährlich! Wenn er gut steht, kommt aus der LvK-Ecke ein guter scharfer Drop cross! An seine flache Rh-Smash-Abwehr kommst du kaum heran, wenn du cross schmetterst!

zu 2.3.3 Schläge meiden
Netzdrop wischt er rein! Kein Swip cross in seine Vh-Ecke, da springt er sofort rein! Keine langsamen Drop, er sticht sehr gute Stop! Keine hohe Smash-Abwehr! Wenns geht, kein Uhclear!

zu 2.3.4 Punkte erkämpfen lassen
Sei immer konzentriert! Alle Schlagfehler vermeiden! Vermeide jeden Schlagfehler! Keinen Schlagfehler machen (schon gar keinen leichten)! Keinen Fehler selber machen – lass das den Gegner tun! Das kann man nicht oft genug wiederholen! Aber was beobachten wir andauernd auf dem Feld . . .? Achte besonders auf den Drop nach hohem gegnerischen Aufschlag. Äußerste Sorgfalt beim Annehmen gegnerischer Aufschläge. Nach leichten Anfangspunkten nicht entspannen. Nach schweren Ballwechseln nicht aufatmen, sondern besonders konzentrieren. Schläger fest in der Hand halten beim Balltreffen und genau führen. Ort, wohin geschlagen werden soll, im Kopf haben. Auch bei hohem Rückstand weiterkämpfen.

zu 2.4.1 Variieren
Mal so, mal so abwehren. Darauf achten, ob der Gegner sich auf bestimmtes Verhalten einstellt. Wie reagiert er auf mein SpaN? Den Clear nicht nur Ll sondern auch cross! Zwischen Clear und Angriffsclear unterscheiden. Aufschläge und Aufschlagannahme immer wieder verändern. Wann Netzdrop und wann Swip kommt, darf nicht erkennbar sein.

zu 2.4.2 Ballwechsel aktiv gestalten
Nicht „automatisch" spielen. Ballflug in Gedanken mitvollziehen. Den Gegner ständig beschäftigen. Agieren statt reagieren! Immer Druck ausüben. Ball immer *bewusst* in einen gegnerischen Sektor hineinschlagen. Mit jedem Schlag eine Absicht verfolgen. Schläge des Gegners vorausahnen und Gegenmaßnahmen einleiten. Grund für gegnerische Vorteile richtig erkennen. Mit Gedanken nicht in der Weite der Halle weilen, während dein Freund, der Ball, fliegt.

zu 2.4.3 Spiel bewusst gestalten
Spiele nie ohne Plan. Nicht nachlassen in der Konzentration. Gegen Ermüdungsphasen ankämpfen. Stets Wirkung des eigenen Spiels kontrollieren. Der Marschroute folgen, falls gut – die Marschroute variieren, falls nötig. Satzbeginn nicht zufällig ablaufen lassen. Spieltempo im Ballwechsel regulieren. Rhythmus des Spiels bestimmen. Pausen beeinflussen. Sicherheits- bzw. Stabilisierungsphasen einschalten können. Überlegenheit aufrechterhalten können. Nicht einschläfern lassen. Die Schlussphasen der Sätze vorbereiten. Gegner auch psychisch bekämpfen. An einem guten Spiel erfreuen. Hyperaktiviere dich in Schlussphasen – Der achtfache Deutsche Meister Michael Schnaase: „Da ging die rote Lampe an!"

zu 2.5.1 Schnell annehmen
Aggressivität schon beim Aufschlagreturn. So schnell wie möglich jeden Ball zurückspielen. Am Netz hoch annehmen. Bälle anspringen und abfangen. Flach nach hinten spielen. Gegner unter Druck halten. Gegner hinter dem Ball herlaufen lassen. Schnelligkeit vor Genauigkeit. Gegner durch Aggressivität am Netz verunsichern. Flaches Zurückspiel von Drop / Smash. Keine Rh-Befreiungsschläge sondern schnelle Drop.

zu 2.5.2 Druck erzeugen
Smash, Angriffsdrop, Drive aus Netzbereich. Drücken. Smash ans Netz folgen. Vorbereitungsschlag – Angriffsschlag. Weiche Drop vermeiden. Gegner überrollen. Rh-Schläge vermeiden.

zu 2.5.3 Schläge verdecken
Achte auch bei Ermüdung auf neutrale Ausholphasen. Vor allem bei den verschiedenen Drop auf Clear-Ausholbewegung achten. Auch beim Rh-Drop. Ansatzlos geschlagene Clear und Drop sind schwer zu erkennen.

zu 2.5.4 Fintieren
Täusche etwas anderes vor, als dann wirklich kommt. Verwirre Gegner durch vorgeschaltete Auftaktbewegungen. Nicht die Täuschung zum Standardschlag machen, da sie sich abnutzt. Setze sie nicht dann ein, wenn es nicht nötig ist. Für die Schlussphase etwas in Reserve halten. In der Verlängerung nicht hoffen, durch eine Finte einen schnellen Punkt erreichen zu können.

5

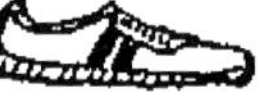

5.1 Maßnahmen zur Verbesserung des eigenen spielerischen Verhaltens

Nr.	Ziele	Idee/Beschreibung	Hinweise/Organisation
371	Siehe 1.0 S. 101	Der Spieler speichert folgende (oder andere) Merksätze in seinem Gedächtnis und sagt sie in freier Rede auf: – Nimm jeden Gegner ernst! – Wärme dich gut auf! – Konzentriere dich voll! – Spiele nie ohne Plan! – Nutze deine Stärken, tarne deine Schwächen! – Auch bei Rückstand, kämpfe bis zum letzten Punkt! – Mach selbst keine Fehler, lass das den Gegner tun! – Nicht bevor der letzte Punkt da ist, ist ein Spiel gewonnen!	
372	Siehe 1.1.1 S. 101	Lerne die unmittelbare Rückkehr aus der Vh–Ecke zur ZP, nachdem du in der Ecke einen Vh-Drop cr geschlagen hast.	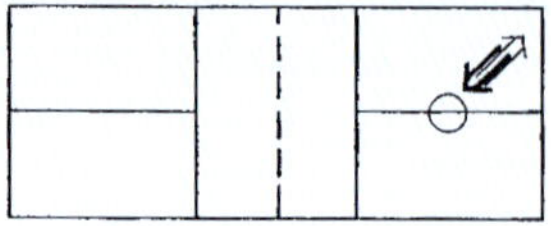
373	Siehe 1.1.2 S. 101	Lerne den Lauf in die LvK-Ecke (zu einem Links-vom-Kopf-Schlag!!!) auch auf einen gegnerischen Swip aus der diagonalen Netzecke. Möglichst natürlich Smash.	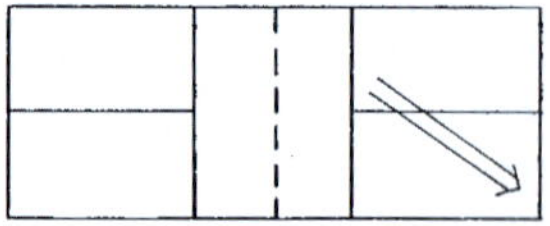
374	Siehe 1.1.3 S. 101	Lerne, aus dem Sh-Bereich der Vh-Ecke durch einen Befreiungsclear Ll ein Situationspatt herzustellen.	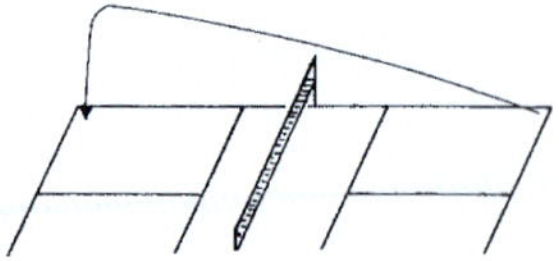
375	Siehe 1.2.1 S. 101	Lerne, dein automatisiertes Schlagrepertoire (das nur aus Rh-Drop Ll und dürftigem Rh-Clear besteht) um Rh-Drop cr zu erweitern.	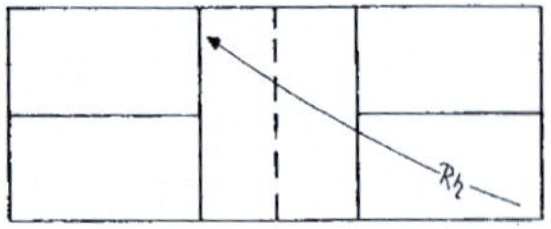

5.1 Maßnahmen zur Verbesserung des eigenen spielerischen Verhaltens

Nr.	Ziele	Idee/Beschreibung	Hinweise/Organisation
376	Siehe 1.2.2 S. 102	Lerne, auf einen gegnerischen Drop in deine Netzecke rechts nicht nur mit Uhclear oder Stop Ll zu antworten, sondern ebenso selbstverständlich mit Swip Ll und Stop cr.	
377	Siehe 1.2.3 S. 102	Lerne, dass ein Schlagfehler aus einer Situation in der du nicht unter Druck stehst, so gut wie ausgeschaltet sein muss, indem du eine Flasche Lebertran neben das Spielfeld stellst und jedesmal, wenn du ohne große Belastung einen Schlagfehler gemacht hast, einen Löffel davon zu dir nimmst.	
378	Siehe 1.2.4 S. 101	Lerne, einen geschnittenen Vh-Drop cr zur Wirkung zu bringen, indem du ihn mit einem Partner im Wechsel mit Vh-Clear Ll übst und dabei vor allem auf eine schwungvolle Auftaktbewegung achtest.	
379	Siehe 1.2.5 S. 101	Lerne, einem Gegner in der Netzecke links durch waagerechtes Hinhalten des Schlägers einen Netzdrop Ll zu signalisieren (und ihn so ans Netz zu locken), um dann durch schnelles Senkrechtstellen des Schlägers einen Drive Ll zu schlagen.	
380	Siehe 1.3.1 S. 102	Lerne, dich an bewusstes Schlagen zu gewöhnen, indem du dir (im Rahmen von freien Schlagfolgen) vor jedem Schlag selbst leise zurufst, wohin du den Ball jetzt zu spielen gedenkst. Jedesmal, wenn du feststellst, dass du wieder einmal gedankenlos geschlagen hast, trete aus dem Feld und mache einen Diener gen Sonnenaufgang.	

5.1 Maßnahmen zur Verbesserung des eigenen spielerischen Verhaltens

Nr.	Ziele	Idee/Beschreibung	Hinweise/Organisation
381	Siehe 1.3.2 S. 102	Dein taktischer Plan soll lauten: Ich will versuchen, durch schnelles, wechselseitiges Anspielen der Ecken LvK/Rh und Netz rechts, den Gegner aus ZP zu treiben und das Feld für einen Angriffsball zu öffnen. Mit Partner. Freie Schlagfolge. Du beginnst stets mit Aufschlag. Versuche, den Plan in jedem Ballwechsel zu verwirklichen.	
382	Siehe 1.3.3 S. 102	Spiele ein Einzel gegen einen gleichwertigen Gegner. Nimm 3 Merksätze mit aufs Feld und versuche, sie während des ganzen Spieles zu verfolgen: Einen, mit dem du dein spielerisches Verhalten verbessern willst, einen über einen schwachen Punkt deines Gegners, den du auszunutzen gedenkst, und einen über deine beabsichtigte Marschroute.	Ich muss zum ZB zurück! In Vh-Ecke springt er selten rein! Mit weitem Grundlinienspiel vorbereiten!
383	Siehe 1.3.4 S. 102	Lerne, wie man betont langsam spielt, indem man bei einem Einzel aus allen Aktionen das Tempo wegnimmt. Dies gilt sowohl während der Ballwechsel (weite Wege spielen, Ball halten, sehr hoch an die Grundlinie spielen, oft Clear ...) als auch dazwischen (langsam aufheben, lange warten beim Aufschlag, Ball streichen, Ehrenrunde ...).	
384	Siehe 1.3.5 S. 102	Ein taktischer Plan soll lauten: Vermeide hohes Zurückspiel aus dem Netzbereich, besonders den Swip in die Vh-Ecke. Simuliere nun in einem Einzel die Situation, dass ein Gegner diese Zielsetzung durchschaut hat (und mit aggressivem Netzspiel reagiert) – indem man entsprechende Absprachen trifft. Versuche nun, Variationen zu finden, die auf das konkrete Gegnerverhalten eingehen.	Dem ursprünglichen Plan zugrunde liegende Gedanken, sollten allerdings nicht aus dem Sinn verloren werden.
385	Siehe 1.3.6 S. 102	Lerne, die wahren Ursachen von Vor- und Nachteilen einzuschätzen, indem du dich neben ein Feld setzt, auf dem zwei Vereinskameraden Einzel spielen. Bilde dir nun nach jedem Ballwechsel eine klare Meinung, warum es für den Spieler, neben dem du sitzt, so oder so verlaufen ist. Diskutiere diese Meinung dann mit dem Spieler.	Bedenke, dass meist nicht die beklagenswerte letzte Smash-Abwehr das wahre Übel ist, sondern z. B. der schwache Clear zwei Schläge zuvor.

Nr.	Ziele	Idee/Beschreibung	Hinweise/Organisation
386 Siehe 1.3.7 S. 102		Spiele ein Einzel gegen eines etwas stärkeren Gegner bis 8 Punkte. Versuche, bis zu diesem Spielstand herauszufinden, welche spezielle taktische Einwirkungsmaßnahme dein Gegenüber vom Trainer mitbekommen hat – möglicherweise kannst du sogar schon auf sie reagieren. (Dein Gegenüber muss die gestellte Aufgabe natürlich verfolgen. Sag ihm das noch einmal!)	„Du solltest mich durch mehrfaches Anspielen der Vh-Ecke aus ZP treiben, um dann in die diagonale Ecke anzugreifen!"
387 Siehe 1.3.8 S. 102		Versuche, aus allen deinen spielerischen Mängeln jene drei herauszukristallisieren, die eine erfolgreiche Spielgestaltung am meisten beeinträchtigen. Fasse sie in Aufforderungssätze. Lerne, dich in schwierigen Phasen für kurze Zeit vom Spiel abzuwenden und anhand dieser Merksätze einen spielerischen Neuaufbau einzuleiten. Erprobe dieses Verfahren in Wettkämpfen.	Ich muss beim Drop den Arm strecken! Ich muss meine Clear weiter schlagen! Ich muss alle Bälle früher annehmen!
388 Siehe 1.4.1 S. 102		Lerne, zwischen Schlägerhaltung in Angriffs- und Verteidigungssituation zu unterscheiden. Im Rahmen einer grobskizzierten Schlagfolge schlägst du aus dem Netzbereich Uhclear. Dein Partner hat die Aufgabe, gute hohe-weite Uhclear mit (Angriffs-)Clear zu beantworten, zu kurze aber mit Smash. Entscheide nach deinem Uhclear, ob der Schläger angemessener in Hüft- oder in Schulterhöhe ist.	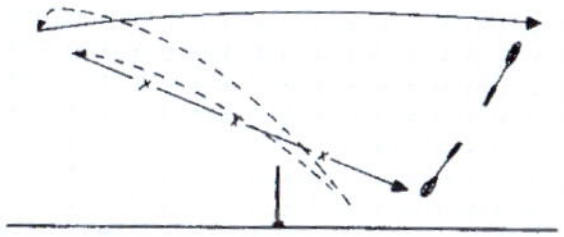
389 Siehe 1.4.2 S. 103		Lerne, im Rahmen einer einfachen Komplexübung (Smash Ll oder cr – Ku Aw – Netzdrop – Zuspiel – ...), deine Reaktionszeit für die Smash-Abwehr dadurch zu verkürzen, dass du ganz bewusst und blickfest und adlerscharf den Ball – den du dem Partner zum Schmettern zuspielst – mit deinen Augen allzeit (!) begleitest.	Kritische Phase: Unmittelbar nach der Beschleunigung durch den gegnerischen Schläger.
390 Siehe 1.4.3 S. 103		Lerne, deine eigene Bewegung schon bei der gegnerischen Auftaktbewegung vorzubereiten, sodass du bei der gegn. Schlagphase mit der Bewegung deines Schlägers in Richtung (vermeintlicher) Ballflugbahn beginnen kannst. B schlägt Drive cr und Sh-Drop Ll von Mitte der re Seitenlinie. A steht Mitte vo A-linie und versucht Gegendrive oder Netzdrop an der Netzkante (bzw. Töten).	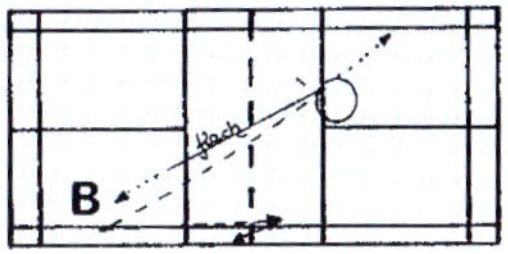 B

5

5.1 Maßnahmen zur Verbesserung des eigenen spielerischen Verhaltens

Nr.	Ziele	Idee/Beschreibung	Hinweise/Organisation
391	Siehe 1.5.1 S. 103	Lerne, dein Spieltempo zu regulieren, indem du es alle drei Ballwechsel bewusst änderst. Wähle zwischen „langsam“, „mittelschnell“ und „sehr schnell“. Spiele ohne Smash.	Gute Kontrollmöglichkeiten bieten Höhe bzw. Frühzeitigkeit der Ballannahme.
392	Siehe 1.5.2 S. 103	Spiele ein Einzel und variiere dabei bewusst zwischen Ballwechseln defensiver Art, bei denen du den Gegner laufen lässt, und solchen des schnellen Ballannehmens und Angreifens. Überlasse es nicht dem Zufall, wann was geschieht, sondern bestimme es stets vor Aufschlagbeginn bei dir im Kopf.	„Schneller, kompromissloser Angriff“ meint nicht „in wilde Hektik verfallen“.
393	Siehe 1.5.3 S. 102	Lerne die Grenze deiner konditionellen Leistungsfähigkeit kennen, indem du die Zeit ermittelst, die du „volle Pulle“ spielen kannst (d. i., bis die Anzahl der Schlagfehler erkennbar zunimmt, da die Koordination beeinträchtigt ist). Bitte zu diesem Zweck einen besseren Spieler um ein Einzel, bei dem er leicht defensiv spielt, du aber um ein schnellstmögliches Agieren in allen Belangen bemüht bist.	Vorher gut aufwärmen!
394	Siehe 1.5.4 S. 103	Überlege dir, was alles zu tun ist, um in einem Spiel die Pausen zwischen den Ballwechseln so kurz wie möglich zu halten. Bedenke dabei, dass es vor allem in den Schlussphasen der Sätze darauf ankommt, Unterbrechungen zu verhindern.	– Ballvorrat – Weiterdrängen – Ballwechsel – Streit vermeiden – Bälle schnell aufheben
395	Siehe 1.5.5 S. 103	Lerne, eine Marschroute auch dann einzuhalten, wenn gegen Ende eines Matches die eigenen Leistungsreserven schwinden und Sicherheitsschlagen um sich zu greifen beginnt. Übe hieran bewusst in (vorbereitenden) Wettkämpfen. Hilfskonstruktion im Training kann sein, einem schwächeren Gegner 10 bis 16 Punkte Vorsprung zu geben und dann um eine Cola zu spielen.	

Nr.	Ziele	Idee/Beschreibung	Hinweise/Organisation
396	Siehe 1.5.6 S. 104	Schlage in einem sog. „Ernährungsbuch" nach, welche Nahrungsmittel die günstigsten Voraussetzungen bieten, um während eines Turniertages verbrauchte Energievorräte wieder aufzufüllen.	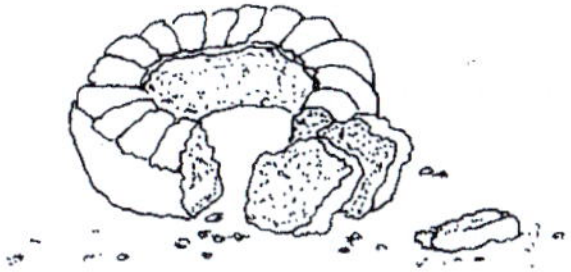
397	Siehe 1.6.1 S. 104	Lerne, die Stunden vor dem Wettkampf einzuteilen, indem du dich hinsetzt und einmal in Einzelheiten aufschreibst, wie du den Tag eines wichtigen Wettkampfes – der um 15 Uhr stattfinden soll – am für dich günstigsten gestalten würdest (wenn auf keinerlei äußere Umstände Rücksicht zu nehmen wäre).	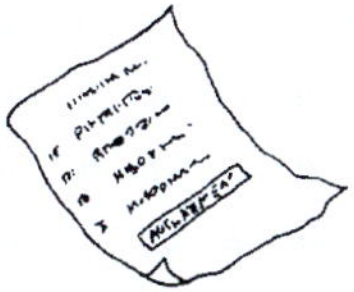
398	Siehe 1.6.2 S. 104	Erstelle 6 formelhafte Merksätze, die dir helfen, Schwächen deines eigenen spielerischen Verhaltens zu beschreiben. Versuche, sie der Wichtigkeit nach zu sortieren. Bespreche das Ergebnis danach mit deinem Trainer. Ob er es wohl ebenso sieht???	1. Ich muss längere Ballwechsel zustande bringen. 2. Ich muss mit wachem Bewusstsein den Ball zielgerichtet spielen. 3. Ich muss bei knappen Bällen die nachteilige Entscheidung erwarten.
399	Siehe 1.6.3 S. 104	Lerne strukturiert zu beobachten, indem du einen für dich schweren Gegner in einem Spiel gegen einen Dritten anschaust. Achte dabei ausschließlich auf sein spielerisches Verhalten in der LvK/Rh-Ecke. Erstelle eine Häufigkeitsverteilung der aus dieser Feldecke von ihm angewandten Schläge.	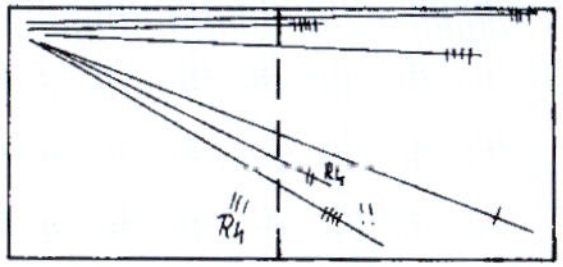
400	Siehe 1.6.4 S. 104	Nimm dir einen Gegner vor Augen, gegen den du normalerweise gewinnst und versuche konkret drei Einwirkungsmaßnahmen zu formulieren, die dich während der Ballwechsel gegen ihn immer wieder in Vorteil bringen. Gehe dann hin, spiele anhand dieser formulierten Maßnahmen gegen diesen Gegner und überprüfe ihre Richtigkeit.	„... anhand dieser formulierten Maßnahmen ..."

5.1 Maßnahmen zur Verbesserung des eigenen spielerischen Verhaltens

Nr.	Ziele	Idee/Beschreibung	Hinweise/Organisation
401	Siehe 1.6.5 S. 104	Lass deine Fantasie spielen und liste einmal sämtliche Unarten auf, die dir einfallen, mit denen man den Fluss eines Spieles bzw. die Konzentration eines Gegners stören kann. Schaue dir dann deine unliebsamsten Gegner an und kontrolliere, ob du nicht noch etwas vergessen hast.	Und deine eigenen?
402	Siehe 1.6.6 S. 104	Lass deine bisherige Karriere mit all ihren Höhen und Tiefen an dir vorüberziehen und versuche, dich an solche Begleitumstände von Spielen zu erinnern, die dir einen konzentrierten Wettkampf (angeblich) unmöglich gemacht haben. Schreibe sie auf und unterteile sie in bekämpfbare und nicht bekämpfbare Widernisse.	Bekämpfbar oder nicht? Bei den ALL ENGLAND wird auf Court-number-one der Ball vom Wind verweht ...
403	Siehe 1.6.7 S. 104	Führe in den letzten 30 min vor Wettkampfbeginn die Übungen 91–100 dieser Sammlung nacheinander durch.	
404	Siehe 1.6.8 S. 104	Lerne, dir wichtige Informationen über die Spielweise deiner Gegner zu sichern, indem du dich nach dem nächsten Spiel, welches du verlierst, hinsetzt und alles über deinen Gegner niederschreibst, was dir für den Fall eines erneuten Zusammentreffens nützliche Vorinformationen geben könnte.	
405	Siehe 1.7.1 S. 105	Formuliere drei (für ihn realisierbare) Spielanweisungen, mit denen ein fortgeschrittener Anfänger gegen einen etwa gleichstarken Gegner Vorteile erringen soll. Prüfe dann in einem eigenhändigen Trainingsspiel selbst nach, ob er diese Anweisungen tatsächlich praktisch verwirklichen kann und wo ggf. Defizite liegen könnten.	

Nr.	Ziele	Idee/Beschreibung	Hinweise/Organisation
406	Siehe 1.7.2 S. 105	Lerne, dass es entscheidend für den Ausgang eines Ballwechsels ist, den Shuttle einmal mehr auf die gegnerische Feldseite zu schlagen, als er von dort herübergeflogen kommt. Bemühe dich um umsetzende Folgerungen aus dieser Erkenntnis, indem du zu jedem Ball, der angeflogen kommt, hinrennst und ihn einfach wieder zurückschlägst.	Zur Vorbereitung dieses Unterfangens betreibe über 4 Wochen dreimal wöchentlich 20 min Waldlauf und zweimal wöchentlich 20 min Schattenbadminton.
407	Siehe 1.7.3 S. 105	Lasse dich von einem vertrauensvollen kompetenten Beobachter in zwei harten Wettkampfmatches begutachten. Eines soll gegen einen angriffsstarken Spieler sein, eines gegen einen „Techniker". Er soll feststellen, ob du in der Defensivarbeit genügend sicher und variabel bist, oder ob schon einiger Druck des Gegners ausreicht, dich in nachteilige Situationen zu bringen.	Wie bemerkte doch Nestor-Erwin Z., der große, alte Coach einmal beiläufig: „Man tut im Training leider immer das am liebsten, was man eh schon gut kann ..."
408	Siehe 1.7.4 S. 105	Informiere dich anhand eines Badminton-Lehrbuches über die „leistungsbestimmenden Faktoren" des Badmintonspiels und suche dann in einem Trainergespräch nach den beiden schwächsten Gliedern deiner eigenen leistungserbringenden Kette.	
409	Siehe 1.0–1.7 S. 101–104	Lerne den Nutzen taktischen Nachdenkens für die Verbesserung der eigenen Leistung erfahren, indem du gegen einen Gegner, gegen den du immer schon mal gerne gewinnen wolltest, alles anwendest, was geschrieben steht. Dann wirst du sehen: Es geht alles wie von selbst und Punkt um Punkt wird in deine Scheuer einfahren.	Wie bemerkte der gleiche NEZ ein andermal: „Nichts ist so unnütz wie eine Taktik, wenn man besser ist als sein Gegner!"
410	Siehe 1.0–1.7 S. 101–104	Lerne den Nutzen taktischen Nachdenkens für den eigenen Trainingsprozess erfahren, indem du fünf taktische Elemente, die bei dir ungenügend ausgebildet sind, herausgreifst, um sie im Verlauf eines dreimonatigen Trainingsprogramms unter immer neuen Bedingungen zu schulen.	

Deine taktische Spielgestaltung ist durchaus noch entwicklungsfähig, wenn ...

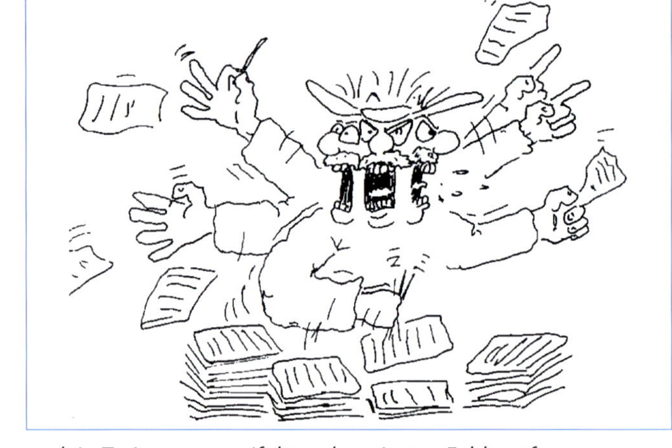

... dein Trainer verzweifelt nach weiteren Fehlererfassungsbögen schreit.

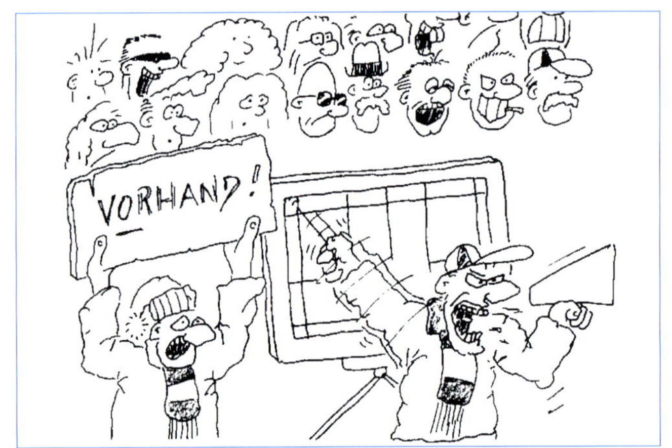

... die Zuschauer mit einer Schultafel herangerollt kommen.

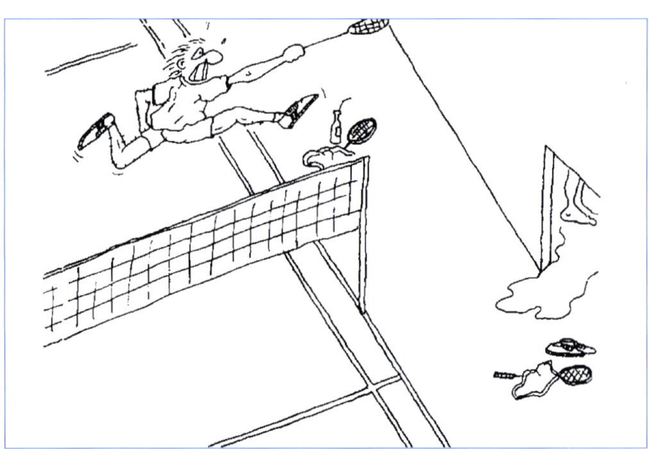

... du noch hinter dem Ball herhetzt, während dein Gegner schon unter der Dusche steht.

Nr.	Ziele	Idee/Beschreibung	Hinweise/Organisation
411	Siehe 2.0 S. 105	Fasse einen Gegner ins Auge, gegen den du trotz harter Kämpfe noch nie gewonnen hast – den du aber zu gerne schlagen möchtest. Nun trainiere ein Jahr lang so, dass du in allen leistungsbestimmenden Faktoren deiner Sportart das nächsthöhere Leistungsplateau erreichst. Dann fordere den Gegner abermals und spiel dein Spiel ...	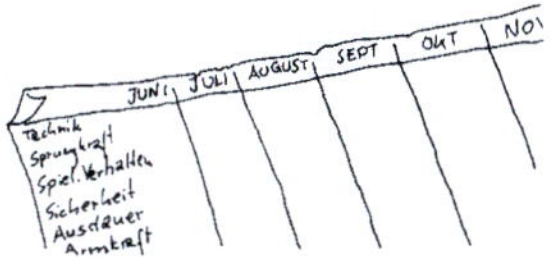
412	Siehe 2.1.1 S. 105	Freie Schlagfolge mit defensivem Charakter. Bei LvK–Schlägen ist jede Gelegenheit zum Cross zu nutzen. Weitenkontrolle beim Clear cr dadurch, ob Gegner ihn mit Rh-Schlag erwidern muss.	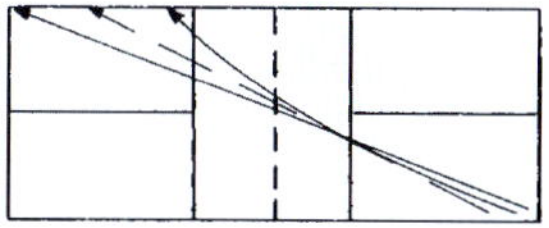
413	Siehe 2.1.2 S. 105	Spiele jeden Ball, den dir dein Partner ins Feld schlägt, hoch an seine Grundlinie zurück. Kontrolliere die Weite deiner Schläge am Aufenthaltsort seiner Füße und an der Erreichbarkeit seiner Angriffsschläge. Versuche – wenn möglich – so zu spielen, dass der Ball steil herunterfällt.	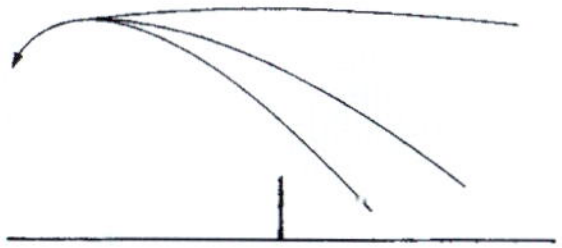
414	Siehe 2.1.3 S. 105	Spiele von der Grundlinie abwechselnd Drop und Clear. Partner schlägt alle Bälle hoch zurück. Versuche, die Ecken der gegn. Feldseite möglichst genau anzuspielen. Wie oft gelingt es dir, den Partner zu Notschlägen zu zwingen?	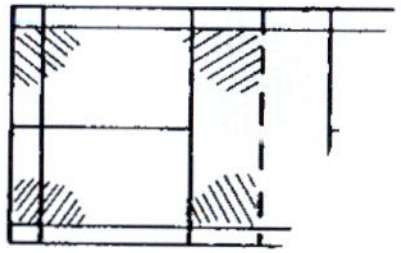
415	Siehe 2.1.3 S. 105	Spiele 2- bis 5-mal (druckvoll) eine gegn. Grundlinienecke an und führe dann den Angriff (in das „geöffnete" Feld) mit einem cross geschlagenen Ball durch. Versuche auch (zum Zwecke des rascheren Zurückschlagens), ins gegnerische Clear „hineinzuspringen".	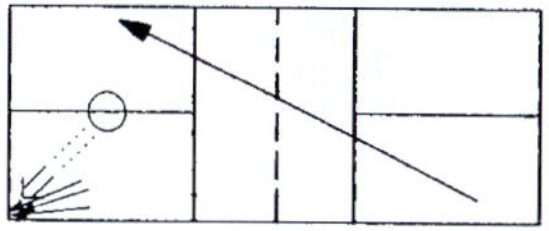

5

5.2 Maßnahmen zur taktischen Einwirkung auf den Gegner

Nr.	Ziele	Idee/Beschreibung	Hinweise/Organisation
416	Siehe 2.1.4 S. 106	Beide Partner haben den Auftrag, bei jedem Schlag den Ball in eine andere Ecke zu spielen. Freie Schlagfolge ohne Schmettern. Bälle früh annehmen, flach spielen und mit Tempo. Wem wird zuerst die Zunge zum Schlips?	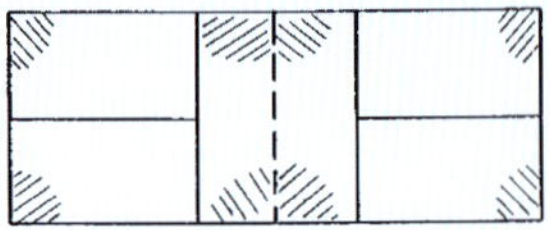
417	Siehe 2.2.1 S. 106	Spiele Angriffsdrop aus allen Lagen! Dein Partner bekommt eine Linie vor ZP, hinter der er den Ball erwarten soll. Er spielt Uhclear. Schlage deine Angriffsdrop so fest und steil, dass der Partner sie nicht oberhalb Netzunterkante erreichen kann, sondern gezwungen ist, sie tiefer zu nehmen.	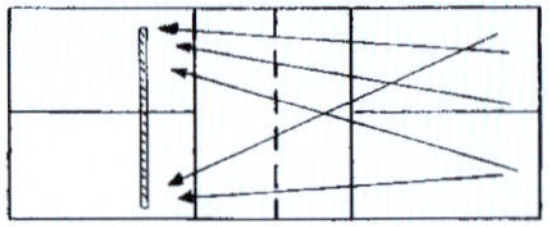
418	Siehe 2.2.2 S. 106	Wir nehmen an: Wenn es gelingt, den Gegner in der Vh-Ecke im Sh-/Uh-Bereich anzuspielen, so kommt als Notschlag fast immer ein scharfer Drop cr. Versuche, aus dieser Information Vorteil zu ziehen, indem du in einer freien Schlagfolge häufig diese Situation herstellst. (Partner muss dann den Gegner mimen.)	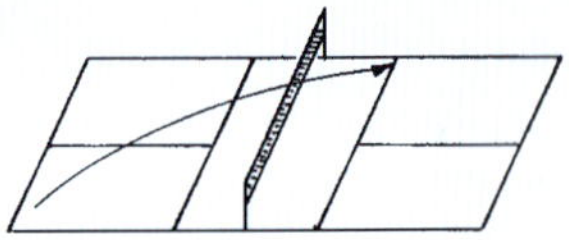
419	Siehe 2.2.3 S. 106	Wir nehmen an: Gegner läuft nach eigenem Stop zu langsam und/oder zu weit zur ZP zurück. Bringe den Gegner durch einen Drop dazu, Stop Ll zu schlagen. Diesen Stop erwidere selbst dann mit geschnittenem oder gestochenem Netzdrop (steil hinters Netz). Springe in Nachstellschrittstellung und harre dem Gegenschlag.	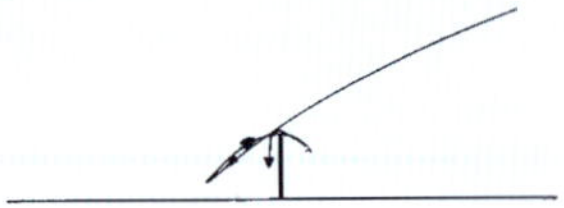
420	Siehe 2.2.4 S. 106	Beobachte mehrfach einen etwa gleichstarken Kameraden. Versuche zu bestimmen, gegen welchen Gegnertyp er besser und gegen welchen er weniger gut zurechtkommt. Versuche auch Spielsituationen herauszufinden, in denen er in der Regel schlecht aussieht. Bastele aus deinen Informationen eine allgemein gehaltene Spielanlage. Übe sie in einem Trainingsspiel ein und spiele dann gegen den Kameraden.	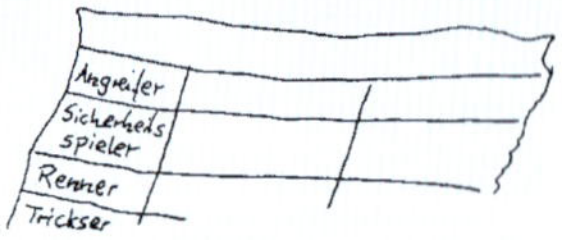 Angreifer Sicherheitsspieler Renner Trickser

Nr.	Ziele	Idee/Beschreibung	Hinweise/Organisation
421	Siehe 2.2.5 S. 106	Übe, nach langen Ballwechseln konzentriert und gut koordiniert zu spielen. SCHATTENBADMINTON, 20 Laufwege aus ZP. Danach zwei Ballwechsel mit einem Partner. Dabei bemüht sein, diese bewusst zu gestalten. Anschließend daran 19 Laufwege aus ZP, usw. bis 10. Dann wieder aufwärts.	Wie klagte doch Nestor-Erwin Z., der große, alte Coach, einmal lautstark: „Taktik! Taktik! Taktik! – Gebt dem Jungen einen Smash ...!"
422	Siehe 2.2.6 S. 106	Bitte deinen Partner, in den Ballwechselpausen eines Trainingseinzels alle denkbaren Maßnahmen der Verzögerung bzw. Gegnerirritation anzuwenden, die ihm einfallen. Bleibe cool, was immer auch passiert – und spiel dein Spiel.	
423	Siehe 2.3.1 S. 106	Spiele ein Trainingsspiel mit der Aufgabenstellung, jeden langsamen, weichen Drop zu vermeiden. Schlage nur scharfe Angriffsdrop oder Drop-Smash und zwinge den Gegner auf diese Weise, den Ball im ungünstigen Treffbereich „Bodennähe" anzunehmen.	
424	Siehe 2.3.2 S. 106	Wir nehmen an: Gegner hat gute Schläge in seiner linken Netzecke beim Spiel am Netz zur Verfügung. Versuche, in freien Schlagwechseln dein Spiel so aufzubauen, dass du diese Ecke meidest, ohne sie völlig auszuklammern.	
425	Siehe 2.3.3 S. 106	Wir nehmen an: Gegner hat eine ganz gefährliche Smash-Abwehr cross von der Vh-Seite. Lass dich von einem Partner immer wieder auf deiner LvK-Seite in Angriffsposition bringen und übe Angriffsvarianten unter Umgehung des Smash Ll.	

5

5.2 Maßnahmen zur taktischen Einwirkung auf den Gegner

Nr.	Ziele	Idee/Beschreibung	Hinweise/Organisation
426	Siehe 2.3.4 S. 107	Bitte einen Kameraden von dir, während deines nächsten Wettspieles einmal zu zählen, wieviel Schlagfehler dir (aus unbedrängter Lage) unterlaufen. Er soll dir auch sagen, wie viele davon aus Aufschlagphasen herrühren. Sind es mehr als drei pro Satz?	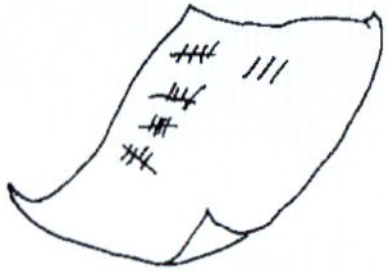
427	Siehe 2.4.1 S. 107	Spiele ein Einzel mit der Aufgabenstellung: Jeder Aufschlag soll sich vom vorhergehenden unterscheiden.	Gelingen dir 10 Varianten?
428	Siehe 2.4.2 S. 107	Spiele freie Schlagfolgen, wobei du abwechselnd zwei Zielsetzungen verfolgst: – Ich will den Ball abwechselnd in die linke und rechte Feldhälfte des Gegners schlagen. – Ich will den Ball abwechselnd in den Grundlinien – und in den Netzbereich des Gegners schlagen. Gelingt dir eine vorteilbringende Nutzung dieser Muster?	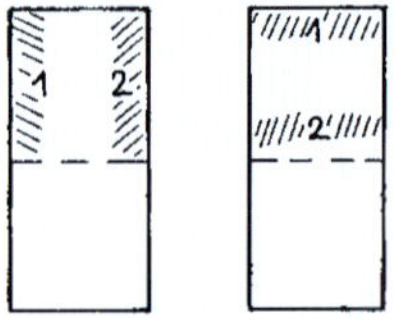 1 2 / 1 2
429	Siehe 2.4.3 S. 107	Ein Spiel hat viele Ballwechsel! Nicht nur bis 12-beide ist es notwendig, sie bewusst zu gestalten. Übe, über die gesamte Dauer eines Spieles die Konzentrationsfähigkeit zu erhalten, indem du dir in einem Trainingsmatch nach jedem Ballwechsel die beiden letzten Stationen des Balles leise ins Ohr flüsterst.	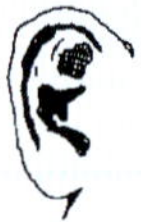
430	Siehe 2.5.1 S. 107	Spiele ein Match nach der Anweisung: Schnelligkeit geht vor Genauigkeit! Schlage jeden Ball so schnell du eben an ihn herankommst, auf die gegnerische Feldseite zurück. Überprüfe die daraus resultierenden Vor- und Nachteile und setzte dich kritisch mit deinen konditionellen Fähigkeiten auseinander. (Vgl. dann die Kapitel 6 und 9.)	Wie lange hältst du durch? 3 min? 13 min? Oder 30?

Nr.	Ziele	Idee/Beschreibung	Hinweise/Organisation
431	Siehe 2.5.2 S. 107	Übe folgendes Grundmuster immer wieder ein: P Hoher Aufschlag A Angriffsclear P Clear A Angriffsball, dem ans Netz gefolgt wird, mit dem Bemühen, den Angriff erfolgreich abzuschließen.	
432	Siehe 2.5.3 S. 107	Lasse dir von deinem Partner den Ball hoch in die Rh-Ecke zuspielen. Schlage dann Rh-Drop Ll aus einer schwungvollen Auftaktbewegung, die einen Rh-Clear anzeigt. Lasse dir vom Partner immer wieder zurufen, ob der Drop für ihn überraschend kommt oder nicht. Zwischendurch auch Schläge in andere Ecken einschieben, da sonst für den Partner Beobachtungsabstumpfung eintritt.	
433	Siehe 2.5.4 S. 107	Spiele aus deiner Vh-Ecke, in welche dir im Verlauf eines freien Schlagwechsels der Partner den Ball häufig zuspielt, verzögerte Angriffsclear Ll im Wechsel mit Drop Ll und cr. Wie oft gelingt es dir, deinen Partner zu überspielen?	
434	Siehe 2.0–2.5 S. 105 107	Baue dir aus den verschiedenen Maßnahmen, mit denen du auf einen Gegner einwirken kannst, eine Taktik die ausgeht, von als bei dir reichlich vorhandenen konditionellen Fähigkeiten, und darauf abzielt, den Gegner in einem Zustand bitterster Erschöpfung zu haben, wenn das Spiel in seine Schlussphase kommt.	
435	Siehe 2.0–2.5 S. 105–107	Baue dir aus den verschiedenen Maßnahmen, mit denen du auf einen Gegner einwirken kannst, eine Taktik, die ausgeht von einer konditionellen Überlegenheit deines Gegners. Versuche, eine Spielführung zu entwickeln, die dir dennoch die Chance auf einen Sieg bietet.	

5.3 Auslosungsbögen zur spielerischen Taktik-Schulung

25 Auslosungsbögen zur allgemeinen spielerischen Taktik-Schulung (Ü 436–460)

Die Bögen 1–25 enthalten jeder eine taktische Aufgabenstellung für das Einzelspiel. Diese kann recht unterschiedlicher Art sein. Es kann sich um eine detaillierte Aufgabe ebenso handeln, wie um eine allgemeine, sie kann das eigene spielerische Verhalten ebenso betreffen, wie Maßnahmen zur Einwirkung auf den Gegner.

Der Spieler soll versuchen, die Aufgabe zu verwirklichen. Ihm kann dabei eine zeitlich begrenzte Spieldauer, ein Satz oder auch ein ganzes Spiel zur Verfügung stehen. Die Übungszeit sollte dabei nicht zu kurz bemessen sein, da viele Spieler erfahrungsgemäß einige Zeit brauchen, um eine taktische Verhaltensweise erfolgreich umzusetzen.

Die Spielform eignet sich vorzüglich für Lehrgänge oder im Gruppentraining, wo mit wechselnden Taktiken gegen unterschiedliche Gegner angetreten werden kann. Die einzelnen Aufgaben werden kopiert und auf kartenspielgroße Kartons geklebt. Diese werden gemischt, und jeder Spieler zieht vor jeder Spielrunde einen Zettel. Die daraufstehende Aufgabe bleibt nur ihm bekannt, ebenso seinem Gegner die seinige. Beide Spieler versuchen dann, die jeweils gezogene Taktik praktisch handzuhaben, wobei sie dem Spielergebnis nur untergeordnete Bedeutung beimessen.

Spaß macht es auch, nach jeder Runde die taktische Aufgabe des Gegners zu erraten.

Nicht jede der vorgeschlagenen Aufgabenstellungen ist mit jeder anderen gleichzeitig sinnvoll realisierbar.

Die kleinen Zahlen am Fuß der Bögen weisen auf solche Aufgaben hin, die mit der betreffenden nicht besonders gut zusammenpassen.

1

Gegner laufen lassen!
Ball stets den weitesten
Weg spielen!

2

2

Betont defensiv spielen!
Lange Ballwechsel provozieren.
Auf Fehler des Gegners warten.

1

3

Versuche, den Rhythmus des Spiels zu bestimmen!
Hetze deinen Gegner!
Mache das Spiel auch schnell durch eiligste Aufschlagausführung.
Treibe deinen Gegenüber in Sauerstoffschuld und versuche, aus seinem geminderten Leistungsvermögen Vorteile zu ziehen.

4

Mit dem ersten Schlag nach dem Aufschlag sollst du bereits die Vorbereitung für einen Angriff einleiten und diesen Angriff dann konsequent zu Ende führen.
Kein Ballverteilen!
Kein Laufenlassen!

7

5

Nutze die Länge des Feldes und versuche, den Gegner durch stetiges „hoch-weit“ an der Grundlinie „verhungern“ zu lassen.
Besiegele sein Schicksal dann mit einem unerwarteten Stop/Drop in seinen Netzbereich.

6 7

6

Versuche, durch häufiges Anspielen der gegnerischen Rh/LvK-Ecke zu Vorteilen zu kommen.

5

7

Suche bzw. erzwinge Spiel am Netz wann immer es dir möglich ist!

4 5 8 10 14 16 18

5.3 Auslosungsübungen zur spielerischen Taktik-Schulung

8

Spiele mit schneller, einsatzfreudiger Laufarbeit, springe alle Bälle an, nimm frühzeitig am Netz. (All dies auch unter der Gefahr von kurzfristigem Sauerstoffmangel.) Mach dir auf diese Weise bewusst, was an Spieltempo möglich ist! Also los: Tempo!

7

9

Wir nehmen an: Gegner ist schwach in der Smash-Abwehr Rh. Versuche, durch systematische Angriffe auf diesen Punkt das Spiel zu bestimmen.

10 15 16 23

10

Absolutes Angriffsspiel! Gleich mit dem ersten Schlag versuchen, den Punkt zu machen. Power!

7 9 15 16 17 22 23

11

Wende konzentriert kurze Aufschläge an und variiere mit Swip- und Drive-Aufschlägen. Werden die kurzen Aufschläge abgestoppt, gehe nach vorn und und spiele aggressiv.

12

Nutze die Breite des Feldes durch bewussten Einsatz von Cross-Schlägen! Versuche auf diese Weise, das Spiel „zu öffnen“, also ungedeckte Sektoren zu schaffen, in die hinein du angreifen kannst.

13

Versuche, die Spielzüge der Ballwechsel so anzulegen, dass du den Gegner „hinten-unten“, also im Uh-Bereich der Grundlinie, ausspielen kannst.

14

Dein Merksatz:
ICH MUSS DIE BÄLLE SCHNELLSTMÖGLICH ANNEHMEN!
Gehe während der Ballwechsel maximales Tempo und verschaffe dir dazwischen lange Pausen – ohne allerdings zu „taktischen Verzögerungsmaßnahmen“ zu greifen.
Lass dir also einfach reichlich Erholungszeit.

7 25

15

Wir nehmen an:
Gegner ist schwach in der Smash-Abwehr von Bällen, die ihm auf den Körper gezielt werden.
Versuche, durch systematisches Angreifen auf diesen Punkt zu Vorteilen zu gelangen.

9 10 23

16

Halte den Gegner an der Grundlinie unter Druck, indem du ihn aus dem Netzbereich immer wieder flach oder höchstens halbhoch dort anspielst.

7 9 10 17

17

Versuche, durch reichhaltiges Fintieren und Täuschen im Netzbereich den Gegner zu verwirren! Setze vor allem auch „Stop aus schneller Auftaktbewegung“ ein.

5 10 16 18

18

Versuche, Vorteile zu erreichen durch hohe Schlagvariabilität aus dem Grundlinienbereich.
Wenn du dort angespielt wirst, setze geschnittene, verdeckte, verzögerte, getäuschte Schläge ein.
Zeige dem Gegner, was du drauf hast!

4 7 10 13 16 17

19

Versuche, dem Gegner wechselseitig die beiden ungünstigen Treffbereiche „Grundlinie sehr hoch“ und „Netzbereich Bodennähe“ aufzuzwingen, indem du alle deine Bälle so schlägst, dass er sie nur dort annehmen kann.

5.3 Auslosungsbögen zur spielerischen Taktik-Schulung

20

Versuche, durch planmäßiges Anspielen der Sektoren „LvK/Rh-Ecke“ und „Netzecke rechts“ – unter besonderer Beachtung der verdeckten und geschnittenen Schläge – den Gegner zu beherrschen.

21

Schaue dir deinen nächsten Gegner an ...
Wähle dann eine für seinen Spielertyp nachteilige allgemeine Marschroute.
Fasse sie in einen Merksatz.
Formuliere dann einen zweiten Merksatz, über Absichten, die dein eigenes spielerisches Verhalten betreffen. Und endlich einen dritten über eine konkrete spielerische Maßnahme, durch die du in den einzelnen Ballwechseln Vorteile erringen willst.
Wiederhole die 3 Sätze noch einmal.

22

Wir nehmen an:
Gegner ist schwach im Lauf aus ZP in den Netzbereich.
(„Er kommt vorne nicht runter!“)
Versuche durch geschickten Spielaufbau Vorteile aus dieser Schwäche zu ziehen.
Setze vor allem steile Angriffsbälle und getäuschte Drop ein.

10

23

Wir nehmen an:
Gegner ist stark im Smash. Vermeide, ihn zum Smash kommen zu lassen!
Flach oder kurz abwehren und, wenn hoch-weit gespielt wird, auch wirklich hoch und weit spielen.
Nicht durch die Reichweite spielen.

10 11 15

24

Versuche zum Vorteil zu kommen durch systematisches Anspielen eines – vorher von dir ausgewählten – bestimmten Feldsektors auf der Feldseite deines Gegners.

25

Wende in den Pausen zwischen den Ballwechseln alle noch vertretbaren Möglichkeiten der Verzögerung an, die dir einfallen!
Selbst der gutmütigste Gegner soll mit der Zeit nervös werden.
(Und dennoch muss natürlich alles regelgerecht bleiben. Ist doch klar.)

14

Und hier die Seite für die Literaturfreunde unter den Badmintospielern

Ein großer Freund des Federballspiels

Fünf Weltklasse-Dichter sind abgebildet. Wer kennt sie? Welcher von diesen Meistern war von der Leichtigkeit und Eleganz des Spiels so angetan, dass er es mehrfach in seinem Werk erwähnte? Sämtliche Zitate stammen aus Dichtungen von diesem Dichter.

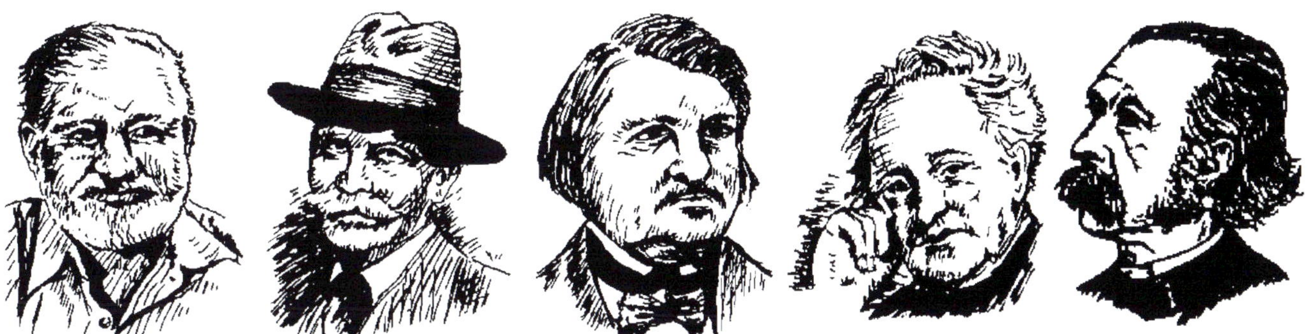

„... Den Saal hinunter in offener Hall',
Da fliegt es wie Locken im Wind
Jung-Harald spielt mit dem Federball,
Jung-Harald, ihr einziges Kind ..."

„... Sie war wohl eigentlich, ihrer ganzen Natur nach,
auf Reifenwerfen und Federballspiel gestellt
und dazu angetan, so leicht und graziös
in die Luft zu steigen wie selber ein Federball ..."

„... Als er eben die Veranda passiert hatte,
lief ihm Lysinka, die draußen Federball spielte,
nach, nahm seine Hand und sagte:
‚Guten Tag. Ich werde dich begleiten.' ..."

„... Seht in der Halle den Knaben dort,
Er spielt mit dem Federballe:
Das ist Lord Marshalls ältester Sohn,
Und ich lieb ihn mehr als alle ..."

Auflösung auf Seite 206. Eine Hilfe findet sich auf Seite 184.

5.4 Mehrfach nutzbare Übungstypen zur Schulung taktischer Elemente

Nr.	Ziele	Idee/Beschreibung	Hinweise/Organisation
461	Siehe 1.3.2, 1.3.3, 1.6.4, 2.3.1, 2.3.2, 2.3.3, 2.4.2, 2.4.3 S. 102–107	Vermeide es, einen bestimmten Feldsektor oder Treffbereich bei deinem Gegner anzuspielen. (Da es aufgrund seiner dortigen Stärke zum Nachteil für dich führt.)	„Spiele aus Netzbereich nur Stop oder Drive." „Von der Grundlinie keine unnötigen Clear." „Vermeide halbhohe Bälle in seine Vh-Ecke." „Schmettere nicht auf seine Rh-Seite." „Vermeide Swip cross in die LvK-Ecke." „Unter keinen Umständen hohe Smash-Abwehr."
462	Siehe 1.3.2, 1.3.3, 1.6.4, 2.2.1, 2.2.3, 2.3.3, 2.4.2, 2.4.3 S. 102–107	Spiele häufig einen bestimmten Feldsektor oder Treffpunktbereich beim Gegner an. (Da ist er schwach oder es kommt Berechenbares zurück.)	„Zermürbe ihn durch häufiges Anspielen der Rh-Ecke." „Schmettere auf den Körper." „Auf der Rückhand-Seite wehrt er Smash hoch ab." „Bereite so vor, dass du flach in die Vh-Ecke spielen kannst." „Locke ihn ans Netz und spiele dann an die Grundlinie." „Treibe ihn in die LvK-Ecke und greife dann diagonal an."
463	Siehe 1.2.4, 2.1.1, 2.1.2, 2.1.3, 2.4.1, 2.5.3 S. 101–107	Spiele aus einer Feldecke nebeneinander – Clear Ll und Drop cr oder – Clear cr und Drop Ll.	„Dein Drop cross muss aus einer schnellen Auftaktbewegung kommen." „Wenn Clear cross – dann mit voller Kraft." „Die Drop cross nicht nur bis in die Netzmitte." „Treibe ihn aus ZP und schmettere in die diagonale Feldhälfte." „Du musst aus gleicher Situation mehrere Sachen machen können." „Variiere Drop mit Angriffsclear."
464	Siehe 1.3.1, 1.3.2, 1.7, 2.3.1, 2.3.3, 2.4.2, 2.5.2 S. 102–107	Schlage bei einer Angriff-Standardsituation einen zwingend vorgeschriebenen Schlag. ODER: Der folgende Schlag darf in einer Angriff-Standardsituation nicht gemacht werden ...	„Jeder Ball im Vh-Üh-Bereich muss Linie lang geschmettert werden." „Nach hohem gegnerischen Aufschlag sofort Angriffsball." „Spiele von der Grundlinie nur Angriffsbälle cross." „Von der Grundlinie kein Clear erlaubt." „Schmettere nicht auf seine Vh-Seite." „Aus der LvK-Ecke sind nur Angriffsdrop erlaubt."
465	Siehe 1.1.2, 1.2.1, 1.2.3, 1.3.2, 2.2.3, 2.3.1, 2.3.2, 2.3.3 S. 101–106	Schlage bei einer Abwehr-Standardsituation einen zwingend vorgeschriebenen Schlag. ODER: Der folgende Schlag darf in einer Abwehr-Standardsituation nicht gemacht werden ...	„Spiele ihm die Stop in seine Netzecke rechts." „Keinen Drop hoch zurückspielen." „Smash nur kurz abwehren." „Die Smash-Abwehr Rh nur cross." „Flach-weit bei Smash-Abwehr versuchen." „Beim Netzspiel kein cross."

Nr.	Ziele	Idee/Beschreibung	Hinweise/Organisation
466	Siehe 1.2.2, 1.3.2, 1.7, 2.4.1, 2.4.2 S. 101–107	Spiele – in einer Standardsituation – variabel.	„Drive-Aufschläge auf verschiedene Art annehmen." „Auf LvK-Smash cross nebeneinander hohe, flache, kurze Abwehr." „Übe, aus dem Bereich Grundlinie Mitte mittels (6) verschiedenen Schlägen anzugreifen." „Variiere deine Aufschläge." „Spiele die Netzdrop Linie lang mit verschiedenen Techniken."
467	Siehe 1.1.2, 1.2.2, 1.2.3, 1.3.2, 1.3.3, 1.5.4, 1.5.5, 2.1.3, 2.1.4, 2.2.4, 2.2.5, 2.3.4, 2.4.2, 2.4.3 S. 101–107	Verteile die Bälle.	„Spiele mit jedem Schlag einen anderen gegnerischen Feldsektor an." „Lasse den Gegner laufen." „Versuche, durch kurz-lang den Gegner auszuspielen." „Spiele planmäßig die Sektoren LvK/Rh-Ecke und Netzecke links an." „Abwechselnd einen Schlag Linie lang und einen cross." „Immer den weitesten Laufweg spielen."
468	Siehe 1.1.2, 1.5.4, 1.5.5, 1.6.2, 1.6.4, 2.1.4, 2.4.2, 2.4.3, 2.5.1 S. 101–107	Nimm Bälle schnell an.	„Alle Bälle anspringen." „An der Netzkante hoch annehmen." „Schnellstmöglich hin zum Ball." „Hohe Bälle möglichst im Sprung abfangen." „Keine weichen Drop – keine hohen Clear." „Aus Netzbereich alles flach nach hinten."
469	Siehe 1.2.2, 1.3.1, 1.3.2, 2.3.1, 2.3.2, 2.3.3, 2.3.4, 2.4.1, 2.4.2, 2.5.1 S. 101–107	Sei mit höchster Konzentration bei der Sache.	„Ignoriere die Umwelt – konzentriere dich ganz aufs Spiel." „Steigere die Konzentration noch einmal in der Schlussphase." „Jeden Ball bewusst an einen vorbedachten Ort spielen." „Vor jedem Aufschlag sammeln ." „Sage dir vor, woher die Vorteile des Gegners rühren." „Behalte deine taktischen Absichten auch im Zustand der Ermüdung im Sinn."
470	Siehe 1.3.1, 1.3.2, 1.3.3, 1.6.2, 1.6.4, 2.2.1, 2.2.2, 2.3.1, 2.3.2, 2.3.3, 2.4.2, 2.4.3 S. 102–107	Nimm einen formelhaften Merksatz mit aufs Feld.	„Meine Clear müssen lang bleiben." „Ich muss schnell wieder zur ZP zurück." „Mehr Angriffsspiel – runter mit dem Ball." „Stopp ab! Stopp ab! Stopp ab!„ „Lang – kurz – lang ..." „Sein Vh-Drop cross! – Nicht soweit zurückstellen."

5.5 Ausgewählte Übungsbeispiele zum Doppel (Ü 471–490)

Nr.	Ziele	Idee/Beschreibung	Hinweise/Organisation
471	Stellungsentwicklung bei aggressiver Annahme kurzer Aufschläge	Standardbeginn: A macht kurzen Aufschlag zu Q. Q versucht zu drücken, und zwar an li Seitenlinie, re Seitenlinie, auf Aufschläger, Hintermann, sonstwohin. A und B versuchen, sich Klarheit zu verschaffen, wer welche Bälle annimmt, und dann Maßnahmen einzuüben, die ihre extrem ungünstige Spielsituation verbessern.	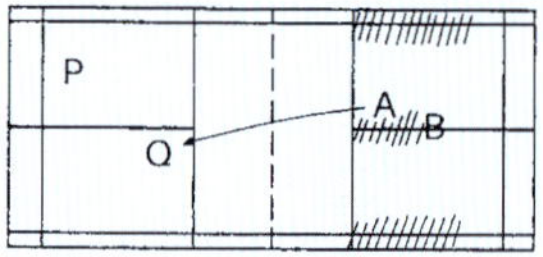 P, Q, A, B
472	Stellungsentwicklung bei defensiver Annahme kurzer Aufschläge – Abfangen bei Spiel durch die Reichweite	Standardbeginn: A macht kurzen Aufschlag zu Q. Q spielt nacheinander Uh-Drop in Mitte und zu Seiten des Netzes, Uhclear in beide Grundlinienecken, Swip. – A versucht am Netz Netzdrop zu schlagen oder zu drücken und den Swip abzufangen. – B versucht, die hohen Bälle als Angriffsbälle zurückzuschlagen. (Ballwechsel ausspielen.)	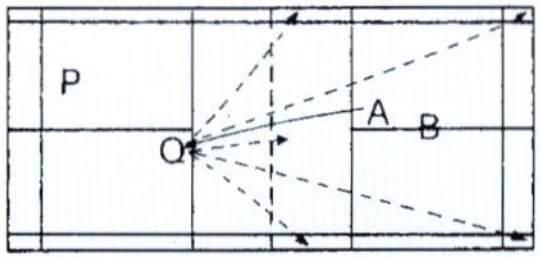 P, Q, A, B
473	Stellungsentwicklung bei hohem Aufschlag	Standardbeginn: A macht hohen Aufschlag zu Q. Q spielt nacheinander Clear cr, Ll , Smash cr, Ll , Drop cr, Ll und was ihm noch einfällt. Ziel von A und B ist es, die sich aus der Reaktion ergebenden Stellungsänderungen einzuüben und Klarheit zu schaffen, wer wann für das Annehmen zuständig ist. Jede Variante wird mindestens zehnmal wiederholt.	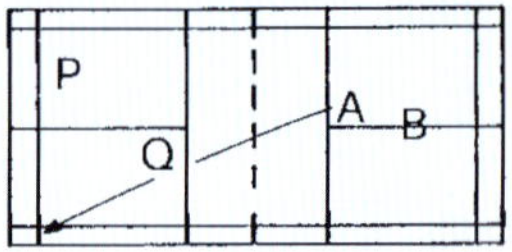 P, Q, A, B
474	Angriffsspiel Weiche Schläge ausklammern	Es soll etwa folgende Schlagfolge eingehalten werden: A/B Angriffsball. (Es wird mit härtesten Schlägen angegriffen.) P/Q Kurze oder flache Abwehr. A/B Netz- oder Sh-Drop. (Bei missglückter Abwehr auch Töten.) P/Q Uhclear als Zuspiel.	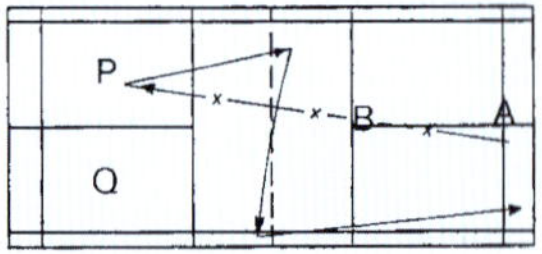 P, Q, B, A
475	Platzieren von Angriffsbällen Angriffsclear	A und B in Angriffsstellung. A erhält den Ball an die Grundlinie gespielt. Er schlägt Angriffsball (Smash, Drop, Angriffsclear) in schraffierte Fläche. P bzw. Q kurz (Drop) oder flach (Drive) zurück. B Sh- oder Uh-Drop. P bzw. Q erneutes Zuspiel an A zum Angriff.	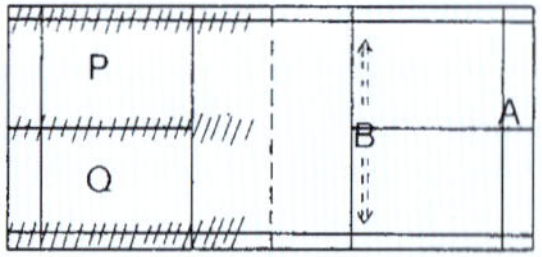 P, Q, B, A

Nr.	Ziele	Idee/Beschreibung	Hinweise/Organisation
476	Diagonaler Stellungswechsel im Angriff	A aus Vh-Ecke der Grundlinie Smash Ll auf P. P Hohe Abwehr Ll. A rückt vor und schmettert abermals,usw. B macht ihm dabei den Weg nach vorne frei und rückt statt seiner nach links hinten an die Grundlinie. Ebenso auf der LvK-Seite.	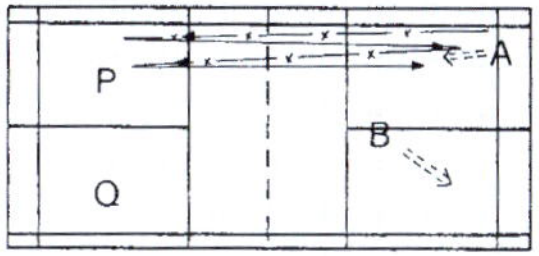
477	Abfangen durch Vorderen	A und B in Angriffsstellung. A greift mit harten Schlägen von der Grundlinie aus an. P bzw. Q versuchen, mit flachen oder halbhohen Abwehr-Bällen die schraffierten Seitenlinienbereiche anzuspielen. B hat die Aufgabe, antizipierend in diese Bälle hineinzuspringen und sie (mit Sh-Drop oder Smash) abzufangen.	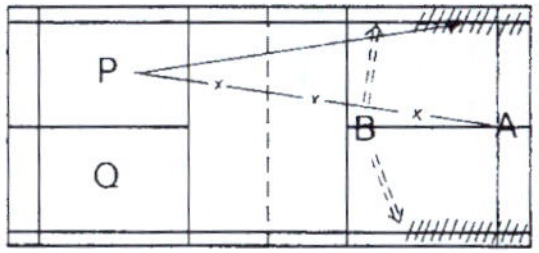
478	Abdecken der entblößten Grundlinienecke durch Vorderen	A aus Vh-Ecke der Grundlinie Smash auf P. P Hohe bis flache Abwehr cross. B ist, da er weiß, dass A nach seinem Smash nur schwer wieder die Mittellinie erreicht, einen Schritt nach links-hinten gegangen und fängt mittels Überkopf-Schlag (evtl. aus der Hocke) den Cross-Ball ab.	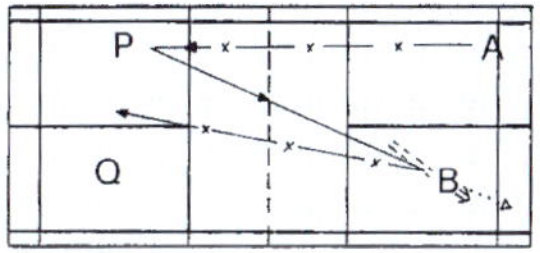
479	Wechsel in Abwehrstellung nach Angriffsclear	A und B in Angriffsstellung. A Angriffsdrop von der Grundlinie. P bzw. Q Uhclear. A Angriffsclear und A und B laufen in Aw-Stellung. Ihre genaue Position orientiert sich am Treffpunkt des Clear. P bzw. Q greifen an. A bzw. B wehren ab und leiten Gegenangriff ein.	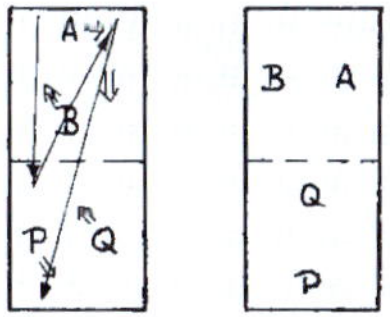
480	Einsatz der hohen Smash-Abwehr	A und B in Verteidigungsstellung. P und Q in Angriffsstellung. P greift von Grundlinie mit Smash an. A und B versuchen zum einen, ihre hohe Aw so hoch zu spielen, dass Q nicht abfangen kann, zum anderen, so gut in die Ecke zu platzieren, dass P keine günstige Schlagstellung finden kann, bzw. ein evtl. Smash verhungert.	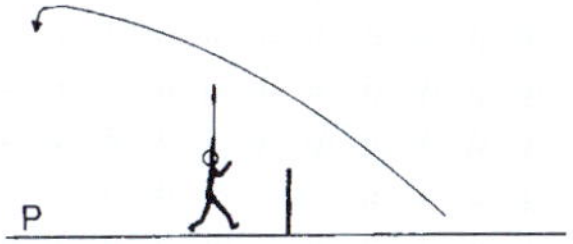

5

5.5 Ausgewählte Übungsbeispiele zum Doppel (Ü 471–490)

Nr.	Ziele	Idee/Beschreibung	Hinweise/Organisation
481	Gegenangriff mittels flacher Aw Vorrücken des diagonal zum Ball stehenden Spielers	A und B in Verteidigungsstellung. P und Q Angriffsstellung. P auf Uh-Zuspiel Smash. A und B versuchen, soweit wie möglich Richtung Netz vorzurücken und den Ball flach-hart zurückzuschlagen. Wenn P bzw. Q den Gegenangriff parieren können, wird Ausgangssituation mittels Uhclear wieder hergestellt. Ansonsten neues Uh-Zuspiel.	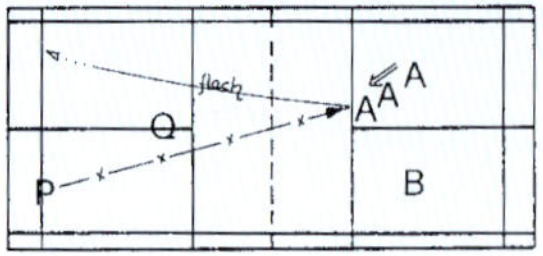
482	Gegenangriff mit kurzer Abwehr	A und B in Verteidigungsstellung. P und Q Angriffsstellung. P auf Uh-Zuspiel Smash. A bzw. B wehren kurz ab, wobei sie die Bälle so platzieren, dass B nicht töten kann (Schlägerfinte, Körperfinte, an Seitenlinie spielen). B Netzdrop. A bzw. B erneutes Uh-Zuspiel.	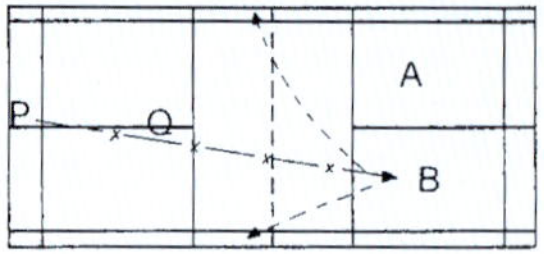
483	Variable Abwehr auf variable Angriffe	A und B in Verteidigungsstellung. P und Q in Angriffsstellung. P beginnt auf Uh-Zuspiel mit Angriff, wobei er jeden beliebigen (scharfen) Angriffsball schlagen kann (keinen Clear). A und B wehren beliebig ab, allerdings nicht hoch, d. h., sie versuchen jedes Mal einen Gegenangriff. Führt dieser nicht sofort zum Erfolg, erneut Ausgangs-situation.	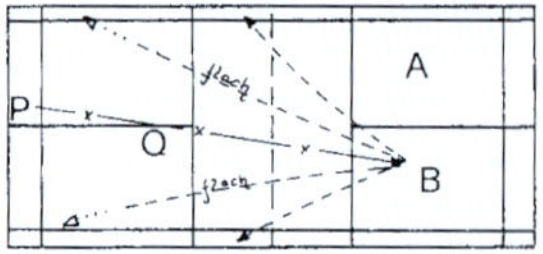
484	Einüben einer Suhrbier-Stellung	Eine SUHRBIER-STELLUNG (benannt nach der Lübecker Trainerlegende Willy Suhrbier) ist eine Verteidigungssituation, auf die sich ein Paar besonders spezialisiert hat: „Wenn schon Uhclear, dann immer an die gleiche Stelle der Grundlinie!" – Vorteil: Dies ermöglicht den Einsatz von Abwehr-Stellungen bzw. Abwehr-Maßnahmen, die man im Training vorher ausgiebig geprobt hat.	„Eh die das gemerkt haben, habt ihr das Spiel schon gewonnen ...!" (Originalzitat Willy Suhrbier)
485	Wechsel der Abwehrart innerhalb einer Smash-Serie	A und B in Abwehrstellung. P und Q in Angriffsstellung. P greift von der Grundlinie mit Smash an. A bzw. B Hohe Abwehr. P Smash auf die gleiche Person. Dieser Spieler muss jetzt mit flacher oder kurzer Abwehr versuchen, Gegenangriff einzuleiten.	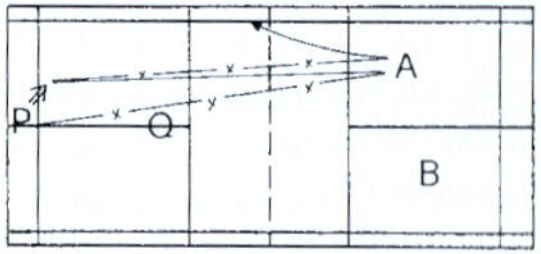

Nr.	Ziele	Idee/Beschreibung	Hinweise/Organisation
486	Mit Partner über Absichten verständigen	Doppelspiel. A und B besprechen vor jedem Aufschlag kurz, wie sie den nächsten Ballwechsel gestalten wollen. Handhabung von Begriffen und bewusste Festlegung von Maßnahmen soll eingeübt werden.	Bitte dem Partner nicht nur zur Kenntnis geben, welchen Aufschlag man machen will!
487	Kontrolle der eigenen Schlägerhaltung Erhöhung der Aktionsgeschwindigkeit	Lockeres Doppelspiel. Alle Spieler haben die Aufgabe, sich auf eine frühzeitige, situationsangepasste Schlägerhaltung zu konzentrieren. Bestrebt sein, antizipierend loszuschlagen!	Schläger mit ausdrücklicher Absicht dorthin halten, wo man den nächsten Ball erwartet.
488	Von Anfang an auf Angriff spielen	Doppelspiel. Mit dem dritten Ballkontakt nach dem Aufschlag muss die Aufschlägerpartei den Punkt machen, sonst wird der Ballwechsel abgebrochen.	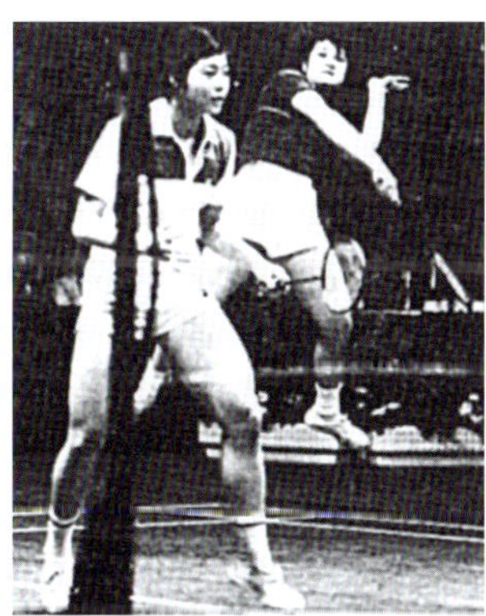
489	Auf Angriff spielen Ball flach halten	Doppelspiel. Aber: Paar A und B darf keinen Uhclear (und keinen Clear/keine hohe Abwehr) schlagen.	
490	Einüben von Stellungswechseln Vermeiden von Schlagfehlern Dauerhafte Konzentration	Doppelspiel mit dem Ziel, beide Paare pro Ballwechsel mehrmals zwischen Verteidigungs- und Angriffsstellung wechseln zu lassen. Einsatz von kurzer und flacher Abwehr, auch von Spiel-am-Netz. Man beginnt locker (schlagsicher, ohne letzte Konsequenz bei Töten und Smash), versucht dann aber die Härte des Spiels zu steigern.	Riskante Schläge vermeiden! Freude an der Dauer langer Ballwechsel genießen.

5.6 Ausgewählte Übungsbeispiele zum Damendoppel

Nr.	Ziele	Idee/Beschreibung	Hinweise/Organisation
491	Flach in gegn. Rh-Ecke spielen	Wenn es gelingt, dem gegn. Paar einen Balltreffpunkt in der Rh-Ecke aufzuzwingen, der im Uh- oder Sh-Bereich liegt, so ergibt sich wegen der eingeschränkten Rückschlagmöglichkeiten eine vorteilhafte Spielsituation. Paar A und B hat die Aufgabe, solche Situationen zu schaffen. Es soll vorbereitende Spielzüge erarbeiten, die ein flaches Anspielen der Rh-Ecke ermöglichen.	Drive und Swip aus Spiel-am-Netz oder aus Abwehrsituation.
492	Einsatz von Clear und Angriffsdrop	Wenn es gelingt, dem gegn. Paar einen Balltreffpunkt aufzuzwingen, der unmittelbar vor der Grundlinie liegt, so droht selbst bei Angriffen aus dem Überkopf-Bereich keine große Gefahr. Freie Schlagfolge, Paar A und B möglichst oft im Angriff. Man nutzt ihn aber nicht zum Schmettern aus, sondern zum Spielen guter Clear (variiert mit Angriffsdrop).	Der Vorteil ergibt sich aus den guten Möglichkeiten zum Gegenangriff.
493	Einsatz der hohen Smash-Abwehr	Der gleiche Vorteil, der in Ü 492 beschrieben wird, ergibt sich, wenn nach gegn. Smash die hohe Abwehr eingesetzt wird. Bei guter hoher Abwehr ist es sehr schwer für Damen, den Angriff druckvoll aufrechtzuerhalten. Paar P und Q in Angriffsstellung. Die abwehrenden A und B versuchen, die schmetternde Spielerin P an der Grundlinie zu ermüden und zum Abbruch ihrer Smash-Serie zu bringen.	P Q
494	Vorrücken Richtung Netz bei Smash-Abwehr	Die, wegen geringerer Schnellkraftfähigkeiten, eingeschränkte Schmetter-Schlagkraft der Dame gestattet der abwehrenden Partei ein früheres (= höheres) Annehmen des Balles. Dies bedeutet: günstigere Treffpunkte für Gegenangriffe (flache Aw) und Täuschungen. Übe, in Standardsituationen, bewusst einen Schritt nach vorne zu tun, in Richtung auf den Smash.	Zunächst noch zögernd ... okay – doch dann mutvoll und entschlossen!
495	Befreien aus der Rh-Ecke	Die in Ü 491 beschriebene Situation ergibt natürlich die Notwendigkeit, sich mit Möglichkeiten zur Befreiung aus solch misslicher Lage zu beschäftigen. Übe, aus Standardsituationen, vor allem die „Damen-Rückhand“, einen Rh-Clear aus dem Sh-/Uh-Bereich, bei dem der Schläger mittels Durchziehen des ganzen Armes beschleunigt wird.	Weitere Möglichkeiten: Sh–Drop Ll Sh–Drop Ll aus schwungvoller Ausholbewegung Schneller (!) Sh–Drop cr.

Nr.	Ziele	Idee/Beschreibung	Hinweise/Organisation
496	Stellungsentwicklung bei ku Aufschlag durch Herrn Übernahme des Netzspiels durch die Dame	Standardbeginn: Herr macht kurzen Aufschlag. Ball wird kurz zurückgespielt. Dame übernimmt und versucht, die Aufschlagannahme zu drücken, als Netzdrop zu spielen oder zum wenigsten flach zu halten. Nur Aufschlagphase üben.	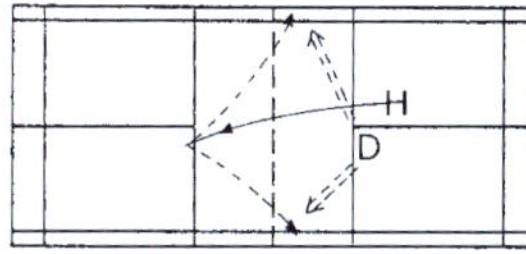
497	Stellungsentwicklung beim Swip-Aufschlag durch Herrn	Standardbeginn: Herr macht aus rechter Feldhälfte Swip. Während der Ball fliegt, wechselt Dame in rechte Feldhälfte. Der Herr ist für die Ll -Bälle auf seiner Rh-Seite zuständig. Stellung ausloten in Bezug auf variable Aufschlagannahmen. Stets mehrere Wiederholungen.	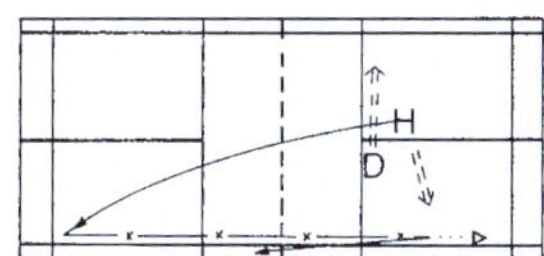
498	Stellungsentwicklung bei aggressiver gegn. Annahme eines eigenen ku Aufschlags	Standardbeginn: Kurzer Aufschlag – Gegnerische Spieler drücken oder spielen flach. Dame versucht, antizipierend abzufangen bzw., durch ihre Reichweite fliegende Bälle zu töten. Herr versucht, Bälle, die er seitlich im Uh-Bereich annehmen muss, als Drop so zu platzieren (Seitenlinie, täuschen, schnell spielen), dass gegn. Dame nicht töten kann.	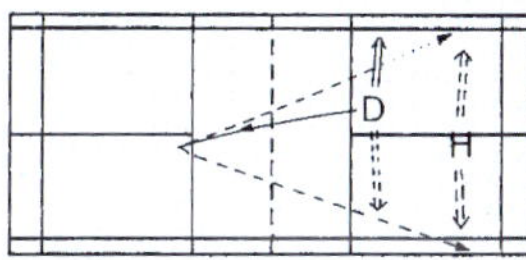
499	Stellungsspiel der Dame bei gegn. Angriffschance	Einnehmen der DIAGONALEN VERTEIDIGUNGSSTELLUNG durch die Dame. Herren schlagen Clear Ll und cr. Die beiden Damen laufen je nach Spiellage in linke oder rechte Feldhälfte zur Verteidigungsstellung-Einnahme. Erweiterung: Herren spielen auch Smash cr auf Damen.	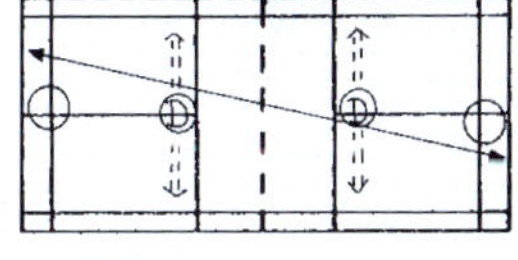
500	Bereichsaufteilung bei gegn. Angriff	Wer ist für die Abwehr welcher gegn. Schläge zuständig? Partner stellen Klarheit darüber her und üben ein. Gegn. Herr erhält durch Zuspiel Angriffschance aus LvK-Ecke. Er darf beliebig schlagen. Sein Ball wird mit (Uh-)Drop abgewehrt – gegn. Dame Dl Netzdrop – erneutes Zuspiel zur Angriffschance für gegn. Herrn.	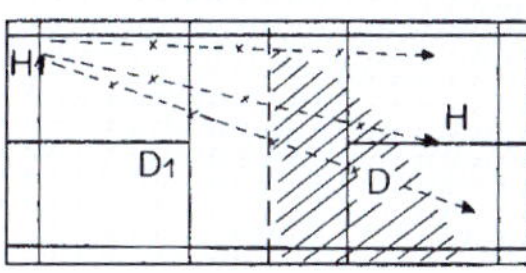

5

5.7 Ausgewählte Übungsbeispiele zum Gemischten Doppel (Ü 496–510)

Nr.	Ziele	Idee/Beschreibung	Hinweise/Organisation
501	Einüben des Angriffs Einüben der Abwehr Einüben des Stellungs-wechsels	Paar H und D wird durch Zuspiel in Angriffslage gebracht. Herr H von Grundlinie: Smash cr, Drop Ll oder Clear cr. Paar H1, und D1, wehrt beliebig ab. H bzw. D schlagen hohes Zuspiel an gegn. Grundlinie. Nun ist es also an Herrn H1, anzugreifen. Und so weiter …	
502	Ball flach halten Abwehr von Drive cr durch Dame Reaktion der Dame Schieben mit Push	Standardausgangssituation ist jeweils Drive im Schlagfluss durch die Herren entlang einer Seitenlinie; „Schieben“. Dieser Schlagfluss darf dann durch Drive cr, Sh-Drop Ll oder cr (möglichst aus schneller Auftaktbewegung!) beendet werden. Damen versuchen innerhalb ihres Verteidigungssektors (schraffiert), die Bälle abzufangen bzw. flach zurückzuspielen.	
503	Befreiung der Dame aus Grundlinienbereich	Standardausgangssituation: Dame wird in der LvK/Rh-Ecke hoch an der Grundlinie angespielt. Sie befreit sich entweder durch Smash Ll oder durch Clear cr. In beiden Fällen läuft sie vor, Richtung Netz. Im ersten Fall, um den Angriff zu vollenden, im zweiten, um die diagonale Abwehrstellung einzunehmen. Die verschiedenen Abläufe immer wieder durchspielen.	
504	Anspielen gefährdeter Zonen Mit Technik spielen	Lockerer, freier Schlagwechsel aus kurzem Aufschlag. Paar H und D versucht, möglichst oft den Ball in die schraffierten Sektoren zu spielen. Ball flach halten. Mit Einsatz eines üppigen, variablen Schlagrepertoires dem Gegner immer wieder ungünstige Treffpunkte aufzwingen.	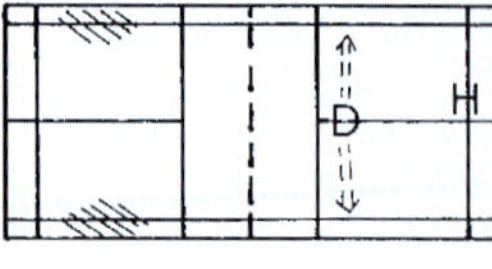
505	Anspielen gefährdeter Zonen Clear cr als Angriffsball	Schlagwechsel, wobei das Paar H und D von ihren Gegenübern – nach Abwehr eines Angriffs – erneut in Angriffslage gebracht wird. Herr H soll den Angriff mit schnellen Drop und Angriffsclear in schraffierte Sektoren (Auswahl je nach Spiellage) führen.	

Nr.	Ziele	Idee/Beschreibung	Hinweise/Organisation
506	Übernahme eines Angriffs durch Dame Antizipierendes Abfangen	Standardausgangssituation: Herr H greift aus Vh-Ecke mit Smash Ll oder Drop Ll an. Zunächst erfolgt (gute) gegn. hohe Abwehr, bei der die Dame D nicht eingreift. Bei schwächer werdender Abwehr – oder wenn die Abwehrart variiert wird – springt sie zur rechten Feldhälfte hinüber und übernimmt mit Drücken oder Uh-/Sh-Drop.	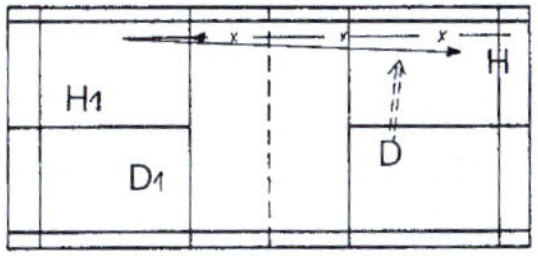 H1, D1, H, D
507	Variable Abwehr durch Dame Befreiung aus der Rh-Ecke in Bodennähe	Standardausgangssituation: Herr greift aus Vh-Ecke, mit Smash cr auf gegn. Dame, an. Dame erwidert mit kurzer Abwehr zur Seitenlinie oder flacher Abwehr in Rh-Ecke des Angreifers. Angreiferpaar versucht, das Spiel fortzusetzen und aus der Defensive zurück in den Angriff zu kommen.	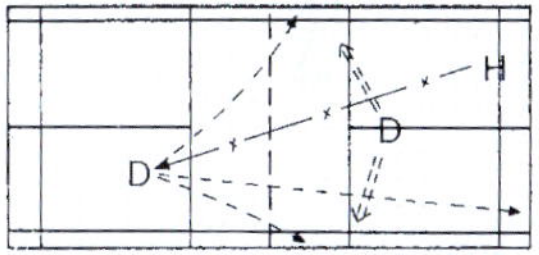 H, D, D
508	Führen des Angriffs auf die Dame Nach Plan spielen	Eine der gängigsten Marschrouten beim Gemischten Doppel lautet: Wir versuchen, sämtliche unserer Angriffe auf die gegnerische Dame zu richten. (Der Herr soll also weitgehend ausgeschaltet und die vermutlich schwache Abwehr der Dame zu Vorteilen genutzt werden.) Paar H und D versucht, Spielzüge zu erarbeiten, die (erfahrungsgemäß) zur Spiellage „Wir können angreifen" führen.	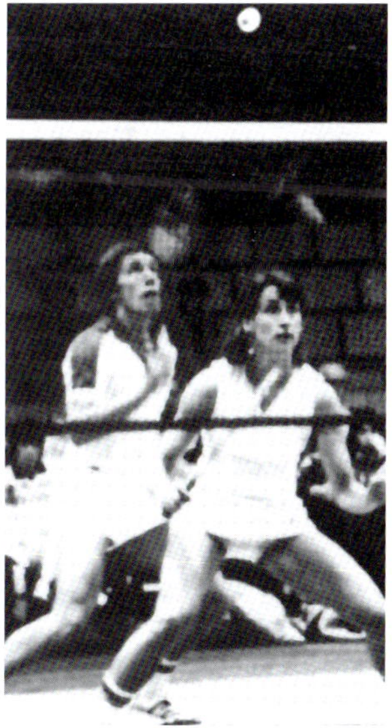
509	Auf Angriff spielen Ball flach halten	Gemischtes Doppel nach Badmintonregeln. Aber: Paar H und D darf keine Uhclear (keine hohe Abwehr/keine Clear) schlagen.	
510	Einüben des Stellungswechsels Vermeiden von Schlagfehlern Dauerhafte Konzentration	Gemischtes Doppel mit dem Ziel, für beide Paare wechselnde Verteidigungs- und Angriffsstellungen mehrmals durchzuspielen. Um die jeweiligen Spielsituationen bewusst zu machen, soll versucht werden, auftretende Standardsituationen zweimal hintereinander (innerhalb der Ballwechsel) herzustellen und durchzuspielen.	

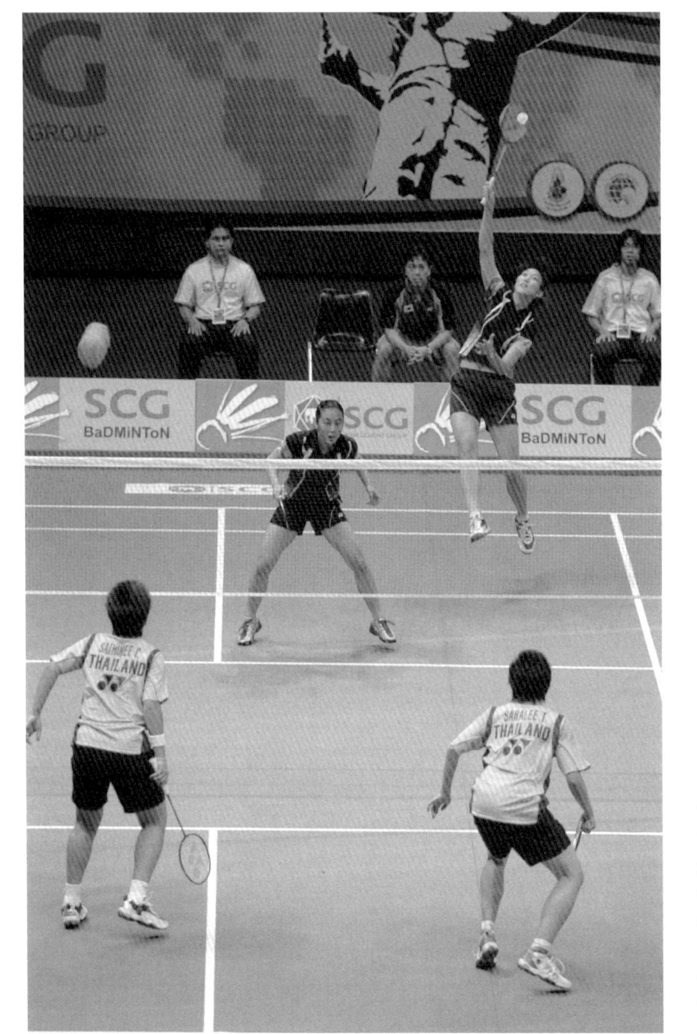

„Angriffsstellung gegen Verteidigungsstellung"

Die Paare zeigen die beiden klassischen Grundstellungen des Doppelsystems. Das hintere Paar führt einen Angriff durch. Die Vorderspielerin ist dabei ans Netz vorgerückt und wartet auf schwache Rückschläge der Verteidiger um den Angriff erfolgreich zu vollenden.
Das vordere Paar steht nebeneinander, in der „Verteidigungsstellung". Jeder verteidigt seine Feldhälfte. Sie müssen versuchen, dem Netzangreifer keine Möglichkeit zum Vollenden zu geben. Gleichzeitig lauern die beiden auf einen schwachen Angriffsschlag, um zu kontern.

Kapitel 6

Übungs- und Spielformen mit Federbällen zur Verbesserung konditioneller Fähigkeiten

6

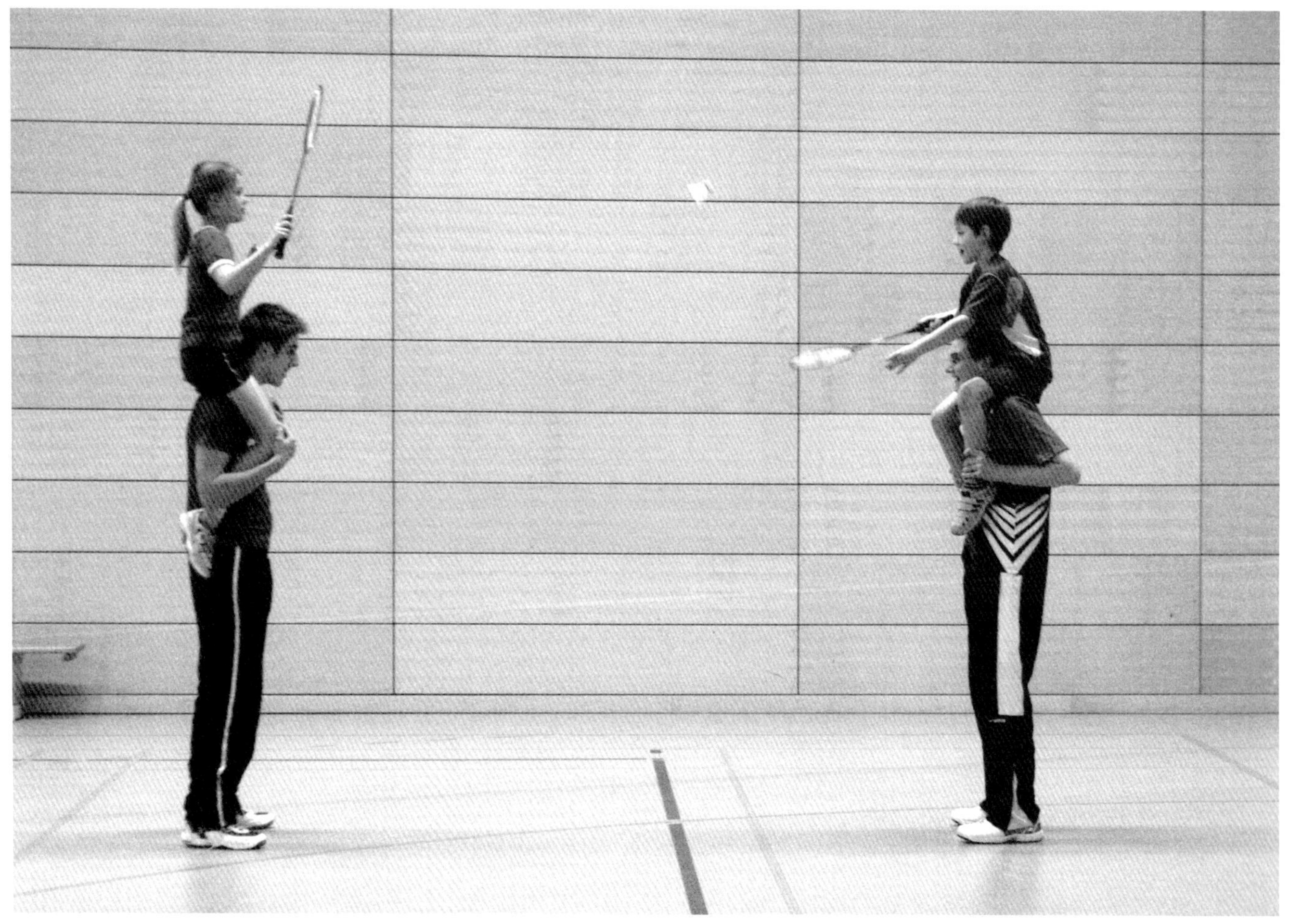

„Huckepack“. Oben Spaß – unten Belastung für Rumpf- und Beinmuskulatur.

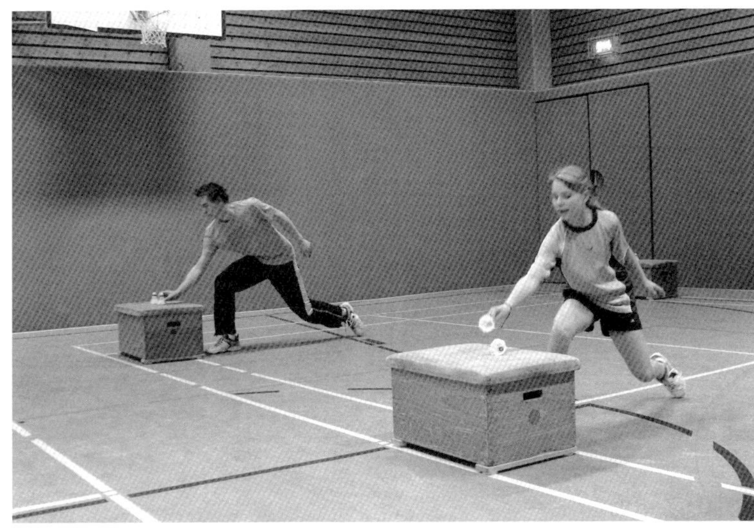

„Bälle tauschen"

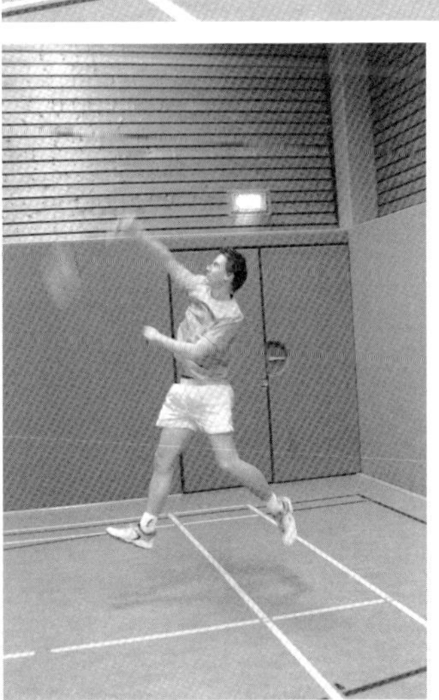

„Schattenbadminton"

Um dem spielerischen Charakter der Übungssammlung zu entsprechen, wurde die Übungsauswahl bewusst auf das „Gerät" Federball (Schläger, Feld) ausgerichtet.

Spezielle Konditionsprogramme, wie Waldlauf, Arbeit im Kraftraum, systematische Sprungkraftsteigerung u. Ä., wurden ausgespart. Trainingsanleitungen hierzu mag der interessierte Benutzer in diesbezüglichen Veröffentlichungen nachlesen.

Auch auf die Angabe von Sekunden für Belastungs- und Pausendauer, bzw. auf Wiederholungszahlen, wurde oft verzichtet, da die wesentliche Absicht auch in diesem Kapitel darin liegt, vielfältige Übungsformen vorzustellen, nicht aber, Trainingspläne zu liefern.

Die meisten der aufgeführten Übungen können sowohl vom Hobby- als auch vom Leistungssportler ausgeführt werden. Intensität und Umfang, mit denen sie durchgeführt werden sollen, sind wesentlich abhängig vom Leistungsvermögen bzw. Trainingszustand des Ausführenden.
Auch die Einbettung der einzelnen Übung in das Gesamt-Trainingsprogramm muss bei der Belastungsdosierung berücksichtigt werden.

6.1 Konditionsfördernde Spiele zum Stundenausklang (Ü 511–525)

Nr.	Ziele	Idee/Beschreibung	Hinweise/Organisation
511	Schnelligkeit Vereint marschieren	2 Spieler bilden ein Team. A holt Federball von Kasten I, läuft zur Bank, übergibt ihn oder stellt ihn ab, und A1 bringt ihn zu Kasten II. Mehrere Teams treten gegeneinander an. Welches davon hat zuerst seine 5 Bälle auf Kasten II liegen? Punktewertung: ... 3, 2, 1. Spieler vor den Kästen II wechseln vor jedem Lauf zu nächstem Partner.	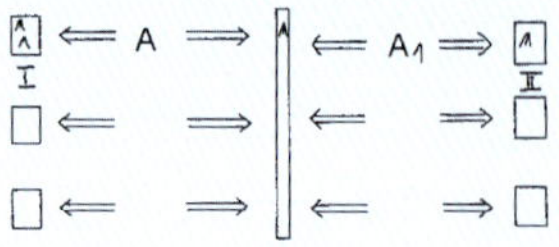
512	Kraft Gewandtheit Gaudi	„Federballsammler." Paare bilden. Einer wird Pferd, der andere geht huckepack. In verschiedener Entfernung von Langbank liegen Federbälle auf dem Fußboden, für jedes Paar gleiche Anzahl und Entfernung. Mehrere Paare starten gleichzeitig. Reiter soll Ball aufheben (pro Weg einer) und auf Bank abstellen. Wer hat seine Bälle zuerst dort? Var.: Bälle liegen frei herum. Wer holt die meisten?	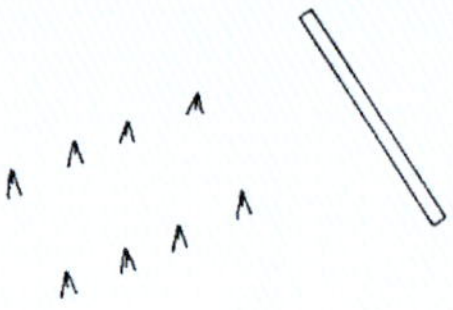
513	Schnelligkeit Wegschnappen	In der Mitte der Halle sind Federbälle in einer Reihe aufgestellt. Die Anzahl ist um einen geringer, als Spieler mitlaufen. Dieselben stehen an einer Hallenwand und laufen gleichzeitig los. Wer keinen Ball erwischt, darf beim nächsten Lauf einen halben Meter weiter vorne starten. Wer als letzter noch an der Wand steht, ist Sieger.	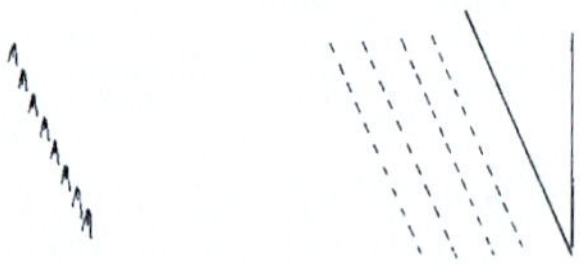
514	Schnelligkeit Schnellkraft Spaß	„Pilze suchen." 2 Spieler treten jeweils gegeneinander an. Start- und Zielplatz sind Matten. Vor diesen sind in verschiedenen Abständen Bälle aufgestellt, die in einem Lauf einzusammeln sind. Links und rechts stehende müssen abwechselnd angelaufen werden, jeder Ball ist im Ausfallschritt aufzuheben. Wer liegt mit seiner Ballsammlung zuerst wieder auf der Matte?	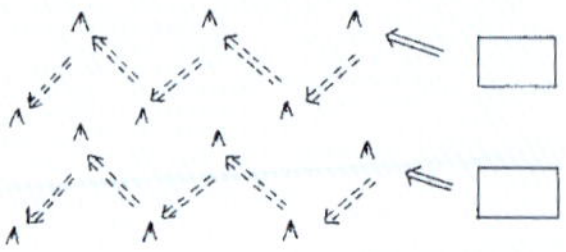
515	Schnelligkeit Unterhaltung	„Schlägerschubsen." Spieler laufen zwischen Bank und 10 m entfernten, umgedrehten Kästen hin und her. Auf der Bank stehen 5 Bälle, im Kasten steckt ein Schläger. Einen zweiten Schläger hält jeder Spieler in der Hand. Mit ihm schubst er den ersten Ball von der Bank, läuft zum Kasten, wechselt den Schläger, schubst den zweiten Ball usw. Wer hat zuerst alle seine Bälle heruntergeschubst?	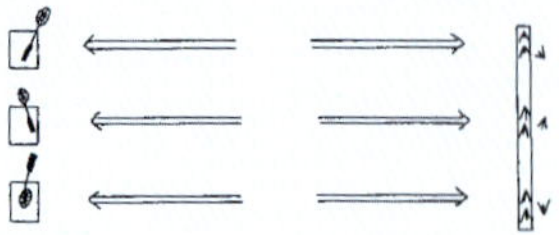

Nr.	Ziele	Idee/Beschreibung	Hinweise/Organisation
516	Schnelligkeit Gewandtheit Heiterkeit	Spieler sitzen 2 m vor einer Langbank auf einem Kasten. Sie laufen zwischen beiden hin und her. Auf der Bank stehen 5 Bälle. Beim 1. Lauf schnipsen sie den 1. Ball mit der Hand hinunter, kehren zurück zum Kasten, setzen sich kurz auf, laufen ihren 2. Weg usw., bis alle Bälle umgeworfen sind. Die Kästen jedoch werden von Mitspielern bei jedem Lauf um ein vereinbartes Stück zurückgezogen.	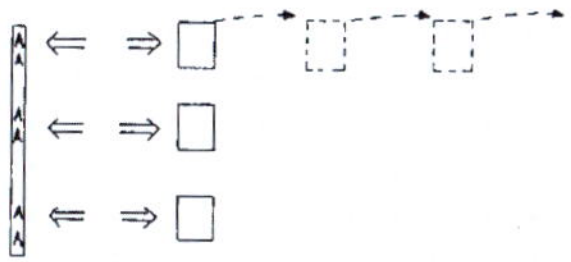
517	Schnelligkeit Wonnegefühl erleiden	Jeder gegen jeden! Wer erobert insgesamt am häufigsten den Ball? Im Abstand von 6–10 m vor einer Startlinie steht ein einsamer Federball auf einem ca. 1 m hohen Kasten. 2 Spieler laufen gleichzeitig los. Jeder versucht, den Ball im Vorbeilaufen mit schnellem Griff zu grapschen. Var.: Verschiedene Startpositionen (sitzend, liegend ...).	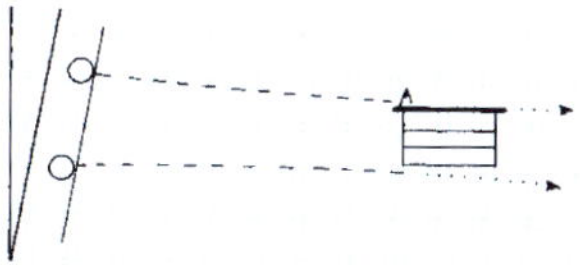
518	Schnelligkeit Gewandtheit Schnippchen schlagen	Ü 517 für Gruppen unterschiedlichen Leistungsvermögens: Zwischen Startlinie und Grapschpunkt wird ein Hindernis eingebaut. Etwa ein Kastenteil, das für Kleinere leichter zu durchkriechen ist als für Größere. Oder eine Kastentreppe, die die Größeren überlaufen müssen.	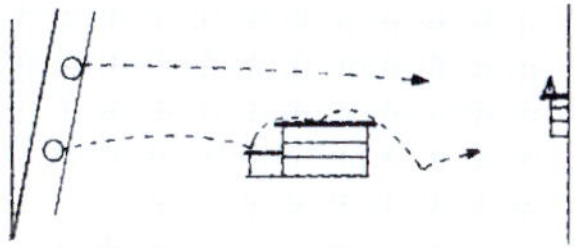
519	Schnellkraft Beine Optimalen Weg finden Vergnügen verspüren	Auf (2) nebeneinanderliegenden Feldern werden im Abstand von 2–3 m (5) Linien festgelegt. Man tritt paarweise gegeneinander an. Jedes Paar hat die Aufgabe, 5 Bälle von einer Anfangslinie zu einer Endlinie zu transportieren, wobei jeder Ball zwischendurch auf jeder der festgelegten Linien gestanden (auf Federkranz) haben muss. Wie ein Paar den Transport organisiert, ist seine Sache.	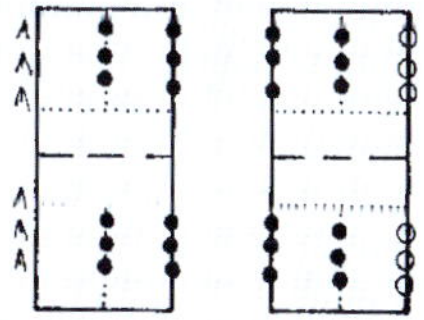
520	Anaerobe Ausdauer Herrliche Atemlosigkeit empfinden	Auf der Querlatte eines Handballtores stehen 2 x 4 Federbälle. 2 Spieler treten gegeneinander an. Wer hat seine Bälle zuerst auf der Querlatte des gegenüberliegenden Tores stehen? Pro Lauf darf nur ein Ball hinübergetragen werden! Var.: In der Hallenmitte Hindernis, das durch Sprung oder Flanke überwunden werden muss.	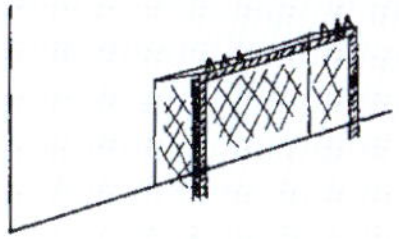

6.1 Konditionsfördernde Spiele zum Stundenausklang (Ü 511–525)

Nr.	Ziele	Idee/Beschreibung	Hinweise/Organisation
521	Schnelligkeit Fröhlichkeit	In der Halle liegen Reifen und Federbälle; jeweils einer weniger als Mitspieler. Alle traben locker umher. Auf Pfiff holt sich jeder einen Federball und sucht sich einen Reifen, in den er sich hineinstellt. Wer keinen Federball findet, erhält zwei, wer keinen Reifen abbekommt, einen Minuspunkt.	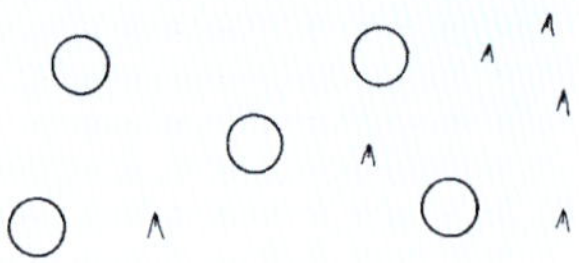
522	Anaerobe Ausdauer Gewandtheit Freudige Erschöpfung spüren	Mehrmals gegeneinander liegen sich 2 Matten im Abstand von ca. 3 m gegenüber. Dazwischen steht eine Langbank. Auf den Matten einer Seite liegen Spieler in Bauchlage. Auf „Los" laufen sie zur gegenüberliegenden Matte, werfen sich mit dem Gesicht zur Bank in Bauchlage, schubsen einen der 5 Federbälle um, die vor den Matten stehen, laufen zurück usw., bis der letzte Ball umgeworfen ist. Danach rückt jeder nach rechts. (Mit Pausenstationen.)	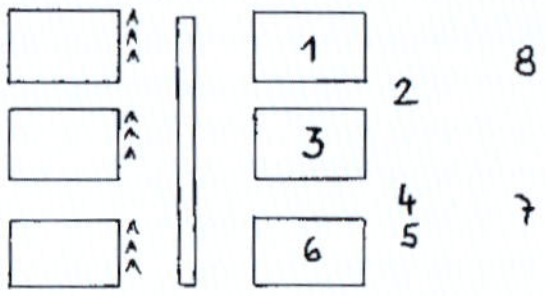
523	Ausdauer Unterhaltung	Paarweise, jedoch bei jedem Lauf mit neuem Partner. Für jedes Paar werden Federbälle auf einer Langbank aufgestellt. 2 m vor der Bank steht für alle Paare ein umgedrehter Kasten. An gegenüberliegender Wand ist Start- und Wechsellinie. A startet zur Bank, holt Ball, bringt ihn A1. Der bringt ihn in Kasten, läuft zurück, berührt A, der den zweiten Ball holt usw.	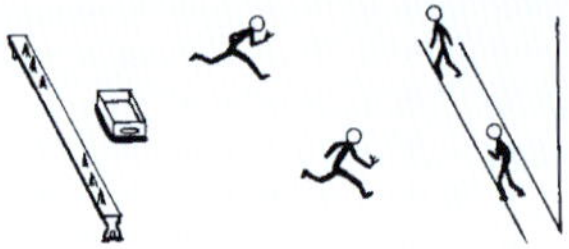
524	Kraft Jux	Mehrere Paare treten gegeneinander an. Einer ist jeweils Reiter, der andere Pferd. Ziel ist es, einen Federball von einem 20 m entfernten Ort zu holen und ihn und den Reiter auf der Startbank abzusetzen. Auf dem Weg sind vom Pferd Hindernisse in Form von Langbänken, Kästen und Weichmatten zu überwinden. Reiter darf Pferd zum Aufheben des Balles nicht verlassen.	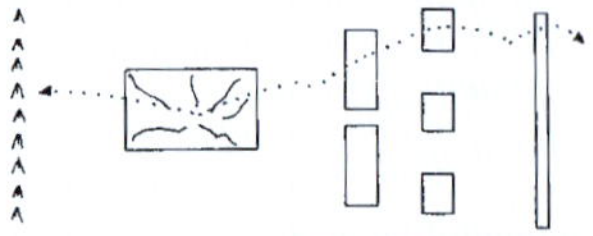
525	Schnelligkeit Geschwindigkeitsrausch erleben	Für größere Anzahl von Teilnehmern. Mehrere umgedrehte Kästen stehen nebeneinander. Zu jedem Kasten gehören 5 Federbälle, die auf einer 10 m entfernten Langbank stehen. Sie müssen vom jeweiligen Spieler geholt (pro Weg einer) und in den Kasten geworfen werden. Zwischen den Kästen befinden sich Pausenstationen, sodass die Spieler Ruhezeiten haben und Gegnerwechsel zu Stande kommt.	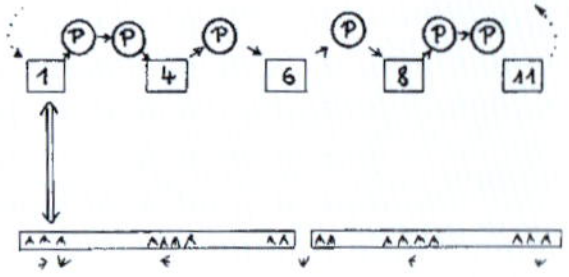

Nr.	Ziele	Idee/Beschreibung	Hinweise/Organisation
526	Dauerpulsfrequenzen von etwa 160 Schlägen pro Minute (Untrainierte weniger, Spitzenspieler mehr) über 20 bis 30 min halten. *Warnung:* Ein solcher Zustand könnte durchaus auch mit „spielerischen" Übungen auf dem Feld erreicht werden. Dies geht jedoch zu Lasten der (anzustrebenden) Aktionsschnelligkeit. Die Spieler gewöhnen sich einen zu lahmen Spielrhythmus an. Ratschlag für aerobes Ausdauertraining daher: Waldlauf, Radfahren.	(20) min Dauerlauf mit Balltransport. Kästen werden so in der Halle aufgestellt, dass größtmögliche Kreisbahn entsteht. Jeder Spieler hat einen Kasten mit (3) Federbällen darauf. Außerdem einen direkten Gegner, der ebenfalls einen Kasten mit Bällen hat. Jeder nimmt nun pro Runde von seinem Kasten einen Ball mit und legt ihn auf dem Kasten des Gegners ab. Gelingt es jemandem, seinen Kasten leerzuräumen?	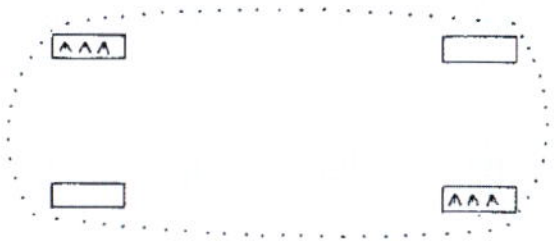
527		Dauerlauf nach Runden mit Schlägertransport. In der Halle wird eine Bahn ausgeflaggt. An einer langen Geraden stehen jede Menge umgedrehter Kästen. Zu Beginn des Laufes hat jeder Spieler seinen Schläger im vordersten Kasten stecken. Pro vorgegebener Rundenzahl die er absolviert hat, darf er ihn einen Kasten weiter ablegen. Wer hat ihn zuerst im letzten Kasten?	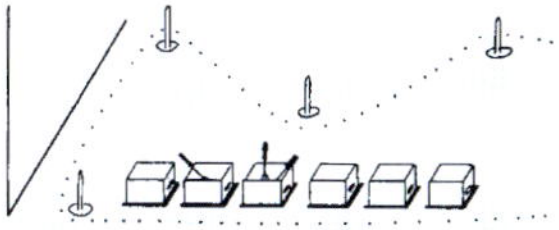
528		Dauerlauf nach Runden mit Strafschleife. In der Halle wird ein Rundkurs abgesteckt, der an einer Stelle (o wie teuflisch!) unter einem gespannten Badmintonnetz hindurchführt. Die Spieler müssen also jeweils tauchen. Wer dabei das Netz berührt, muss unmittelbar danach eine größere Schleife laufen, als derjenige, der ohne Netzberührung durchkommt.	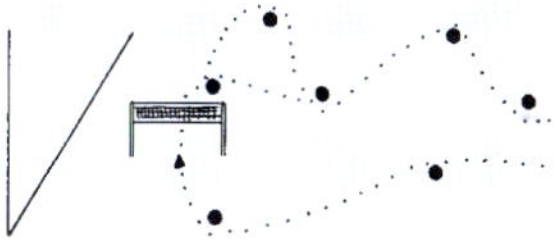
529		Fahrtspiel mit Smash. In der Halle wird ein Rundkurs mit Hindernissen (Kastentreppe, Bänke u. Ä.) und Weichmatte abgesteckt. Außerdem liegt für jeden Spieler ein Schläger am Wegesrain bereit. Es wird nach Zeit gelaufen. Auf Pfiff (z. B. jede Minute) läuft jeder Spieler zum nächsten Schläger und vollführt dort 10 Smash-Simulationen auf der Stelle.	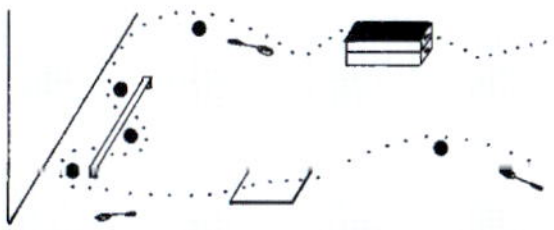
530		Dauerbadminton. Mehrere Felder nebeneinander. Auf der einen Seite werden die stärkeren, auf der anderen die schwächeren Spieler platziert. Die schwächeren haben jeweils Erleichterungen. Man spielt (6) min pro Feld. Dann wird gewechselt. Die Stärkeren links herum, die Schwächeren rechts. Freies Badmintonspielen, ohne (oder mit) Zählen. Ball im Spiel halten! Zwischendurch Puls messen, um zu kontrollieren, ob Intensität ausreicht!	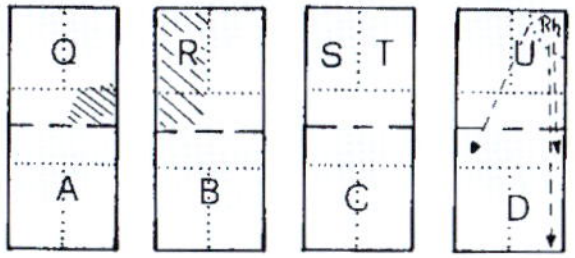

6.3.1 Lokale Muskelausdauer – Ausfallschrittbein

Nr.	Ziele	Idee/Beschreibung	Hinweise/Organisation
531	Kraftausdauer rechtes Bein (Rechtshänder)	„Bälle tauschen." (Standardübung.) Spieler steht auf der Mittellinie eines Einzelfeldes. Auf der li Seitenlinie steht (auf Federkranz) ein Federball, auf der re Seitenlinie ein anderer. Einen dritten hält er in der Hand. Auf „Los" läuft er zur re Linie, macht Ausfallschritt mit re Bein, setzt seinen Ball ab, nimmt den dort stehenden auf, läuft zur li Linie und tauscht dort, wieder im Ausfallschritt des re Beines. Mind. 10 Serien zu 10 Ballversetzungen. Gut zu Wettbewerben geeignet.	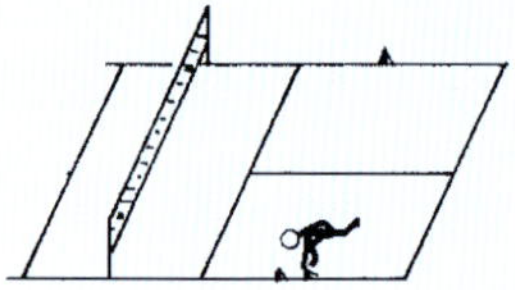
532	Kraftausdauer rechtes Bein	„Bälle tauschen – Reihum." Das Tauschen erfolgt wie in Ü 531. Jedoch ist die Anordnung der Bälle eine andere: Spieler steht in der ZP. Die Bälle sind kreisförmig so um ihn verteilt, dass er jeden mit einem weiten Ausfallschritt erreichen kann. Er läuft: Ball 1 – ZP – Ball 2 – ZP – usw., bis eine Runde um ist. Dauer der Pausen und Wiederholungszahl richten sich nach Trainingszielen.	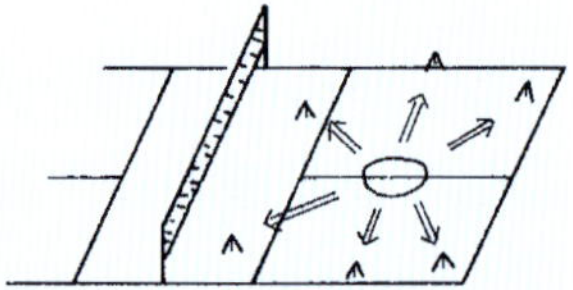
533	Kraftausdauer rechtes Bein	„Bälle tauschen – Polizist." Die Anordnung zum Tauschen ist wie in Ü 532. Aber man arbeitet paarweise: Einer tauscht, der andere zeigt ihm jeweils, mit ausgestrecktem Arm den Ball an, zu dem er des Tauschs wegen laufen soll. Ist die vorgesehene Tauschzahl erfüllt, tauschen die beiden Spieler ihre Rollen mit einem flinken Tausch.	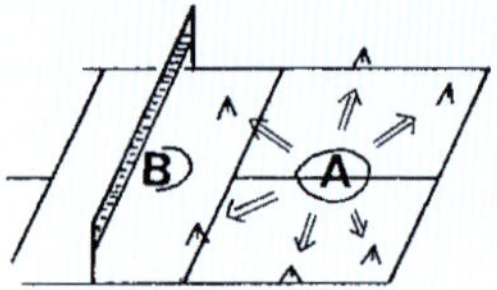 B A
534	Kraftausdauer rechtes Bein	„Bälle tauschen – Testübung." Tauschen und Anordnung im Prinzip wie in Ü 531. Nur stehen die Bälle nicht auf dem Boden, sondern liegen auf zwei Kästen, die links und rechts neben den Seitenlinien (5,18 m Abstand) stehen. Jetzt wird 5 min getauscht (nur mit re Hand – evtl. beliebige Pausen) und die Anzahl der umgesetzten Bälle gezählt. Ab 125 beginnt ausreichend, ab 150 sehr gut.	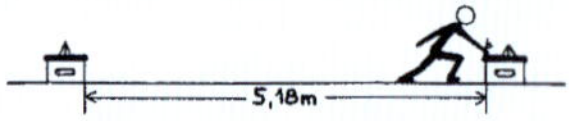 5,18m
535	Kraftausdauer rechtes Bein	„Bälle tauschen – synchron." Tauschen und Anordnung wie in Ü 534. Allerdings laufen diesmal zwei (oder mehrere) Spieler gleichzeitig. Dabei passt sich der Hintermann in seinem Lauftempo genau dem Vordermann an. Dieser variiert das Tempo. Nach festgesetzter Zeit (z. B. jede Minute) erfolgt Rollentausch.	Kraftausdauer ermöglicht es, Kraftleistungen (hier: Abfangen des Körpers im Ausfallschritt und Wiederaufrichten) bei hohem Ermüdungswiderstand zu vollziehen.

Nr.	Ziele	Idee/Beschreibung	Hinweise/Organisation
536	Kraft- bis Schnelligkeitsausdauer Beine	„Koffer packen." Wettbewerb zwischen mehreren Spielern. Etwa 2 m hinter der Grundlinie wird für jeden Spieler ein Badmintonkoffer aufgestellt. Auf verschiedenen (6–8) Linien des Feldes steht jeweils ein Federball. Die Spieler müssen nun diese Bälle holen und in den Koffer werfen. Pro Lauf nur ein Ball; Reihenfolge darf jeder Spieler beliebig wählen.	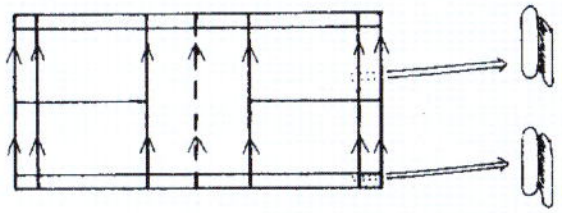
537	Kraftausdauer Beine	Spieler mit Schläger auf einer Feldseite in der ZP. In der Rh-Ecke steht ein Kasten mit 5–8 aufgestellten Federbällen. Spieler: Ausfallschritt zum Uhclear in Netzecke rechts – ZP – Ausfallschritt in Netzecke links – ZP – Ausfallschritt in die Rh-Ecke mit Herunterschubsen eines Balles vom Kasten mit dem Schläger, wieder zwei Ausfallschritte nach vorn usw.	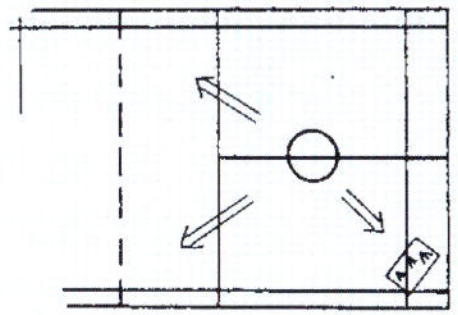
538	Kraft- bis Schnelligkeitsausdauer Beine	„Bälle versetzen." Wettspiel. Hinter und auf einer Feldseite werden an 8 Positionen Federbälle gesetzt. In der Mitte steht der Spieler mit einem Ball in der Hand in einem Reifen. Er muss nun in der Reihenfolge der Nummerierung die Stationen anlaufen und dort jeweils den Ball tauschen. Wer zuerst wieder im Reifen steht ist Sieger.	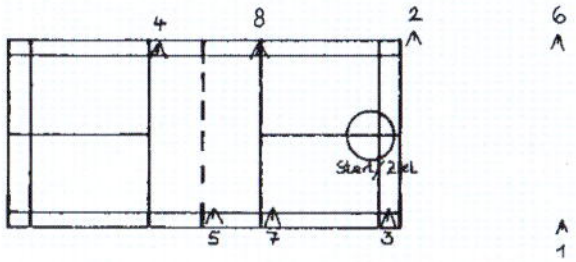 4 8 2 6 Start/Ziel 5 7 3 1
539	Kraftausdauer Beine Sprungkraft	Multifeeding (vgl. Ü 881 f.): Smash aus der Hocke. Spieler befindet sich (mit Schläger) in der Hocke. Von einem ca. 5 m entfernten Partner werden ihm nun pausenlos Bälle zugespielt. Jeder Ball wird zurückgeschmettert, und zwar so, dass aus der Hocke ein Strecksprung gemacht wird, der harmonisch in die Schlagbewegung des Smash einmündet.	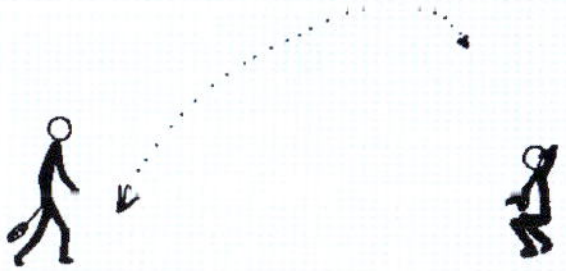
540	Kraftausdauer Beine	„3er-Stafette." Dreierteams treten gegeneinander an. Je 8 Bälle sind von einer Startlinie über 2 Zwischenstationen zu einer Ziellinie zu transportieren. Auf den Langbänken der Zwischenstationen darf der Ball liegen, auf der Ziellinie muss er aufgestellt sein. Ein Spiel besteht aus 3 Läufen, während derer die Teammitglieder jeweils eine andere Strecke laufen müssen.	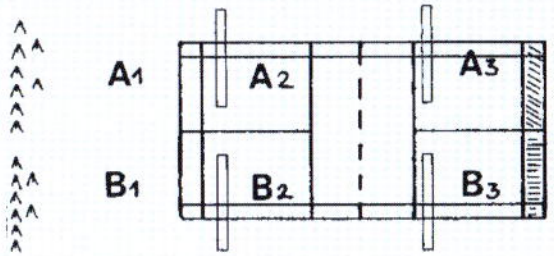 A1 A2 A3 B1 B2 B3

6

6.3.2 Lokale Muskelausdauer — Schlagarm

Nr.	Ziele	Idee/Beschreibung	Hinweise/Organisation
541	Kraftausdauer	Multifeeding (vgl. Ü 886 f.): Dauersmash. Zwei Zuspieler sorgen dafür, dass dem Spieler pausenlos Bälle zum Schmettern zufliegen. Spieler schmettert, ohne Sprung, bis die Ermüdung im Arm so groß wird, dass er nicht mehr kontrolliert schlagen kann. Kurze Pause, nächster Durchgang.	
542	Kraftausdauer	Spieler vollführt mit einem Schläger die badmintonrelevanten Drehbewegungen des (rechten) Unterarms (Supination/Pronation). (Nicht die gesamte Schlagbewegung!) Im Wechsel immer 10-mal für Vh-Schlag und 10-mal für Rh-Schlag. Nach 10 Durchgängen kurze Pause.	Keine maximale Schnelligkeit! Trainingsprinzip: Geringe Belastung – hohe Wiederholungszahlen .
543	Kraftausdauer Koordination	Zwei Spieler werfen sich in schneller Wurffolge einen Handball oder Basketball zu (Schlagwurfbewegung). Dabei gehen sie langsam auseinander und wieder aufeinander zu. So lange wie möglich durchhalten.	
544	Kraftausdauer Koordination	Zirkel mit verschiedenen leichten (!) Bällen. Diese werden jeweils in schneller Folge gegen eine Wand geworfen. Spieler geht rasch von Station zu Station. 45 sec Belastung, 15 sec Pause.	Volleyball, Gymnastikball, Handball, Basketball, Fußball, Softball, Schlagball, Tennisball, Federball ...
545	Kraftausdauer	Theraband (Zauberschnur) wird in Kopfhöhe an Sprossenwand befestigt. Spieler zieht mit dem Schlagarm, wobei die Zugbewegung, so gut es geht, der Schlagbewegung angeglichen wird. Auch mit links durchführen, um Dysbalancen zu mindern. Lange Belastungszeiten (45 sec), kurze Pausen (15 sec).	

Nr.	Ziele	Idee/Beschreibung	Hinweise/Organisation
546	Armkraft	Spieler vollführt mit Squash- oder Tennisschläger ohne Bespannung die badmintonrelevanten Drehbewegungen des Unterarms (Supination/Pronation). Arm wird dabei mit leichter Ellenbogenbeugung hochgehalten. Keine darüber hinausgehende Schlagbewegung!	In 5er- bis 10er-Serien, nicht bis zur vollständigen Ermüdung. Trainingsprinzip: So hoch wie möglich beschleunigen – geringe Wiederholungszahl. Dafür Übungen dieser Art häufiger im Verlauf des Wochentrainings zwischenschieben. Tennisschläger sollte in der Halle immer bereitstehen.
547	Armkraft	Kleinhantel (1–2 kg) in rechter Hand (besser noch: je eine in rechter und linker Hand) halten. Arm hochstrecken, Hantel zum Schulterblatt fallen lassen. Aus dieser Stellung (= tiefster Punkt der Schwungschleife) schnellkräftige Streckdrehbewegung des rechten Armes vollziehen. (Die gleiche Bewegung, die der Arm auch beim Schlag ausführt.)	
548	Armkraft	Schlagsimulation Clear mit Normalschläger. Der Spieler führt eine schnelle Folge von Clear- oder Smash-Schlägen aus, wobei er allerdings nur den Armbewegungsteil der Gesamtbewegung vollzieht und sich ganz auf dessen kraftvolle Ausführung konzentriert. Keine Rumpf- und Schulterunterstützung. Von 10er- zu 20er-Serien hocharbeiten; auf ausreichende Pausen achten.	Schläger mit Unterarm aktiv nach vorne beschleunigen!
549	Armkraft	Spieler vollführt mit Kleinhantel (1–2 kg) die badmintonrelevanten Drehbewegungen des Unterarms (Supination/Pronation). Arm hängt. In 10er-Serien, mal auf der Vh-Seite, mal auf der Rh-Seite. Auch mit links.	Unterarm nicht nur hin- und zurückbewegen, sondern zwischen Aushol- und Beschleunigungsbewegungen unterscheiden.
550	Armkraft	Spieler vollführt mit schwerem Badmintonschläger (Kaufhaus-, Freizeitschläger) den zweiten Teil der Schwungschleife (vgl. auch Ü 261) für Überkopf-Schläge. Abwechselnd je einen Überkopf-Schlag Vh und einen Überhand-Schlag Rh.	Nicht den ganzen Schlag mit überschweren Schlägern ausführen. (Feinmotorische Irritation.)

6.5 Schnelligkeitsausdauer (auch: allgemeine anaerobe Ausdauer)

Nr.	Ziele	Idee/Beschreibung	Hinweise/Organisation
551		Die Varianten von SCHATTENBADMINTON (vgl. Ü 891–900) eignen sich vorzüglich zum Entwickeln von Schnelligkeitsausdauer. Der Spieler muss sich allerdings bemühen, über die ganze Dauer der Übungszeit maximal-schnelle (spielgemäße) Bewegungen zu wiederholen.	Belastungsdauer: 10–15 sec. Pausen: 10–20 sec. (vgl. Anmerkung zu Ü 559/560) Gesamtbelastungszeit: Der Dauer eines Badmintonspiels angemessen
552		Wer hat die beste Bauchlage? An der Grundlinie liegen Matten, unter dem Netz liegen Matten. Dazwischen steht eine Langbank. Spieler befinden sich in Bauchlage nebeneinander auf den Matten, Gesichter zur Bank. Auf Kommando laufen sie (nach sec oder Anzahl) zwischen den Matten hin und her, wobei sie dort jedes Mal Bauchlage einnehmen, Gesicht zur Bank.	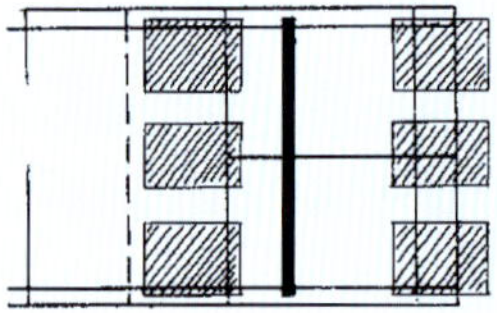
553	Üben, ermüdungsbedingten Geschwindigkeitsabfall zu vermeiden	Wandmattenwettlauf. Eine Weichmatte ist an die Wand gelehnt, 3–5 m davor stehen 2 Kästen. Auf jedem Kasten liegen 2–4 Federbälle. Spieler starten am Kasten, laufen gegen die Matte, wogegen sie rückwärts springen, um gleich vorwärtsgeschleudert zu werden Richtung Kasten. Dort schubsen sie pro Lauf einen Federball herunter.	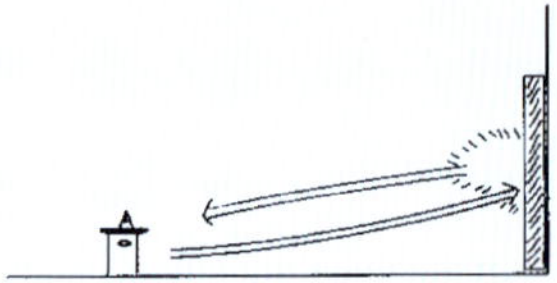
554		Linienwettlauf. Auf 2 (3) nebeneinanderliegenden Feldern werden 3–4 Linien ausgewählt, die angelaufen werden sollen (mit rechtem Fuß drauftreten). Seitenlinie ist Start. Kommando: Zur 1. Linie – zurück zum Start – zur 2. Linie – zurück zum Start – zur 3. Linie – zurück zum Start, welcher jetzt Ziel ist.	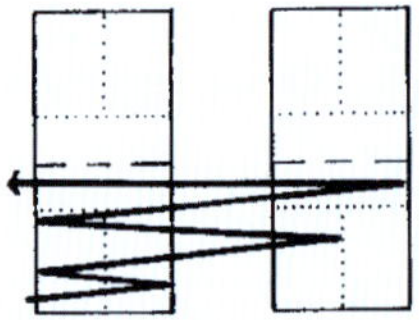
555		Laufweg-Serien. Spieler wählt sich einen Standardlaufweg aus (nebenstehend Beispiele). Dann ermittelt er einen Maximalwert an zurückgelegtem Weg pro Zeiteinheit (z. B. 6-mal in 15 sec). Diesen Weg reduziert er geringfügig (z. B. auf 5,5) und versucht, eine angestrebte Serie (z. B. 12-mal) in diesem Tempo – bei geplanter Pausenlänge – durchzuhalten.	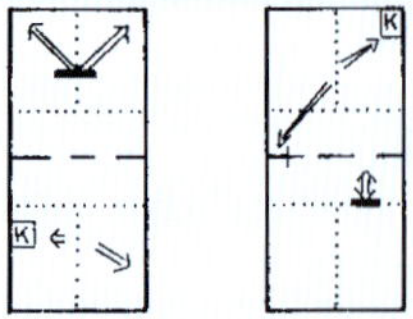

6.5 Schnelligkeitsausdauer (auch: allgemeine anaerobe Ausdauer)

Nr.	Ziele	Idee/Beschreibung	Hinweise/Organisation
556		„Breakdown.“ Zuspieler mit (12) Bällen auf der gegenüberliegenden Feldseite. A bekommt die Bälle in schneller Folge abwechselnd an zwei Stellen seines Feldes gespielt, und zwar so, dass er beide Bälle schmettern (töten) kann. Sein Laufweg bleibt innerhalb einer Zuspielserie konstant, danach ändert er sich. Z sammelt schnell auf und spielt erneut zu.	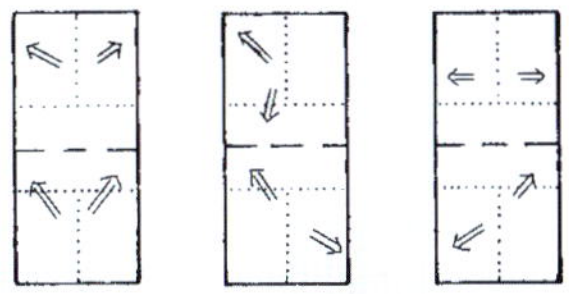
557		„Putzpartie.“ Spieler stehen seitlich in der Mitte einer Feldseite. Links von jedem, auf der Grundlinie, ein Kasten. Rechts, auf der Netzkante, stecken für jeden (10) Federbälle. Sie müssen einzeln heruntergewischt werden. Die Spieler müssen aber zwischen zwei Wischern mit dem Schläger auf den Kasten tippen.	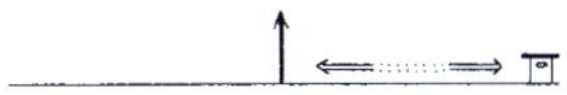
558		Feldlaufen. Auf dem Feld (ohne Netz) wird ein Kurs beschrieben, der jeweils schnellstmöglich durchlaufen werden soll. Dabei sind schnelle Wendungen einzubauen, seitwärts- und rückwärtslaufen.	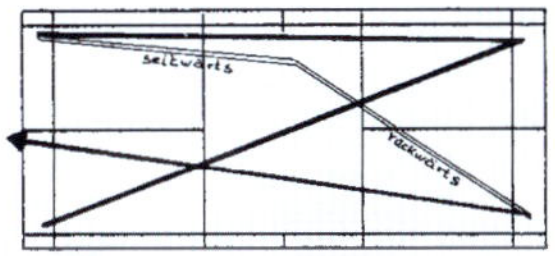
559		„Kombikiste.“ (15) sec Belastung/(15) sec Pause. 1. Ecke aus ZP anlaufen 2. Smash auf der Stelle 3. Grundlinie und Netz abwechselnd mit Schläger berühren 4. Clear im hohen Sprung 5. Seitenlinien abwechselnd mit Fuß berühren 6. Smash im senkr. Sprung 7. Uhclear im tiefen Ausfallschritt …	Die Übungen zur Schnelligkeitsausdauer können auch zur Entwicklung ALLGEMEINER ANAEROBER AUSDAUER herangezogen werden. In diesem Fall wird die jeweilige Belastungszeit (auf etwa 30–60 sec) verlängert. Die Energiebelieferung in den Belastungsphasen ist beim Badminton in der großen Mehrzahl aller Ballwechsel (Dauer bis 10 sec) anaerob alaktazid, d. h., ohne nennenswerte Milchsäurebildung – doch muss auch für die (wenigen) langen Ballwechsel Leistungserhaltungs-Vorsorge getroffen werden!
560		Auch die Varianten von Multifeeding (vgl. Ü 881–890) eignen sich zur Entwicklung von Schnelligkeitsausdauer, wenn sorgfältiges Zuspiel gewährleistet ist und nicht zwischen den Partnern gewechselt wird (zu lange Pausen).	

6.6 Allgemeine Körperbildung auf dem Feld

Nr.	Ziele	Idee/Beschreibung	Hinweise/Organisation
561	Beine Schlagarm Bauch, Rücken Badm.spez. Beweg. Arme, Schultern	Skipping LvK-Clear aus dem Stand Holzhacker Sprung ans Netz (zum Töten) Armkreisen, beidarmig vorwärts	
562	Füße, Waden Schlagarm Rumpf, Hüfte Badm.spez. Beweg. Nacken	Zehensprung, beidfüßig hoch Überkopf-Smash im Wechsel mit Uhclear Rumpfkreisen Freier Angriffsspielzug Kopfkreisen, links herum – rechts herum	Jeder Spieler auf ½ Feld. Badmintonspezifische Lauf- und Schlagsimulationen wechseln mit gymnastischen Übungen ab. Die Übung wird jeweils rechtzeitig vom Trainer ausgerufen bzw. vorgemacht. Die 5 Übungen innerhalb jeder Gruppe werden ohne Pause aneinandergereiht. Übungsdauer 20–30 sec. Nach 5 (10, 20) Übungen kann eine Pause von 20–60 sec eingelegt werden. Wiederholungszahl innerhalb der Übungen richtet sich nach individuellem Trainingszustand. Es ist wichtig, dass der Spieler dauernd in Bewegung bleibt. Dies ist möglich, da durch die Übungszusammenstellung stets andere Muskelgruppen tätig sind, bzw. Belastungen des Gesamtorganismus mit lokalen Belastungen abwechseln.
563	Beine Schlagarm Bauch Badm.spez. Beweg. Hände, Arme	Ausfallschritt, links-rechts Wechselsprung Rh-Clear aus dem Stand Klappmesser Lauf Feldmitte – Grundlinie zum Schlag im Umsprung Arme nach vorne strecken, Hände öffnen und schließen	
564	Fuß Schlagarm Rücken Badm.spez. Beweg. Arme, Schultern	Rechter Fuß kreisen Drehbewegung des Unterarms (Supin./Pron.) beim Vh-Schlag Aus Rumpfvorhalte aufrichten und strecken Lauf Feldmitte – Grundlinie zum Schlag aus dem Stand Liegestütz	
565	Beine, Hüften Schlagarm Rücken Badm.spez. Beweg. Arme, Schultern	Schnelle Kniebeugen 2. Teil der Schwungschleife beim Smash Bauchschaukel LvK-Clear im Umsprung (ohne Lauf) Armachterkreisen	

Nr.	Ziele	Idee/Beschreibung	Hinweise/Organisation
566	Beine, Rücken Schlagarm Rücken Badm.spez. Beweg. Arme, Schultern	Streckung aus der Hocke. Drehbewegung des Unterarms (Suspin./Pron.) beim Rh-Schlag. Im Rumpfvorhalte Rumpfverwringung Ausfallschritt nach rechts vorne zum Uhclear Liegestütz rücklings.	
567	Fuß Schlagarm, Beine Bauch Badm.spez. Beweg. Arme, Schultern	Linker Fuß kreisen Smash im senkrechten Sprung Schwebesitz Ausfallschritt nach links vorne zum Uhclear Armkreisen, beidarmig rückwärts	Für die badmintonspezifischen Lauf- und Schlagsimulationen muss ein Schläger griffbereit neben dem Feld liegen.
568	Hüfte Schlagarm Rücken Badm.spez. Beweg. Nacken	Hürdensitzwechsel Im Wechsel Vh- und Rh-Drive In Bauchlage Rumpf anheben Lauf Feldmitte – Netz Kinn auf die Brust – Kopf in den Nacken	Motivierend wirkt sich aus, wenn schwungvolle Musik die Übungen begleitet. Ideal ist es, wenn der Übergang zu einer neuen Übung durch den Wechsel der Musik (etwa von schwungvoll zu getragen) angezeigt wird.
569	Bein Schlagarm Bauch Badm.spez. Beweg. Arme, Schultern, Hüften	Kniebeugen, einbeinig rechts Hohe Smash-Abwehr vor dem Körper Schwebesitz mit Beinscheren Freies Schattenspielen Aus Liegestütz: Im Wechsel rechten Fuß neben rechte Hand, linken neben linke	Also: Mit Biegsamkeit, Begeisterung und Breakdance in die totale Fitness! = „Badminton-Aerobic“
570	Bein Schlagarm Bauch, Rü, Hüften Badm.spez. Beweg. Arme, Schultern, Hüften, Beine	Kniebeugen, einbeinig links 2. Teil der Schwungschleife beim Rh-Clear Rumpfdrehbeuge Lauf zwischen Netz und Grundlinie Hampelmann	

6.7 Spezielle Gewandtheit

Nr.	Ziele	Idee/Beschreibung	Hinweise/Organisation
571		Simuliere einzelnen Schlag aus Ballerwartungshaltung; ohne Beinarbeit.	Für alle Übungen gilt: Wiederhole das ausgewählte technische Element im Rahmen von Schlagsimulationen („Trocken-übungen") immer wieder. Versuche dabei, die angestrebte optimale Bewegungsausführung (= Lösung einer Spielsituation) mit größtmöglich schneller Ausführung in Einklang zu bringen. Wichtig: Nicht in ermüdetem Zustand üben.
572		Simuliere einzelnen Schlag aus Ballerwartungshaltung; mit Beinarbeit.	
573	Schulung badminton-spezifischer Bewegungs-fertigkeiten	Simuliere zwei unterschiedliche Schläge unmittelbar nacheinander: Kombiniere einen Vh-Schlag mit einem Rh-Schlag.	
574		Simuliere zwei unterschiedliche Schläge unmittelbar nacheinander: Kombiniere einen Uh-/Sh-Schlag mit einem Ük-/Üh-Schlag.	Zur Verwendung des Begriffs Spezielle Gewandtheit: Die schnelle, technisch zweckmäßige Durchführung einer badminton-spezifischen Bewegung oder Bewegungsfolge, bei der die mit dem Ball zusammenhängende Effektivität unberücksichtigt bleibt. (D. h., Bewegungsabläufe ohne Ball aber mit Schläger.)
575		Simuliere zwei unterschiedliche Schläge unmittelbar nacheinander: Beide sollen mit Beinarbeit, nicht aber mit Laufarbeit verbunden sein.	

Nr.	Ziele	Idee/Beschreibung	Hinweise/Organisation
576		Simuliere drei unterschiedliche Schläge unmittelbar nacheinander: (Zwei) davon sollen mit Beinarbeit verbunden sein.	Gewandtheit ist losgelöst zu sehen von den konditionellen Eigenschaften Kraft und Ausdauer, steht allenfalls im Zusammenhang mit Schnelligkeit. Sie enthält einen hochgewichtigen Anteil an speziellen koordinativen Fähigkeiten im Bereich der Bewegungssteuerung. (Zwitterstellung zwischen konditionellen und koordinativen Fähigkeiten.)
577		Simuliere schnelle Folgeschlag-Kombinationen. Wähle spielgemäße Situationen aus (Netzbereich), bei denen ein nochmaliges, schnelles „Nachschlagen" gefordert ist.	
578		Simuliere die verschiedenen Abwehrschläge, die in den Doppel-Disziplinen gefordert sind. Gehe dabei stets von der (Rh-)Abwehr-Grundhaltung in Vorspannung aus. (Mit und ohne Beinarbeit.)	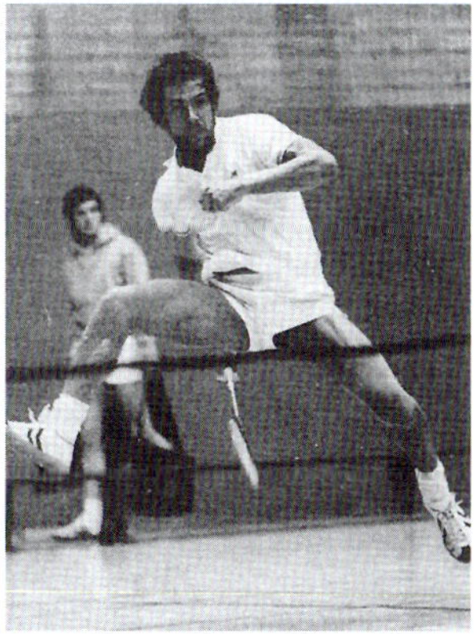
579		Simuliere die verschiedenen Abwehrschläge die gefordert sind, wenn der Ball genau auf den eigenen Körper gespielt wird.	
580		Simuliere Trickschläge: durch die Beine, hinter dem Rücken, links neben linker Schulter, Rh-Üh in der Hocke nach Drehung um die eigene Achse, ...	

6

6.8 Aktionsschnelligkeit

Nr.	Ziele	Idee/Beschreibung	Hinweise/Organisation
581	Badmintonspezifische Bewegungsabläufe üben Gewandtheit	Die Varianten von SCHATTENBADMINTON (vgl. Ü 891-900) und MULTIFEEDING (vgl. Ü 881–890) eignen sich vorzüglich zum Verbessern von Aktionsschnelligkeit, da Schnelligkeitstraining am effektivsten ist, wenn es sportartspezifisch durchgeführt wird, d. h., wenn Bewegungen vollzogen werden, die beim Betreiben der Sportart gefordert sind.	Grundsätze des Schnelligkeitstrainings beachten : Muskulatur muss gut vorgewärmt sein! Muskel darf nicht ermüdet sein! Bewegungen sollen so schnell bzw. so explosiv wie möglich durchgeführt werden. (Reizhöhe über 95%.) Bewegung muss gut beherrscht sein, damit die Konzentration auf die maximal schnelle Ausführung gerichtet sein kann und nicht auf den technischen Ablauf verwendet werden muss.
582	Schnelle Schlagausführung	Auf ½ Feld. A spielt B einen hohen Aufschlag zu und vollführt unmittelbar danach blitzschnell die (ungekürzte) Simulation eines verabredeten Schlages (z. B. Clear im Umsprung). B schmettert A's hohen Aufschlag. A versucht diesen Smash, trotz seiner zwischengeschobenen Schlagsimulation, abzuwehren.	
583	Gewandtheit	„Pfadfinder." A nimmt eine absonderliche Ausgangsstellung im Feld ein; z. B.: Schläger berührt Pfosten, Ferse auf vo A-linie, Fuß auf Grundlinie ... B spielt Ball mittels Uh-Zuspiel in A's Vh-Smash-Bereich. A läuft dorthin und schmettert.	Kein Dauerzuspiel!
584	Gewandtheit Wendigkeit	„Maschinengewehr." Zuspieler spielt in rasender Folge (12) Bälle an beliebige Stellen auf A's Feldseite. A hat die Aufgabe, die Bälle mit dem Schläger zu berühren. Sie zu schlagen ist zwar noch besser, aber nicht notwendig.	
585	Gewandtheit	B wirft aus leistungsabhängigem Abstand ein Indiaca in die Ecken von A's Feldseite. A, in ZP wartend, fängt mit der rechten Hand bevor es zu Boden gefallen ist.	

Nr.	Ziele	Idee/Beschreibung	Hinweise/Organisation
586	– Antritt	Zwei Spieler stehen nebeneinander in der Halle. A, mit Schläger und Ball, macht Uh-Schlag weit-hoch. B startet wenn A losschlägt. Er versucht den Ball zu fangen, bevor dieser zu Boden gefallen ist. Anschließend Rollenwechsel. Bitte so schlagen, dass der Ball (im letzten Moment) erreicht werden kann.	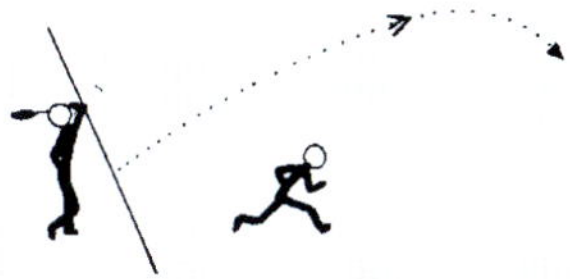
587	– Wendigkeit – Antritt – Lösungen finden	Im Zentrum seiner Feldseite steht, kauert, kniet, hockt, sitzt, liegt ... A. B spielt A von der gegenüberliegenden Feldseite einen Ball beliebig ins Feld. A muss aus seiner Ausgangshaltung aufspringen, zum Ball hineilen und ihn zurückschlagen. Stets neues Zuspiel.	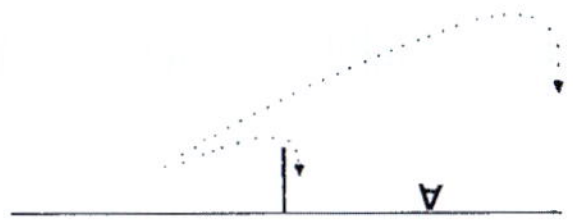
588	– Zum Schlag laufen	A steht auf seiner Grundlinie. B steht gegenüber an der vo A-linie. Er wirft einen Ball mit Uh-Zuwurf übers Netz. A muss vorlaufen und ihn als Uhclear zurückschlagen, bevor er den Boden erreicht hat. (Schafft er es nicht, war er eben zu langsam ...) Danach gemächlich zur Grundlinie zurück.	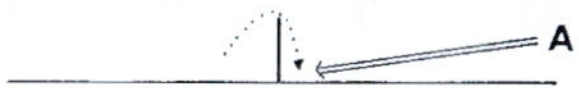
589	Zum Schlag laufen	A steht auf der Grundlinie. Auf der Netzkante stecken mehrere Federbälle (vgl. Ü 293). Auf ein optisches Signal (des Trainers) läuft A vor und wischt jeweils einen Ball herunter. Übung eignet sich vorzüglich zu kleinen Wettbewerben.	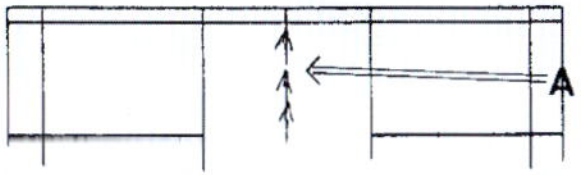
590	– Antritt	A und B schlagen Clear im Schlagfluss auf ½ Feld. Nach jeder (8.) Ballberührung sprintet A zu einer mehr oder weniger weit hinter dem Feld stehenden Langbank (oder zu sonstigem Ziel), berührt sie mit dem Schläger und kehrt rechtzeitig zum nächsten Schlag zurück.	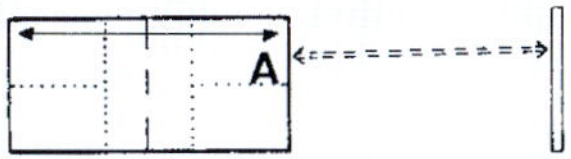

6.9 Sprungkraft

Nr.	Ziele	Idee/Beschreibung	Hinweise/Organisation
591	Sprungkraft Konzentration bei hoher Belastung	Auf ½ Feld lockere Schlagfolge; Zielsetzung: keine Schlagfehler machen. Auf Pfiff des Trainers werden (8) Grätschwinkelsprünge vollführt. Für jeden leichten Schlagfehler seit dem letzten Pfiff ein Sprung zusätzlich, für jede besonders gelungene Schlagfolge wird ein Sprung erlassen.	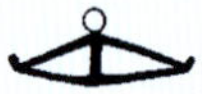
592	Sprungkraft	Vierergruppe. Zwei Spieler schlagen auf ½ Feld Bewegungsschlagübung (z. B. Clear-Drop-Drop-Clear ...). Die beiden anderen machen Niedersprünge von 90 cm hohem Kasten (4 Teile) mit sofortigem Aufsprung auf zweiten Kasten. Alle (60) sec wechselt jeder eine Station weiter.	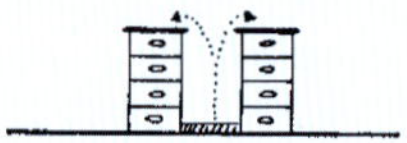
593	Sprungkraft	Beidbeiniger seitlicher Sprung über (umgedrehte) Langbank im Wechsel mit Einzelspiel. 30 sec Sprungübung 30 sec Pause 60 sec Einzel auf ½ Feld nach Badmintonregeln um Punkte. 10 Durchgänge, wobei jeder seine Pluspunkte immer weiterzählt. 10 Sprünge ergeben Zusatzpunkt.	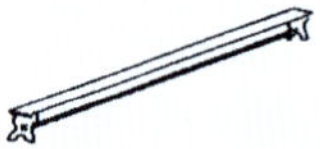
594	Sprungkraft	Reifenzirkel. In Badmintonfelder werden in verschiedener Zueinanderordnung jeweils Reifen gelegt, zwischen denen hin und her gesprungen werden soll. Es kann beidfüßiger Sprung verlangt werden (beide Füße treffen stets gleichzeitig auf) oder einfüßiger (in den von ZP entfernteren Reifen braucht nur das Ausfallschrittbein hinein).	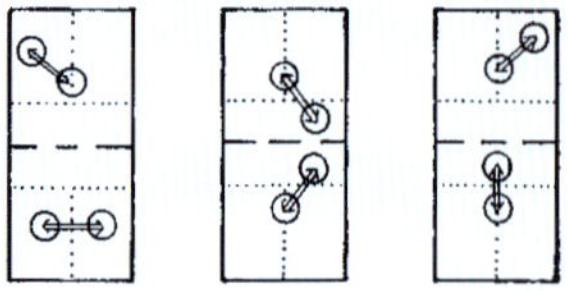
595	Sprungkraft	Sprünge über Federballhülsen. Federballhülsen verschiedener Länge werden nebeneinandergestellt, von jeder Art mehrere in einer Reihe. Über diese Hindernisse sollen beidbeinig oder einbeinig vorgegebene Serien gesprungen werden. Wer schafft die nebenstehende Serie einbeinig ohne Pause?	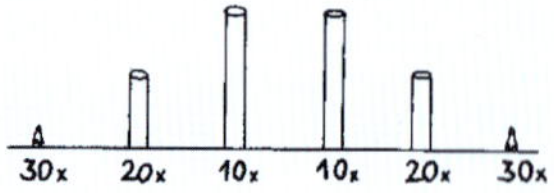 30x 20x 10x 10x 20x 30x

Nr.	Ziele	Idee/Beschreibung	Hinweise/Organisation
596	Sprungkraft	Kastenaufsprung im Wechsel mit Clear. 30 sec Clear. Dann jeder Partner zu einem hinter seinem Feld stehenden kleinen Kasten, auf dem 30 sec verschiedene Auf-Nieder-Sprünge durchgeführt werden.	1. Beidbeinig – vorwärts 2. Einbeinig li – seitw. n. re 3. Einbeinig re – seitw. n. li 4. Beidbeinig – seitwärts n. re 5. Einbeinig li – seitw. n. li 6. Einbeinig re – seitw. n. re 7. Re-li Zehenwechselsprung, ohne Körperstreckung 8. Wechselaufsprung mit Strecken 9. Beidbeinig – seitw. n. li
597	Sprungkraft	Kastenaufsprung im Wechsel mit Laufsimulation. 30 sec Laufsimulation auf dem Feld. 15 sec Pause. 30 sec Auf-Nieder-Sprünge auf einen nebenbeistehenden kleinen Kasten. 15 sec Pause usw.	1. Laufweg: ZP – Vh-Smash i. Spr. 2. Beidbeinig – li/oben/re/oben ... 3. Laufweg: ZP – LvK-Smash i. Spr. 4. Einbeinig re – vorwärts 8. Oben/ li + re spreizen/oben 5. Sprung in Netzecke re (Töten) 6. Einbeinig li – vorwärts 7. Smash im Sprung a. d. Hocke
598	Sprungkraft Gewandtheit	Sprungkraftzirkel im Wechsel mit schnellen badmintonspezifischen Bewegungen. 30 sec Sprungübung 15 sec Pause 30 sec Schlagbewegung ohne Laufarbeit 15 sec Pause usw.	1. Strecksprung a. d. Hocke. 2. Rh-Drive. 3. Liegestütz: beidbeinig anhocken. 4. Vh-Smash. 5. In Hocke seitwärts hüpfen. 6. Rh-Uhclear. 7. Grätschwinkelsprung. 8. LvK-Drop cr. 9. Aus Hocke in Hocke hochspringen. 10. Vh-Clear
599	Sprungkraft Kraftausdauer Arm	Sprungkraftzirkel im Wechsel mit Belastung der Schlagarmmuskulatur. 30 sec Sprungübung – 15 sec Pause – 30 sec Drehbewegung des Unterarms (Supination/Pronation) in verschiedenen Treffbereichen mit normalem Schläger.	1. Einbeinig links: Anhocken 2. Supin./Pron. bei Uh-Vh 3. Einbeinig rechts: Anhocken 4. Supin./Pron. bei Uh-Rh 5. Luftspagat – linkes Bein vor 6. Supin./Pron. bei Üh-Vh 7. Luftspagat – rechtes Bein vor 8. Supin./Pron. bei Üh-Rh 9. Luftspagat – li/re abwechselnd 10 Supin./Pron. bei Ük-Vh
600	Sprungkraft Ausführen feinmotorischer Bewegungen bei Sauerstoffschuld	Aufstieg/-sprung auf Kastentreppe im Wechsel mit Doppel-Aufschlagphase. Paarweise. 2 min Kasten hinauflaufen bzw. -hüpfen, 2 min auf dem Feld durchführen von Doppel-Aufschlägen und deren Annahme.	1. Hochlaufen 2. Beidbeinig vorwärts hochhüpfen 3. Beidbeinig i. d. Hocke hochhüpfen 4. Einbeinig links hochhüpfen 5. Einbeinig rechts hochhüpfen 6. Beidbeinig mit je ½ Drehung

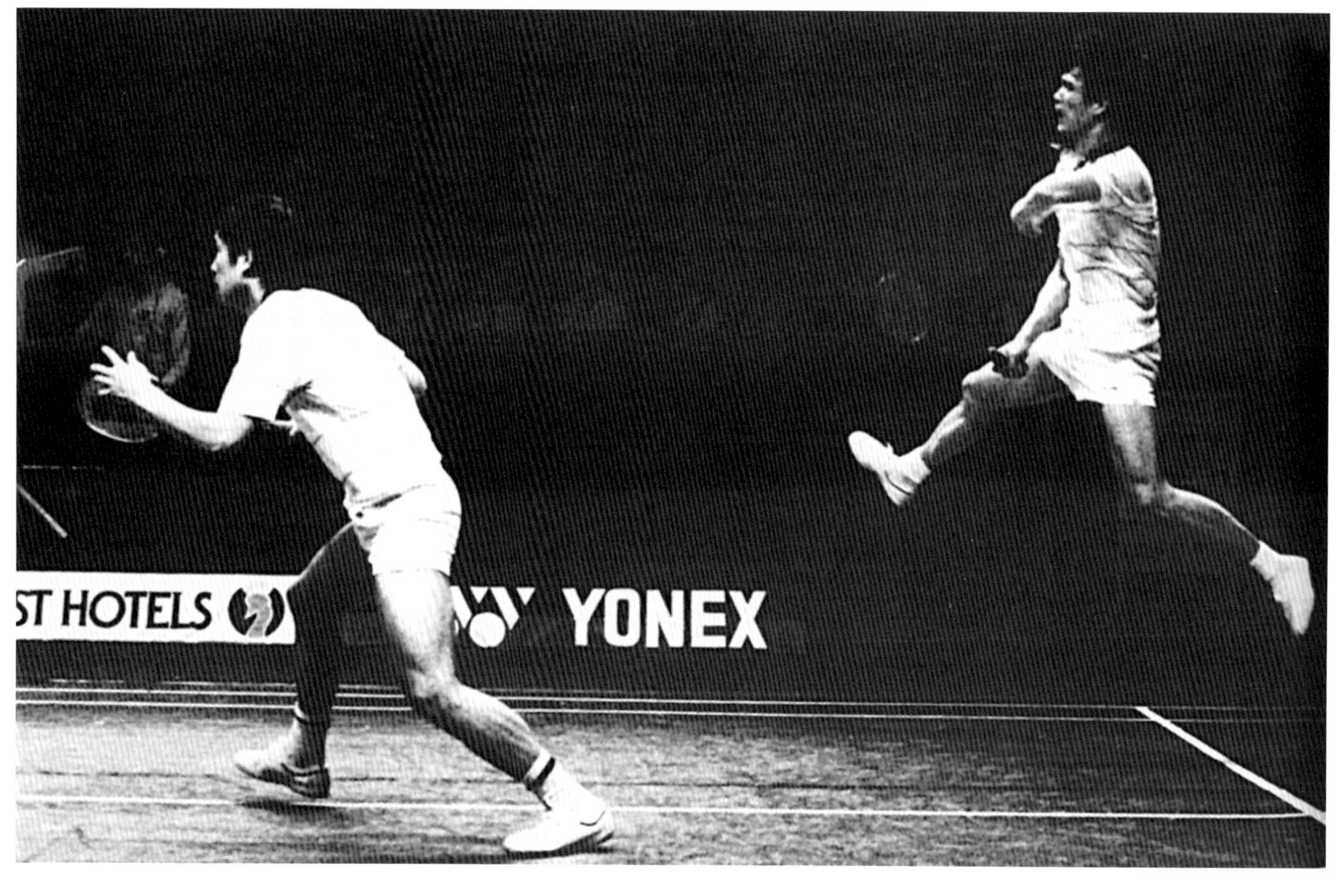

„Kraftvolles Angriffsspiel"

Der hintere Spieler ist hochgestiegen und hat einen Sprungsmash geschlagen. Sein Partner begibt sich währenddessen in der Feldhälfte des Angreifers in den Netzbereich (die beiden stehen dann hintereinander „im Tunnel") und versucht dort, eine schwache gegnerische Abwehr zur Vollendung des Angriffs zu nutzen.

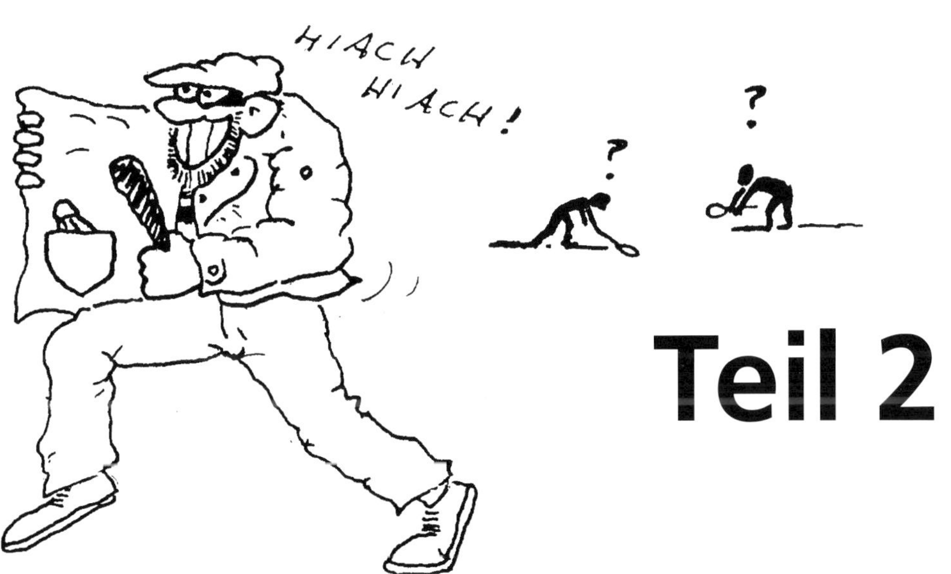

Teil 2

Anmerkungen zu den Übungen in TEIL 2

Die Zusammenstellung der Übungen erfolgt unter dem Gesichtspunkt unterschiedlicher Organisationsformen, d. h., nicht mehr die Inhalte stehen im Vordergrund, sondern die äußeren Bedingungen, unter denen eine Übungsstunde gestaltet werden soll. Müssen zwei oder gar vier Spieler gleichzeitig auf einem Feld trainieren, ist es notwendig, andere Übungsformen auszuwählen, als wenn ein einzelner Spieler mit einem Trainer üben kann. Die konkreten Übungsinhalte, die niedergeschrieben wurden, sind als Beispiele anzusehen. Jede Übungsform wird vom kundigen, kreativen Benutzer jederzeit mit zahlreichen anderen Inhalten zu füllen sein.

Das *partnerschaftliche Üben* ist wohl die in der Praxis am häufigsten vorkommende Organisationsform in der trainiert wird. Hierzu werden verschiedene Übungstypen angeboten (von einfachen Bewegungsschlagübungen bis zu zunehmender Annäherung an Spielsituationen aus dem Wettkampf), die ihrerseits wieder mit verschiedenartigen Nutzungsbeispielen vorgestellt werden.

Beim *Individualtraining* lassen sich andere Übungsformen anwenden, wenn ein sicherer Spieler mit einem Anfänger übt, als wenn zwei Anfänger miteinander auskommen müssen. Einige Vorschläge sind zusammengetragen. Für sehr gute Spieler ergibt sich oft die (schwierige) Trainingsbedingung, dass kein wirklich gleichwertiger Partner zur Verfügung steht. Dennoch gibt es eine Reihe von Übungsformen, die es einem Spitzenspieler ermöglichen, auch mit einem (wesentlich) schwächeren Spieler/Trainer zu einem für ihn effektiven Üben zu kommen.

Von vorgegebenen Personenkonstellationen wird zunächst auch im Kapitel *Integriertes Konditionstraining* ausgegangen. Welche Übungsform kann angewendet werden, wenn 1, 2, 3 oder 4 Personen auf einem Feld gleichzeitig Konditionstraining absolvieren wollen? Vervollständigt wird dieses Kapitel dann durch die Zusammenstellung von Varianten zweier der am häufigsten angewandten badmintonspezifischen „Konditions"-Übungsformen, nämlich MULTIFEEDING und SCHATTENBADMINTON, die beide in verschiedenen Ausführungsmöglichkeiten dargestellt werden. In der Spalte ZIEL ist hier wie auch anderswo, oft nur der allgemeine Begriff „Ausdauer" angegeben, da es im Einzelfall von der Belastungsdauer und -intensität abhängt, welche spezielle Art der Ausdauer trainiert wird. Viele der Übungen können sogar, je nach genauen Ausführungsbestimmungen, für durchaus unterschiedliche Trainingsziele — etwa Schnelligkeit genauso wie Kraftausdauer — benutzt werden.

Wenn fünf Spieler vorhanden sind und nur ein Feld zur Verfügung steht, brauchen nicht drei wieder nach Hause zu gehen. Und auch mit einer Schulklasse kann man durchaus Federballspielen üben, selbst wenn das Angebot an Schlägern, Feldern und Netzen auf den ersten Blick nicht auszureichen scheint. In solchen Fällen muss die Organisation eben sorgfältig vorbereitet sein und mit einer gewissen Disziplin abgewickelt werden. Beispiele für solches *Gruppentraining* werden im letzten Kapitel vorgestellt. Es wird gezeigt, wie von vielen Personen auf engem Raum gleichzeitig geordnet geübt werden kann, wenn der zur Verfügung stehende Platz sinnvoll genutzt wird und die Aufgaben an den einzelnen Stationen mit Rücksichtnahme gegenüber den Mitspielern durchgeführt werden.

Kapitel 7

Spiel- und Übungsformen für partnerschaftliches Üben

7.1 Beide üben gleichzeitig (Beispiele für mögliche Zielsetzungen)

Nr.	Ziele	Idee/Beschreibung	Hinweise/Organisation
601	Üben eines Bewegungs-ablaufes aus dem Stand	A und B stehen beide in ZP. Sie schlagen Drive Vh Ll und cr bzw. Drive Rh Ll und cr. Zunächst in regelmäßiger Schlagfolge, dann unregelmäßig. Ohne Laufarbeit, höchstens mit Ausfallschritt.	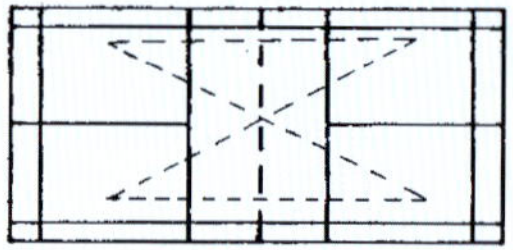
602	Stabilisieren einer Zieltechnik im lockeren Lauf	Z.B. mittels Bewegungsschlagübung für LvK-Drop cr. A LvK-Drop cr B Stop Ll A Uhclear Ll B LvK-Drop cr A Stop Ll	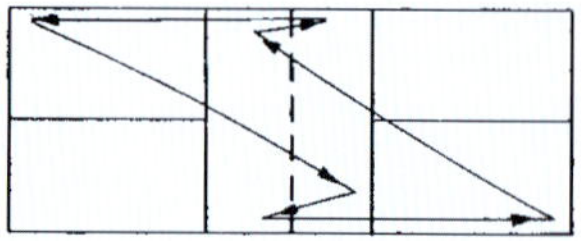
603	Stabilisieren einer Zieltechnik unter Belastung	Z. B. Zurückdrücken aus dem Ausfallschritt. A und B stehen jeweils an vo A-linie und spielen Netzdrop. Ll Nach jedem Schlag drücken sie sich aus dem Ausfallschritt zurück und tippen mit dem Schläger auf einen hinter ihnen stehenden Kasten. Ball so hoch spielen, dass er im Spiel bleibt.	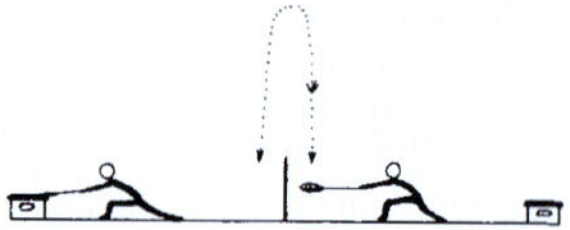
604	Feldbreite nutzen	Z.B bei Clear und Drop. A und B spielen cross. Von der Grundlinie Clear und Drop, aus Netzbereich Stop, Netzdrop, Uhclear. Aufschläge aus wechselnden Feldhälften. Var.: Alle Schlagarten sind erlaubt – aber cross.	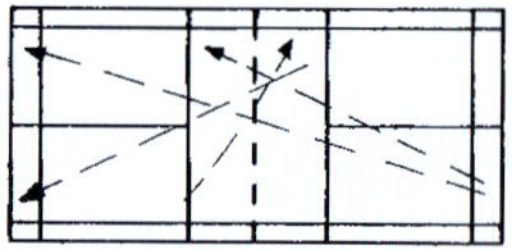
605	Laufschnelligkeit	Z.B. A und B, jeweils an vo A-linie, Spiel am Netz. Beide dürfen beliebig auch Uhclear schlagen. Geschieht dies, muss der angespielte Spieler hinter seine Grundlinie laufen und den Ball von dort als Uh-Drop zurückschlagen. Zunächst auf ½ Feld.	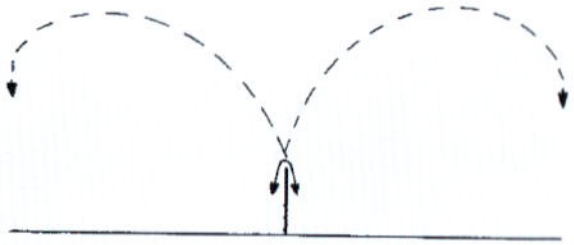

Nr.	Ziele	Idee/Beschreibung	Hinweise/Organisation
606	Schlaggenauigkeit	Clear-Wettkampf. A und B einigen sich über eine Vorderlinie, die bei allen Schlägen übertroffen werden muss. Wer gut genug ist, nimmt die hi A-linie; sonst eine Linie durch Bälle markieren. Einzelspiel nach Badmintonregeln. Aufschlag von vorne, schmettern ist nicht erlaubt. Wer hat die meiste Geduld?	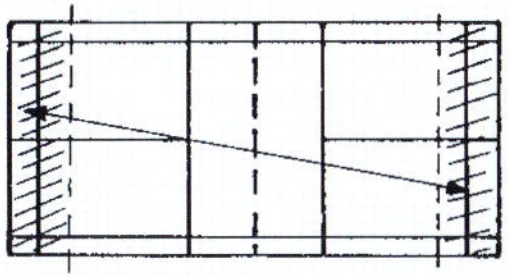
607	Aufgabe für spielerisches Verhalten	Einzelspiel nach Badmintonregeln. Für A und für B gilt: In der Vh–Ecke muss im Überhand-Bereich jeder Ball geschmettert werden. Andernfalls: Abbrechen des Ballwechsels – Fehler.	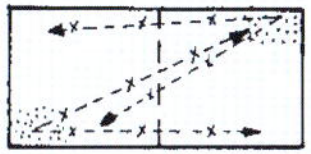
608	Ausdauer	Sektorenspiel. Für A und für B gelten: Aus LvK-Ecke sind jeweils Drop Ll und Clear cr erlaubt. Aus Netzecke rechts Uhclear Ll und Stop cr. Beide spielen im höchsten Tempo. Möglichst keine Ballverluste.	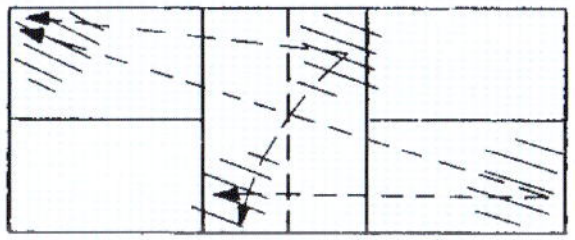
609	Schlagsicherheit	Z. B. Komplexübung für Sh-Drop Vh. A und B schlagen aus der Vh-Ecke in Bodennähe Uh-/Sh-Drop Ll oder cr. Danach folgt beliebig langes Spiel am Netz, bis einer von beiden den Ball wieder in die Grundlinienecke schlägt; usw.	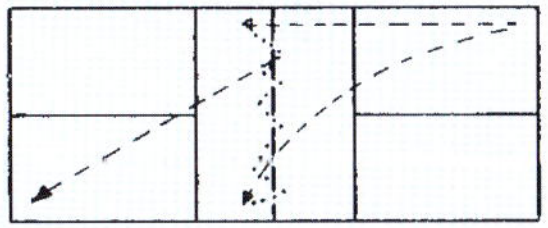
610	Taktische Aufgabe	Einzelspiel. Für A und für B gilt: Bemühe dich, den Ball bei jedem Schlag in eine andere Ecke der gegnerischen Feldseite zu spielen.	Wie riet doch Nestor-Erwin Z., der große, alte Coach, einmal beiläufig: „Wenn dein Gegner laufen muss, hast du gut weilen ...“

7.2 Beide üben nacheinander (Beispiele für mögliche Zielsetzungen)

Nr.	Ziele	Idee/Beschreibung	Hinweise/Organisation
611	Üben eines Bewegungsablaufes aus dem Stand	A und B stehen beide in ZP. A schlägt Drive Vh Ll und cr. B stoppt mit Sh-Drop ab – A Netzdrop – B erneutes Zuspiel in rechte Feldmitte.	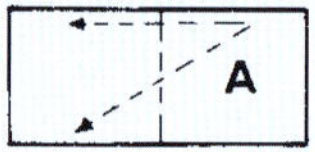 A
612	Stabilisieren einer Zieltechnik im lockeren Lauf	Z.B. mittels Bewegungsschlagübung für LvK-Drop cr. A LvK-Drop cr B Uhclear Ll A Vh-Drop Ll B Uhclear cr usw.	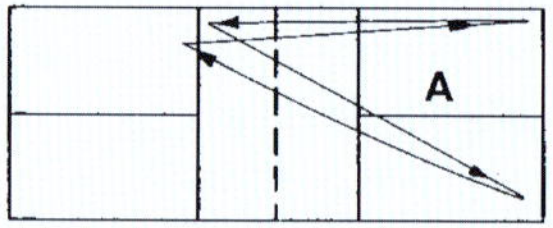 A
613	Stabilisieren einer Zieltechnik unter Belastung	Z. B. A Zurückdrücken aus dem Ausfallschritt. B Vorlaufen nach Umsprung. Im Schlagfluss: B Drop und A Uhclear. Nach jedem Schlag wendet sich A um und tippt mit dem Schläger auf einen an der hi A-linie stehenden Kasten. B's Kasten steht an der vo A-linie. Zunächst auf ½ Feld.	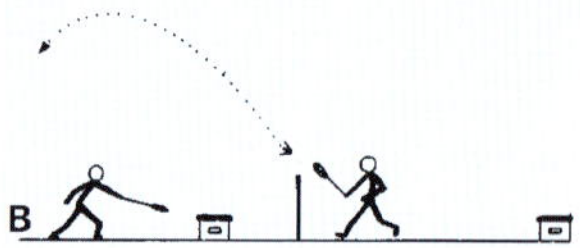 B
614	Feldbreite nutzen	Z. B. bei Clear und Drop. A schlägt alle Bälle cross, B alle Ll. Von der Grundlinie Clear und Drop, aus Netzbereich sind Stop, Netzdrop, Uhclear erlaubt. Mit jedem Aufschlag wechseln die Aufgaben.	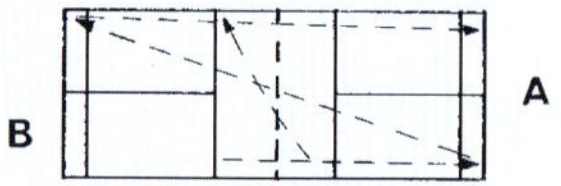 B A
615	Laufschnelligkeit	A und B, jeweils an vo A-linie, Spiel am Netz. B darf nun beliebig auch Uhclear schlagen. Tut er dies, muss A <u>hinter</u> seine Grundlinie laufen und den Ball von dort als Uhdrop zurückschlagen. Zunächst auf ½ Feld.	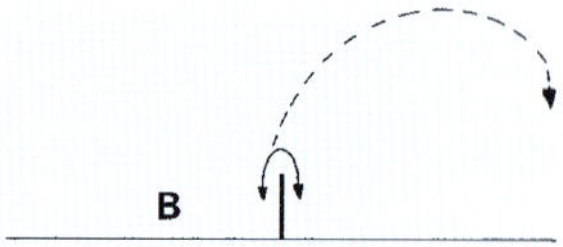 B

Nr.	Ziele	Idee/Beschreibung	Hinweise/Organisation
616	Schlaggenauigkeit	Sektoren-Wettkampf. A's Spielfeld geht von der vo A-linie bis zum Netz. B's Feld von der hi A-linie bis zur Grundlinie. Einzelspiel nach Badmintonregeln. (Ball zunächst ins Spiel bringen.) Die beiden Sektoren können auch durch Ballmarkierungen erweitert werden.	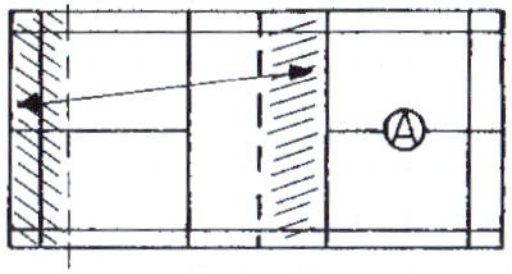 A
617	Aufgabe für spielerisches Verhalten	Einzelspiel nach Badmintonregeln. Für A gilt: In der Vh-Ecke muss jeder Ball geschmettert werden. Für B gilt: In der Netzecke rechts ist kein Netzdrop Ll erlaubt (Stop und ku Aw ja). Andernfalls: Abbrechen des Ballwechsels – Fehler.	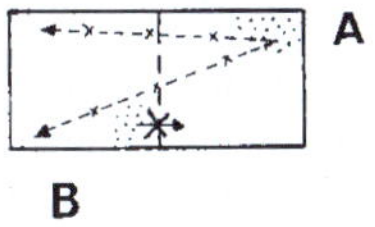 A B
618	Ausdauer	B spielt aus Netzecke links Uhclear cr und Netzdrop/Stop Ll, unregelmäßig. A spielt im höchsten Tempo und schlägt alle Bälle in B's Netzecke links.	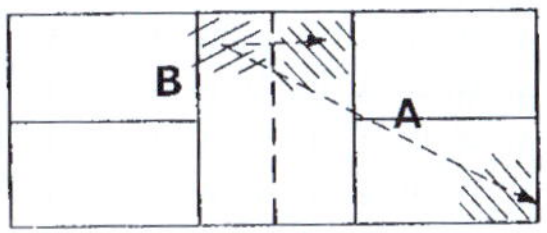 B A
619	Schlagsicherheit	Z. B. Komplexübung für Sh-Drop von der Grundlinie. A schlägt aus der Vh-Ecke in Bodennähe Sh-Drop Vh Ll. B stoppt am Netz ab. Es folgt Spiel am Netz, bis A den Ball flach in B's Rh-Ecke spielt. B schlägt aus Kniehöhe in der Rh-Ecke Sh-Drop Rh Ll; usw.	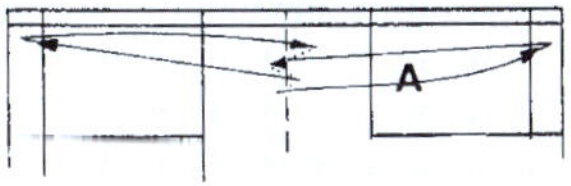 A
620	Taktische Aufgabe	Einzelspiel. Für A gilt: Bemühe dich, den Ball bei jedem Schlag in eine andere Ecke des gegnerischen Feldes zu spielen. Für B gilt: Spiele mit verwirrenden Aufschlagvarianten.	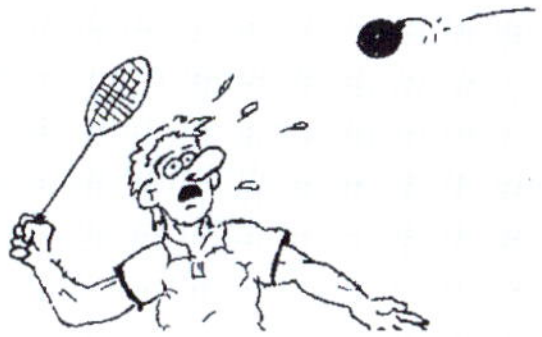

7.3 Endlos-Schlagkombinationen (Verschiedene Übungstypen)

Nr.	Ziele	Idee/Beschreibung		Hinweise/Organisation
621	Bewegungsschlagübung gleichseitig	Thema: Vh-Drop cr im Sprung. A Vh-Drop cr im Sprung B Stop Ll A Uhclear Ll ↳	 B Vh-Drop cr im Sprung A Stop Ll B Uhclear Ll als Zuspiel	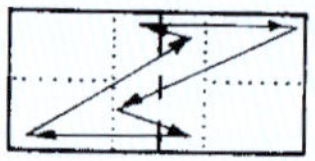 A
622	Bewegungsschlagübung wechselseitig	Thema: Vh–Clear, LvK-Drop cr. A Vh-Clear Ll B LvK-Drop cr A Stop Ll B Uhclear cr als Zuspiel		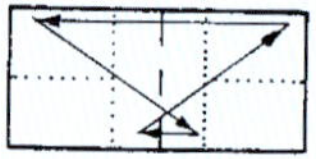 A
623	Schlagkombination (wechselseitig)	Thema: Rh-Drop cr. 1B LvK-Clear Ll 2A Vh-Clear cr B Smash cr A Ho Aw Ll B Rh-Drop cr A Stop Ll (nach außen) ↳	 B Netzdrop cr A Netzdrop Ll B Uhclear cr A Rh-Drop cr B Stop Ll (nach außen) A Uhclear Ll als Zuspiel	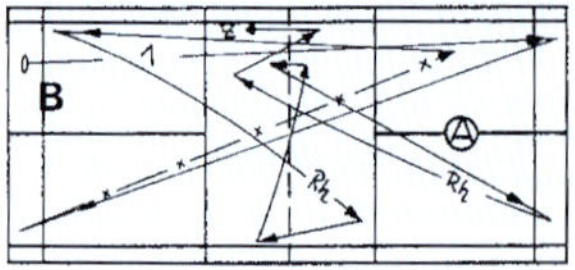 B, A
624	Schlagkombination mit einseitiger Belastung	Thema: Schlagen aus dem Rückwärtslauf. 1B LvK-Drop Ll 2A Stop Ll B Netzdrop Cr A Netzdrop Ll B Uhclear cr ↳	 A Vh-Drop cr B Stop Ll A Netzdrop Ll B Uhclear Ll A LvK-Clear cr als Zuspiel	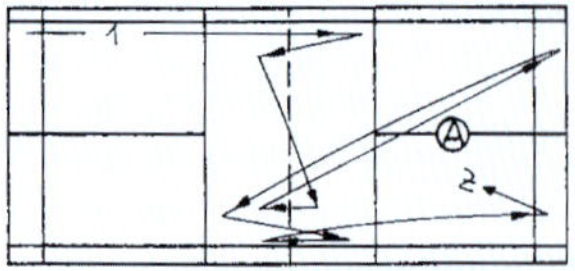 A
625	Schlagkombination mit beidseitiger Belastung	Thema: Clear. 1B Vh-Clear Ll 2A LvK-Clear Ll 3B Vh-Clear cr 4A Vh-Clear Ll 5B LvK-Drop Ll 6A Stop cr ↳	 7B Uhclear Ll 8A LvK-Drop Ll 9B Stop cr 10A Uhclear Ll 11B LvK-Clear Ll 12A Vh-Clear cr als Zuspiel	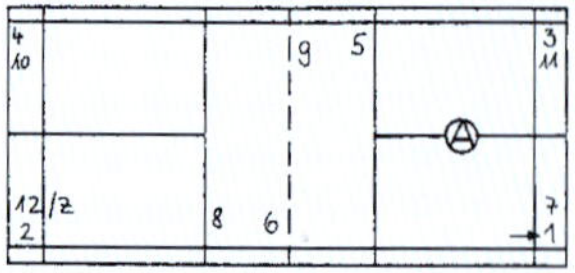 A

Nr.	Ziele	Idee/Beschreibung	Hinweise/Organisation
626	Schlagkombination mit Kontrollschlag	Thema: Lauf durch die Diagonale LvK/Netz rechts. B Uhclear Vh Ll A LvK-Drop cr (gelegentlich auch LvK-Clear Ll) B Stop Ll (Vh-Drop cr) A Netzdrop Ll B Uhclear cr als Zuspiel	Um zu erreichen, dass die Spieler bis zur gegnerischen Schlagausführung in ZP verharren und nicht schon frühzeitig die nächste Ecke anlaufen, empfiehlt sich der Einbau von „Kontrollschlägen", d. h. Alternativschlagmöglichkeiten in bestimmten Situationen.
627	Schlagkombination mit Alternativschlag im Angriff	Thema: Angriff aus der Vh-Ecke. A Smash Vh Ll oder Drop Vh cr A Smash Vh Ll: B Ku Aw Ll / A Uhclear cr / B Clear cr als Zuspiel Drop Vh cr: B Uhclear cr als Zuspiel	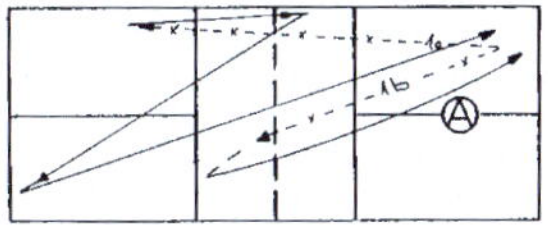
628	Schlagkombination mit Alternativschlag in der Abwehr	Thema: Smash-Abwehr Rh. B LvK-Smash cr A Ku Aw cr oder F1 Aw Ll oder HO AW Ll A Ku Aw cr: B Netzdrop Ll / A Zuspiel F1 Aw Ll: B Sh-Drop Ll / A Zuspiel HO AW Ll: B Drop Ll / A Zuspiel B darf Uhclear einschieben.	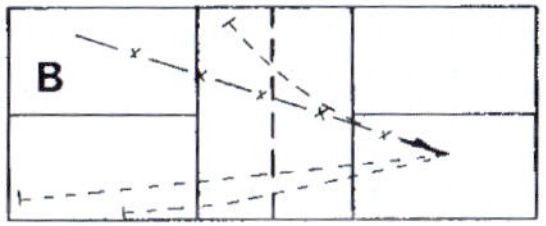
629	Schlagkombination mit zweimaliger Alternative	Thema: Smash-Abwehr, Schnelligkeitsausdauer. A Vh-Clear cr B Vh-Smash Ll oder Vh-Smash cr B Vh-Smash Ll: A Ku Aw cr Vh-Smash cr: A Ku Aw Ll B Netzdrop cr oder Uhclear Ll B Netzdrop cr: A Uhclear cr Uhclear Ll: A Vh-Clear Ll B LvK-Clear Ll als Zuspiel	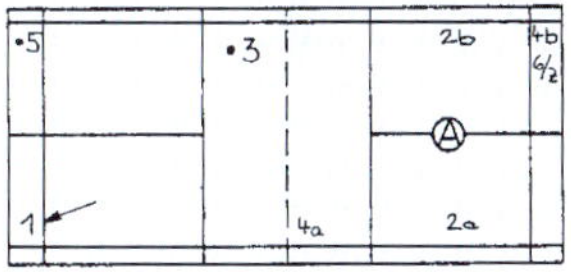
630	Schlagkombination mit beidseitiger Alternative	Thema: Verdecktes Schlagen beim LvK-Drop cr. 1A LvK-Clear Ll oder LvK-Drop cr 2 LvK-Clear Ll: B Vh-Drop cr LvK-Drop cr: B Stop Ll 3A Uhclear Ll 4B LvK-Drop Ll oder LvK-Drop cr 5 LvK-Drop Ll: A Stop cr LvK-Drop cr: A Stop Ll 6B Uhclear Ll als Zuspiel	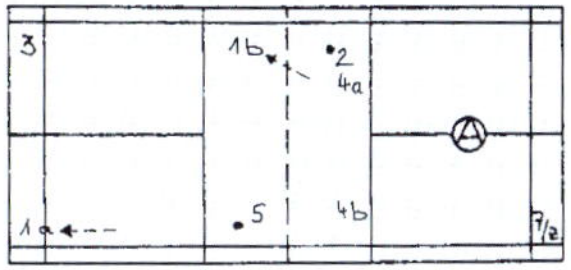

7

7.4 Offene Schlagkombinationen (Verschiedene Übungstypen)

Nr.	Ziele	Idee/Beschreibung	Hinweise/Organisation
631	Aus Schlagfluss	Aus einem einfachen Schlagfluss können A und B beliebig das freie Spiel eröffnen. Z. B. A Uhclear Vh cr B Vh-Drop cr. Var.: Nur einer hat die Eröffnungsmöglichkeit.	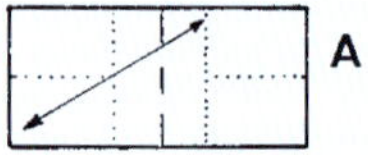 A
632	Aus Sektorenschlagfluss	Aus freiem Spiel zwischen zwei Sektoren können A und B beliebig das freie Spiel über das ganze Feld eröffnen. Z. B. A und B schlagen zunächst nur im Netzbereich. Var.: Nur einer darf eröffnen.	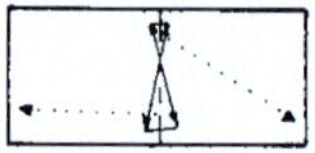
633	Aus Bewegungs-schlagübung	A und B spielen Bewegungsschlagübung. Jeder hat einen Sektor, in dem er – wenn er will – mit beliebigem Schlag freies Spiel einleiten kann. Var.: Nur einer darf einleiten.	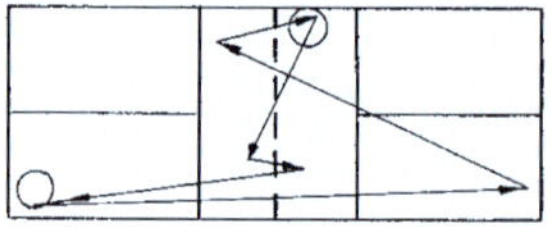
634	Stetige Rückkehr zur Standardsituation	Thema: Sh-Drop Rh aus der Rh-Ecke. Es muss im Schlagfluss immer wieder die Situation hergestellt werden, dass A flach in der Rh-Ecke angespielt wird. Z. B. durch – Drive aus gegn. Netzecke rechts, – Swip aus gegn. Netzecke links. Fortsetzung mit obigen Zielsetzungen.	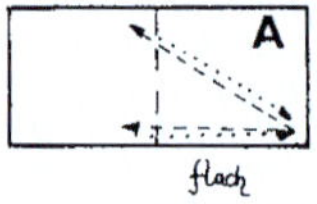 A flach
635	Nach langem standardisierten Auftakt	1A Ku E-Aufschlag 2B Uhclear in A's Rh-Ecke 3A LvK-Smash Ll 4B Ku Aw cr 5A Uhclear Ll ↳ 6B LvK-Drop cr 7A Stop Ll 8B Netzdrop Ll 9A Uhclear cr B Rh-Schlag beliebig Danach freies Spiel	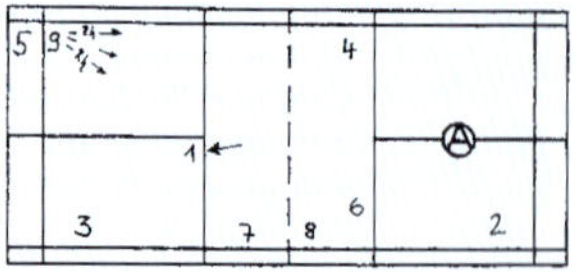 5 9 3 4 1 6 3 7 8 2

Nr.	Ziele	Idee/Beschreibung	Hinweise/Organisation
636	Nach Standard-Aufschlagphase	A Ho E-Aufschlag aus re Fh B Vh – Clear cr A Smash Ll B Ku Aw cr A beliebig; Ziel: weiter Druck ausüben.	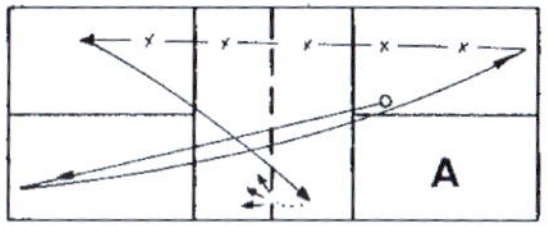
637	Nach Zwischenrally	A und B beginnen mit Standardaufschlagphase, die zu einer Rally führt. Freies Spiel wird eröffnet, wenn bezeichneter Spieler den Schlagfluss unterbricht. A Ho Aufschlag aus li Fh B LvK-Drop Ll A Stop cr B Netzdrop Ll ↳ A Uhclear Ll B Clear A und B jetzt so lange Clear, bis B anderen Schlag wählt.	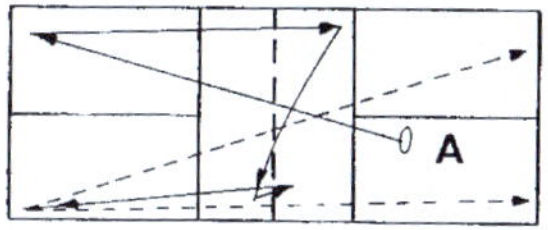
638	Nach Alternativschlag-möglichkeit	A Ho Aufschlag aus li Fh B LvK-Clear cr A LvK-Clear Ll B Vh-Clear cr A Smash Ll oder cr Danach freies Spiel.	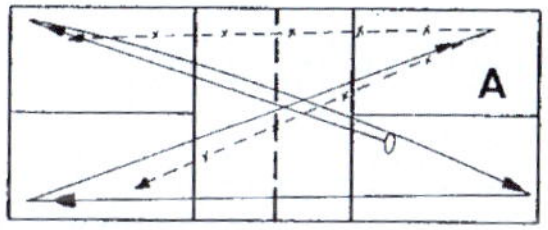
639	Schlagfolge mit Grobskizzierung	Es werden nur die Schlagarten vorgeschrieben, nicht, ob der Ball Ll oder cr fliegen soll. A Ho Aufschlag B Clear A Drop B Uhclear ↳ A Smash B Ku Aw A Netzdrop B eröffnet freies Spiel.	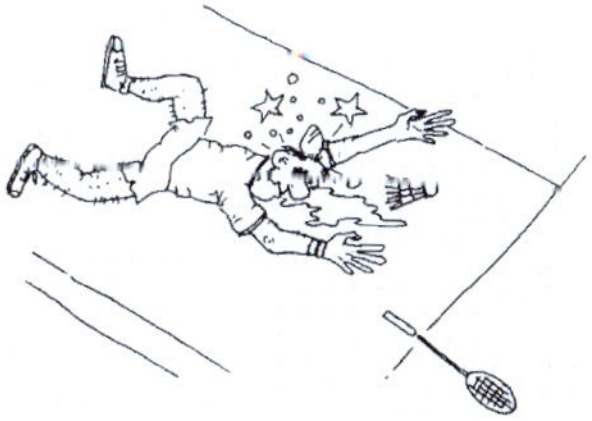
640	Schlagfolge auf gegenseitigen Zuruf	Helle Freude bereiten kann eine Schlagkombination, bei der während des Ballwechsels jeder auszuführende Schlag zuvor vom Partner durch Zuruf bestimmt wird. ! Klarheit über die Fachausdrücke herstellen, mit eingeschränkten Möglichkeiten beginnen, rechtzeitig zurufen, nichts Unmögliches verlangen, Verfahren einüben.	

7

7.5 Sektorenspiele (Spiele mit Feldbegrenzung)

Nr.	Ziele	Idee/Beschreibung	Hinweise/Organisation
641	Drop Uhclear	Nur schraffierte Flächen dürfen angespielt werden. Spieler im Netzbereich hat immer hohen Aufschlag. Jeder Aufschlag zählt Punkt. Ein Satz bis 15 Punkte, danach werden die Sektoren zwischen den Spielern getauscht, ein zweiter Satz gespielt und die Punkte beider Sätze zusammengezählt. Könner nehmen als Begrenzungslinien: vo bzw. hi A-linie.	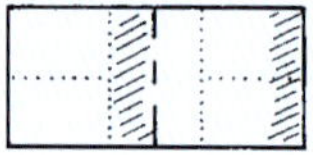
642	Verdeckt schlagen Angriffsclear/-drop Schnelligkeit Ausdauer Lauftechnik	Nur schraffierte Flächen dürfen angespielt werden. Keine Smash. A läuft nach jedem Schlag zurück zur ZP.	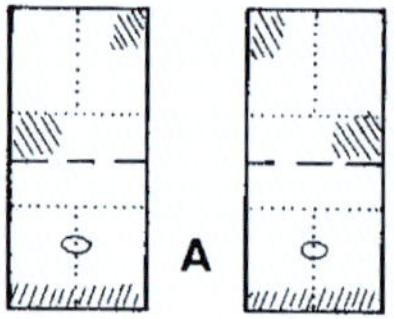 A
643	Bewusst spielen Taktischen Plan ausdenken Eigenbeobachtung	Nur schraffierte Flächen dürfen angespielt werden. Spieler beobachten, bei welchen Konstellationen sie am besten zurechtkommen, bzw., welche ihnen weniger Erfolg bescheren. Im gemeinsamen Gespräch versuchen sie, daraus Erkenntnisse abzuleiten.	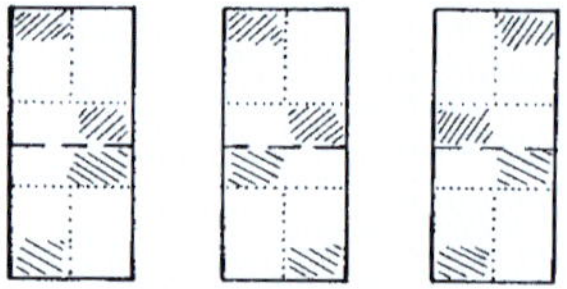
644	Schmettern	Nur schraffierte Flächen dürfen angespielt werden. A schmettert so oft wie möglich.	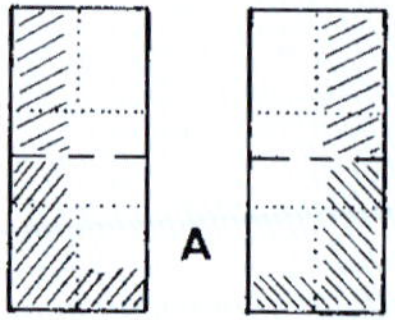 A
645	LvK-Smash Vh-Smash	Sektorenspiel mit Einschränkung. Nur schraffierte Flächen dürfen angespielt werden. A muss aus seiner linken (rechten) Feldhälfte jeden Ball schmettern.	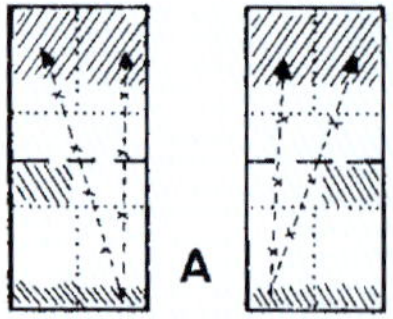 A

Nr.	Ziele	Idee/Beschreibung	Hinweise/Organisation
646	LvK-/Rh-Schläge cr Vh-Schläge cr Schmettern Täuschen: Drop aus Smash-Auftakt	Nur schraffierte Flächen dürfen angespielt werden. Wenn A Smash spielt, muss dieser Ll kommen.	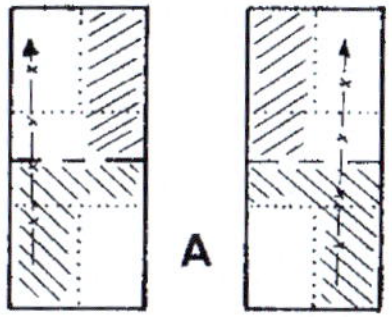 A
647	Grundlinienspiel Varianten beim SpaN erproben Steilheit beim Angriffsdrop	Nur schraffierte Flächen dürfen angespielt werden.	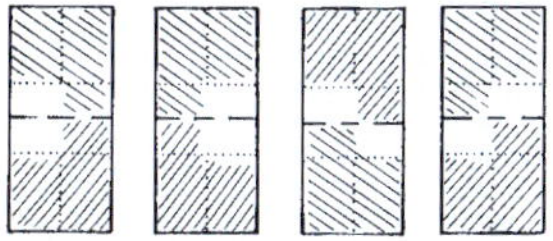
648	F1 Aw Rh F1 Aw Vh Zurückspielen von fl Smash-Aw	Nur schraffierte Flächen dürfen angespielt werden. A schmettert so oft wie möglich. B versucht, jeden Schmetterball flach abzuwehren.	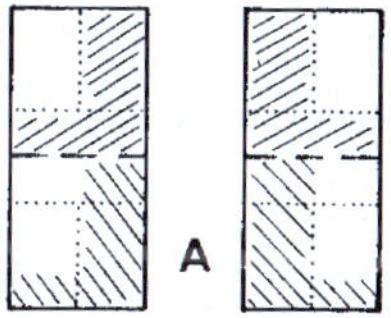 A
649	Finten aus Netzbereich Drop Schnelligkeits Ausdauer	Nur schraffierte Flächen dürfen angespielt werden. Es kann vereinbart werden, ob B möglichst trickreich spielt, oder ob er den Ball im Spiel hält, um A laufen zu lassen.	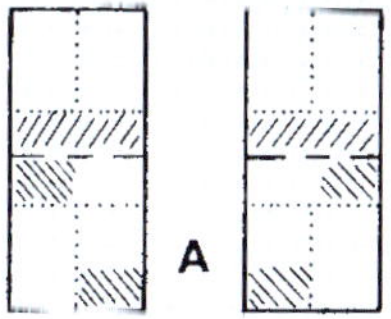 A
650	Trotz Leistungs-unterschied wett-kämpfen	Nur schraffierte Flächen dürfen angespielt werden. Je nach Leistungsunterschied wird die Feldseite des schwächeren Spielers verkleinert.	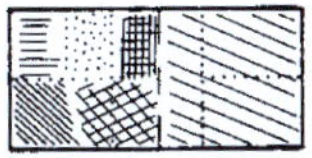

7.6 Komplexübungen zum Angriffsspiel — Einzel (Beispiele für verschiedene Zielsetzungen)

Nr.	Ziele	Idee/Beschreibung	Hinweise/Organisation
651	Angriff aus einem Sektor	A bekommt den Ball immer wieder in den Sektor zugespielt, aus dem er einen beliebigen Angriffsball schlagen soll. B Abwehr A vereinbarter Zwischenschlag (etwa Uhclear) B erneutes Zuspiel zum Angriffsball.	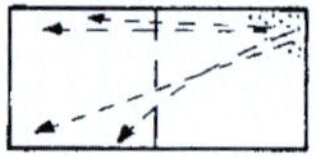
652	Angriff auf einen Sektor	A bekommt den Ball immer wieder hoch an die Grundlinie gespielt. Er soll aus jeder möglichen Lage einen Angriffsball in vorher bestimmten Sektor (Körper, Rh-/Vh-Seite, Netzecke ...) schlagen. B Kurze Abwehr A Zwischenschlag B schlägt Ball an gegn. Grundlinie.	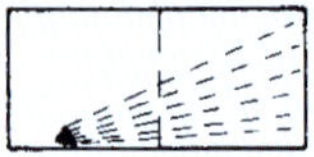
653	Gegner zwingen, Ball in ungünstigen Treffbereichen anzunehmen	Taktisch ungünstige Treffbereiche sind: – hoch in der Luft kurz vor der Grundlinie, – in Bodennähe an vo A-linie. A und B schlagen beide bestmögliche (nicht schmetterbare) Clear und steilstmögliche (nicht vor Bodennähe erreichbare) Angriffsdrop. Wer bringt den Gegenüber dazu, so schwach zurückzuspielen, dass ein erfolgversprechender Angriff erfolgen kann?	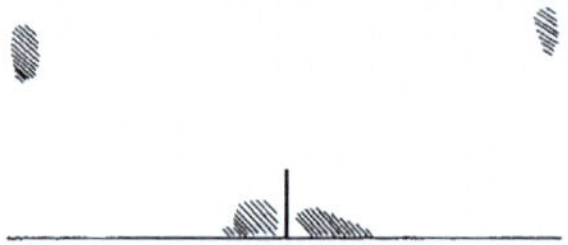
654	Angriff aus dem Zurücklaufen	Spieler versucht, Bälle, mit denen er überspielt werden soll, zu schmettern. A Vh-Drop cr nach ho Aufschlag B Stop Ll A und B Netzdrop Ll, bis B Uhclear (oder Swip – kein Drive!) versucht. A springt zurück und schmettert. Danach freies Spiel.	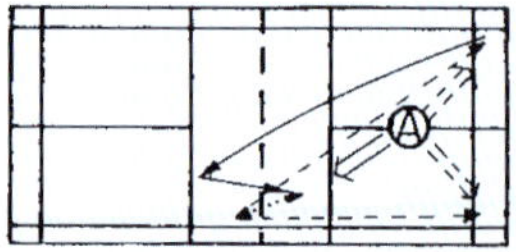
655	Dauerangriff	A darf nur schraffierten Sektor von B anspielen – außer, er schlägt Smash, den er Ll spielen muss. B versucht den Ball im Spiel zu halten, wobei er gelegentlich bewusst ein Zuspiel zum Vh- oder LvK-Smash einstreut. „Jetzt – Smash!“	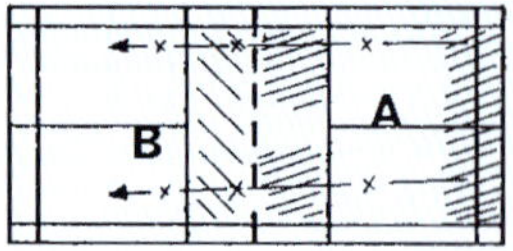

7.6 Komplexübungen zum Angriffsspiel — Einzel (Beispiele für verschiedene Zielsetzungen)

Nr.	Ziele	Idee/Beschreibung	Hinweise/Organisation
656	Im Angriff bleiben bei hohem Zurückspiel	Schmettern einer hohen Smash-Abwehr. A Vh-Smash cr B Ho Aw Ll A versucht auch diesen Ball zu schmettern, oder wenigstens einen Angriffsball zu schlagen. Danach freies Spiel mit Wiederherstellen der Standardsituation.	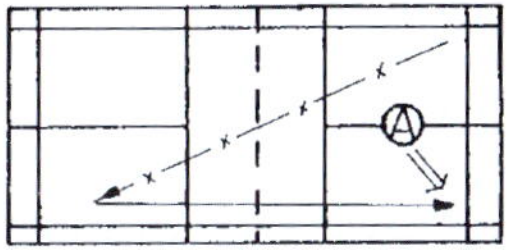
657	Im Angriff bleiben bei flachem Zurückspiel	Abstoppen einer kurzen oder flachen Smash-Abwehr. A Vh-Smash cr B Ku oder fl Aw Ll A Netzdrop oder Sh-Drop (möglichst mit Täuschung), auf keinen Fall Uhclear. Danach freies Spiel mit Wiederherstellung der Standardsituation.	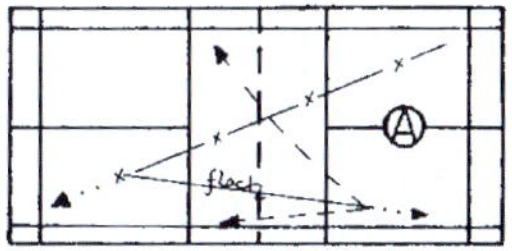
658	Variationen im Angriff	Aus einer vereinbarten Grundlinienecke wird systematisch das Angriffsrepertoire durchgespielt. Je nach Leistungsvermögen des Partners regel- oder unregelmäßige Abfolge. Auch eine Auswahl ist möglich. Kein Ausdauer- sondern Techniktraining. B spielt Ball jeweils (weit) auf A's Feldseite zurück. A Uh-Drop B erneutes Zuspiel	Smash, Angriffsdrop, geschnittene Drop, Angriffsclear in allen Variationen.
659	Dauersmash	Schlagkombination mit einseitiger Belastung. A Vh-Smash cr — A LvK-Smash Ll B Ku Aw — B Ku Aw A Netzdrop — A Netzdrop B Zuspiel in LvK-Ecke — B Zuspiel zum Vh-Smash ↳ (B's Smash-Zuspiel kann auch unregelmäßig erfolgen.)	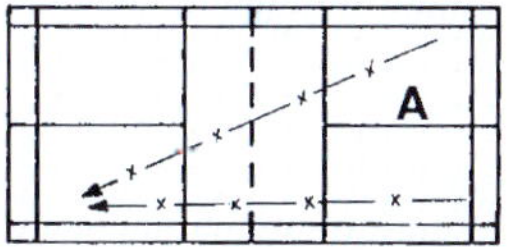
660	Angreifen durch schnelles Ballannehmen	A und B freies Spiel (mehr oder weniger, wie sich zeigt). A versucht jeden Ball so schnell wie möglich anzunehmen. Dabei spielen die technische Ausführung der Schläge, Härte und Täuschen keine Rolle. Hauptsache, der Ball ist möglichst schnell wieder beim Gegner auf der Seite. Im Netzbereich zu den Bällen hinstürzen, in den Überhandbereichen Bälle anspringen. Tempo! Tempo! Druck! Druck! Gegner muss vor lauter Hetze wirr blicken ...	Evtl. zunächst als Sektorenspiel. 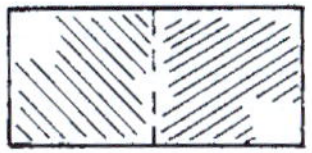

7.7 Komplexübungen zur Abwehrverbesserung — Einzel (Beispiele für verschiedene Zielsetzungen)

Nr.	Ziele	Idee/Beschreibung	Hinweise/Organisation
661	Beherrschen des Netzbereiches	A steht in ZP und wird im schraffierten Bereich angespielt. Zunächst mit langsamen, dann mit härter werdenden Drop und Smash. Er spielt alles kurz zurück. (Weite dem Partner angepasst.) B schlägt Netzdrop, dann erfolgt A's Zuspiel zum nächsten Angriffsball (evtl. in vereinbarten Sektor). A kehrt stets nach ZP zurück! Auch mit 2 Partnern auf der Gegenseite möglich.	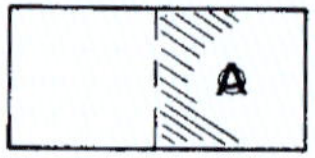 A
662	Stop statt Uhclear	B spielt aus der Vh-Ecke unregelmäßig Vh-Clear Ll und Vh-(Angriffs-)Drop cr. A schlägt Clear als Clear zurück und den Drop mit Stop Ll oder cr (auch wenn er den Ball erst in Bodennähe erreicht). Rh-Schläge nicht erbeten. Var.: Entsprechend aus der LvK-Ecke.	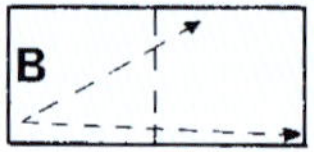 B
663	Abwehren von auf den Körper geschmetterten Bällen	A und B beginnen mit lockeren Clear, bis B sich zu einem Smash Richtung A's Körper entschließt. Anschließend stürmt B nach vorn und versucht A's Abwehr über der Netzkante zu töten. A wehrt Smash ruhig (kurz) ab, möglichst zur Seitenlinie, sodass B nicht töten kann. Var.: Zunächst ohne B's Nachgehen.	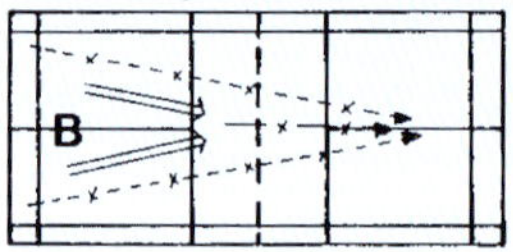 B
664	Abdecken der Smash-abwehr-Bereiche	B schmettert zunächst aus der Vh-Ecke Ll oder cr. A wehrt kurz ab — B LvK-Smash Ll oder cr B Netzdrop — A wehrt kurz ab A Zuspiel in LvK-Ecke — usw. Evt. mit 2 Partnern auf der B-Seite, ansonsten darf B Uhclear zwischenschieben.	A erwartet jeden Smash in konzentrierter Abwehrhaltung: vorgespannte Beinmuskulatur, Schläger in Vorhalte, festen Blick am Ball, minimale Schrägstellung in Richtung auf Ball.
665	Uh-Befreiungsclear in extremem Ausfallschritt	A schlägt von Grundlinie Mitte Drop im Umsprung im Schlagfluss mit B in Netz Mitte. B darf neben dem Uhclear auch Stop Richtung Seitenlinie schlagen. A schlägt diesen Stop als Uhclear Ll zurück. (B Clear zur Grundlinie Mitte und Schlagfluss beginnt neu.)	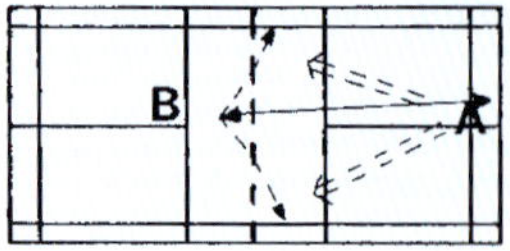 B A

Nr.	Ziele	Idee/Beschreibung	Hinweise/Organisation
666	Smash-Aw-Variationen aus einem Sektor	Auf Dauer-Smash in einen Sektor, wird planmäßig das Abwehr-Repertoire durchgespielt. (Auch in Einschränkungen.) B schmettert aus Vh-Ecke cross. A Abwehr (Nacheinander: Ku Ll, cr; Ho Ll, cr; Fl Ll) B kurz zurück (evtl. auch Uhclear). A Zuspiel zum nächsten Vh-Smash cr.	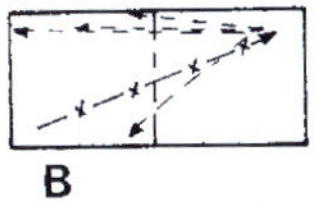 B
667	Keine ungedeckten Sektoren entstehen lassen In ungedeckten gegn. Sektor spielen	B versucht einen Ball in ungedeckten Feldsektor von A zu schlagen. A versucht einerseits, dies zu verhindern, andererseits, selbst ungedeckte gegn. Sektoren anzuspielen. A Vh-Clear Ll im Schlagfluss mit B LvK-Clear Ll. A darf auch Vh-Clear cr schlagen. B muss diesen Clear cr schmettern, und zwar Ll. A Ku Aw cr (weit an die Außenlinie).	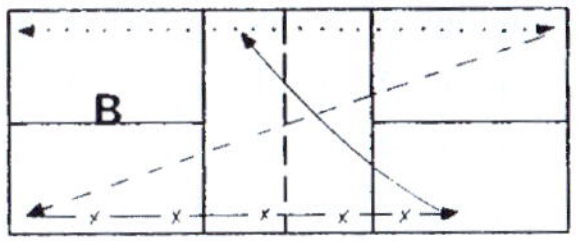 B
668	Smash-Abwehr im Rückwärtslaufen	B schlägt unregelmäßig von der Grundlinie Drop und Smash. Smash besonders dann, wenn sich A nach Zurückspiel des Drop als Uhclear, noch in Rückwärtsbewegung befindet. A schlägt Drop als Uhclear und Smash mittels ku Aw zurück. Auf ½ Feld.	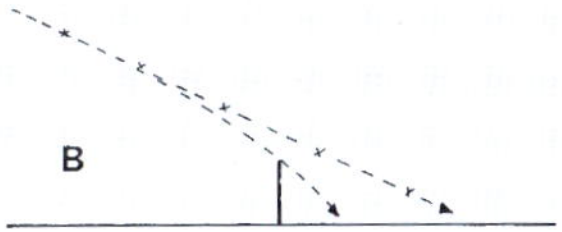 B
669	Smash-Aw – Variationen Schlagsicherheit beim Anspielen eines gegn. Sektors	Ziel ist es, alle Abwehr-Bälle in einen vereinbarten Sektor der gegn. Feldseite zu platzieren, z. B. in die Netzecke links. B spielt nur in dieser Feldhälfte. Er erhält hohes Zuspiel an die Grundlinie und schlägt beliebigen Angriffsball (ohne Clear). A Abwehr in vereinbarten Sektor – B Netzdrop – A Zuspiel.	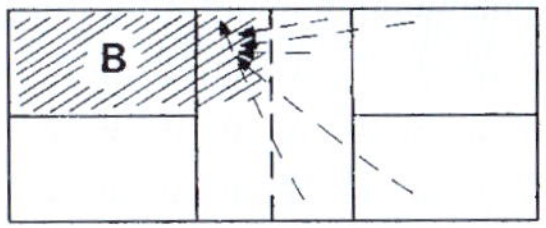 B
670	– Weite bei der hohen Smash-Aw	B steht in der Mitte seiner Grundlinie und schlägt abwechselnd Smash und Drop. B Smash auf A's Vh-Seite A Hohe Abwehr B Drop A Zuspiel zur Grundlinie Mitte B Smash auf A's Rh-Seite – A Hohe Abwehr – usw.	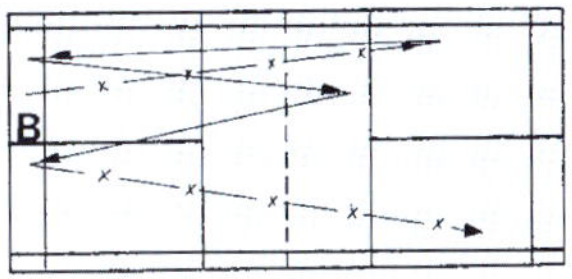 B

7

7.8 Einüben taktischer Spielzüge zum Erarbeiten von Vorteilen

Nr.	Ziele	Idee/Beschreibung	Hinweise/Organisation
671	Mit Plan spielen Schwachen Sektor beim Gegner anspielen	A und B freies Spiel. A's Aufgabe lautet: Konzentriere deine Angriffe auf B's Rh-Seite! B gibt A Gelegenheit zum Angriff.	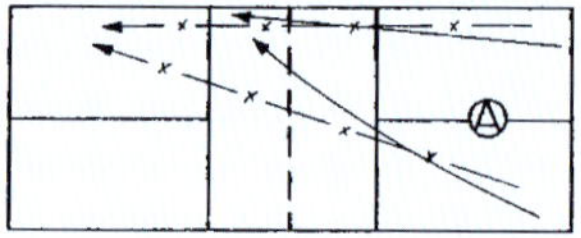
672	In Standardsituationen variieren	A lässt B mit Vh-Smash Ll angreifen. A bemüht sich, den Smash jedes Mal auf eine andere Art abzuwehren. Flach Ll, kurz Ll, kurz cr, hoch cr, usw.	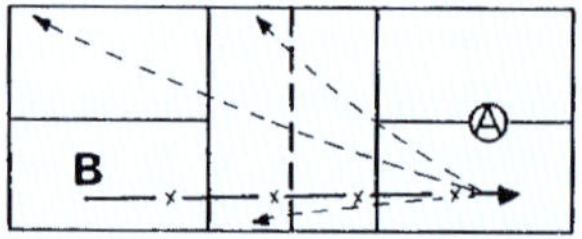 B
673	In der Aufschlagphase variieren	A und B spielen nur die Aufschlagphase der Ballwechsel. Die unterschiedlichen Aufschläge und verschiedene Möglichkeiten der Annahme erproben und diskutieren.	Gute Lösungen dann natürlich auch üben!
674	Ausgewählten gegn. Treffbereich anzielen	A und B spielen nur die Aufschlagphase der Ballwechsel. Die unterschiedlichen Aufschläge und verschiedene Möglichkeiten der Annahme erproben und diskutieren.	Wie beschrieb es Nestor-Erwin Z., der große, alte Coach, einmal beiläufig: „Ob man jemanden nur am Zeh kitzelt oder ihn ins Herz trifft, wird ihn nicht gleichermaßen erschüttern."
675	Bestes Beherrschen eines Sektors Steil und hart spielen	A soll scharfen Angriffsball schlagen, sobald er in der LvK-Ecke angespielt wird. A und B halten etwa folgende Schlagfolge ein: A Angriffsball B Stop/Ku Aw A Netzdrop oder Clear B Zuspiel an A's Grundlinie	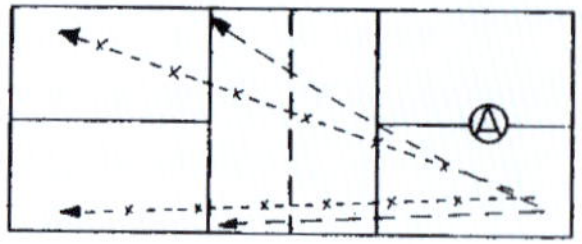

Nr.	Ziele	Idee/Beschreibung	Hinweise/Organisation
676	Spiel „öffnen" Gegner herumhetzen, den armen Kerl	A und B freie Schlagfolge. A soll zunächst jeden Ball cross schlagen – bis zum entscheidenden, den Vorteil bringenden, Angriffsball. Dieser wird Ll gespielt.	Ziehe das Spiel durch Cross-Bälle auseinander!
677	Angriff ausüben Ball abwärts schlagen Ballwechsel gestalten	A beginnt jeden Ballwechsel mit Aufschlag. B spielt beliebig. A hat nun pro Ballwechsel nur einen Überkopf- (bzw. Üh-)Clear zur Verfügung. Er muss dessen Einsatz also sorgfältig einplanen.	
678	Herstellen bzw. Erzwingen einer Standardsituation	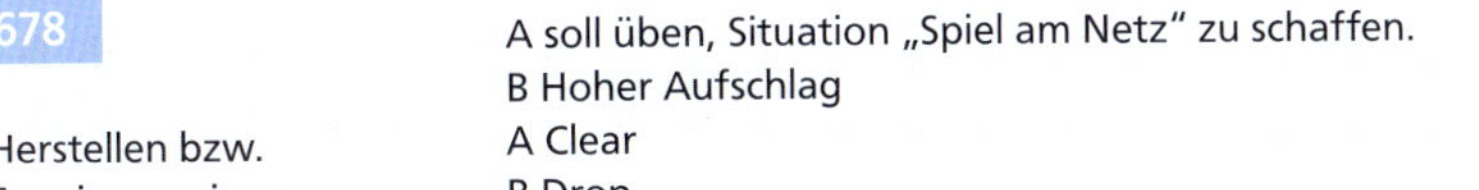 A soll üben, Situation „Spiel am Netz" zu schaffen. B Hoher Aufschlag A Clear B Drop 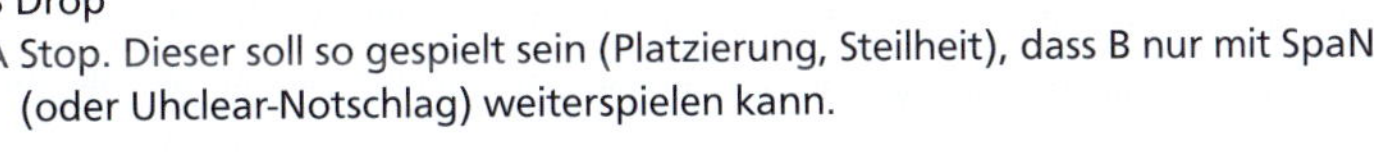 A Stop. Dieser soll so gespielt sein (Platzierung, Steilheit), dass B nur mit SpaN (oder Uhclear-Notschlag) weiterspielen kann.	B
679	Schnelles, aggressives Annehmen von Bällen	Sektorenspiel. A hat die Aufgabe, im Netzbereich alle Bälle so schnell und so hoch anzunehmen, wie möglich. B muss versuchen, A zu überspielen.	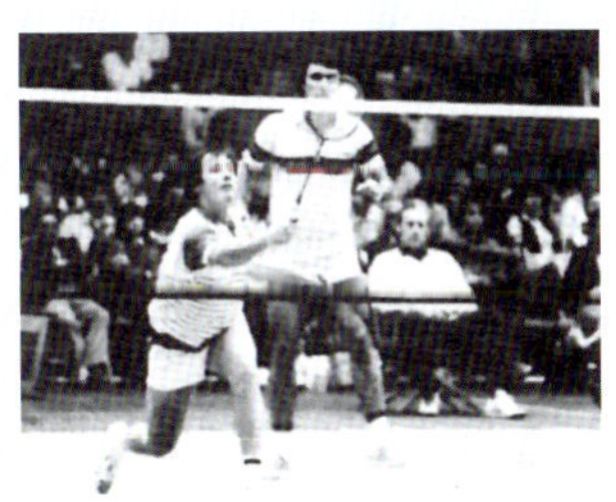
680	In Standardsituation Finte parat haben	A soll Täuschen in der Netzecke rechts einüben. A Drop in B's Netzecke links B Stop Ll A beliebiger Schlag nach deutlicher Finte B beliebiger Return A in B's Netzbereich – B Zuspiel zu A's Drop.	

7

7.9 Einüben taktischer Spielzüge zum Vermeiden von Nachteilen

Nr.	Ziele	Idee/Beschreibung	Hinweise/Organisation
681	Ausgewählten Gegenschlag anwenden	Angenommen: B liebt es, seinem Smash ans Netz zu folgen, um Angriff druckvoll fortzuführen. A Zuspiel in B's LvK-Ecke. B Smash Ll und Lauf Richtung Netz um zu töten. A Ku Aw cr oder ho Aw Ll . Dabei soll A zwischen seinen Alternativen je nach B's konkretem Verhalten auswählen.	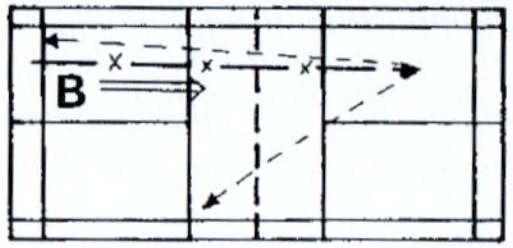 B
682	Absichten verdecken Unberechenbares zurückspielen	A wird von B immer wieder in der LvK-/Rh-Ecke im Überhand-Bereich angespielt. Seine Reaktionen von dort sollen nicht berechenbar sein. Er soll variabel spielen und seine Schläge maskieren. Grobskizzierte Komplexübung: B Uhclear Rh cr – A beliebig aus LvK-/Rh-Ecke – B in A's Netzecke rechts – A kurz – B Uhclear Rh cr – usw.	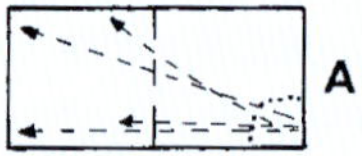 A
683	Mit Unbillen fertig werden	A gegen gleichstarken Gegner B Einzel um eine Apfelschorle. B erhält die Aufgabe, durch allerlei fantasiereich erdachte Mätzchen, das Spiel immer wieder zu verzögern und A (vor allem in den Endphasen) eine volle Konzentration unmöglich zu machen. Auch Mitspieler und Trainer dürfen lästige Unterbrechungen herbeiführen.	Man beobachte die Unterschiede: – wenn der Spieler von der Absicht des Gegners weiß, – wenn der Spieler vorher nichts davon weiß.
684	Aus Notlage befreien	B Uhclear in A's Vh-Ecke. A Drop B Stop oder Uhclear. Dabei muss B versuchen, den Ball so in die Vh-Ecke zu spielen, dass kein Angriffsball mehr möglich ist. Ist dies eingetreten, soll sich A durch fulminanten (Sh-)Clear zu befreien suchen.	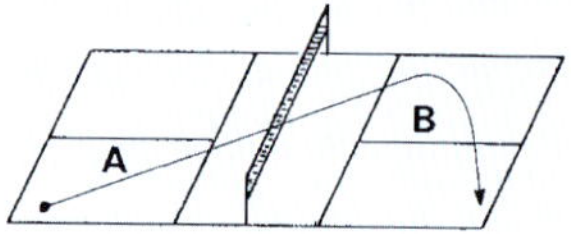 A B
685	Ballwechsel analysieren	A und B spielen freie Ballwechsel, jeweils von wechselndem Aufschlag ausgehend. Nachdem jeder einen Aufschlag gemacht hat, treten sie zusammen und tauschen ihre Meinungen darüber aus, worin die entscheidenden Nachteile innerhalb der beiden Ballwechsel ihre Ursachen hatten.	„... vielmehr ist bei allen Betrachtungen davon auszugehen, dass der Spieler nicht unbeeinflussbaren Mächten des Schicksals hilflos gegenübersteht." (Nestor-Erwin Z. in einem Referat auf der COACHES CONFERENCE von Lourdes.)

7.9 Einüben taktischer Spielzüge zum Vermeiden von Nachteilen

Nr.	Ziele	Idee/Beschreibung	Hinweise/Organisation
686	Aktivität in der Aufschlagphase	Es wird nur Aufschlagphase gespielt. B macht Aufschläge. Kommt ein hoher Aufschlag, schaut A nach der Position des Gegenübers und spielt dann bewusst in eine der gegn. Feldecken. Kommt ein kurzer Aufschlag, geht er dem Ball entgegen und versucht zu drücken.	Aufschlagannahmefehler sind Konzentrationsfehler!
687	Stetige Rückkehr nach ZP	B spielt aus seiner Vh-Ecke: mehrfach Clear Ll und seltener Smash Ll. Auf Clear spielt A Clear Ll , auf Smash ku Aw Ll. Außerdem aber, darf B noch Vh-(Angriffs-)Drop cr schlagen, und zwar immer dann, wenn er meint, A ließe seine Netzecke rechts sträflich ungedeckt.	
688	Starken gegn. Sektor meiden	Einzelspiel mit Aufgabenstellung; um Punkte. Die nicht schraffierten Feldsektoren sind ausgeklammert. Immer, wenn ein Ball im Überhand-Bereich in diese Sektoren fliegt, ist zu unterbrechen und Punkt zu zählen.	
689	Verfügbares Schlagrepertoire planmäßig erweitern	Erhöhe die Variabilität in der Standardsituation „gegn. Angriffsdrop wird in Netzecke links geschlagen". B Drop von der Grundlinie nach A's Netzecke links. A beliebiger Schlag; wenigstens sechs verschiedene beschreiben und systematisch nacheinander anwenden (üben). B Return. A Zuspiel an B's Grundlinie.	
690 	Konzentrationsaufbau vor jeder Aktion	A und B spielen Einzel. A, wenn er schon mit dem Ball zum Aufschlag bereitsteht, soll jetzt noch nicht sofort schlagen, sondern noch einmal tief durchatmen. Dabei soll er sich außerdem einen taktischen Merksatz vorsagen. Dasselbe gilt für Aufschlagannahme – nachdem die Position eingenommen ist.	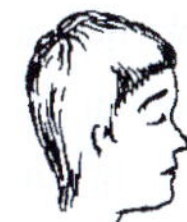

7.10 Wettspiele mit Einschränkungen

Nr.	Ziele	Idee/Beschreibung	Hinweise/Organisation
691	In ausgewähltem Sektor Zwang zum Angriff	Einzel nach Badmintonregeln. Aber: In der Vh-Ecke sind im Überhand-Bereich nur zwei Schläge erlaubt – Drop cr und Smash Ll.	Die beschriebenen Einschränkungen können jeweils für einen oder für beide beteiligten Spieler gelten.
692	Zwang zum Angriff auf ausgewählten gegn. Schlag	Einzel nach Badmintonregeln. Aber: Jeder Clear, den der Gegner von der Grundlinie schlägt, muss mit Drop erwidert werden.	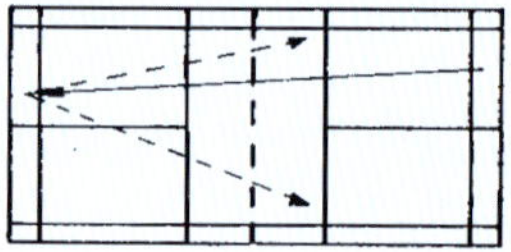
693	Vermeidung von hohem Return in bestimmtem Sektor	Einzel nach Badmintonregeln. Aber: In Netzecke rechts (links) darf nur Stop oder Netzdrop (bzw. Töten) gespielt werden.	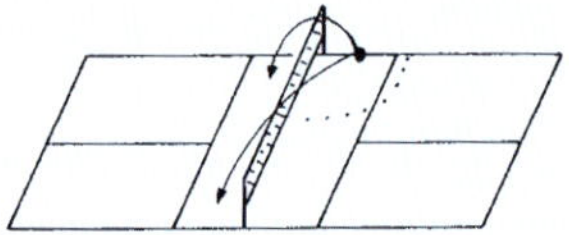
694	Vermeidung von hohem Return nach ausgewähltem gegn. Schlag	Einzel nach Badmintonregeln. Aber: Ein gegn. Smash darf nur mit kurzer (und/oder flacher) Abwehr erwidert werden.	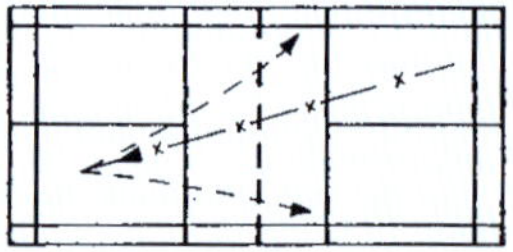
695	Meiden eines ausgewählten gegn. Sektors	Einzel nach Badmintonregeln. Aber: Gegner darf in der Vh-Ecke nicht hoch angespielt werden.	Wenn der Gegner boshafterweise die ausgeklammerte Ecke nicht mehr mit abdeckt, entscheidet man sich während des Spiels um und spielt eine andere Ecke nicht an.

Nr.	Ziele	Idee/Beschreibung	Hinweise/Organisation
696	Schlagpflicht in ausgewählte gegn. Sektoren	Einzel nach Badmintonregeln. Aber: Mit jedem Schlag muss eine andere Ecke des gegnerischen Feldes angespielt werden. Die erste darf erst dann wieder dran kommen, wenn auch die vierte angespielt worden ist. Smash zählt nicht mit.	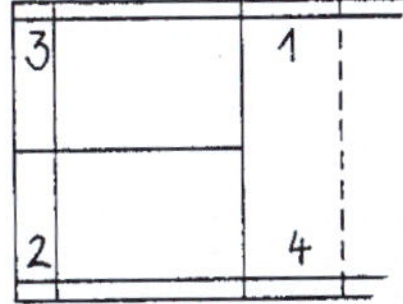
697	Begrenzung bei Defensivschlägen	Einzel nach Badmintonregeln. Aber: Spieler darf pro Ballwechsel nur einmal Clear cross schlagen.	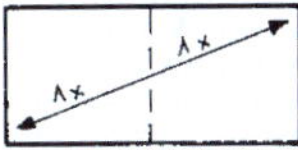
698	Nachteilige Schläge ausklammern	Einzel nach Badmintonregeln. Aber: Kein Rh-Überhand-Schlag erlaubt.	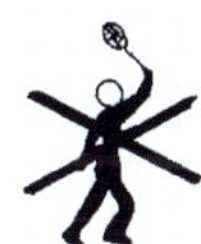
699	Standard-Aufschlagreturn ausloten	Einzel nach Badmintonregeln. Aber: Gegnerischer Aufschlag muss mit einem Smash erwidert werden. Nur hohe Aufschläge sind erlaubt.	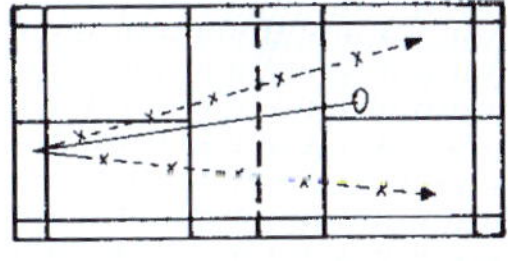
700	Standard-Aufschlag-situation ausloten	Einzel nach Badmintonregeln. Aber: Gegnerischer Aufschlag muss mit einem Smash erwidert werden. Nur hohe Aufschläge sind erlaubt.	Bei besonderen Anlässen (Weihnachten, Heiliges Jahr, Mondlandung u. Ä.) kann noch folgende Ergänzung angefügt werden: Pro Satz hat der Spieler außerdem 5 Swip-Aufschläge zur Verfügung.

7

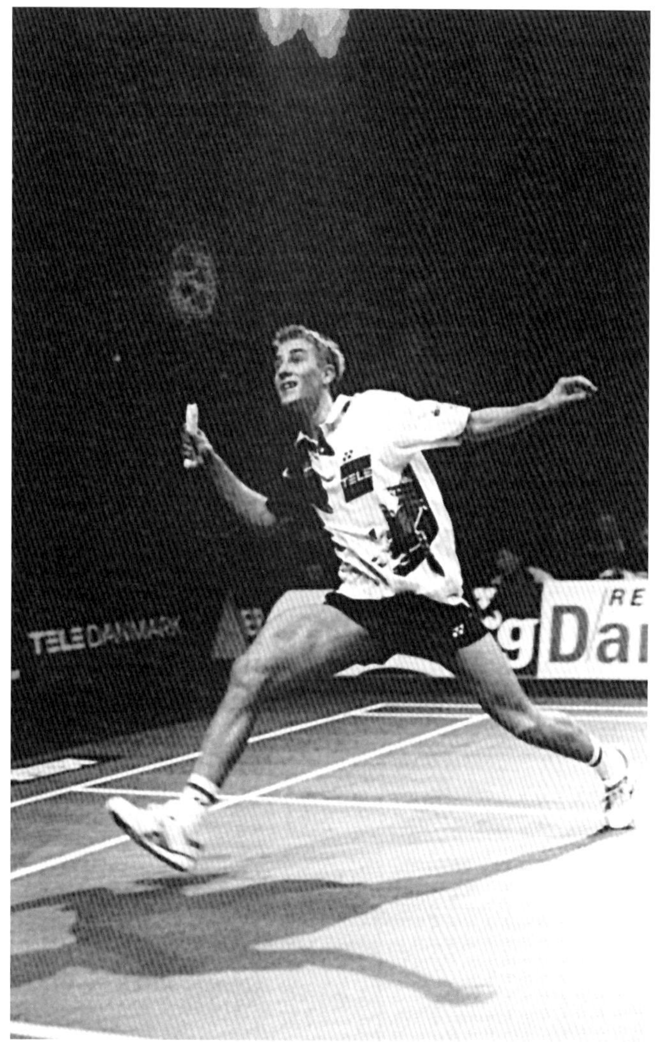

Peter Gade (Dänemark), Europas Nr. 1
vor und nach der Jahrtausendwende, beim Lauf zu einem Befreiungsschlag aus der Vorhandecke (Nullstellung vor Beginn der Schlagphase).

Zu S. 127. Bei den abgebildeten Dichtern handelt es sich um: (von links) Ernest Hemingway, Knut Hamsun, Honoré de Balzac, Gerhart Hauptmann, Theodor Fontane (Zeichnungen: Liebold).

Kapitel 8

Spiel- und Übungsformen im Individualtraining

8.1.1 Vom Einfachen zum Komplexen (Erlernen technischer Fertigkeiten – Beispiel: Stop Rh cr aus Bodennähe)

Nr.	Ziele	Idee/Beschreibung	Hinweise/Organisation
701	Bewegungsablauf in Arm-Hand-Fingern erarbeiten	T steht mit mehreren Bällen auf einem Kasten und wirft sie so über das Netz in A's Netzecke links, dass sie einen Angriffsdrop simulieren. (Vgl. Ü 285.) A kommt aus ZP (weiter Ausfallschritt) und schlägt aus Bodennähe. Verschiedene Möglichkeiten der Schlagbewegung (z. B. starke Unterarmdrehung bei Daumenunterstützung) diskutieren und sich dann für die einzuübende entscheiden.	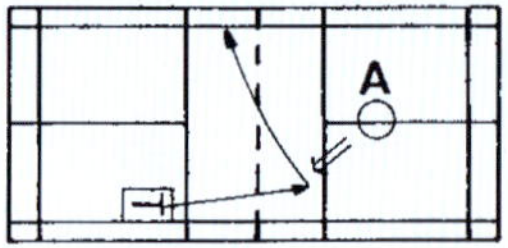 A Immer wieder Schlagsimulationen einschieben!
702	Stabilisierung im Schlagfluss	T Vh-Drop Ll A Stop Rh cr (Voll auf saubere Bewegungsführung konzentrieren.) T Netzdrop. A Uhclear cr als Zuspiel. Vor ZP kann eine Markierung auf den Boden geklebt werden, hinter der A den Drop erwarten soll. Var.: Statt T auf der anderen Netzseite 2 Spieler.	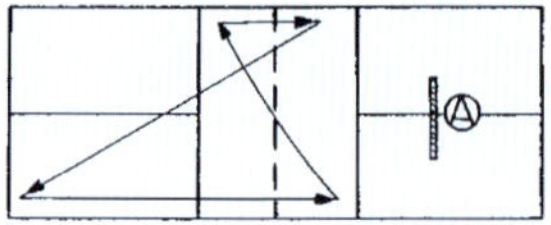 A
703	Aus voller Laufbewegung schlagen	Übungsanordnung wie in Ü 701. Nur: A wartet nicht in ZP, sondern, indem er mit dem Schläger einen Kasten berührt, der im hinteren Bereich der rechten Seitenlinie steht. Timing Wurf-Lauf zunächst abstimmen!	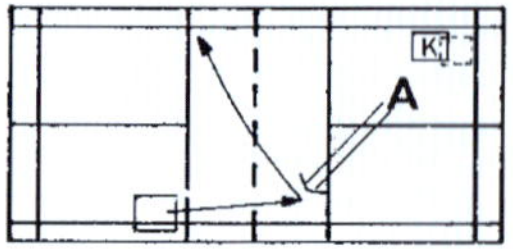 K A
704	Automatisierung im Rahmen von Bewegungsschlagübungen	Halte den Ball im Spiel und verbessere die Schlagausführung in Feinheiten. A Vh-Clear cr — A LvK-Clear Ll T Vh-Drop Ll — T Vh-Drop Ll A Stop Rh cr — A Stop Rh cr T Uhclear Ll als Zuspiel — T Netzdrop Ll A Uhclear Ll – T LvK-Clear cr	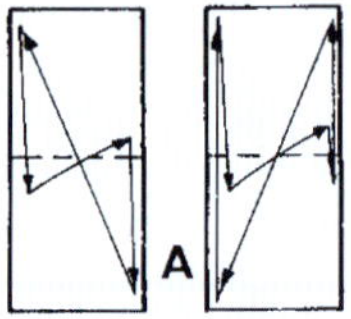 A
705	Anwendung bei Alternativschlagmöglichkeit des Gegenübers	T Vh-Drop Ll: A Stop Rh cr, T Uhclear, A Clear in T's Vh-Ecke oder Vh-Drop cr: A Stop Vh Ll, T Uhclear, A Clear in T's Vh-Ecke T wartet auf den Drop in ZP! (Bodenmarkierung.)	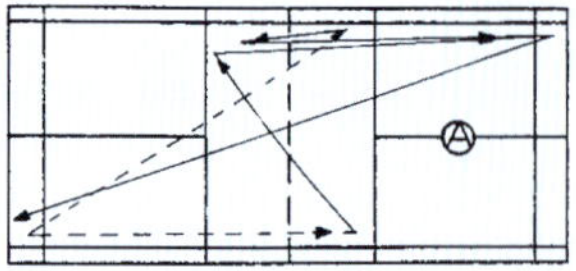 A

8.1.1 Vom Einfachen zum Komplexen (Erlernen technischer Fertigkeiten – Beispiel: Stop Rh cr aus Bodennähe)

Nr.	Ziele	Idee/Beschreibung	Hinweise/Organisation
706	Anwendung nach gegn. Drop cr	T unregelmäßig aus seiner LvK-Ecke: Clear Ll → A Vh-clear Ll oder Drop cr → A Stop Rh cr, T Netzdrop, A Uhclear als Zuspiel	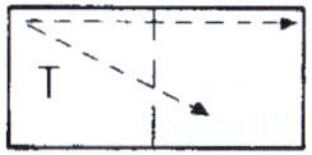
707	Dauerhafte Genauigkeit bei hoher Belastung	A Vh-Clear mit T LvK-Clear im Schlagfluss. Nach jedem Ball läuft A in Netzecke links und schlägt einen von M (mit mehreren Bällen auf Kasten stehend) geworfenen Ball als Stop Rh cr übers Netz (evtl. in eine markierte Fläche). Übungsziel Technik, nicht Kondition!	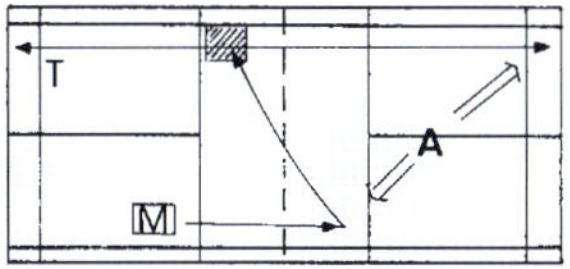
708	Variabler Einsatz	T von seiner Grundlinie Drop in A's Netzecke links. A Stop Rh cr oder Stop Rh Ll. T Netzdrop oder Uhclear. A Zuspiel an T's Grundlinie. Var.: A erwidert den Drop alternativ mit Stop Rh cr oder Uhclear Ll.	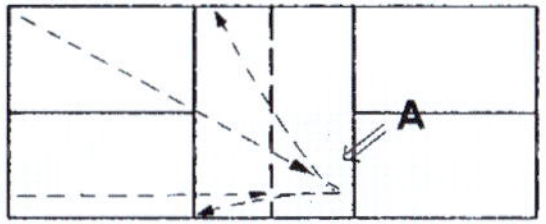
709	Anwendung bei starkem gegn. Druck	T schlägt aus seinem Grundlinienbereich gute Clear (häufig) und Drop in A's Netzecke links (gelegentlich). A Clear als Clear zurück, Drop als Stop Rh cr. → T Netzdrop A Uhclear.	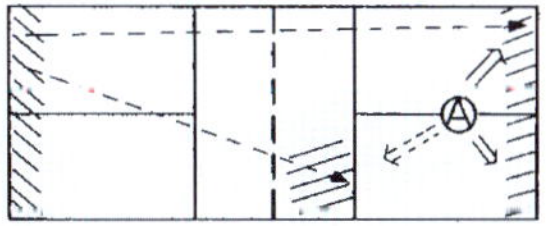
710	Spielerische Erprobung	Einzel mit Aufgabenstellung. T spielt A's Netzecke links von seiner Grundlinie häufig mit Angriffsdrop an. A darf aus seiner Netzecke links auf Drop nur Stop Rh cr schlagen.	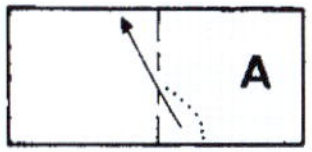

8

8.1.2 Automatisieren der Laufarbeit (Beispiel einer Übungsfolge für: Lauf in die Vh-Ecke)

Nr.	Ziele	Idee/Beschreibung	Hinweise/Organisation
711	Koordination seitlicher Ausfallschritt/Schlag	A steht auf halbem Weg zwischen ZP und Vh-Ecke. Er schlägt Drop Ll, wobei er jedes Mal die letzte Phase des Laufweges (Hineingehen in Ausfallschritt nach rechts hinten) mitvollzieht. T schlägt aus seiner Netzecke links Uhclear Ll. A verlängert nach und nach seinen Laufweg. Laufsimulationen zwischenschieben!	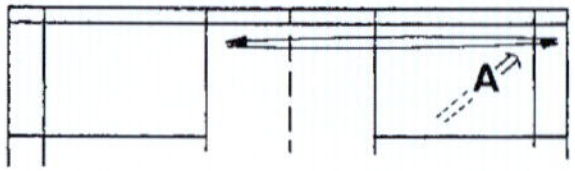 A
712	Lauf von und nach ZP bei geringer Belastung	A schlägt Vh-Clear Ll im Schlagfluss mit T Clear Ll. In ZP wird eine Bodenmarkierung geklebt und A muss nach jedem Schlag (anfangs nach jedem zweiten) auf diese Markierung zurücklaufen. (Notwendige) Var.: Die gleiche Übung mit Drop Ll, Drop cr, Clear cr.	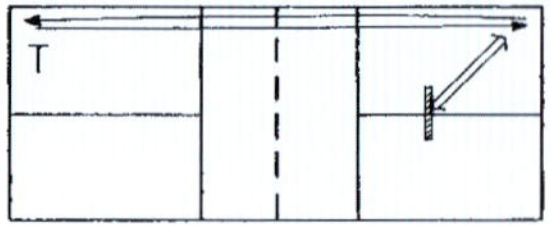 T
713	Laufweg aus den beiden Netzecken	Schlagkombination mit Alternativschlägen: A Vh-Drop Ll oder cr T Stop Ll oder cr A Netzdrop T (Hoher) Uhclear als Zuspiel in A's Vh-Ecke.	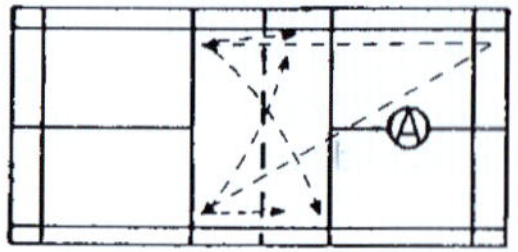 A
714	Lauf bei verkürzter Reaktionszeit	T hat Alternativschlagmöglichkeit aus LvK-Ecke: T LvK-Clear Ll → A Vh-Clear Ll oder LvK-Drop cr → A Stop Ll, T Netzdrop, A Uhclear als Zuspiel.	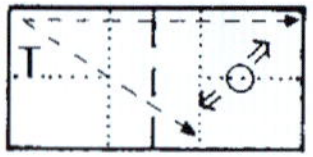 T
715	Modifizierung der Lauftechnik bei Ausführung verschiedener Schläge	A schlägt aus seiner Vh-Ecke unregelmäßig: Drop Ll, Drop cr, Clear Ll, (Clear cr). T Drop bzw. Stop (nicht zu nahe hinters Netz). A Uhclear in T's Vh-Ecke oder Uh-Drop. (Clear vor allem dann, wenn er nicht mehr sauber in die Vh-Ecke zurückkommen kann.) T Zuspiel in A's Vh-Ecke.	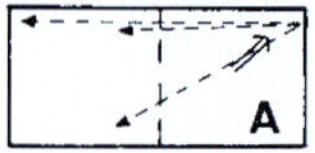 A

8.1.2 Automatisieren der Laufarbeit (Beispiel einer Übungsfolge für: Lauf in die Vh-Ecke)

Nr.	Ziele	Idee/Beschreibung	Hinweise/Organisation
716	Erweitern der Lauftechnik um den „Abfangsprung“	A, in ZP stehend, läuft nicht „rechts-links-rechts/Ausfallschritt“ in die Ecke, sondern versucht, den Ball im Sprung aus ZP (rechts – und sofort beidbeiniger Sprung nach rechts hinten) zu erreichen. T Vh-Clear cr oder Vh-Drop Ll A Drop Ll im Sprung / A Uhclear Ll T Netzdrop – A Zuspiel in Vh-Ecke.	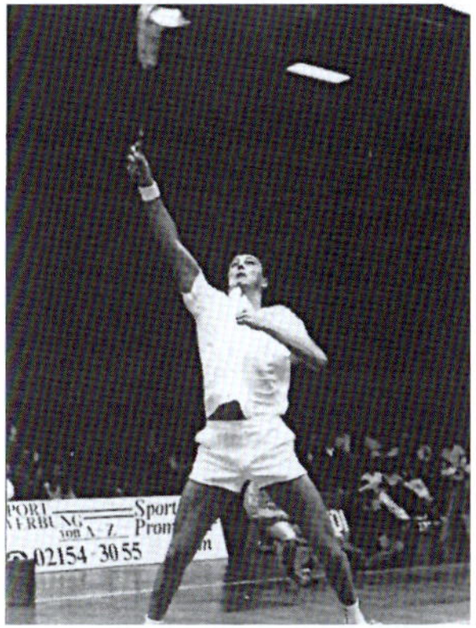
717	Beherrschen derVh-Ecke bei Abdecken des Netzbereiches	T schlägt aus seiner LvK-Ecke alternativ: Drop Ll, Drop cr, Clear Ll. (Zunächst regelmäßig, dann unregelmäßig.) A schlägt Clear bzw. Uhclear in T's LvK-Ecke zurück.	
718	Beherrschen der Vh-Ecke bei Abdecken der LvK-Ecke	T Uhclear in Vh- oder in LvK-Ecke von A. A Drop Ll oder cr T Stop Ll A Netzdrop Ll oder cr T Uhclear in Vh- oder in LvK-Ecke.	
719	Beherrschen der Vh-Ecke unter hoher Belastung	A schlägt aus Vh-Ecke Clear Ll im Schlagfluss mit T LvK-Clear Ll. Nach jedem Schlag läuft A in seine Netzecke links und vollführt dort über der vo A-linie in Bodennähe eine Schlagsimulation Uhclear. Danach geschwind in die Ecke zurück zum nächsten Clear. Sind Lauf/Schlag/Rückkehr optimal koordiniert? Wirklich?	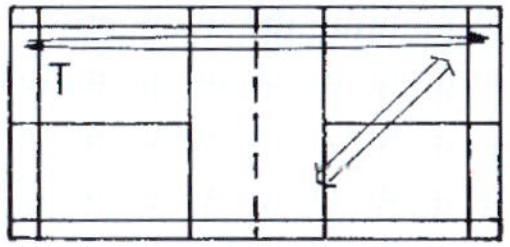
720	Spielerische Überprüfung des Geübten	Sektoren-Wettspiel. Einzel nach Badmintonregeln. Nur schraffierte Flächen dürfen angespielt werden. Bei Aufschlägen gilt diese Einschränkung nicht.	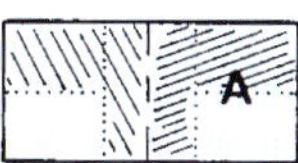

8

8.1.3 Erarbeiten von grundlegenden taktischen Verhaltensweisen (Anfängertaktik im Einzel)

Nr.	Ziele	Idee/Beschreibung	Hinweise/Organisation
721	Breite des Feldes erkennen und ausnutzen	Lerne, zwischen Schlägen Ll und cr zu unterscheiden und den Ball dabei sicher zu platzieren. T spielt mit Uhclear die 3 schraffierten Grundlinienbereiche an. A schlägt Drop in T's Netzecken rechts und links.	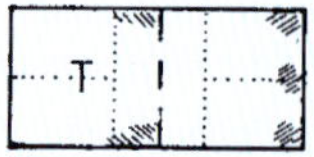 T Alle Übungen sind Einzelbeispiele für Lernstufen und durch andere Übungen zu ergänzen.
722	Cross-Schläge taktisch ausloten	Lerne die Gefahren (und Erfordernisse) der Cross-Schläge kennen. A schlägt aus der LvK-Ecke Drop Ll und cr unregelmäßig. T Stop Ll. A Netzdrop Ll (oder wenigstens Uhclear). T Zuspiel in A's LvK-Ecke.	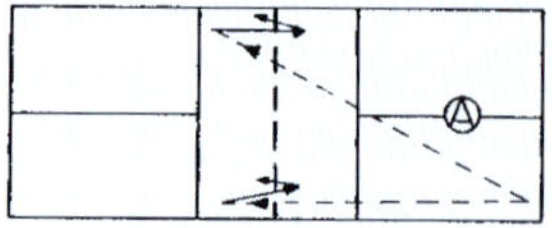 Ⓐ
723	Länge des Feldes speichern	Lerne die notwendige (und mögliche) Weite der Schläge verinnerlichen. A Uhclear aus gesamtem Netzbereich. T Drop von der Grundlinie. Hauptsächlich jedoch gibt T bei jedem Schlag Auskunft über die Weite von A's Uhclear. Entweder durch Zuruf, oder durch Smash, oder durch Angriffsclear.	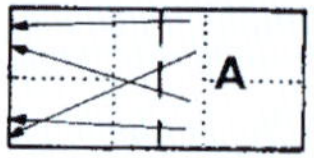 A Technische Mängel beobachten!
724	Überragende leistungs-begrenzende Fertigkeiten erfahren	Lerne, die überragende Bedeutung des (Überkopf-/Überhand-)Clear einzuschätzen. A und T spielen Clear über die gesamte Feldbreite. Dabei versucht T, seinen Gegenüber an der Grundlinie „festzunageln". A versucht, über T hinwegzuschlagen. (Er darf sich auch mit Drop zu helfen versuchen.)	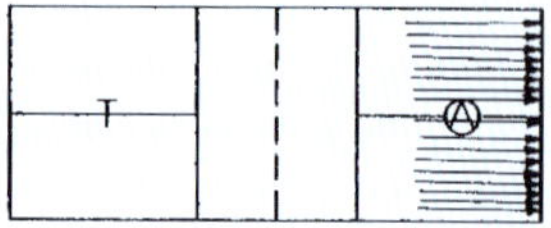 T Ⓐ
725	Länge und Breite des Feldes ausnutzen	Lerne die Möglichkeiten des (systematischen) „kurz-lang" kennen. A spielt von der Grundlinie unregelmäßig Clear und Drop in die Ecken; er versucht, T „auszuspielen". T spielt jeden Ball an A's Grundlinie zurück.	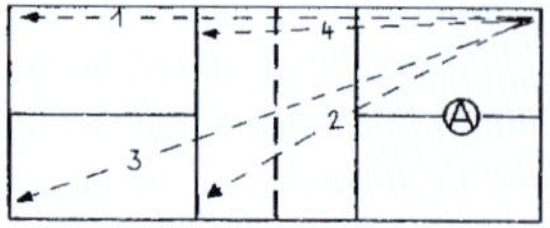 1 4 2 3 Ⓐ

8.1.3 Erarbeiten von grundlegenden taktischen Verhaltensweisen (Anfängertaktik im Einzel)

Nr.	Ziele	Idee/Beschreibung	Hinweise/Organisation
726	Bedeutung der Aufschlagphase begreifen	Lerne, schon aus der Aufschlagphase Vorteile zu ziehen. A Hoher Aufschlag – T beliebig – A beliebig Angriff – (vielleicht noch einmal hin und her) dann Abbruch. A bemüht sich – um einen Aufschlag, der möglichst weit fliegt und steil herunterfällt – um druckvolles Spiel nach gegn. Return.	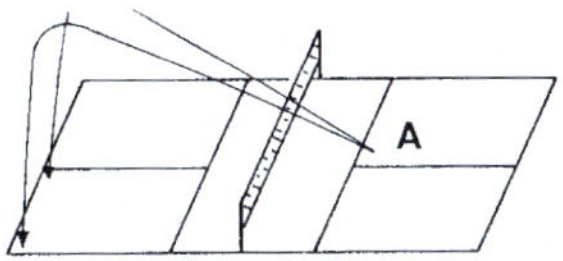 A
727	Handlungen, die in der Regel ungünstig sind, zu vermeiden lernen	Lerne, Schläge aus deinem Repertoire auszuklammern. Ausgegangen wird von einfacher Komplexübung: A Lvk-Drop cr – T Stop Ll – A Uhclear Ll oder cr – T: Den Uhclear Ll zurück in A's LvK-Ecke. Ebenso jene Clear cr, die weit genug sind. Solche jedoch, die zu kurz sind, werden mit Smash unbarmherzig kritisiert.	Beobachtet wird die Häufigkeit des Smash und formuliert wird die Regel: Vermeide es, dem Gegner durch die Reichweite zu spielen!
728	Handlungen, die in der Regel günstig sind, zu tun lernen	Lerne, durch geplante (!) Schlagfolgen auf den Gegner einzuwirken. A erhält die Aufgabe, T aus dem günstigen Standort ZP fortzutreiben und dann in die entgegengesetzte Ecke hineinzuspielen. Maßnahmen etwa: Mehrfach eine Ecke gut anspielen. Oder schnelle Folge harter Schläge in verschiedene Ecken.	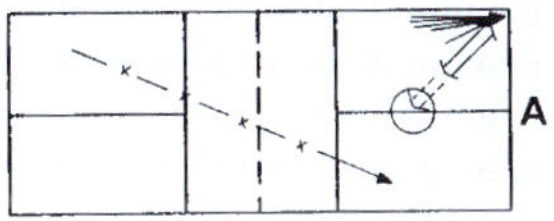 A
729	Technische Mängel eines Gegners erkennen und daraufhin reagieren	Lerne, in für deine Gegner ungünstige Treffbereiche zu spielen. Von einem kurzen Aufschlag von T ausgehend, spielen A und T lockere Schlagfolgen bis zum Fehler. A verfolgt dabei die Zielsetzung, den Ball möglichst flach in die Rh-Ecke seines Gegenübers hineinzumogeln.	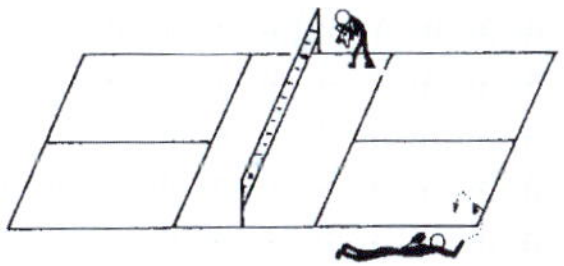
730	Mit aktivem Bewusstsein die eigenen Schläge auswählen	Lerne: Ich muss unter allen Umständen vermeiden, dem Gegner den Ball in einen Treffbereich zu spielen, der für ihn günstig ist! (Wiederholen Sie bitte!) Einzel mit Aufgabenstellung. A muss jeden Drop, den T von der Grundlinie schlägt, mit Stop annehmen. T stellt die gewünschte Spielsituation möglichst oft her.	Spielt A dennoch Uhclear, so wird – wenn er weit genug war, weitergespielt, – wenn er zu kurz war, mit Angriffsschlag durch T geantwortet und dann unterbrochen, um zu besprechen, wie man hätte günstiger spielen können.

8.1.4 Erfahren bzw. Entwickeln der leistungsbestimmenden konditionellen Eigenschaften

Nr.	Ziele	Idee/Beschreibung	Hinweise/Organisation
731	Anaerobe Ausdauer	Lerne am eigenen Leib erfahren, wo anaerobe Ausdauerfähigkeit zum Einsatz gerufen wird. A und T zunächst 10 min normales Einzel. Dann ändert T Marschroute. Er spielt auf Ballhalten. A versucht, jeden dieser Ballwechsel so lange wie möglich mitzugehen. Nach Ballverlust drängt T auf Weiterspielen. Fortsetzung des Spiels, bis A's Leistungsabfall sichtbar wird.	T spielt den Ball oft hoch an A's Grundlinie und platziert ihn ansonsten immer so, dass A ihn gerade noch erreichen kann.
732	Aerobe Ausdauer	Lerne Konsequenzen daraus zu ziehen, dass ein Badmintonspiel 20 (–60) min dauert. 3 Bewegungsschlagübungen auswählen. A spielt mit T jede 5 min (30 sec Pause). Nach der 3. Übung spielt A unmittelbar Einzel gegen einen üblicherweise gleichwertigen Gegner. Er versucht schnell und druckvoll zu spielen.	T mit mehreren Bällen, ersetzt verschlagene sofort.
733	Schnelligkeit	Lerne, die Möglichkeiten von schnellen Aktionen einzuschätzen. A und T schlagen Clear, wobei T weitgehend die Mitte von A's Grundlinie anspielt. T schlägt aber auch Drop (und zwar extrem langsame). A soll in diesem Fall versuchen, aus ZP ans Netz zu laufen und den Ball von oberhalb der Netzkante zu drücken.	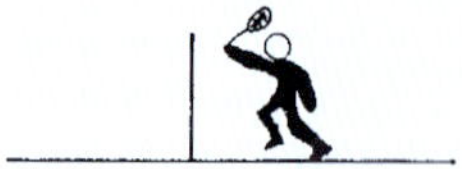
734	Schnelligkeitsausdauer	Lerne, dass es notwendig ist, Bälle nicht nur anfangs, sondern auf Dauer hoch am Netz anzunehmen. Sektorenwettspiel gegen T auf schraffierten Flächen. A konzentriert sich darauf, Bälle so schnell es geht, zurückzuschlagen, besonders, sie so hoch wie möglich an der Netzkante anzunehmen bzw. zu töten. Gelingt ihm das auch noch in den einzelnen Ballwechseln am Spielende?	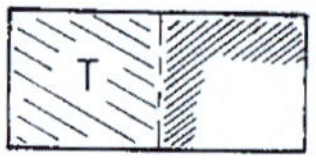 T
735	Wendigkeit Laufgewandtheit	Lerne die Vorteile von leichtfüßigen Lauf- und wendigen Körperbewegungen kennen. A (in Netzecke li) und T (in Netzecke re) Spiel am Netz. T darf aber statt Netzdrop Ll auch Drive Ll spielen. In diesem Fall wendet A sich geschickt und geschwind nach hinten, macht Ausfallschritt Richtung Grundlinie und schlägt lockeren Uh-Drop übers Netz zurück.	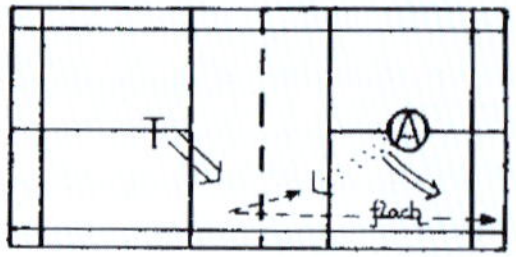 T, A, flach

Nr.	Ziele	Idee/Beschreibung	Hinweise/Organisation
736	Kraft Beine, Rumpf	Lerne erkennen, dass das Abfangen des Gewichtes und Wiederaufrichten des Körpers Voraussetzung für erneute Handlungsfähigkeit sind. A Vh-Drop cr mit T Uhclear cr im Schlagfluss. T darf auch Stop Ll spielen. Diesen muss A als Netzdrop Ll erwidern. Daraufhin T Uhclear Vh cr. Ist A wieder rechtzeitig genug in seiner Vh-Ecke, um diesen Ball zu schmettern?	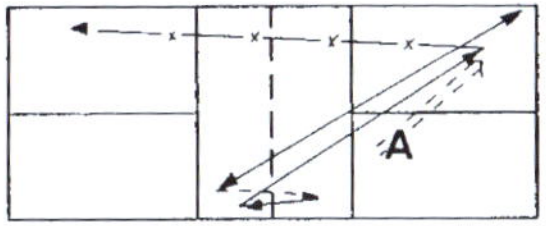 A
737	Kraftausdauer Beine	Lerne die Bedeutung von ausdauerfähiger Ausfallschrittbein-Muskulatur kennen. T schlägt aus Grundlinienbereich unregelmäßig: Drop (in allen Varianten) und Clear in A's Vh-Ecke. A schlägt alle Bälle hoch an T's Grundlinie zurück. Übungsdauer: 2 Sätze = 20 min.	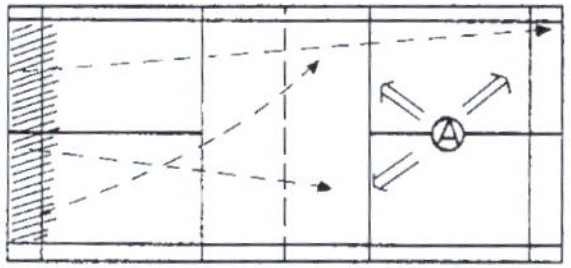 A
738	Sprungkraft	Lerne, den Nutzen guter Sprungkraft für das Angriffsspiel zu werten. T hat aus seiner LvK-Ecke 3 Alternativschlagmöglichkeiten: Clear Ll → A Vh-Drop Ll im Sprung Drop Ll → A Uhclear Ll Clear cr → A LvK-Smash im beidbeinigen Sprung Freier Fortgang mit erneutem Zuspiel in T's LvK-Ecke.	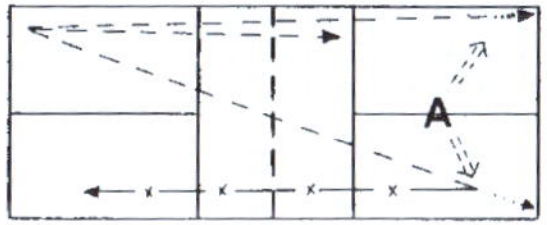 A
739	Schnellkraft Schlagarm	Lerne die Vorteile einer schnellkräftigen Schlagarm-Muskulatur schätzen. T, mit mehreren Bällen in ZP, hohes Uh-Zuspiel zur Mitte von A's Grundlinie; dann Einnehmen von Smash-Aw-Haltung. A läuft hinter den Ball und spielt Smash. Wenn T von 50 platzierten Smash 25 nicht abwehren kann, Üben einstellen und zum Turnier anmelden.	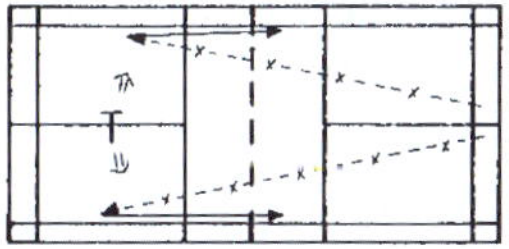 T
740	Kraftausdauer Schlag-arm	Lerne die Belastungsgrenzen deiner Arm-Muskulatur kennen. Auf ½ Feld. (Verschlagene Bälle sofort ersetzen.) T Hohes Uh-Zuspiel an die hi A-linie von A. A läuft hinter den Ball und spielt Smash Ll. T Ku Aw (nicht zu knapp) – A Netzdrop – T Uh-Zuspiel. Wie lange kann A die Übung durchhalten? 10 min?	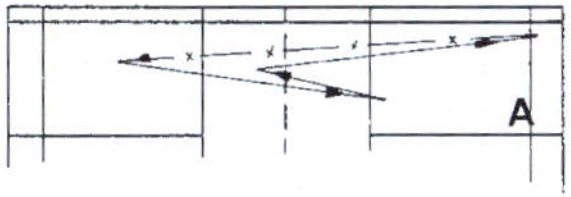 A

8

8.1.5 Erarbeiten von grundlegenden Verhaltensweisen im Doppel (Anfängertaktik)

Nr.	Ziele	Idee/Beschreibung	Hinweise/Organisation
741	Verteidigungsstellung	Lerne, nebeneinanderstehend, den gegnerischen Angriff zu erwarten. T greift abwechselnd aus li und re Fh mit Smash an. A+B stehen in Aw-Stellung auf der anderen Feldseite, jeder in einer Fh. Der jeweils Angespielte wehrt kurz ab, rückt mit vor ans Netz. T Netzdrop. Es folgt Uh-Zuspiel zum Smash aus der anderen Fh.	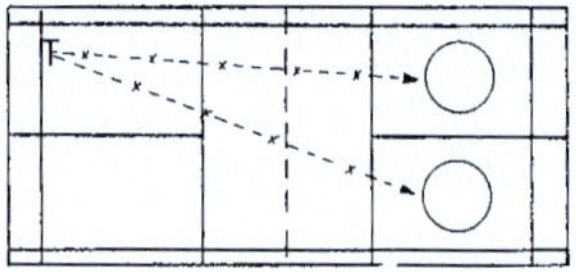
742	Angriffsstellung	Lerne, hintereinanderstehend, einen eigenen Angriff zu führen. A in Grundlinienbereich, B hinter vo A-linie. A schmettert T's Uhclear. T wehrt hoch ab. B versucht reinzuspringen, den Ball abzufangen und in T's Feld zu Boden zu schlagen. Gelingt dies nicht, schmettert A weiter oder spielt Drop.	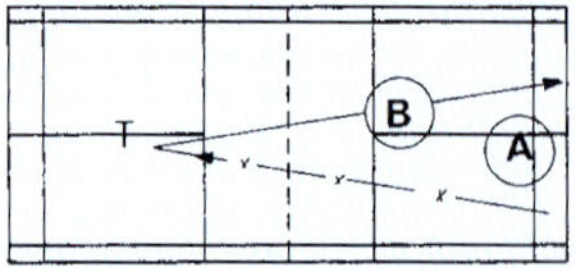
743	Stellungswechsel aus Verteidigung zum Angriff	Lerne, den Gegner durch Abstoppen eines Balles zum hohen Zurückspiel zu veranlassen und gleichzeitig die Angriffsstellung einzunehmen, indem der Abwehrer ans Netz rückt. Ausgegangen wird von Ü 741. Ku Smash-Aw jedoch in jene Fh, aus der T nicht geschmettert hat. T kann somit den Ball nicht günstig erreichen und muss ihn hoch zurückspielen. Nun haben A+B Angriffssituation erreicht und es geht weiter wie in Ü 742.	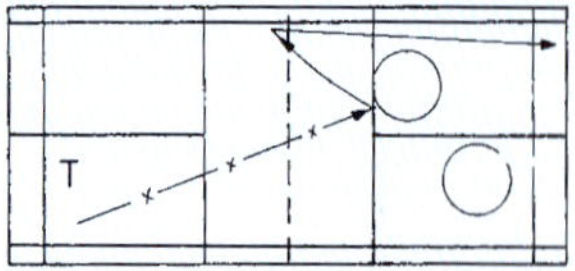
744	Stellungswechsel vom Angriff zur Verteidigung	Lerne, ein eigenes hohes Zurückspiel günstig zu platzieren und danach die Verteidigungsstellung einzunehmen. Ausgegangen wird von Ü 742. T wehrt diesmal jedoch kurz ab und zwar so, dass B gezwungen wird, den Ball als Uhclear zu schlagen. Er soll ihn weit in eine der Grundlinienecken schlagen und dann mit A Verteidigungsstellung einnehmen. T greift an ... Man denkt sich Fortgang aus.	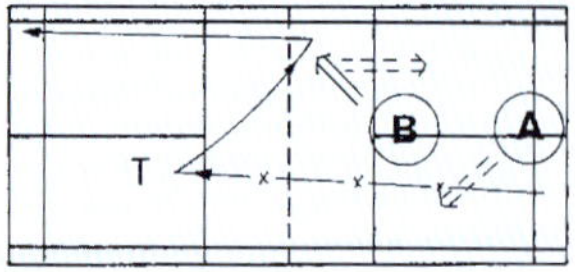
745	Gestalten der Aufschlagphase	Lerne, den Ball in Treffbereiche zu spielen, die dem Gegner keinen direkten Angriff ermöglichen. T macht aus seiner linken Fh einen ku Doppelaufschlag zu A, den nächsten aus seiner rechten Fh zu B. Die Spieler versuchen jeweils, den Ball in einen schraffierten Bereich zu spielen. Mehrere Bälle.	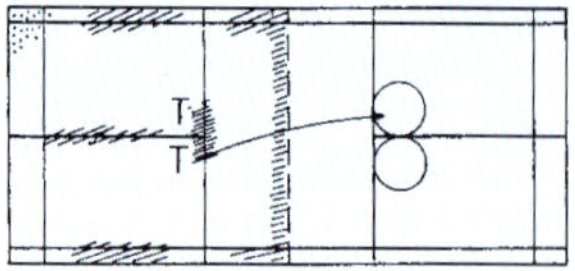

8.1.5 Erarbeiten von grundlegenden Verhaltensweisen im Doppel (Anfängertaktik)

Nr.	Ziele	Idee/Beschreibung	Hinweise/Organisation
746	Ball flach halten	Lerne, dem Gegner den Vorteil zu verwehren, angreifen zu können. Ausgangspunkt ist auf beiden Seiten der Bereich Feldmitte. T schlägt Drive Ll und cr unregelmäßig mit A und B. Zwischendurch werden gelegentlich Sh-Drop und Uhclear eingestreut. A und B versuchen, eine Spiellage aufrechtzuerhalten, die T Schmettern unmöglich macht.	
747	Mit Übersicht spielen	Lerne, nicht wahllos und zufällig in das gegnerische Feld hineinzuschlagen. T spielt A+B an verschiedenen Feldpunkten an. Die beiden praktizieren Stellungswechsel, je nach Angriffslage. Nach seinen Schlägen kehrt T jedoch nicht genau zur ZP zurück, sondern stellt sich etwas abseits davon. A und B sollen nun möglichst stets jenen Sektor anspielen, der durch T's absonderliche Stellung weniger gut gedeckt ist.	
748	Erfolgversprechend angreifen	Lerne die schwachen gegnerischen Feldsektoren kennen, wenn man angreift. T spielt Uhclear. A+B in Angriffsstellung. A spielt von Grundlinie schraffierte Flächen an mit Drop, Smash, Clear. T wehrt oder stoppt kurz ab. B Netzdrop. T Uhclear. Merkwürdiger Hinweis: T stellt sich so, als wäre er zu zweit.	
749	Erfolgversprechend abwehren	Lerne die schwachen gegnerischen Feldsektoren kennen, wenn man aus der Abwehr spielen muss. A+B in Abwehrstellung. Man spielt Uhclear. T greift an. A bzw. B spielen Ball mit Stop oder Smash-Aw in schraffierte Flächen zurück. T Uh-Drop, A bzw. B erneutes Zuspiel mit Uhclear.	
 750	Mit bösem Plan spielen	Lerne, aus jeder Stellung <u>einen</u> der gegnerischen Spieler anzuspielen. Wie Ü 747. Nur: A+B schlagen den Ball nicht in den jeweils ungedeckten Sektor, sondern jedesmal (hart) auf T's Körper.	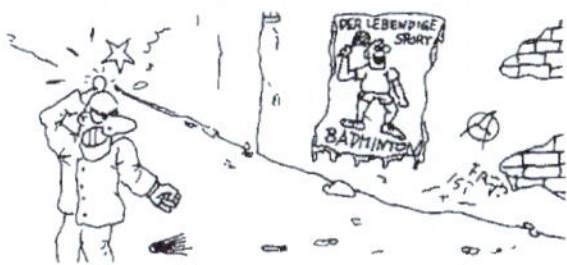

8.2.1 Einüben fortgeschrittener technischer Fertigkeiten (Beispiele für verdeckte und getäuschte Schläge)

Nr.	Ziele	Idee/Beschreibung	Hinweise/Organisation
751	Beim Überkopf-Spiel Schläge aus gleichmäßig-neutraler Auftaktbewegung ausführen	T spielt A den Ball hoch an die Grundlinie. Dieser läuft in Position und beginnt mit der Schlagausführung. – ? – – Erst im letzten Moment ruft T ihm nun zu, welchen Schlag er tatsächlich machen soll. (An Grenzwert herantasten und die Reaktionszeit langsam verkürzen.) T schlägt Ball in A's Netzbereich zurück – A Uh-Drop bzw. Stop – T Hoher Uhclear als erneutes Zuspiel.	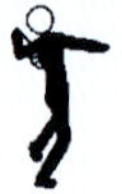 „Drop cross.!!"
752	Verzögerter Angriffsclear	T Uhclear an A's Grundlinie. A Langsame Schwungschleifen-Auftaktbewegung wird vor Ballberührung rapide beschleunigt (Pronation). Statt des signalisierten Drop kommt ein Clear Ll. (Gelegentlich allerdings tatsächlich ein Drop.) T Drop Ll oder cr. A Stop Ll – T Uhclear Ll als Zuspiel.	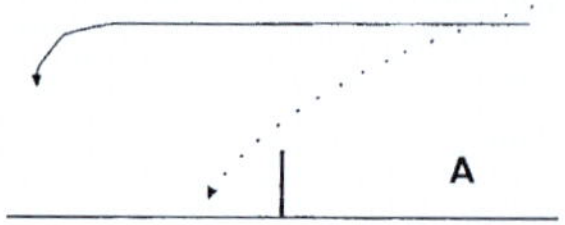 A
753	Geschnittener Vh-Drop cr	A aus Vh-Ecke abwechselnd (später unregelmäßig) Clear Ll und Vh-Drop cr, wobei der Schläger beim Drop im Augenblick der Ballberührung betont schwungvoll knapp an der rechten Ballseite entlanggeführt wird. T Beliebiges Zurückspiel A Zurückspiel hoch an T's Grundlinie. T Hohes Zuspiel in A's Vh-Ecke.	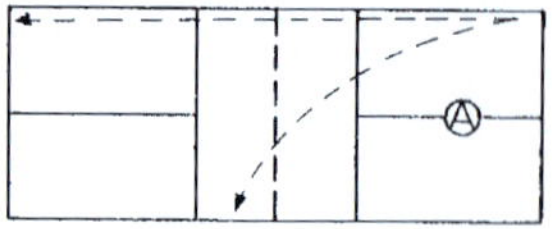 A
754	Rh-Drop aus Rh-Clear-Auftakt	A aus Rh-Ecke unregelmäßig Rh-Clear Ll: T Drop → A Stop → T Uhclear als Zuspiel oder Rh-Drop Ll: T Stop → A Netzdrop → T Uhclear als Zuspiel A versucht, den Drop aus schneller Schwungschleifen-Auftaktbewegung zu schlagen, die einen Clear signalisiert.	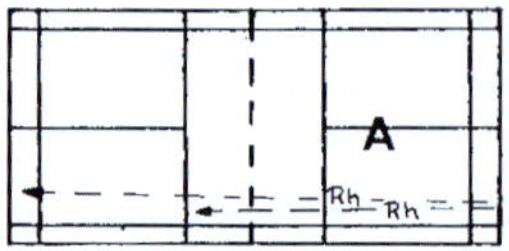 A Rh Rh
755	Drop in allen Varianten	Von der ganzen Breite der Grundlinie schlägt A vielfältigste geschnittene und getäuschte Varianten des Drop Ll und cr. A Drop T Stop (nicht zu knapp hinters Netz) A Netzdrop T Hoher Uhclear.	Darauf achten, dass A seine Drop-Varianten nicht zufällig-unbewusst schlägt, sondern gezielt auswählt. Um dies zu gewährleisten, führt er den jeweiligen Schlag möglichst zwei-, dreimal hintereinander aus.

8.2.1 Einüben fortgeschrittener technischer Fertigkeiten (Beispiele für verdeckte und getäuschte Schläge)

Nr.	Ziele	Idee/Beschreibung	Hinweise/Organisation
756	Swip/Drive von der Netzkante aus angezeigtem Netzdrop	A Drop in T's Netzecke rechts – T Stop Ll – A hält den Schläger so an die Netzkante, als wolle er Netzdrop schlagen (= waagerecht zum Fußboden). Erst unmittelbar vor Ballberührung richtet er ihn auf (Drehung mittels Daumen in der Hand, Schläger nun senkrecht) und schlägt Rh-Drive Ll. (Bei Swip kleine Schwungschleife.) T Uh-Drop – A Stop – T Zuspiel zum Drop.	
757	Täuschen beim SpaN	„Luftschlangen." A und T freies Spiel am Netz. A hat die Aufgabe, vor jedem seiner Schläge eine irritierende Auftaktbewegung zu machen, die den Gegenüber möglichst in die Irre laufen lässt.	Ist T gut genug, kann auch eine Grundlinienecke mit angespielt werden.
758	Drop aus Smash-Auftakt	A erhält den Ball hoch in den Bereich der hi A-linie zugespielt. Er läuft hinter den Ball und führt eine (kraftvolle) Körper- und Schlagbewegung aus, die den erschreckten Gegenüber an einen zu erwartenden Smash glauben lässt. Im Moment der Streckung bremst A den Schwung jedoch ab und schlägt Drop. T Stop (oder Aufheben) – A Netzdrop – T Ho Uh-Zuspiel.	Zweckmäßigerweise wird der Drop mit leibhaftigem Smash variiert, damit die Wirkung erprobt werden kann. T gibt immer wieder Auskunft, ob die Täuschungsversuche glaubhaft sind.
759	Täuschen bei Annahme eines kurzen Aufschlages	T Kurzer Einzelaufschlag. A geht dem heranfliegenden Ball mit Körper und/oder Schläger aktiv entgegen, so als wolle er drücken oder weit spielen. Er verzögert die Annahme dann jedoch und spielt den Ball als Uh-Drop (z. B. an die Seitenlinie). Unterschiedliche Möglichkeiten des Täuschens herausarbeiten, analysieren und ins Repertoire aufnehmen.	
760	Anwenden Auf Wirksamkeit überprüfen Bewusst machen	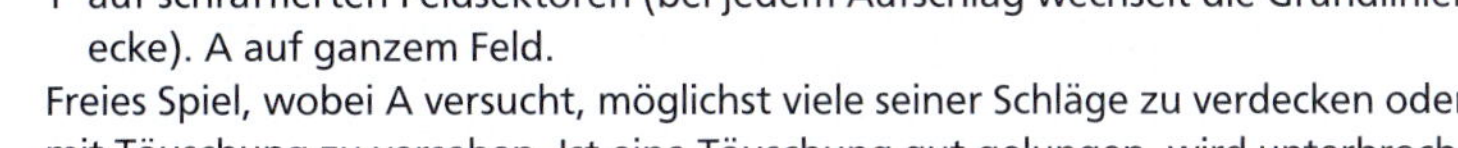 T auf schraffierten Feldsektoren (bei jedem Aufschlag wechselt die Grundlinienecke). A auf ganzem Feld. Freies Spiel, wobei A versucht, möglichst viele seiner Schläge zu verdecken oder mit Täuschung zu versehen. Ist eine Täuschung gut gelungen, wird unterbrochen und der Bewegungsablauf rekonstruiert. T spielt möglichst aus ZP, damit die Wirkung von A's Absichten sichtbar werden kann.	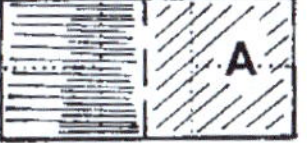

8

8.2.2 Übungen zur Schlagsicherheit

Nr.	Ziele	Idee/Beschreibung	Hinweise/Organisation
761	Variable Verfügbarkeit aller Schläge Konzentration aufrecht-erhalten	„Eckenspielen." Ball soll im Spiel gehalten werden. T hat freie Schlagauswahl. A muss den Ball stets in einen vereinbarten Feldsektor T's zurückspielen. Er bemüht sich, keine Schlagfehler dabei zu machen. Der Feldsektor wird nach vorgegebener Zeit (2–5 min) gewechselt. !! T spielt den Ball stets so, dass A ihn noch erreichen kann. Je nach Spielstärke mit oder ohne Smash von T.	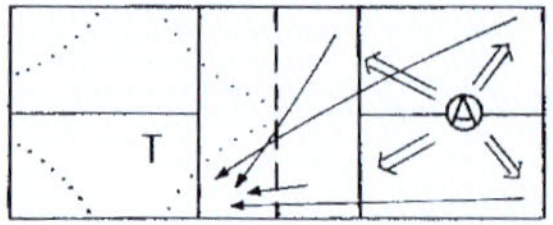 T A
762	Variable Verfügbarkeit aller Schläge Konzentration aufrecht-erhalten	„Eckenanspielen reihum." T spielt aus seiner Netzecke rechts beliebigen Schlag. A schlägt den Return in T's Vh-Ecke. T von dort beliebigen Schlag. A schlägt in T's LvK-Ecke. usw. A spielt also mit jedem neuen Schlag die nächste Ecke an.	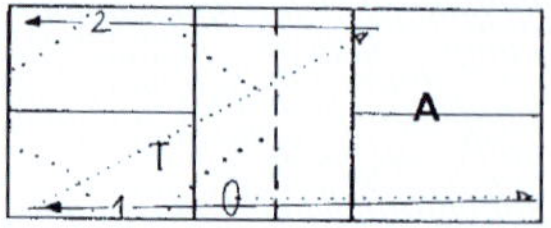 2 T 0 1 A
763	Weite beim Clear stabil halten Sicherheit beim Angreifen	A darf nur schraffierten Sektor anspielen. Er bemüht sich vor allem, durch viele gute Clear Angriffschancen vorzubereiten und dann zunehmend druckvoller zu spielen, ohne dabei Fehler zu machen. T hat freie Schlagauswahl. Um eine spielgemäße Situation zu schaffen, bemüht sich T, aus ZP zu spielen (d. h. Laufarbeit über ZP).	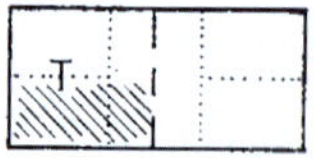 T
764	Dauerhafte Sicherheit bei Drop-Varianten Genauigkeit beim SpaN	Beide bemühen sich, den Ball im Spiel zu halten. A Drop (in allen Varianten) von der Grundlinie. T Stop (Ll) A Netzdrop T Hoher Uhclear als Zuspiel, oder Netzdrop, den A noch einmal als Netzdrop zurückspielen muss.	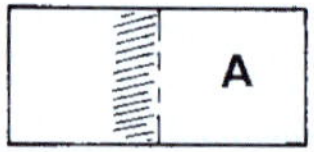 A
765	Platzierungssicherheit bei Angriffsschlägen	A und T folgen einer grobskizzierten Schlagfolge: A spielt Ball in schraffierten Sektor, möglichst mit Angriffsschlag (Smash, Angriffsdrop). T Kurze Abwehr, kurzes Zurückspiel A Netzdrop T Beliebiger Schlag, vornehmlich jedoch Uhclear als Zuspiel für einen Angriffsball.	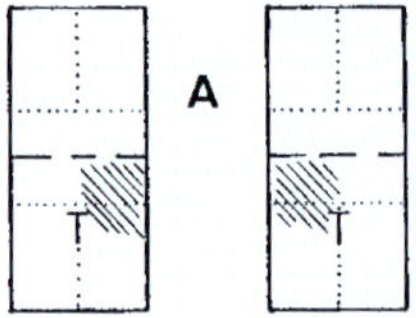 T A T

Nr.	Ziele	Idee/Beschreibung	Hinweise/Organisation
766	Sicherheit beim Rh-Überhand-Spiel	T spielt den Ball hoch in A's Rh-Ecke. A beliebiger Rh-Schlag. T spielt in A's Netzbereich zurück. A Netzdrop bzw. Stop Ll. T Uhclear als Zuspiel in Rh-Ecke (genau platzieren). T beobachtet und ruft A Hinweise zur Schlagausführung zu.	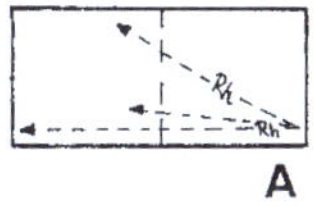 A
767	Platzierungssicherheit bei Abwehrschlägen	T schlägt aus seiner Vh-Ecke beliebigen Schlag (viel Angriff). A spielt Clear als Clear zurück, alle Angriffsschläge muss er dagegen in T's Netzecke links abwehren. T beliebiger Schlag. A spielt zurück in T's Vh-Ecke. Var.: LvK-Ecke in Verbindung mit Netzecke rechts.	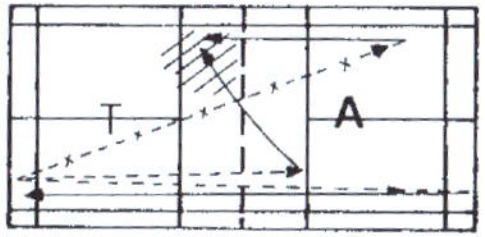 T A
768	Sh-/Uh-Spiel aus Grundlinienbereich Ball im Spiel halten bei Überspielung	A spielt hohen Ball an T's Grundlinie und rückt bis auf die eigene vo A-linie vor. Schlägt T jetzt Drop, spielt A mit Uhclear von der Netzkante erneut zu. Schlägt T Clear, läuft A zurück und spielt von der Grundlinie, als ob es selbstverständlich ist, Sh-/Uh-Drop (Ll). T stoppt kurz ab – A Zuspiel und erneutes Vorrücken.	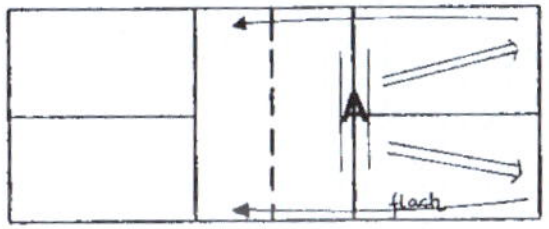 A flach
769	Nicht ins Netz spielen bei Stop und SpaN	A und T versuchen, den Ball so lange wie möglich im Spiel zu halten (ohne Töten). T aus seiner Vh-Ecke Clear Ll → A Clear Ll oder Drop Ll/cr → A Stop in T's Netzecke re. Es folgt SpaN bis einer Fehler macht.	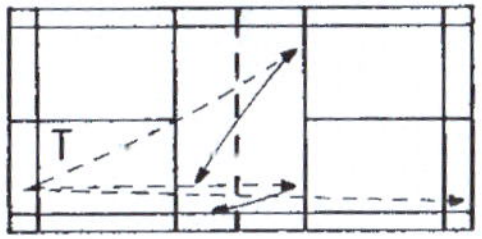 T
770	Nicht leichtfertig über Schlagfehler hinweggehen Unbekannten Drang erleben	T hat freie Schlagauswahl. A folgt einer grobskizzierten Schlagfolge (z. B. ein Drop – zwei Clear oder ein Drop cr – ein Clear Ll). Beide bemühen sich, den Ball im Spiel zu halten, wobei besonders T so spielt, dass A die Bälle immer noch erreichen kann.	Nach jedem Schlagfehler <u>muss</u> eine Pause von 30(!) sec gemacht werden.

8.2.3 Handicapspiele

Nr.	Ziele	Idee/Beschreibung	Hinweise/Organisation
771	Dauerhaft Druck aufrecht erhalten	Einzel nach Badmintonregeln (Rallypoint). Aber: Damit A sich einen Punkt zählen darf, sind 2 (!) aufeinander folgende Fehler von T nötig; d. h., A muss jedesmal 2 Aufschläge durchbringen, T bekommt für jeden gewonnenen Ballwechsel einen Punkt.	A gilt als der bessere, T als der schwächere Spieler.
772	Spiel erfolgreich gestalten ohne Smash	Einzel nach Badmintonregeln. Aber: A darf nicht schmettern.	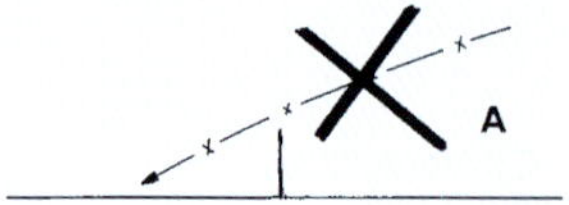 A
773	Zwang zum konzentrierten Spielen	Einzel nach Badmintonregeln. Aber: Der schwächere Spieler beginnt mit einem Punktevorsprung. Je nach Leistungsunterschied kann dieser zwischen 10 und 17 Punkte betragen. Tückische Var.: A kennt den Punktevorsprung nicht, den der schwächere Spieler bekommen hat.	Der Vorsprung von T soll so groß sein, dass A ganz konzentriert spielen muss, wenn er ihn bis zum Satzende noch einholen will.
774	Aus Defensivsituation ins Spiel kommen	Einzel nach Badmintonregeln. Aber: Jeder Ballwechsel wird so eröffnet, dass T den Ball im Rahmen der Aufschlagphase hoch in die Mitte seiner Grundlinie gespielt bekommt und dort also mit einer Standard-Angriffssituation beginnen darf.	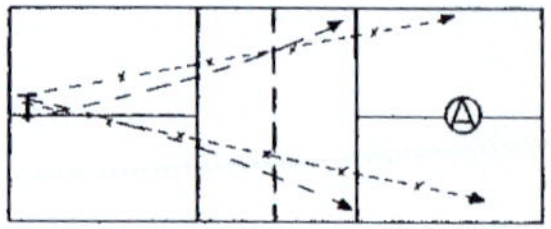 A
775	Gegn. Vorteile in der Aufschlagphase überstehen	Einzel nach Badmintonregeln. Aber: A muss gewisse, vorher vereinbarte Aufschlagkonstanten einhalten.	Zum Beispiel: – kurzen Aufschlag als Uhdrop annehmen. – hohen A. als Drop zurückspielen. – Selbst nur kurze Aufschläge machen.

8.2.3 Handicapspiele

Nr.	Ziele	Idee/Beschreibung	Hinweise/Organisation
776	Smash-Abwehr schulen	Einzel nach Badmintonregeln. Aber: Spielt T einen Smash, muss A's erste Abwehr eine hohe sein. Folgt dann abermals ein Smash, darf variiert werden.	T bemüht sich, die hohe Abwehr abermals zu schmettern!
777	Mit wachem Bewusstsein spielen Mit gegn. Antizipation fertig werden	Einzel nach Badmintonregeln. Aber: In einer vereinbarten Standardspielsituation muss A einen vorgeschriebenen Schlag machen, sonst bekommt er Fehler gezählt.	Zum Beispiel: – Wird Ball hoch in die Lvk-Ecke gespielt, muss A Smash cr schlagen. – Jeder Drop in die Netzecke links muss mit Stop Ll erwidert werden.
778	Zwang zum konzentrierten Spielen	Einzel um Punkte. Aber: A bekommt nur dann einen Punkt, wenn er vorher selbst aufgeschlagen hat, T bei jedem Ballwechselverlust von A.	
 779	Sicher spielen Dauerhaft höchste Konzentration wahren	Einzel nach Badmintonregeln. Aber: Macht A aus einer unbedrängten Situation einen Schlagfehler („unerzwungener Fehler"), erhält T einen Sonderpunkt gezählt. Var.: A erhält 3 Punkte abgezogen.	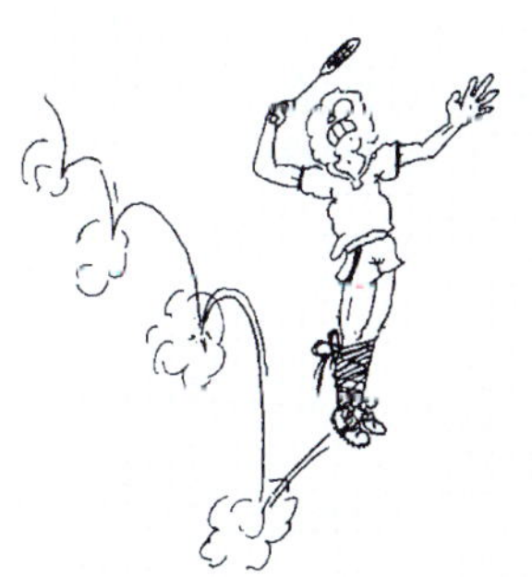
 780	Spielsituationen höchsten gegn. Drucks gegenüberstehen Plan entwickeln	Einzel nach Badmintonregeln. Aber: A muss jeden gegn. Feldsektor, in den er schlägt, zweimal hintereinander anspielen. Dabei spielt es keine Rolle, aus welcher eigenen Lage er zu schlagen gezwungen wird.	

8.2.4 Gegnersimulation im Rahmen der taktischen Wettkampfvorbereitung

Nr.		Idee/Beschreibung	Hinweise/Organisation	
781	Schlagvariante vermeiden	Wir wissen: Gegner passt am Netz höllisch auf. Plan: Wenig SpaN, auf keinen Fall cross.	A übt: Drive/Swip/Uhclear an Grundlinie zu spielen, wenn SpaN droht. T Drop – A Stop – T Netzdrop – A Hoch annehmen und flach nach hinten/Kurz antäuschen und Swip/Uhclear als Befreiungsschlag.	Trainer markiert jeweils den Gegner.
782	Schlagvariante zur Anwendung vorbereiten	Wir wissen: Wird Gegner flach in Vh-Ecke angespielt, fällt ihm wenig ein. Plan: Vom Netz Drive und Swip in Vh-Ecke.	A übt: Herstellen von Spielsituationen, aus denen der Ball flach in Vh-Ecke gespielt werden kann. T spielt auf verschiedene Weisen A's Netzbereich an und man probiert und überlegt.	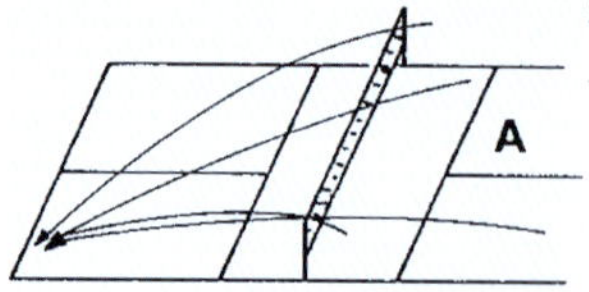 A
783	Psychologisch auf Eigenheiten einstellen	Wir wissen: Gegner verzögert, stöhnt, redet, resigniert scheinbar. Plan: Die Mätzchen erwarten, dem optischen Eindruck nicht trauen.	A übt: Sich auf das, was da kommen kann, einzustellen. T spielt mit A ein Handicapeinzel und versucht, die Eigenheiten des Gegners zu schauspielern.	Wie deklamierte doch Nestor-Erwin Z., der große, alte Coach einmal beiläufig, als er den Ball mit einem Gunalan-Smash im Feld versenkt hatte: „Ein guter Trainer ist immer auch ein guter Schauspieler!"
784	Nicht zur Entfaltung kommen lassen einer gegn. Stärke	Wir wissen: Gegner ist stark im Smash und allgemein im Angriffsspiel. Plan: Ball flach halten, konsequent abstoppen. Swip und Spiel durch Reichweite vermeiden.	A übt: Hohes Zurückspielen zu vermeiden. T greift aus einer Fh mit beliebigem Schlag an. A muss den Ball kurz oder flach in diese Fh zurückspielen. T Return. A Zuspiel zu T's nächstem Angriff.	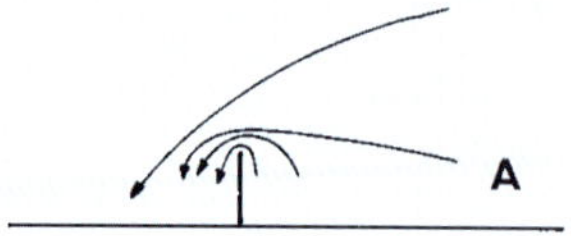 A
785	Schwachstellen anspielen	Wir wissen: Nach LvK-Schlag kommt Gegner oft nicht gut aus der Ecke. Plan: In diese Ecke hineintreiben, dann Angriffsbälle cross.	A übt: Vorbereitung durch mehrfaches Clear-Spiel in LvK-Ecke und Durchführen des Angriffs mittels scharfem Ball in gegn. Netzecke rechts.	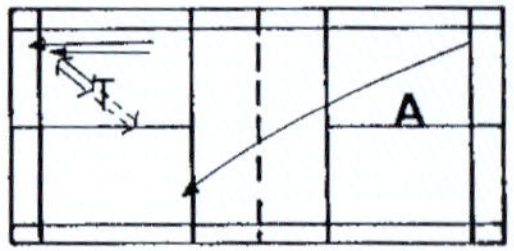 A

Nr.	Idee/Beschreibung	Hinweise/Organisation
786 Auf Standard-Angriffsschläge einstellen	Wir wissen: Gegner spielt den LvK-Smash im Sprung meist cross. Plan: Sollte die Spielsituation eintreten, Rh-Seite besonders abdecken.	A übt: a) Stellung einzunehmen, die Deckung der Rh-Seite erlaubt, ohne Vh-Seite zu entblößen. b) Ku, fl, ho Abwehr Ll. T schmettert LvK cross und hält nach Abwehr Ballwechsel aufrecht. 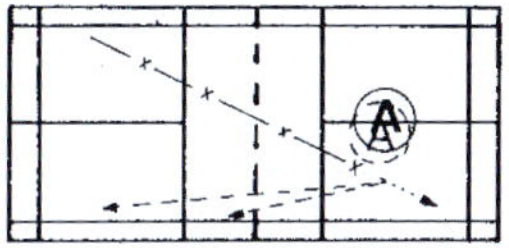
787 Auf Standard-Abwehrverhalten einstellen	Wir wissen: Gegner wehrt auf der Vh-Seite so gut wie nie hoch ab. Plan: Nach eigenem Smash, im Netzbereich versuchen zu drücken bzw. hoch anzunehmen.	A übt: Seinem Smash zu folgen. A (ganzes Feld) Smash auf T's Vh. T Ku Aw Ll/cr, fl Aw. A bemüht sich um druckvolle Fortsetzung. A 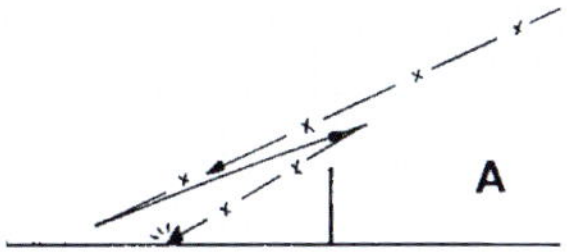
788 Unvorteilhafte gegn. Feldsektoren meiden	Wir wissen: Gegner springt in Vh-Ecke gerne in Bälle hinein und spielt gefährliche Angriffsdrop. Plan: Anspiel der Ecke reduzieren, keine Swip und Clear cr.	A übt: Keine automatisierten Schläge in diese Ecke zu tun. Sektorenspiel, wobei auf T's Feldseite die Vh-Ecke ausgeklammert ist. T bemüht sich, Situationen herzustellen, die fürs Anspielen der Vh-Ecke verführerisch sind. T 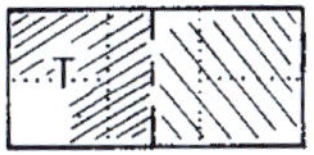
789 Auf Spezialschläge einstellen	Wir wissen: Aus Bodennähe der Rh-Ecke kommt immer ein scharfer Sh-Uh -Drop cr. Plan: In dieser Spielsituation nach Netz Mitte-links orientieren.	A übt: Die Situation herzustellen und Reaktionen auf den Schlag einzuüben. T schlägt den Ball aus der Rh-Ecke und man überlegt Möglichkeiten, weiterzuspielen. T 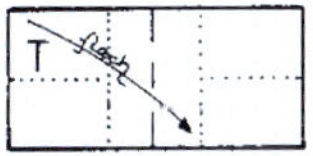
790 Auf Ermüdung des Gegners spielen	Wir wissen: Solange des Gegners Kondition reicht, spielt er schnell/variabel/druckvoll. Plan: Phase überstehen, ihn um jeden Punkt kämpfen lassen und so in konditionelle Defizite treiben.	A übt: Trotz Überlegenheit des Gegners zielgerichtet weiterzuspielen und sich nicht aus der Ruhe bringen zu lassen. Sektorenspiel, wobei T's Feldseite verkleinert wird (entsprechend seiner Unterlegenheit). Es soll so groß sein, dass er bei vollen Kräften zu Punktevorteilen kommt. (Aber nicht so klein, dass A keine Chancen hat.) A muss nun durchhalten, bis T ermüdet ist und dann konzentriert aufholen.

8

8.2.5 1 (Besserer) gegen 2 (Schwächere)

Nr.	Ziele	Idee/Beschreibung	Hinweise/Organisation
791	Verteidigen Schlagsicherheit Ausdauer	Zu zweit auf dem Feld; 3. Spieler mit mehreren Bällen daneben. Freies Spiel mit Aufgabenstellung. A Verteidigung (bzw. Angriff und Verteidigung, je nach Leistungsvermögen des Gegenübers). U Bedingungsloses Angriffsspiel! Wird ein Ball verschlagen, ersetzt ihn V sofort durch einen neuen. U und V wechseln nach Erschöpfungszustand.	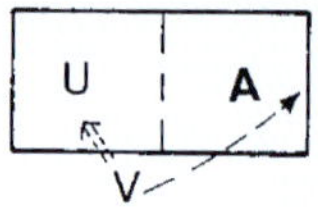
792	Schlagsicherheit Ausdauer	1 gegen 2. A mit U, der auf der linken Feldhälfte der gegenüberliegenden Seite spielt, freies Spiel bis Ballverlust. Dann sofort: A mit V, der auf der rechten Feldhälfte spielt. Je nach Zielsetzung mit oder ohne Angriff.	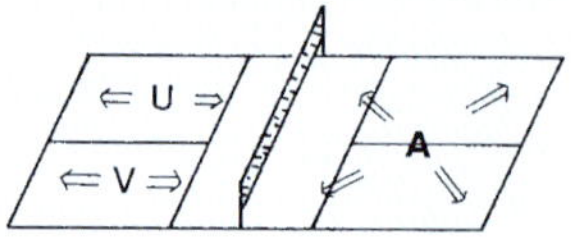
793	Reaktion Konzentration Spielweise überlegen	Zu zweit auf dem Feld; 3. Spieler am Pfosten. A abwechselnd gegen U und V, freies Spiel. Die beiden wechseln nach Gutdünken. Während A und U ihren Ballwechsel laufen haben, hebt V am Pfosten eine Hand und zeigt eine wechselnde Anzahl Finger. A muss nach jedem seiner Schläge zu V hinschauen und die gezeigte Fingeranzahl ausrufen.	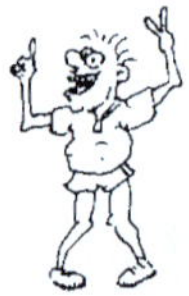
794	Ausdauer Schlagsicherheit	1 gegen 2. Freies Spiel. A spielt den Fähigkeiten der Partner angemessen. U und V spielen im Doppel-Spielsystem. Sie haben die Aufgabe, den Ball jeweils so zu schlagen, dass er im Spiel bleibt.	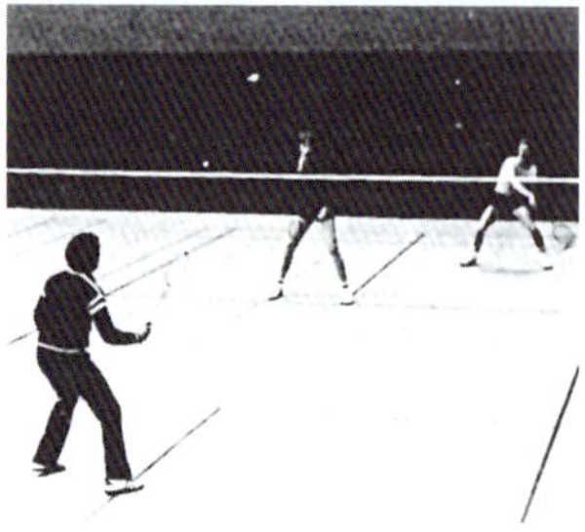
795	Verteidigen	1 gegen 2. Freies Spiel. A spielt auf Sieg. U und V spielen im Doppel -Spielsystem auf Angriff. Spieleröffnung stets mit hohem Aufschlag.	

Nr.	Ziele	Idee/Beschreibung	Hinweise/Organisation
796	Ausdauer Schlagsicherheit	1 gegen 2. A bekommt den Ball abwechselnd an die Grundlinie und in seinen Netzbereich zugespielt. Er schlägt beliebig zurück. Ob er angreifen darf, hängt von der Spielstärke seiner Gegenüber ab. U und V spielen im Doppel-Spielsystem und halten die Schlagfolge ein. Keine Angriffe also.	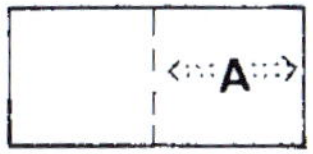 A
797	Ausdauer Schlaggenauigkeit	1 gegen 2. Sektorenverteidigung. A schlägt Ball abwechselnd zu V in die gegenüberliegende Netzecke rechts und zu U in die LvK-Ecke. U und V spielen jeweils aus ihren Ecken beliebigen Schlag zurück.	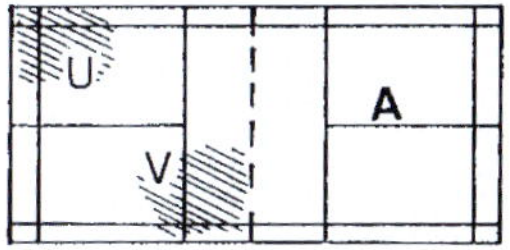 U V A
798	Angreifen	1 gegen 2. Dauerangriffsspiel. A bekommt den Ball in Smash-Bereich zugespielt. Er schmettert beliebig. U und V stehen nebeneinander in ihren beiden Feldhälften in Smash-Abwehr-Stellung. Der Angespielte wehrt A's Smash kurz ab. A Netzdrop – U bzw. V Zuspiel zum erneuten Smash.	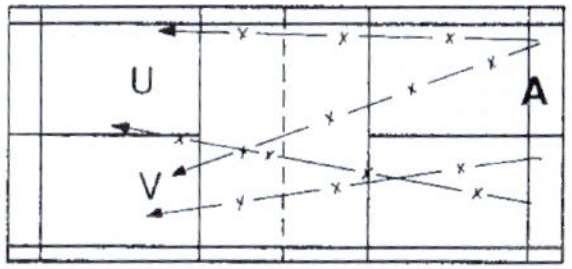 U V A
799	Spielpartner beobachten Peripheres Sehen Schlaggenauigkeit	1 gegen 2. Gegner wobiscum? U spielt aus einer Feldecke Ball auf A's Feldseite und läuft in eine andere Ecke. A schlägt Ball in jene Ecke, in der V steht. V spielt auf A's Feldseite zurück und läuft in neue Ecke. A muss U und V also abwechselnd anspielen. Diese wechseln nach jedem Schlag beliebig den Standort.	A – U – A – V – A – U – A – V – A – ...
800	Verteidigen Befreien aus Grundlinienbereich Ausdauer	1 gegen 2. U und V stehen hintereinander. U ist also für den Netzbereich, V für Grundlinienbereich zuständig. A spielt abwechselnd beide Bereiche an. U und V haben freie Schlagwahl.	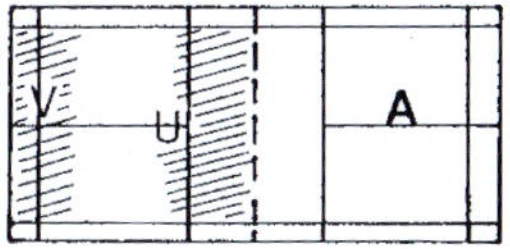 V U A

8

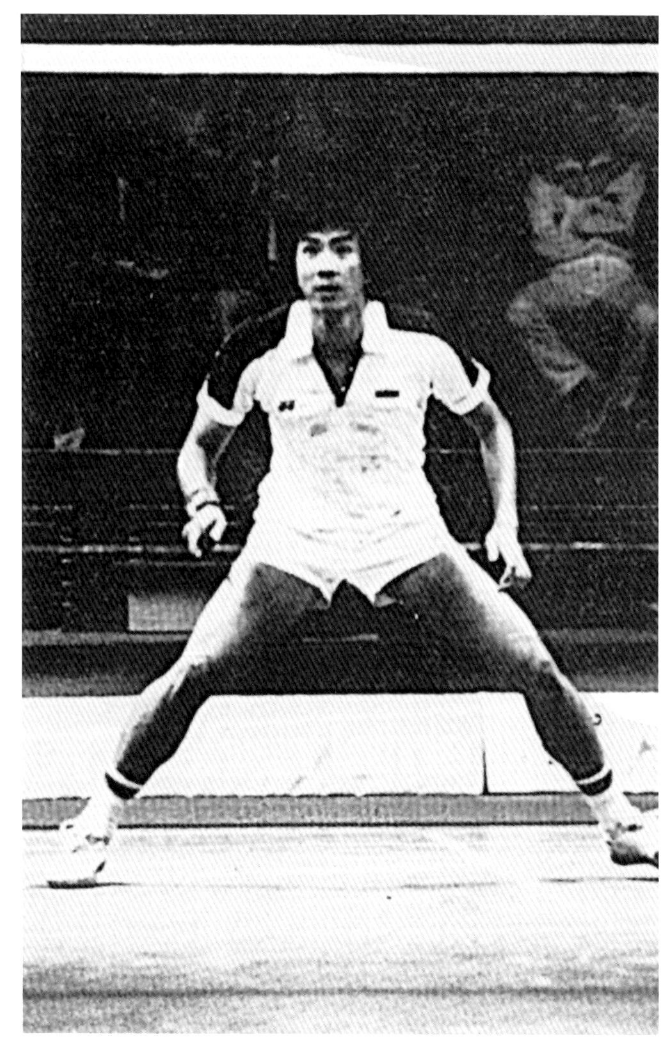

„Superstar und Legende"
Rudy Hartono aus Indonesien (hier in defensiver Ballerwartungshaltung) war der überragende Spieler einer ganzen Epoche. Niemand gewann den Herren-Titel bei den ALL-ENGLAND CHAMPIONSHIPS so oft wie er: achtmal, zwischen 1968 und 1976. 1980 wurde er nach zwischenzeitlichem Rücktritt bei der 2. WM dann sogar noch „offiziell" Weltmeister.

Auflösung von S. 127:
Bei dem Freund des Federballspiels handelt es sich um Theodor Fontane.
Die Zitate stammen aus...
links oben: Gorm Grymme
links unten: Graf Petöfy (7. Kap.)
rechts oben: Cécile (9. Kap.)
rechts unten: Königin Eleonorens Beichte.

Kapitel 9

Integriertes Konditionstraining – in Gruppen verschiedener Größe

9

9.1 1 Spieler pro Feld mit Trainer als Zuspieler

Nr.	Ziele	Idee/Beschreibung	Hinweise/Organisation
801	Ausdauer (aerobe/anaerobe)	„Eckenanspielen." A spielt nach einer festgelegten Reihenfolge innerhalb der Ballwechsel, nacheinander die 4 Feldecken von T an; einerlei, woher er im Einzelfall jeweils schlagen muss. T hat freie Schlagauswahl. Er bemüht sich, den Ball so zu spielen, dass A ihn noch erreichen kann. Pausen bei Ballverlust kurz halten!	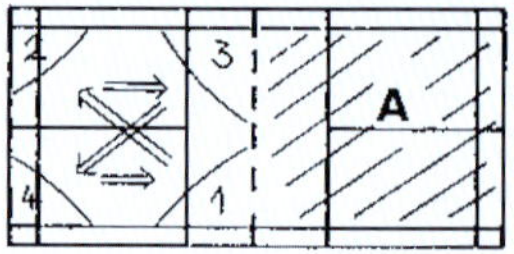 2 3 4 1 A
802	Schnelligkeits-ausdauer	„Tempoübung." A auf ganzem Feld oder ausgewählten Sektoren. Spielt alles in T's Netzbereich zurück. T im Netzbereich. Er hat freie Schlagwahl, dabei aber die Aufgabe, A dazu zu bringen, so schnell wie möglich zu spielen. Swip, Netzdrop hoch annehmen, verdecken und verzögern, aber nicht austricksen. Schläge zurufen!	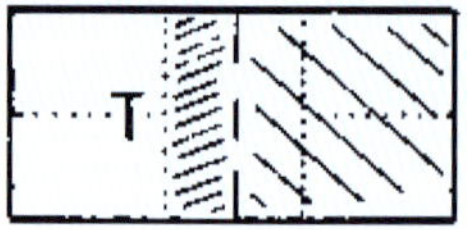 T Ballwechsel 20–30 sec in höchster Intensität.
803	Anaerobe Ausdauer	„Punktanspielen." T steht in der Mitte seiner Grundlinie. Er hat freie Schlagwahl. Je nach Zielsetzung spielt er auf Angriff oder auf Ballhalten. A versucht, alle Bälle zu erreichen und hoch nach hinten zurückzuschlagen. (Gelingt dies nicht, spielt er vermutlich zu lahm. Jawohl: zu lahm!)	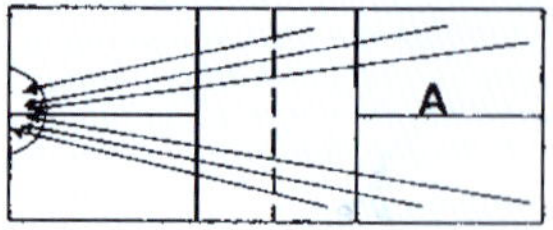 A
804	Schnelligkeitsausdauer Anaerobe Ausdauer	„Sektorenspiel." A spielt auf ganzem (oder eingeschränktem) Feld in höchstem Tempo ein aggressives Spiel. T beginnt stets mit hohem Aufschlag. Damit er den Ballwechsel möglichst lange aufrechterhalten kann, braucht er nur einen Sektor seines Feldes zu verteidigen (schraffiert). Er bemüht sich um variable Abwehr.	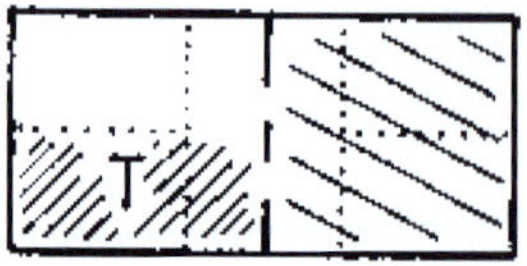 T
805	Schnelligkeit Ausdauer	„Alternatives Schlagen aus einem Sektor." T steht in einem Feldsektor (z. B. Vh-Ecke) und darf unregelmäßig Clear Ll und Drop cr schlagen. A spielt Clear als LvK-Clear Ll und Drop als Uhclear cr zurück. Tempo wird durch Schärfe und Steilheit des Drop sowie die Weite und Höhe des Clear reguliert. Keine Rh-Üh!	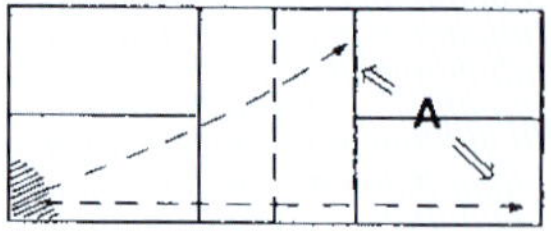 A

Nr.	Ziele	Idee/Beschreibung	Hinweise/Organisation
806	Ausdauer (Kraftausdauer)	„Schlagfluss." Zwischen T und A wird ein einfacher Schlagfluss (z. B. T Uhclear Rh Ll – A Vh-Drop Ll) aufrechterhalten, wobei A nach jedem Schlag zur ZP zurückkehren soll. (Bodenmarkierung ist hier ganz nützlich und bequem.)	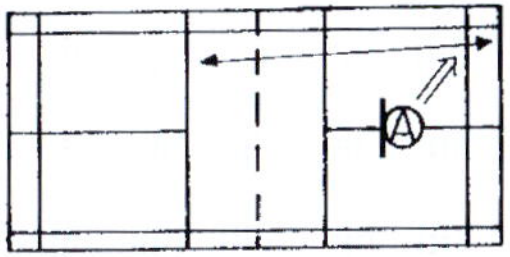
807	Schnelligkeitsausdauer (Schnelligkeit)	„Schlagfluss mit eingebauter Zusatzaufgabe." Zwischen T und A wird ein Schlagfluss aufrechterhalten. A einer Stelle jedoch, hat A, während der Ball fliegt, z. B. eine Schlagsimulation durchzuführen. A Uhclear Rh Ll mit anschließender Schlagsimulation Vh-Smash – T Vh-Drop cr – A Uhclear Vh cr – T Vh-Drop Ll – usw.	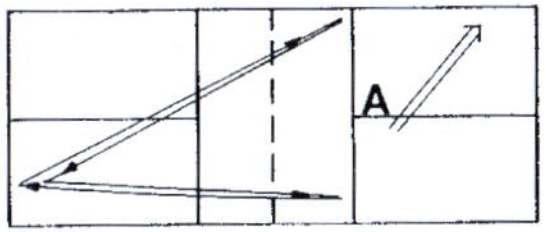 A
808	Ausdauer Schlagsicherheit bei hoher Sauerstoffschuld	„Schlagfluss mit zwischengeschobener Zusatzaufgabe." Zwischen A und T wird für eine bestimmte Zeit (1–2 min) ein Schlagfluss aufrechterhalten. Etwa: A Drop aus Grundlinienbereich in T's Netzecke li – T Uhclear. Dann wird der Schlagfluss unterbrochen und A vollbringt eine kurze, konzentrierte Anstrengung (Hocksprünge, Kurzsprints, Schlagsimulationen o. Ä.)	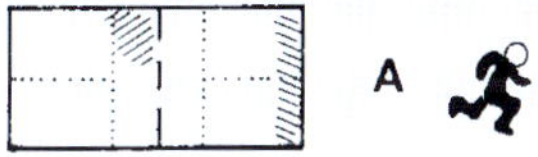 A
809	Sprungkraft	„Einseitige Dauerbelastung." T schafft durch sein Zuspiel Situationen, die es A ermöglichen, immer wieder die gleichen Bewegungen zu machen. T von der Grundlinie Drop an Seitenlinien. A (aus ZP!) im weiten Ausfallschritt Uhclear. Falls die Belastung noch nicht ausreicht, zusätzlich jeweils eine Kastenberührung mit dem Schläger einbauen.	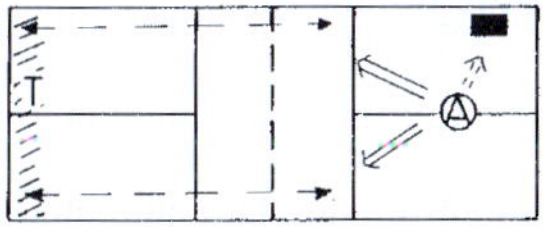 T
810	Sprungkraft	„Einfache Zuspielübung." Ein Ball. T spielt diesen stets neu mit Uhclear zu. A befindet sich in der Hocke, wenn er auf den Ball harrt. Er macht aus dieser einen Strecksprung, der in einen Smash einmündet, mit welchem er das Zuspiel zurückschmettert. (Timing einüben!)	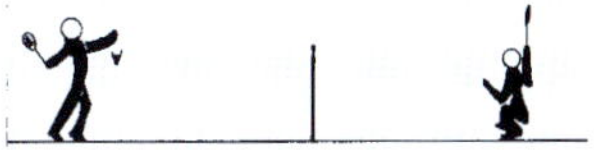

9

9.1 1 Spieler pro Feld mit Trainer als Zuspieler

Nr.	Ziele	Idee/Beschreibung	Hinweise/Organisation
811	Schnelligkeitsausdauer Ausdauer	Multifeeding. T, mit vielen Bällen in ZP stehend, spielt abwechselnd mit Uh-Zuspiel (3) Bereiche an. A soll von dort den Ball jeweils mit vereinbartem Schlag zurückschlagen. Z. B.: A LvK-Smash, Töten in Netzbereich Mitte (evtl. die Aw des Smash durch T), Vh-Clear im Sprung. Var.: Weitere Ausführungsformen bieten Ü 881–885.	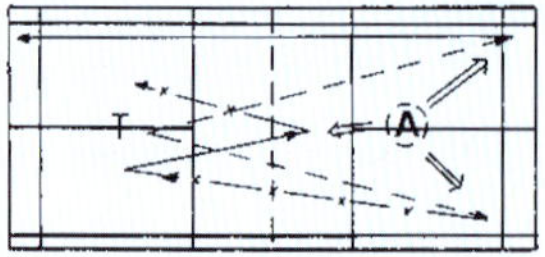
812	Schnelligkeit	Multifeeding – alternativ. Z steht mit mehreren Bällen in ZP. Er hat bei jedem Zuspiel die Wahl zwischen 2 Punkten, wohin er spielen kann. (Täuschen erlaubt!) A, aus ZP kommend, muss versuchen, den Ball möglichst so früh (hoch) wie möglich anzunehmen. Z. B.: T Uh-Drop in die Netzecken – A Netzdrop an Kante.	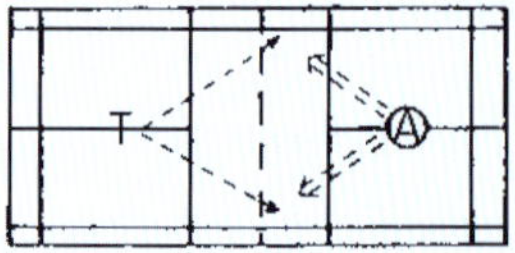
813	Schnelligkeit	„Zuwurfübung." T steht kurz hinter dem Netz und wirft an einer verabredeten Stelle einen Ball in A's Feld. A beginnt jeweils in einer festgelegten Ausgangsposition (z. B. Schläger berührt hintere A-linie) und versucht, den Ball noch zu erreichen (z. B. Uhclear), bevor er den Boden erreicht hat.	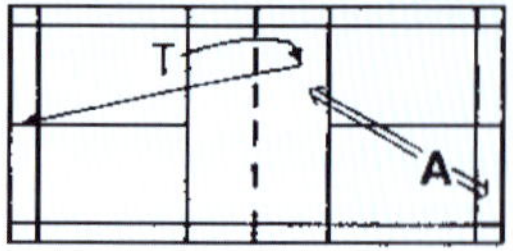
814	Reaktions- und Aktionsschnelligkeit	„Dauer-Smash-Abwehr." Im Rahmen einer einfachen Komplexübung wird A immer wieder mit Smash angegriffen. Unvorhersehbar jedoch ist für ihn, in welchen Bereich (Vh, auf Körper, Rh) der Ball geflogen kommt, sodass er zu entsprechend schnellen Reaktionen gezwungen ist. Etwa: T Smash von Mittellinie hinten – A Ku Aw – T Uhclear – A erneutes Zuspiel zum Smash.	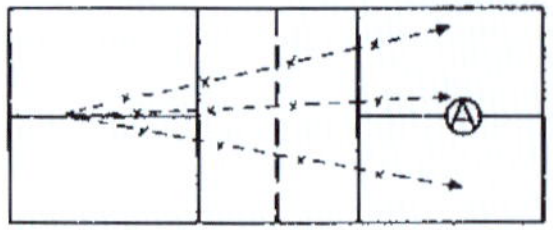
815	Gewandtheit Dehnfähigkeit	„Extrembewegungen." Die Ausführung vieler Bewegungen läßt sich durch intensive Bewegungsschulung weiter verbessern. A bekommt den Ball an seine linke Seite zugespielt, und zwar in den Bereich zwischen Ohr und Schulter. Er schlägt ihn mit der Vh-Schlägerseite LvK zurück, wobei der Oberkörper weit nach li gebeugt wird und der Schlägerkopf abwärts zeigt.	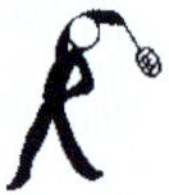

Nr.	Ziele	Idee/Beschreibung	Hinweise/Organisation
816	Schlagkraft Arm	„Power Smash." A bekommt von T den Ball in den Bereich zwischen vor A-linie und Feldmitte zugespielt. Er schmettert ihn T vor die Füße – und zwar derart steil und fest, dass der Ball so hoch aufspringt, dass T ihn unmittelbar als Uhclear wieder zuspielen kann. Nicht mit ganzem Körper schmettern, sondern hauptsächlich aus dem Arm.	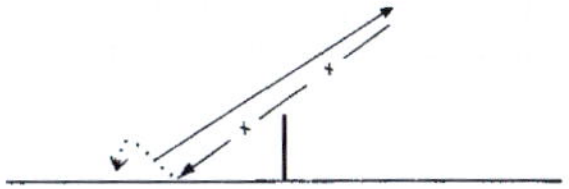 Übung bedarf einiger Einarbeitungszeit.
817	Kraftausdauer (Arm, Beine) Ausdauer	„Bewegungsschlagübung." Eine vorgesehene (intensive) Belastung kann auf diese Weise ständig wiederholt werden. (T evtl. mit mehreren Bällen, damit er verschlagene sofort ersetzen kann.) Etwa: A LvK-Smash Ll – T Ku Aw cr – A Netzdrop Ll – T Uhclear cr als Zuspiel zum nächsten Smash.	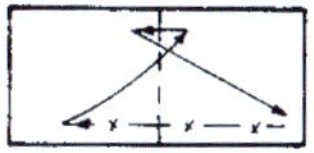 A
818	Anaerobe Ausdauer	„Vorbereiten mit Finalschlag." A macht einen Angriffsschlag aus dem Grundlinienbereich und stürmt nach vorne, um T's Abwehrschlag über Netzkantenhöhe zu töten. T muss seine Aw so einrichten, dass A eine Chance hat, seine Absicht auszuführen. Z. B.: A Vh-Smash Ll – T Ku Aw zur Netzmitte – A Töten.	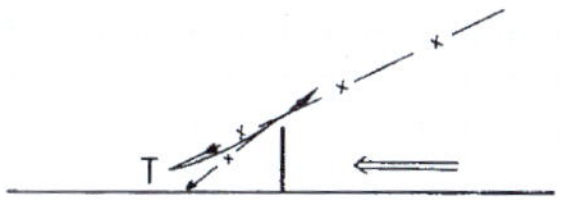 T
819	Anaerobe Ausdauer	„Spiel mit Einschränkung." A erhält eine Einschränkung zugeordnet, die ihn zwingt, sein Spiel druckvoll, schnell und konzentriert durchzuführen, wenn er gegen T gewinnen will. Z. B.: A darf von der Grundlinie keinen Clear spielen.	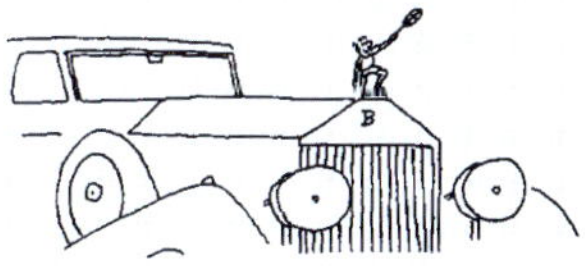
820	Gesamtheit der leistungsbestimmenden konditionellen Faktoren berücksichtigen	Weitere Übungsbeispiele für einen Spieler mit hilfreichem Zuspieler siehe unter Ü 731–740.	

9.2 2 Spieler pro Feld

Nr.	Ziele	Idee/Beschreibung	Hinweise/Organisation
821	Ausdauer (aerobe/ anaerobe)	„Beidseitige Daueralternative." A und B bemühen sich beide, gegn. Feldecken sauber anzuspielen und den Ball so zu schlagen, dass er vom Partner erreicht werden kann. Jedoch: Beide haben in jeder angespielten Position nur die Auswahl zwischen 2 Schlägen: Clear Ll oder Drop cr.	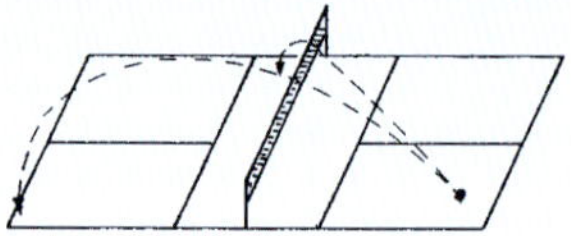
822	Ausdauer Regeneration in Phasen mittlerer Belastung	„Tempoübung." A auf ganzem Feld, spielt alles in B's Netzecke links (rechts) zurück. B hat freie Schlagwahl, dabei die Aufgabe, A dazu zu bringen, schnellstmöglich alle Bälle zurückzuspielen. Jede Minute werden die Aufgaben gewechselt (ohne dass der Ball verloren geht).	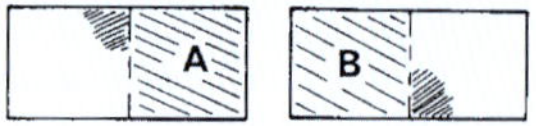 A B
823	Schnelligkeitsausdauer	„Doppelter Tempomacher." Jeder der Partner hat mehrere Bälle, mit denen verschlagene sofort ersetzt werden. Ballwechsel beginnt mit hohem Aufschlag, der mit Smash erwidert wird. Danach heißt die Devise: Schmettern/Angreifen, wann immer es möglich ist; höchstes Tempo, frühestmögliches Annehmen! Je nach Leistungsvermögen auf ½ oder ganzem Feld.	Statt in schwierigen Situationen Bälle riskant zu verschlagen, wird dem Partner (Uh)Clear zum erneuten Smash zugespielt.
824	Anaerobe Ausdauer Konzentration	„Spielen im Rahmen grobskizzierter Schlagfolgen." Um längere Ballwechsel zu erreichen und dennoch das ganze Feld dynamisch zu bespielen (Tempo-Rallye), werden einige wenige Vereinbarungen getroffen. Beispiele: Wenn cross gespielt werden soll, darf dieses nur mit einem (Uh)Clear geschehen! Smash immer Ll! Kein Drive aus Netzbereich erlaubt!	Höchstes Tempo!
825	Kraftausdauer Beine Gewandtheit	„Schlagen ohne (beträchtliche) Laufarbeit." Hier: Drive aus der Kniebeuge. (Auf ½ Feld.) Beide Spieler stehen in ihrer Feldmitte in leichter Hocke und schlagen sich den Ball mittels Überkopf-Drive zu. Am besten werden die Zeiten festgelegt, für die der Ballwechsel jeweils aufrechterhalten werden soll (z. B. 10 x 30 sec).	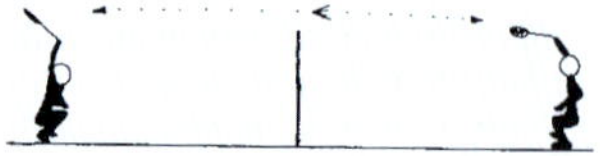

Nr.	Ziele	Idee/Beschreibung	Hinweise/Organisation
826	Ausdauer Kraftausdauer	„Schlagfluss.“ Zwischen A und B wird ein einfacher Schlagfluss aufrechterhalten, wobei beide nach jedem Schlag zur ZP zurückkehren sollen. (Unterstützend und ermunternd wirkt hierbei eine Bodenmarkierung.) Beispiel: Beide schlagen Vh-Clear cr.	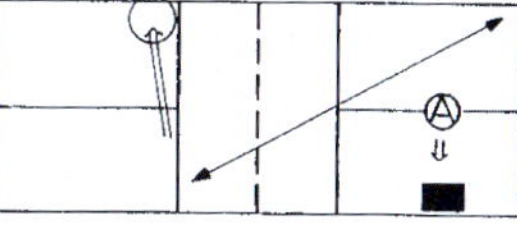
827	Schnelligkeitsausdauer (Schnelligkeit)	„Schlagfluss mit eingebauter Zusatzaufgabe“. Zwischen A und B wird ein Schlagfluss aufrechterhalten. Nach jedem ihrer Schläge müssen beide Spieler zusätzlich eine Aufgabe erfüllen. Z. B.: A Vh-Drop cr und Tippen mit dem Schläger auf einen jenseits ZP stehenden Kasten. B Uhclear cr und Sprung in Reifen an Seitenlinie.	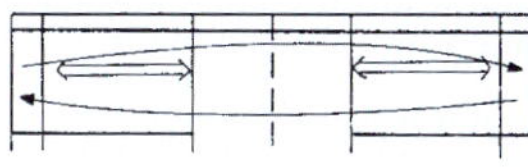
828	Schnelligkeit (Schnelligkeitsausdauer)	„Schlagfluss mit badmintonspezifischer Zusatzaufgabe.“ Auf ½ Feld. Beide Spieler schlagen Clear. Nach jedem Schlag müssen sie vorwärtslaufen und an der Netzkante eine Schlagsimulation Netzdrop ausführen.	
829	Schlagsicherheit bei hoher Sauerstoffschuld Laufarbeit bei lokaler Ermüdung	„Schlagfluss mit zwischengeschobener Zusatzaufgabe.“ Zwischen A und B wird eine Schlagfolge für eine vereinbarte Zeit aufrechterhalten. Etwa: A Uhclear – B Drop – A Stop – B Uhclear – A Drop – B Stop – usw. Dann wird unterbrochen und beide vollbringen eine intensive Anstrengung (z. B. 20 sec Skipping, 12 Grätschwinkelsprünge, 20 einbeinige Sprünge auf Kasten, o. Ä.).	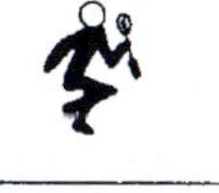
830	Unterschiedliche Zielsetzungen für die Partner verfolgen	„Schlagfolge mit andersartiger Belastung der Partner.“ Sind die Übungsziele der Partner nicht identisch, kann für jeden eine unterschiedliche Zusatzaufgabe gestellt werden, Beispiel: A Sprungkraft, B Schnelligkeit. A alternativ: LvK-Smash Ll , LvK-Drop cr, LvK-Clear cr; alles im Sprung aus ZP mit Rückkehr. B Lauf aus ZP und hohes Zurückspiel in A's LvK-Ecke.	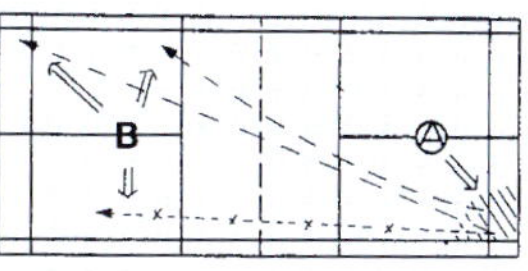

9.2 2 Spieler pro Feld

Nr.	Ziele	Idee/Beschreibung	Hinweise/Organisation
831	Schnelligkeit (Ausdauer)	„Alternatives Schlagen aus je einem Sektor.“ Nur vorgesehene Feldsektoren dürfen angespielt werden, allerdings mit Angriffsschlägen. A darf aus seiner LvK-Ecke Clear Ll und Drop cr schlagen. B's Drop cr schlägt er als Uhclear cr zurück. B darf aus seiner Vh-Ecke Clear Ll und Drop cr schlagen. A's Drop cr spielt er als Uhclear cr zurück.	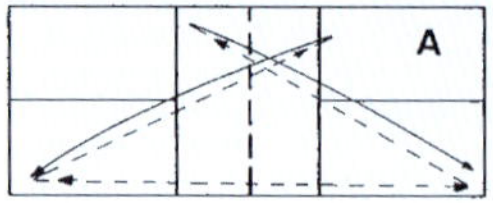 A
832	Ausdauer	„Alternatives Schlagen aus je zwei Sektoren.“ Nur schraffierte Flächen dürfen angespielt werden (Sektorenspiel). Mit oder ohne: – Einschränkung von Schlägen, – Häufigkeitsverteilung der auszuführenden Schläge.	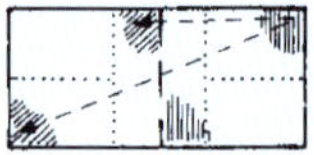
833	Schnelligkeit Schnelligkeitsausdauer Gewandtheit	„Beidseitige Komplexübung.“ A und B haben jeder bei (mehreren) Standardsituationen die Möglichkeit zu alternativen Schlägen. Etwa: Spiel am Netz über die ganze Feldbreite. Aber: Beide dürfen auch aus den Ecken mit Swip/Drive die Grundlinie anspielen. (Von dort wird mit Sh-/Uh-Drop der Ball in den Netzbereich zurückgeschlagen.)	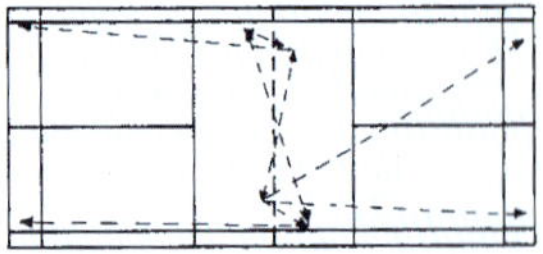
834	Schnelligkeit Wendigkeit	„Schlagkombination mit Zusatzaufgabe für jeden Partner.“ Für A: Lauf um Ballhülse. Für B: Schlägertausch an Seite. A Vh-Clear Ll — A LvK-Clear Ll B LvK-Clear Ll — B Vh-Clear Ll A Drop Ll und Umweg — A Drop Ll und Umweg B Uhclear cr und Tausch — B Uhclear cr und Tausch ...	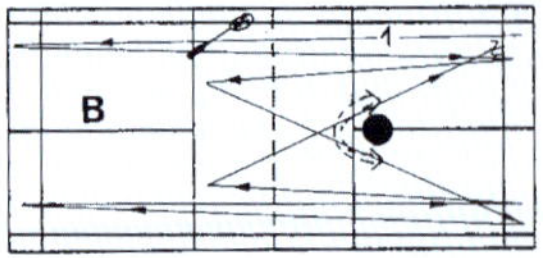 B 1
835	Kraftausdauer Ausdauer	„Bewegungsschlagübung mit fliegendem Rollenwechsel.“ Eine vorgesehene Dauerbelastung (z. B. durch Smash im Sprung oder durch hohes Annehmen am Netz) wird für beide erreicht, wenn nach jeweils (fünf)maligem Durchspielen, nahtlos die Rollen der Spieler getauscht werden, also „gewechselt“ wird. Beispiel: A Vh-Smash cr – B Ku Aw Ll – A Netzdrop cr – B Uhclear als Zuspiel – usw.	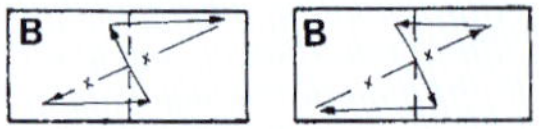 B B

Nr.	Ziele	Idee/Beschreibung	Hinweise/Organisation
836	Ausdauer	„Wettspiel mit beidseitig gleicher Aufgabenstellung.“ A und B spielen Einzel nach Badmintonregeln. Beiden ist dabei eine Aufgabe gestellt, die sie zu druckvollem Spiel zwingen soll. Bei Nichterfüllen wird jeweils Fehler gezählt. Etwa: Im LvK-Überhand-Bereich muss jeder Ball geschmettert werden.	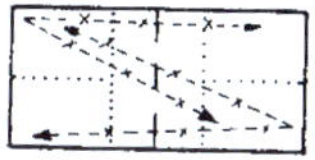
837	Ausdauer	„Wettspiel mit beidseitig unterschiedlicher Aufgabe.“ A und B spielen Einzel nach Badmintonregeln. Beiden ist jeweils eine Aufgabe gestellt, die sie zu druckvollem, schnellen Spiel zwingen soll. Bei Nichterfüllen wird stets sofort Fehler gezählt. Etwa: A muss jeden Netzdrop (nicht Stop!) wischen. B darf aus Üh-Bereich der Vh-Ecke nur cr schlagen.	
838	Aerobe Ausdauer Dauerhafte Konzentration Spaß in der Gruppe haben	„Guinness-Spiel.“ Zu zweit auf einem Feld. Mehrere Paare können gleichzeitig beginnen und in Konkurrenz zueinander spielen. Wie lange gelingt es, den Ball ohne Unterbrechung in der Luft zu halten? 15 min? Wichtig: Keine Serien gleicher Schläge sind erlaubt! Keine Bewegungsschlagübung darf erkennbar sein!	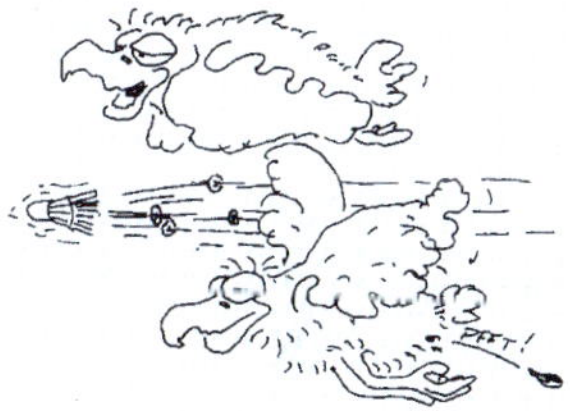
839	Schnelligkeit Ausdauer	Multifeeding. Übungen dieses Typs, wie sie etwa in Ü 881–885 oder 810 ff. vorgestellt sind, werden bei zwei belastungswilligen Spielern in der Art durchgeführt, dass zunächst Spieler A zuspielt und B zurückschlägt, sodann ein zügiger Platzwechsel vorgenommen wird, und B während seiner eigenen Erholungszeit die Zuspielerrolle übernimmt.	
840	Vielfältige Übungsformen auf konditionelle Zielsetzungen einrichten	Weitere Übungsbeispiele für 2 Spieler, die gleichzeitig integriertes Konditionstraining betreiben wollen, finden sich in Kapitel 7.	

9.3 3 Spieler pro Feld

Nr.	Ziele	Idee/Beschreibung	Hinweise/Organisation
841	Ausdauer Spaß	„Chinesischer Rundlauf." Das Netz wird an den Enden hochgewickelt. Der Ball wird von den 3 Spielern mit Vh-Clear cr im Schlagfluss gehalten. Nach jedem Schlag läuft der betreffende Spieler auf die andere Feldseite und schlägt aus der dortigen Vh-Ecke seinen nächsten Clear cr.	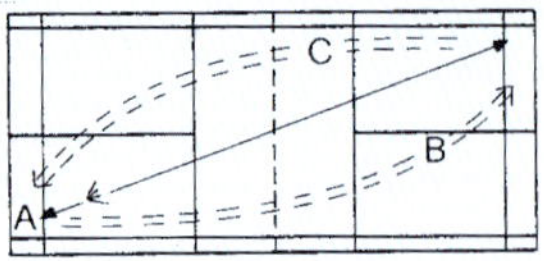 C B A
842	Aerobe Ausdauer Regenerationsfähigkeit in Phasen mittlerer Belastung	1 gegen 2; freies Spiel. Alle versuchen, den Ball im Spiel zu halten. Jeweils nach 2 min wechselt ein anderer Spieler zur Einzelseite hinüber. 12–30 min Dauer.	Faustregel für aerobes Ausdauertraining: Puls zwischen 150–175 Schlägen pro Minute halten.
843	Ausdauer	1 gegen 2; freies Spiel. B und C haben mehrere Bälle. Sie bringen bei Ballverlust sofort einen neuen ins Spiel ein.	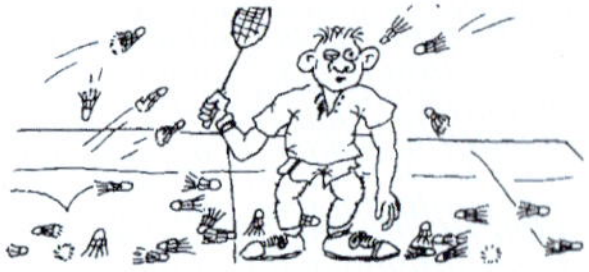
844	Schnelligkeit Ausdauer	1 gegen 2; freies Spiel. Aber: B und C müssen abwechselnd schlagen. Nicht destruktiv spielen, sondern so, dass möglichst viel gelaufen werden muss.	A – B – A – C – A – B – ...
845	Ausdauer (Schnelligkeit)	A auf einer Feldseite, B und C gegenüber. Schlagfluss Clear. A Clear Ll aus Vh-Ecke. B und C schlagen LvK-Clear Ll abwechselnd zurück und laufen anschließend jeweils in Netzecke rechts zu einer Schlagsimulation Töten.	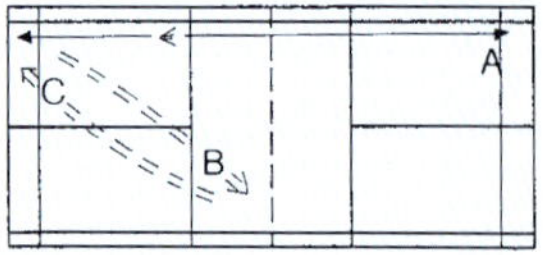 C B A

Nr.	Ziele	Idee/Beschreibung	Hinweise/Organisation
846	Ausdauer (Schnelligkeit)	A steht an vo A-linie und spielt abwechselnd Uhclear zu B und zu C, die an der gegenüberliegenden Grundlinie stehen. B und C schlagen jeweils Drop zurück und laufen dann nach vorne, wo sie (möglichst) das Netz mit dem Schläger berühren sollen. (Evtl. vo A-linie.)	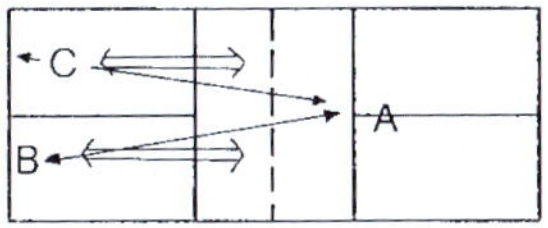
847	Gewandtheit	Schlagfluss mit Zusatzaufgaben. A schlägt aus Vh-Ecke. Drop cr zu B. B Uhclear cr zurück. A Vh-Clear Ll zu C. C LvK-Clear Ll zurück. Zusatzaufgaben: A 10 Bälle, die jenseits ZP aufgestellt sind, mit Schläger umstoßen. B An hi A-linie Schläger gegen anderen tauschen. C Vor Netz beidbeinig in Reifen hüpfen.	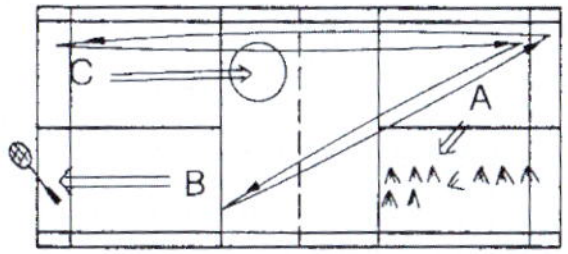
848	Ausdauer	A auf einer Feldseite, B und C auf der anderen. Geschlagen wird eine Bewegungsschlagübung: A Drop – B Stop – A Netzdrop – B Uhclear – ... Nach diesem Uhclear läuft B um eine mehr oder weniger weit entfernte Markierung herum, während C die nächsten Stop und Uhclear schlägt. Danach vollführt C seinerseits den Lauf usw.	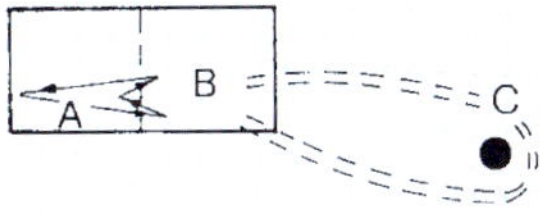
849	Ausdauer Koordination	A auf einer Feldseite, B und C auf der anderen. Es wird Bewegungsschlagübung eingehalten: A LvK-Drop cr – C Stop Ll – A Uhclear cr – B Clear Ll als Zuspiel usw. B läuft nach jedem Clear zum Netz und berührt es mit dem Schläger. C spielt seinen Stop aus Vorwärtslauf nach Umsprung-Simulation an der Grundlinie.	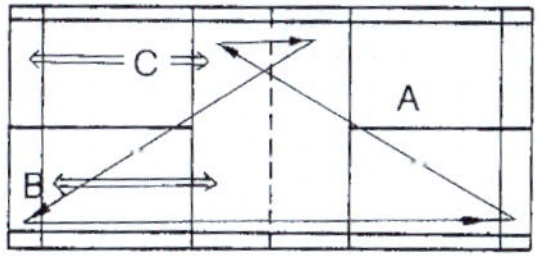
850	Kraftausdauer Beine	Zuspielübung Multifeeding. Dauerzuspielzeit von 5 min anstreben! Z1 spielt aus ZP unregelmäßig in A's Netzecken rechts und links. A schlägt alle Bälle als Netzdrop (im weiten Ausfallschritt!) zurück. Z2 sammelt diese Bälle, um Z1 sofort abzulösen.	

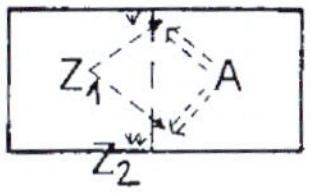

9.3 3 Spieler pro Feld

Nr.	Ziele	Idee/Beschreibung	Hinweise/Organisation
851	Ausdauer	Zuspielübung Multifeeding. Z1 und Z2 mit mehreren Bällen auf einer Feldseite. Sie schlagen abwechselnd A zu. Z1 spielt in A's Vh-Ecke. A schlägt Vh-Clear Ll. Z2 spielt in A's Netzecke links. A schlägt Stop Ll aus Bodennähe.	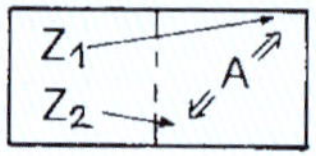 Zuspielzeit zwischen 30 und 180 sec variierbar; mehrere Durchgänge.
852	Schnelligkeit	A und B schlagen Clear entlang einer Seitenlinie. C mit mehreren (5–10) Bällen, neben B in anderer Fh. Er wirft nach jedem Schlag von A einen Ball übers Netz in den Bereich vo A-linie-ZP. A soll diesen Ball als Uh-Drop zurückspielen, bevor er den nächsten Clear schlägt. Sind alle Bälle geworfen, wechseln.	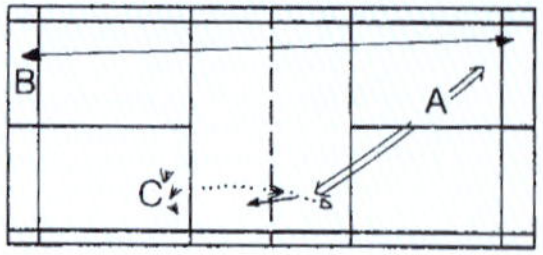
853	Schnelligkeit	Zuspielübung Multifeeding. Z, mit mehreren Bällen, flaches Zuspiel zu B (Richtung Seitenlinie). B Drive Ll oder cr. A steht vor Z und versucht jeweils, in B's Drive hineinzuspringen um ihn abzufangen.	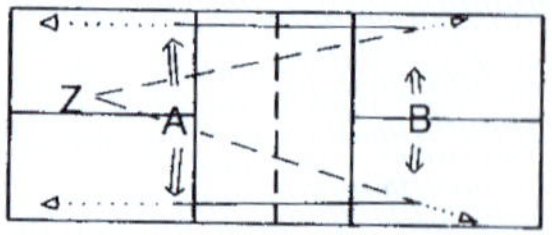
854	Ausdauer	A auf einer Feldseite, B und C auf der anderen. A spielt (un-)regelmäßig B und C an. B (in Netzecke re) hat 2 Alternativen: Netzdrop Ll und Uhclear cr. C (li Fh, Grundlinie): LvK-Clear cr und LvK-Drop Ll. B und C jeweils mit Lauf aus ZP.	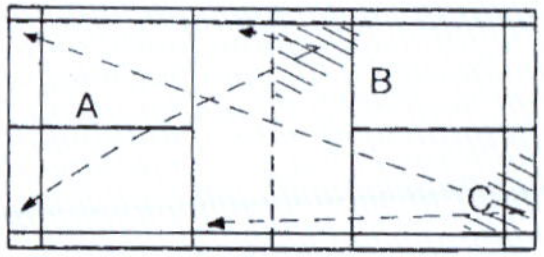
855	Ausdauer Antritt	A auf einer Feldseite, B und C auf der anderen. Man einigt sich auf 2 Sektoren, in denen B und C stehen und in die A (un-)regelmäßig spielt. B und C schlagen beliebig zurück. Aber: Nach jedem Schlag tauschen sie ihre Positionen.	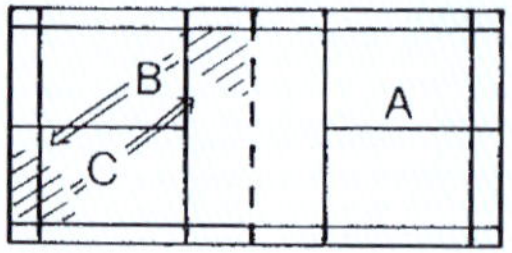

Nr.	Ziele	Idee/Beschreibung	Hinweise/Organisation
856	Schnelligkeit Antritt Konzentration	Zu zweit auf dem Feld. Freies Spiel. Der Verlierer des Ballwechsels tauscht jeweils seinen Platz mit dem außen wartenden 3. Spieler und absolviert sodann einen Kurzsprint zur gegenüberliegenden Hallenwand und zurück.	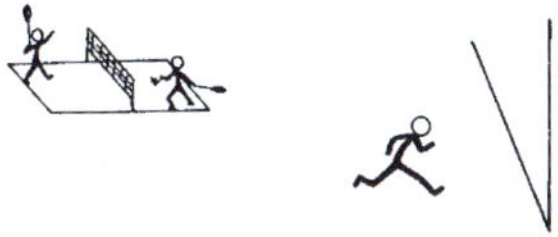
857	Sprungkraft Kraftausdauer Beine	A schlägt mit B Clear. C, neben A, vollführt 4(–8) Hocksprünge (o. Ä.) Nachdem der Ball 6(–10)-mal das Netz überfolgen hat, spielt B den Ball zu C und schlägt mit ihm 6(–10)-mal. A läuft währenddessen neben B und vollführt dort seine Hocksprünge, bis C mit ihm schlägt und B springt.	Pause: Wenn die geforderte Anzahl Sprünge nicht mehr erreicht wird.
858	Sprungkraft Kraftausdauer Arm	2 Spieler, Spiel am Netz ohne Töten. Sobald einer einen Schlagfehler macht, tauscht er mit dem außen befindlichen 3. Spieler. Dieser macht Schlagsimulationen Smash im Sprung ... . und zwar so lange, bis ein Spieler des neuen Paares einen Fehler macht.	Lasst den armen Jungen bitte nicht sterben!
859	Ausdauer Sprungkraft	A auf einer Feldseite, B und C mit einigen Bällen auf der anderen. Sobald der Ball aus dem Spiel ist, wird er sofort durch ein neues Uh-Zuspiel ersetzt. Folgende Schlagkombination wird eingehalten: A Vh-Smash cr – B Ku Aw Ll – A Netzdrop Ll – B Uhclear Ll – A LvK-Smash cr – C Ku Aw Ll – A Netzdrop Ll – C Uhclear Ll – usw. Var.: Smash Ll – Abwehr cross.	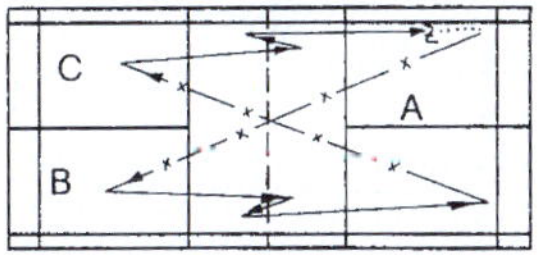
860	Ausdauer Schlagkraft	A auf einer Feldseite, B und C auf der anderen. Bewegungsschlagübung. Sobald der Ball aus dem Spiel ist, wird er durch neues Uh-Zuspiel ersetzt. C Zuspiel zum LvK-Smash – A LvK-Smash Ll im Sprung – B Ku Aw Ll – A Netzdrop cr – C Uhclear cr als erneutes Zuspiel und Wechsel auf B's Position, während dieser in C's vorherige Stellung läuft.	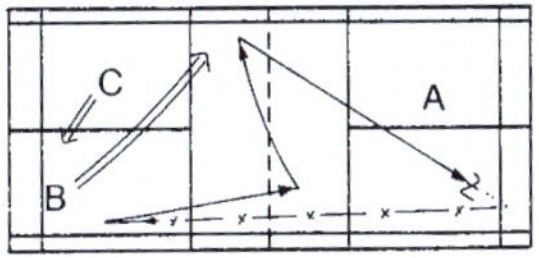

9.4 4 Spieler pro Feld

Nr.	Ziele	Idee/Beschreibung	Hinweise/Organisation
861	(aerobe) Ausdauer	„Rundlauf." P ist Zuspieler. Er schlägt aus seiner LvK-Ecke Drop Ll im Schlagfluss. A, B, C spielen aus Netzecke rechts Uhclear Ll zurück und absolvieren nach dem Schlag jeweils einen Rundlauf um mehr oder weniger weit entfernte Markierungspunkte.	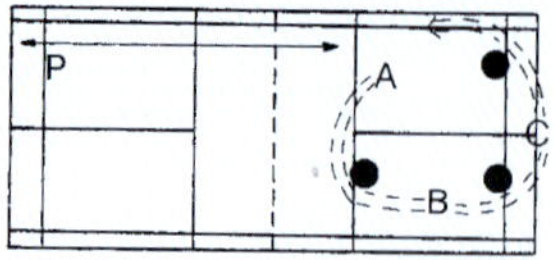
862	Ausdauer Gewandtheit	„Chinesischer Rundlauf mit Schikane." Das Netz wird an den Enden nicht hochgewickelt. Der Ball wird von den 4 Spielern mit LvK-Clear cr im Schlagfluss gehalten. Für jeden neuen Schlag läuft der betr. Spieler auf die andere Feldseite, wobei er unter dem Netz hertaucht, ohne es zu berühren. Für jede Netzberührung muss er nämlich einen Groschen in die Mannschaftskasse zahlen.	Schikane, die Laut Duden: (franz.) Bosheit, böswillig bereitete Schwierigkeit. Vgl. Ü 841.
863	Kraftausdauer Arm Ausdauer	A und B spielen Clear-Rally. Jeder von beiden darf aber auch Vh-Drop cr spielen (zurück als Uhclear). Nach 60 sec Wechsel mit Paar P + Q. Etliche Durchgänge. Zu kurze Weite zurufen. Jeder hat etliche Bälle, mit denen verschlagene sofort ersetzt werden.	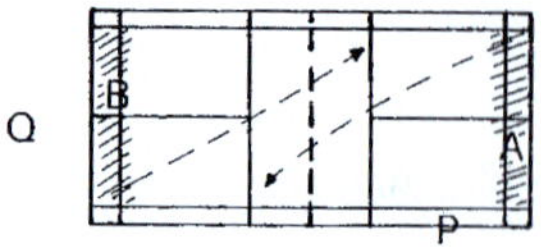
864	Ausdauer	1 gegen 2. Freies Spiel; Ball im Spiel halten. Der vierte Spieler springt hinter dem Feld Seilchen. Das Doppel (mehrere Bälle) spielt den Ball so, dass der Einzelspieler ihn immer noch bekommen kann. Ein verschlagener Ball wird sofort ersetzt. Wechsel, wenn dem Einzelspieler die Puste ausgeht. Der erste Doppelspieler geht zum Seilchen, der zweite zur Einzelseite.	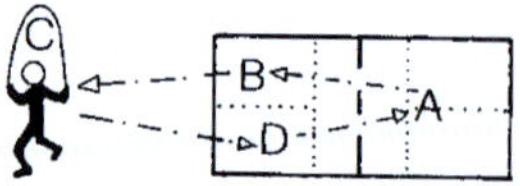
865	Ausdauer Antritt Schnelligkeit	A auf einer Feldseite, B, C, D auf der anderen. A Vh–Clear Ll – B LvK–Clear Ll – A Vh–Drop cr – B Uhclear cr – ... Danach spielt A die Schlagfolge mit C, während B einen Sprint um einen entfernten Markierungspunkt absolviert. Schließlich kommt D an die Reihe. Sprinten – dann Pause! Nicht gleichmäßig rundlaufen.	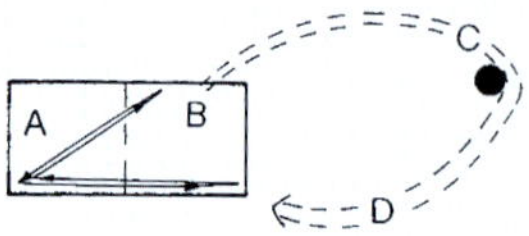

Nr.	Ziele	Idee/Beschreibung	Hinweise/Organisation
866	Ausdauer (Schnelligkeit)	A und B auf einer Feldseite, C und D auf der anderen. Jeder schlägt aus der Vh-Ecke Clear cr und läuft dann jeweils in die Netzecke links zu einer Schlagsimulation Töten.	
867	Ausdauer	A und B auf einer Feldseite, C und D auf der anderen. Geschlagen wird eine Bewegungsschlagübung: A Vh–Drop cr – C Stop Ll – A Uhclear Rh cr – C LvK– Clear Ll – ... Danach laufen A und C jeweils eine Runde um Markierungspunkte, während B und D die Bewegungsschlagübung weiterführen, usw.	
868	Ausdauer Gewandtheit	A schlägt mit B auf 1/2 Feld Clear im Schlagfluss. P schlägt mit Q auf 1/2 Feld Clear im Schlagfluss. Jeder Spieler läuft nach jedem Schlag (im Umsprung) vor und berührt die vo A-linie mit dem Schläger.	
869	Ausdauer Gewandtheit Schnelligkeit	A von der Grundlinie der li Fh Clear Ll zu B. B von seiner Grundlinie Clear cr und Vorlauf zum Netz, wo ein von D geworfener (Uh-)Ball getötet werden soll. A dann von der Grundlinie der re Fh Clear Ll zu C. C von seiner Grundlinie Clear cr und Vorlauf zum Netz, wo ein von D geworfener (Uh-)Ball getötet werden soll. D mit vorgesehener Anzahl von Bällen.	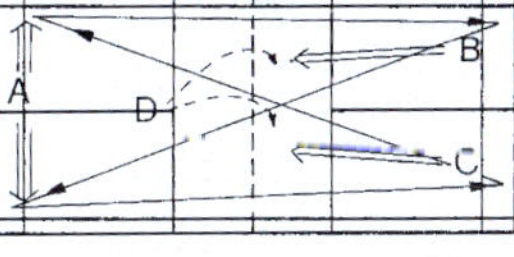
870	Schnelligkeit Gewandtheit	A Drop von der Grundlinie über die ganze Feldbreite mit B Uhclear, ebenfalls über die ganze Feldbreite. Gleichzeitig ebensolches Tun von P mit Q. Bitte schön! Auf beiden Feldseiten liegt jeweils in der Mitte ein kugelrunder, wohlgenährter Reifen und jeder Spieler muss nach jedem Schlag mit einem Fuß in seinen Reifen tippen. Wer schaffts, einem anderen auf die Füße zu treten? Haha!	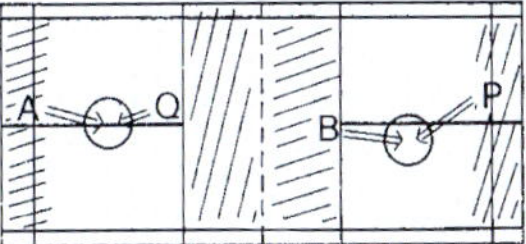

9

9.4 4 Spieler pro Feld

Nr.	Ziele	Idee/Beschreibung	Hinweise/Organisation
871	Schnelligkeit Gewandtheit	Komplexübung: Dauerangriff auf einen Punkt. Jeweils zu zweit auf dem Feld. A, B, C wechseln sich ab. P Uhclear Ll oder cr A Smash auf P's Vh-Seite — Verschlagene Bälle sofort ersetzen P Ku Aw Ll oder cr A Netzdrop Ll — Tempo! P Uhclear Ll oder cr usw. — P = guter Abwehrspieler.	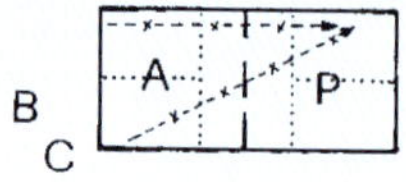 B C A P
872	Ausdauer Sprungkraft	Multifeeding. Z1, Z2 und Z3 jeweils mit mehreren Bällen auf einer Feldseite. A auf der anderen. Z1 Hohes Uh-Zuspiel → A LvK-Smash im Sprung Z2 Uh-Zuwurf → A Töten Z3 Hohes Uh-Zuspiel → A Vh-Smash im Sprung Wechsel nach Zeit.	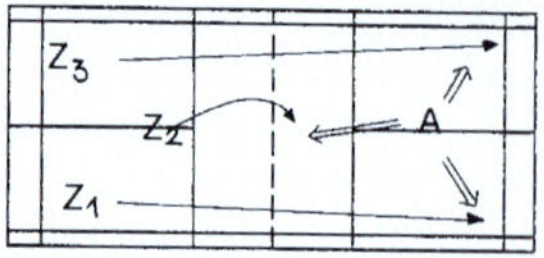 Z_3 Z_2 A Z_1
873	Schnelligkeit (Ausdauer)	Multifeeding – abwechselnd paarweise. A aus ZP, schlägt B Bälle (12) in verschiedene Ecken zu. B erläuft die Bälle und schlägt sie mit Angriffsschlag zurück. Sobald der letzte Ball geschlagen ist, vollführt das Paar P und Q die gleiche Übung. B sammelt schon Bälle ein, um A zuspielen zu können.	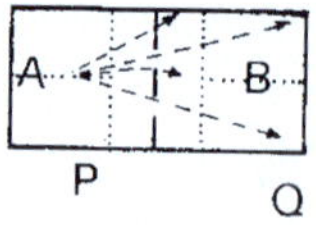 A B P Q
874	Ausdauer Schnelligkeit	Doppel spielen. Ball soll im Spiel gehalten werden. Viel Bewegung, kein Töten am Netz, keine riskanten Bälle. Geht der Ball verloren, wird sofort mit hohem Aufschlag ein neuer ins Spiel gebracht.	Was warf doch Nestor-Erwin Z., der große, alte Coach einmal beiläufig in die Debatte: „Mangel an Übungsplatz habe ich noch nie erlebt – nur Mangel an Anstrengungsbereitschaft."
875	Schnelligkeit (Ausdauer)	„Dreiecksübung." B und Q stehen in den beiden Netzecken links und dürfen innerhalb ihrer schraffierten Sektoren alle Schläge spielen. A bzw. P müssen stets in die entsprechende Netzecke links zurückspielen. Var.: Mit oder ohne Rh-Überhand-Schlag. B und Q dürfen nur ausgewählte Schläge spielen.	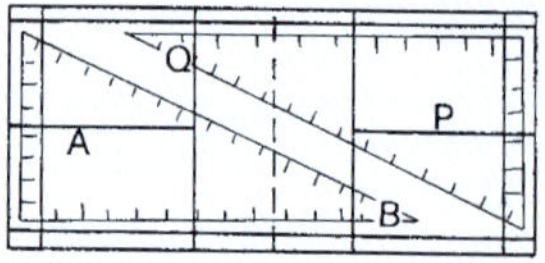 Q A P B

Nr.	Ziele	Idee/Beschreibung	Hinweise/Organisation
876	Schnelligkeit	A mit B und P mit Q jeweils im Schlagfluss. B Uhclear Vh Ll. A Rh-Drop Ll und Tippen mit dem Schläger auf einen Kasten, der in Feldmitte auf der re Seitenlinie steht. Q Uhclear Vh Ll .P LvK-Drop Ll und Tippen mit dem Schläger auf einen Kasten, der in Feldmitte vor der re Seitenlinie steht.	
877	Schnelligkeit Gewandtheit (Kraftausdauer Beine)	A und B sowie P und Q jeweils auf ½ Feld. A Uhclear mit B Drop im Schlagfluss. A läuft nach jedem Ball zur Grundlinie und schubst mit dem Schläger einen von 5 (–10) dort aufgestellten Federbällen um. P Uhclear mit Q Drop im Schlagfluss. Q läuft nach jedem Umsprung zur vo A-linie, wo auf einem Kasten ein Schläger abgelegt ist. Er tauscht seinen Schläger gegen diesen um.	
878	Schnelligkeitsausdauer	A mit B sowie P mit Q jeweils auf ½ Feld. (Gemeinsames) freies Spiel mit tempoverschärfender Einschränkung. Etwa: Von der Grundlinie sind nur Angriffsdrop und Angriffsclear erlaubt. Mehrere Bälle. Keine Pausen, dafür als Ausgleich höheres Tempo!	
879	Sprungkraft	A gegen B und P gegen Q. Jeweils Einzel nach Badmintonregeln auf ½ Feld. Der Gewinner des jeweiligen Ballwechsels bekommt allerdings keinen Punkt, sondern das Recht – und die Pflicht – zu bestimmen, ob sein Gegner 2, 3 oder 4 Grätschwinkelsprünge absolvieren soll. Dieser hat der Anordnung sofort Folge zu leisten. Darf ich bitten, Junge, Mädele. Spring!	
880	Gewandtheit Geschicklichkeit Taktik Spaß	A und B spielen gegen P und Q Einzel-Doppel. Das geht so: Jedes Paar hat nur einen Schläger! Derselbe muss nach jedem Schlag an den Partner übergeben werden, da abwechselnd geschlagen werden muss. Var.: Ball im Spiel halten. Um Punkte. Nach 2–4 Schlägen wechseln.	Verfahren muss erst eingeübt werden: – mit Clear, – auf ½ Feld, Schläge so auswählen, dass der eigene Partner nicht ausmanövriert ist!

9.5 Varianten zur Dauerzuspielübung „Multifeeding" („Ballmaschine", „Multi Shuttle")

Nr.	Ziele	Idee/Beschreibung	Hinweise/Organisation
881		1 Zuspieler mit vielen Bällen jenseits des Netzes in der ZP. Er spielt A einen Ball nach dem anderen zu; neues Zuspiel erst, wenn A wieder in ZP steht. A aus ZP: 1 Laufweg verbunden mit einem Schlag; z. B. Lauf in LvK-Ecke zum LvK-Clear Ll. Nach Ablauf der Zeit oder nach Zuspiel des letzten vorgesehenen Balles, Bälle erneut bereitlegen.	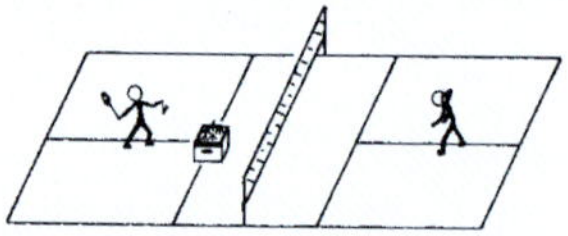
882		1 Zuspieler. A aus ZP: 1 Laufweg, aus dem Zielsektor verschiedene Schläge; z. B. Lauf in die Vh-Ecke, von dort wird Zuspiel nacheinander zurückgeschlagen als Vh-Clear Ll, Vh-Drop cr, Vh-Drop Ll , Vh-Clear cr.	Alle Übungen können – mit Zeitbegrenzung oder – mit vorgegebener Anzahl von zuzuspielenden Bällen (15 Bälle etwa 30 sec) durchgeführt werden.
883	Je nach Wahl von Belastungsdauer Pausenzeit Anzahl der Wiederholungen können verschiedene konditionelle Eigenschaften trainiert werden.	1 Zuspieler. A aus ZP: 2 Laufwege, abwechselnd. Z schlägt ersten Ball in Zielsektor I (z. B. LvK-Smash-Bereich), dann den zweiten in Zielsektor II (z. B. Netzecke rechts). A schlägt in I LvK-Smash cr im Sprung, in II Netzdrop Ll.	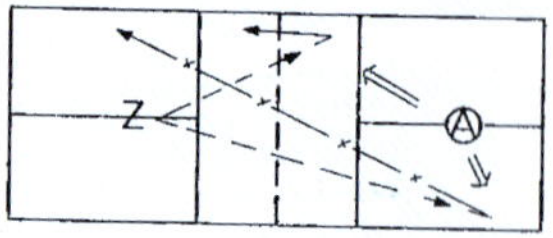
884		1 Zuspieler. A aus ZP: I Laufweg auf Zuspiel, I Laufweg Simulation. A schlägt zunächst den in den vereinbarten Zielsektor gespielten Ball von Z (z. B. Vh-Drop im Sprung), läuft dann über ZP in einen zweiten Sektor, wo er Schlag ohne Ball ausführt (z. B. Drive aus Netzecke rechts).	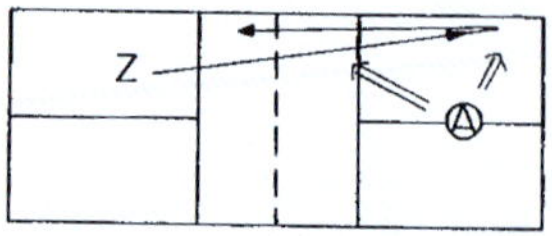
885		1 Zuspieler. „Zuspielfeuer." A aus ZP: in alle Richtungen. Z spielt unregelmäßig (wild durcheinander, beliebig) in alle möglichen Zielsektoren zu. A erläuft oder erspringt jeden Ball und schlägt jeweils bestmöglichen Angriffsschlag.	Um das zügige Dauerzuspiel von vielen Bällen zu gewährleisten, liegt ein Ballstapel in der linken Armbeuge und mehrere als Vorrat auf einem Kasten.

9.5 Varianten zur Dauerzuspielübung „Multifeeding" („Ballmaschine", „Multi Shuttle")

Nr.	Ziele	Idee/Beschreibung	Hinweise/Organisation
886	Beispiele: Schnelligkeit: 10–15 sec Belastung (sorgfältiges Zuspiel!) 45–90 sec Pause (vollständige Erholung) 10 Wiederholungen Anaerobe Ausdauer: 20–45 sec Belastung (auch länger möglich, wobei sich allerdings die Intensität verringern wird) 40–180 sec Pause (meist Stationswechselbetrieb mit Zuspielern) 5–10 Wiederholungen Lokale Muskelausdauer: 20 Smash Vh, 20 Smash LvK Kurze Pause (Bälle einsammeln. Oder ein anderer Spieler ist zwischendurch dran.) 5–10 Wiederholungen	„Saurer Muskel". 2 Zuspieler, jeder mit vielen Bällen in der Feldmitte einer Feldhälfte. Sie spielen abwechselnd, jeder in einen verabredeten Zielsektor zu. Z. B.: A soll angreifen! Z1 in Smash-Bereich Vh ⟶ A Vh-Smash cr. Z2 in Netzecke links ⟶ A Töten.	
887		2 Zuspieler, abwechselndes Zuspiel. Z.B.: A in Abwehr hinter vo A-linie. Z1 schlägt Drive an einer Seitenlinie entlang. ⟶ A Abfangen durch Sh-Drop Vh (oder Smash). Z2 schlägt Drive an der anderen Seitenlinie entlang. ⟶ A Abfangen durch Sh-Drop Rh (oder Smash).	
888		2 Zuspieler, nacheinander. (Zunächst spielt Z1, seine vorgesehene Anzahl Bälle zu, danach Z2, usw.) Z. B.: Z1/Z2 spielen jeder unregelmäßig Uh-Drop in A's Netzecke li oder Drive entlang Seitenlinie. A aus ZP: An der Netzkante oben Netzdrop, den Drive als Sh-Drop mit fester Auftaktbewegung.	
889		2 Zuspieler, nur einer mit vielen Bällen. Schlagfluss mit Zusatzzuspiel. A mit Z1 Schlagfluss: A LvK-Clear Ll, Z1 Überkopf – Clear. Nach jedem Schlag muss A zur ZP zurückflitzen und in der rechten Feldhälfte ein halbhohes Zuspiel von Z2 schmettern. Z2 muss sein Zuspiel genau timen.	Es ist vorrangig, dass der Schlagfluss erhalten bleibt!
890		2 Zuspieler, einer mit vielen Bällen. Z1 Zuspiel cross zum Vh-Smash für A. A Vh-Smash Ll auf Z2. Z2 wehrt diesen Smash kurz Ll ab (angemessen hoch-steil). A springt vor und tötet diese Abwehr. Z1 Erneutes Zuspiel aus der diagonalen Feldhälfte.	Die für 2 Zuspieler beschriebenen Übungen kann ein qualifizierter Zuspieler auch alleine ausführen.

9.6 Varianten „Schattenbadminton“ (Ü 891–900)

Nr.	Organisation	Material/ Hinweise	Beschreibung

891

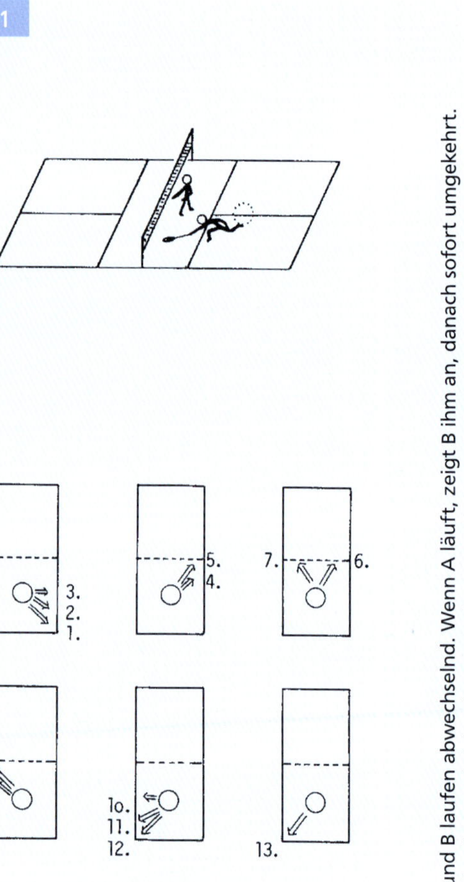

A und B laufen abwechselnd. Wenn A läuft, zeigt B ihm an, danach sofort umgekehrt. Seriendauer wird durch vorgegebene Laufweg-Anzahl bestimmt (z. B. 10-mal). Erst den nächsten Weg zeigen, wenn Spieler in ZP zurück ist.

„Polizist“ – Lauf- und Schlagsimulationen.
Innerhalb der Serien werden laufend neue, einzelne Laufwege aus ZP angezeigt.
2 Spieler auf einer Feldseite, B vor Netzmitte, mit dem Rücken zum Netz, zeigt mit dem ausgestreckten rechten Arm jeweils den Spielfeldsektor an, in den A laufen soll.

<u>Einige Laufwege die angezeigt werden können:</u>

1. In Vh-Ecke zum Clear/Drop.
2. Zum Vh-Smash im Sprung. (Auch Drop.)
3. Zur Smash-Abwehr auf der Vh-Seite.
4. Zum Uhclear Vh im Bereich vo A-linie aus Bodennähe.
5. Zum Stop an der Netzkante in Netzecke rechts.
6. Zum Töten in Netzecke rechts.
7. Zum Töten in Netzecke links.
8. Zum Stop an der Netzkante in Netzecke links.
9. Zum Uhclear Rh im Bereich vo A-linie aus Bodennähe.
10. Zur Smash-Abwehr auf der Rh-Seite.
11. Zum LvK-Smash im Sprung.
12. Zum LvK-Clear/-Drop.
13. Zum Rh-Überhand-Schlag.

Zusätzlich kann – Schmettern/Töten mit der flachen Hand angezeigt werden, Drop mit der Faust und Clear mit Ausstrecken des Zeigefingers.

Nr.	Organisation	Material/ Hinweise	Beschreibung
892	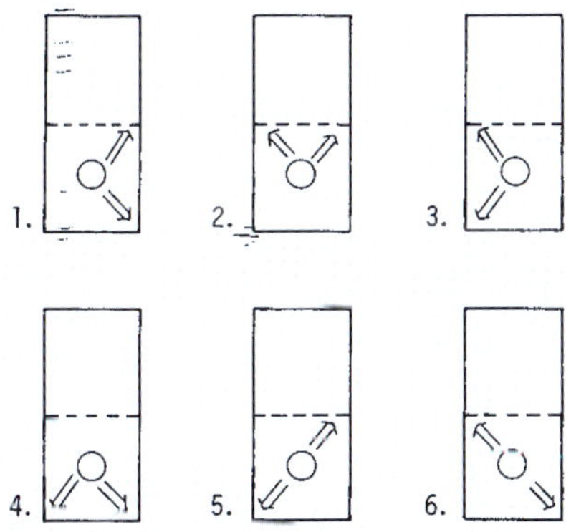	Seriendauer kann statt durch Vorgabe einer Laufweg-Anzahl auch durch Zeit bestimmt werden (z. B. 20–45 sec Belastung/20–60 sec Pause). Daran denken: Stets über ZP laufen!	**„Japanisch“ – Lauf- und Schlagsimulationen.** Innerhalb der Serien werden 2 Feldecken abwechselnd angelaufen, für die Dauer der Serie immer dieselben beiden. Nach der Pause erfolgt der Lauf in zwei andere Ecken. <u>6 Eckenkombinationen sind auf diese Weise möglich:</u> 1. Vh-Ecke – Netzecke rechts. 2. Netzecke rechts – Netzecke links. 3. Netzecke links – LvK-Ecke. 4. LvK-Ecke – Vh-Ecke. 5. Netzecke rechts – LvK-Ecke. 6. Netzecke links – Vh-Ecke. Drei weitere Laufwege erhält man, wenn die linke hintere Feldecke zu einem Rh-Überhand-Schlag angelaufen wird.

9

9.6 Varianten „Schattenbadminton" (Ü 891–900)

Nr.	Organisation	Material/ Hinweise	Beschreibung
893	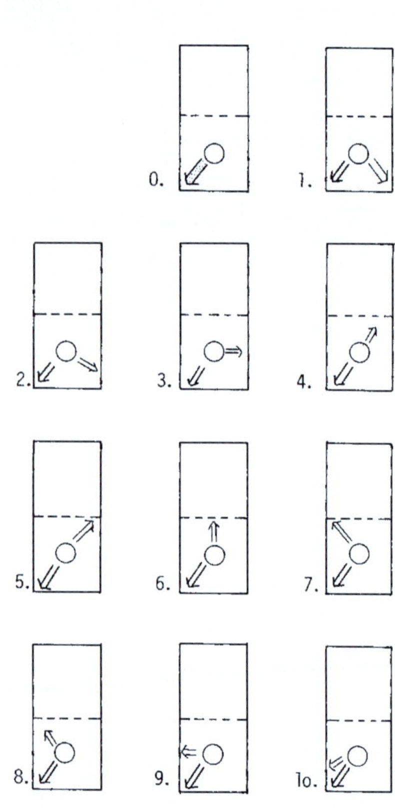	Seriendauer durch Zeit bestimmen. Anzahl der Serienwiederholungen richtet sich nach der Anzahl der Laufwege, die dem Ansager einfallen. Gute Übung zur Verminderung einzelner lauftechnischer Schwächen.	**„Langenfelder Zirkel" – Lauf- und Schlagsimulationen.** Für jede Serie wird ein (ausgewählter) Standard-Laufweg jeweils mit einem anderen Laufweg kombiniert. Es wird ein Standard-Laufweg (StLw) ausgewählt, der für sämtliche Serien der Trainingseinheit gilt. In den Pausen zwischen den Serien sagt der Trainer jeweils an, welcher Laufweg (und welcher Schlag) zusätzlich absolviert werden soll. Der Spieler läuft dann in der Serie wie folgt: ZP – StLw – ZP – Sektor a – ZP – StLw – ZP – Sektor a – usw. <u>Beispiel: StLw ist „in die LvK-Ecke zum Clear im Umsprung".</u> 1. Serie – LvK-Ecke und Vh-Ecke. 2. Serie – LvK-Ecke und Smash-Bereich Vh. 3. Serie – LvK-Ecke und Smash-Abwehr Vh. 4. Serie – LvK-Ecke und Netzecke re, Uhclear aus Bodennähe. 5. Serie – LvK-Ecke und Netzecke rechts, Netzkante. 6. Serie – LvK-Ecke und Netz Mitte. 7. Serie – LvK-Ecke und Netzecke links, Netzkante. 8. Serie – LvK-Ecke und Netzecke li, Uhclear in Bodennähe. 9. Serie – LvK-Ecke und Smash-Abwehr Rh. 10. Serie – LvK-Ecke und Smash-Bereich LvK.

Nr.	Organisation	Material/ Hinweise	Beschreibung
894	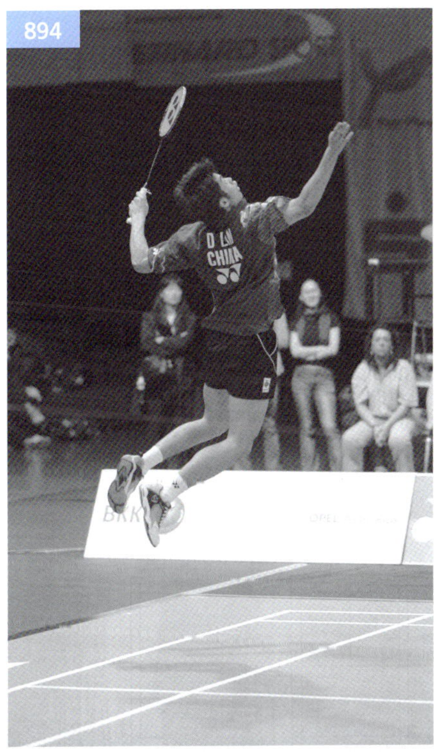 „Angriff“ Lin Dan, der Weltmeister von 2006 nutzt seine Sprungkraft zum „Jumpsmash“ (Schmettern im Senkrechtspung). Foto zeigt Nullstellung am Ende der Ausholphase, vor Beginn der Schlagbewegung.	Die Übung verführt dazu, es sich leicht zu machen. Dagegen muss der Spieler ankämpfen.	**„Planspiel“ – Lauf- und Schlagsimulationen.** Innerhalb jeder Serie durchläuft der Spieler beliebige, von ihm spontan erwählte Laufwege. Die Schläge die er ausführt und die Art der Aneinanderreihung unterliegen allerdings einem „taktischen Plan“, der (vom Trainer) in den Pausen zwischen den Serien jeweils neu ausgerufen wird. „Wir spielen ...“ – Angriffsspiel – bewusstes Defensivspiel – keine Rh-Überhand – viel Rh-Überhand – im Netzbereich nur kurze Bälle – mit Schmetterpflicht in der LvK-Ecke – alle Bälle cross – nur harte Schläge – nur weiche Schläge – dem Gegner alles an die Grundlinie – mit häufigem Töten am Netz – mit vielen Sprüngen – nur Überhand-Schläge – jeder 2. Laufweg muss mit Smash verbunden sein – jede Ecke zweimal anlaufen

9.6 Varianten „Schattenbadminton“ (Ü 891–900)

Nr.	Organisation	Material/ Hinweise	Beschreibung

895

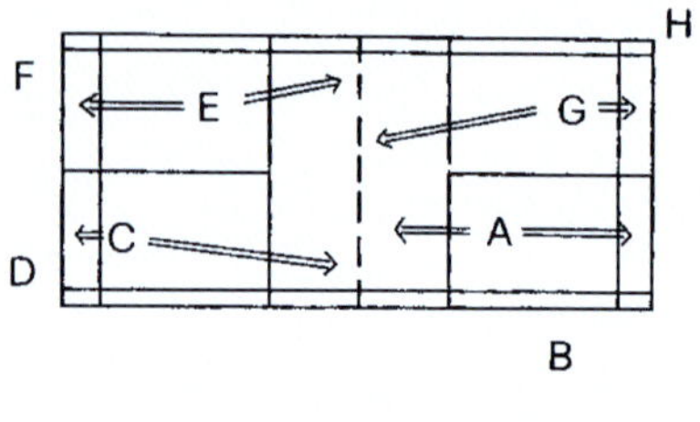

Wenn bei Seriende der ersten 4er-Gruppe gleich die zweite beginnt, und somit kein Leerlauf entsteht, können gut 8 Personen gleichzeitig auf einem Feld Konditionstraining machen.

„Vorwärts–rückwärts“ – Lauf- und Schlagsimulationen auf ½ Feld.
Spieler läuft zwischen Grundlinie und Netz hin und her und vollführt in beiden Bereichen je einen Schlag.

Für jede Serie werden die beiden durchzuführenden Schläge neu (vom Trainer) angesagt.

Einige Schläge

aus dem Grundlinienbereich
- Clear aus dem Stand
- Clear im Umsprung
- Drop aus dem Stand
- Drop im Umsprung
- Smash aus dem Stand
- Smash im Umsprung
- Smash im beidbeinigen Sprung
- Clear aus starker Rücklage

aus dem Netzbereich
- Stop/Netzdrop Vh an d. Netzkante
- Stop/Netzdrop Rh an d. Netzkante
- Uhclear Vh aus Bodennähe
- Uhclear Rh aus Bodennähe
- Stop Vh aus Bodennähe
- Stop Rh aus Bodennähe
- Töten Vh
- Töten Rh
- Swip Vh von der Netzkante
- Swip Rh von der Netzkante

Nr.	Organisation	Material/ Hinweise	Beschreibung
896	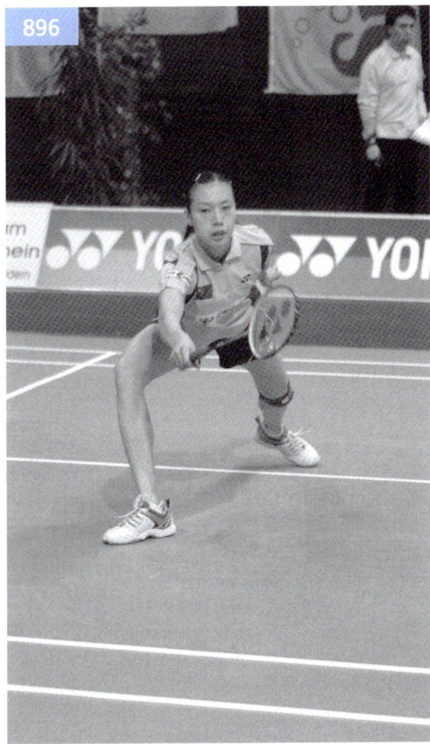 „Verteidigung“ Xie Xingfang, die Weltmeisterin von 2005 und 2006, wehrt einen gegnerischen Smash auf ihre Vorhandseite in einem seitlichen Ausfallschritt ab.	Wegen der zahlenmäßig geringen Leistungssteigerungs-Möglichkeit müssen halbe und gar viertel Laufwege mitgezählt werden.	**„One-Way-Run“ – Lauf- und Schlagsimulationen.** Innerhalb der Serie wird ein ausgewählter Laufweg mehrfach durchlaufen. In den Pausen zwischen den Serien wird (vom Trainer) jeweils angesagt, welcher Laufweg in der nächsten Serie „dran ist“. Laufwege vgl. Ü 891. Wird in einer vorgegebenen Zeit (z. B. 30 sec) gelaufen, kann gut verglichen werden, wievielmal die Spieler pro Serie den Weg zurücklegen. Wird der gleiche Laufweg in mehreren Serien gefordert, ist von jedem Spieler selbst leicht festzustellen, ob er sich steigern kann, bzw. wann er sein Tempo nicht mehr durchhält. Wenn auf Anzahl gelaufen wird, lässt sich gut feststellen, wer als erster fertig ist. (Er hat dann die etwas längere Pause.)

Nr.	Organisation	Material/ Hinweise	Beschreibung
897	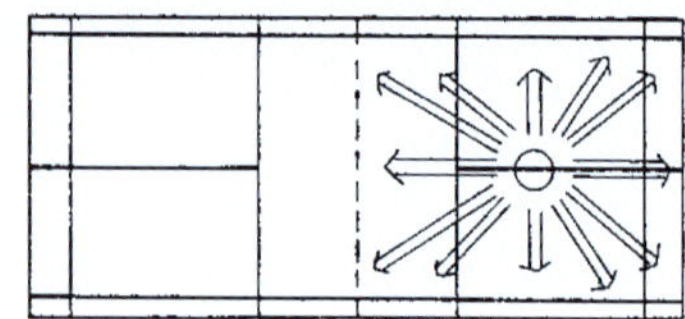 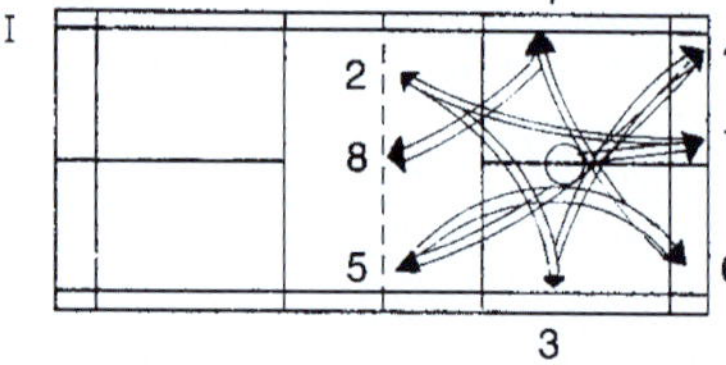	Sich beim Laufen nicht dadurch betrügen, dass man den jeweiligen Schlag nur andeutungsweise ausführt. Immer so tun, als schlüge man tatsächlich einen Ball!	**„Karussell" – Lauf- und Schlagsimulationen.** Innerhalb einer Serie wird einmal jeder (ausgewählte) Laufweg von ZP aus durchlaufen. Die Anzahl der Läufe pro Serie wird durch die Festlegung der anzulaufenden Feldsektoren bestimmt. Ist der letzte Laufweg getan, kommt die verdiente Pause und danach in gleicher Weise der nächste Durchgang. Die Reihenfolge der Laufwege kann auf zwei Arten organisiert werden: I – Der Spieler beginnt an einer Stelle und sucht dann reihum von ZP aus einen Sektor nach dem anderen auf. Beispiel links: 12 Wege. II – Das Aufsuchen der Feldsektoren erfolgt in einer vorher festgelegten unregelmäßigen Abfolge. Beispiel links: 8 Wege.

Nr.	Organisation	Material/ Hinweise	Beschreibung
898	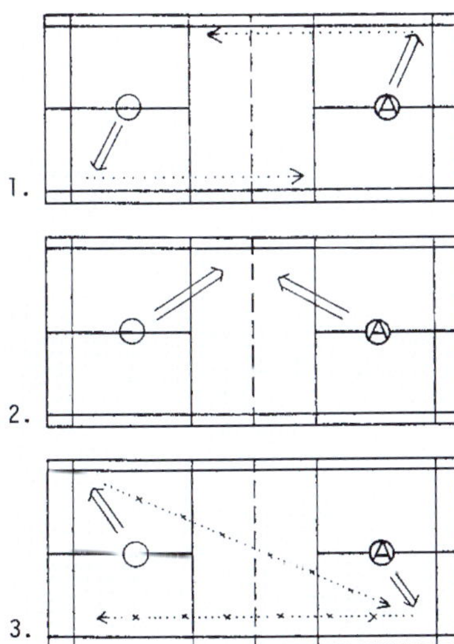	Diese Variante des Schattenbadminton eignet sich auch gut für das ½ Feld.	**„Affenlauf" – Lauf- und Schlagsimulationen.** 2 Spieler stehen sich auf den beiden Feldseiten gegenüber. Es werden innerhalb der Serie (jeweils über ZP) verschiedene Feldsektoren angelaufen. Dabei werden die Aktionen, die der Spieler B zu machen hat, dem Spieler A abgeguckt. A wählt innerhalb der Serie nach Belieben verschiedene Laufwege und Schläge aus, die von B beobachtet werden müssen. In der nächsten Serie dann umgekehrt. <u>Verschiedene Arten des Nachäffens sind möglich:</u> 1. B vollführt den gleichen Schlag wie A. (z. B. Vh-Drop im [China-]Sprung = Vh-Drop im [China–]Sprung.) 2. B vollführt den Schlag gegengleich. (z. B. Netzdrop Vh = Netzdrop Rh.) 3. B vollführt die Schläge cross. (z. B. LvK-Smash Ll = LvK-Smash cr.)

9.6 Varianten „Schattenbadminton" (Ü 891–900)

Nr.	Organisation	Material/ Hinweise	Beschreibung
899	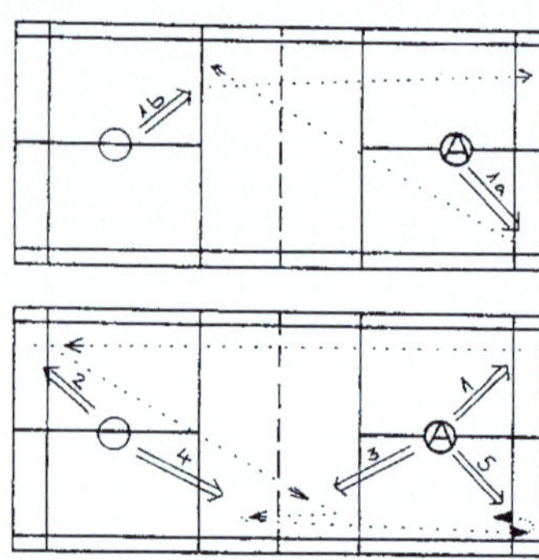	Diese Variante des Schattenbadminton eignet sich auch gut für das ½ Feld.	**„Ahnenlauf" – Lauf- und Schlagsimulationen.** 2 Spieler stehen sich auf den Feldseiten gegenüber. Es werden innerhalb der Serie (jeweils über ZP) verschiedene Feldsektoren angelaufen. Dabei werden die Laufwege und Schläge des einen Spielers von denen des anderen bestimmt. 2 Varianten: - B reagiert jeweils auf A, indem er seinen eigenen Schlag aus jenem Sektor ausführt, in den A (vermutlich) geschlagen hat. Beide laufen gleichzeitig; A darf innerhalb der Serie beliebige Schläge ausführen. In der nächsten Serie läuft dann B vor und A muss die Schläge erahnen. - A und B reagieren jeweils auf den vorhergehenden Schlag des Gegenübers. Einer beginnt die Serie mit Aufschlag, der andere erwidert mit einer Schlagsimulation, der erste erahnt die Schlagrichtung, läuft in den angespielten Sektor und vollzieht dort nun seinerseits wieder eine Schlagsimulation. So geht es weiter, bis die Seriendauer (20–45 sec) vorbei ist. Pause und nächste Serie.

Nr.	Organisation	Material/ Hinweise	Beschreibung

900

Hinweis:
Laufen 4 Personen auf einem Feld gleichzeitig, ist es gelegentlich nötig, die Basis der Laufwege zu verlagern.
Beispiel:

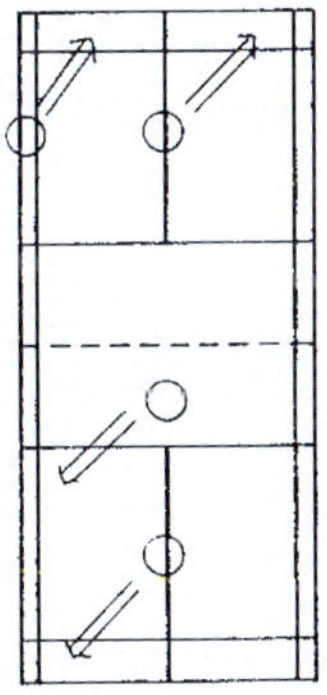

Lauf in LvK-Ecke aus ZP

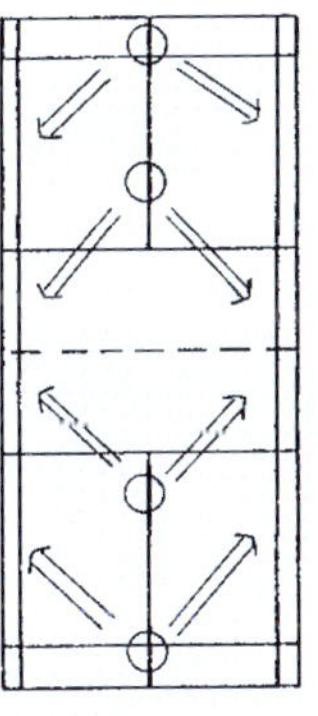

Netzdrop abwechselnd Netzecke re und li

Seriendauer durch Zeit bestimmen.
z. B.: 20 sec Belastung/20 sec Pause, nach jeder 4. Übung 40 sec Pause.

„Knupps-Vizemeister-Zirkel"
Lauf- und Schlagsimulation durchsetzt mit leidlich körperbildenden Übungen.

In der Pause vor jeder Serie wird ein bestimmter Laufweg bzw. eine Übung (vom Trainer) angesagt. Sie soll innerhalb der vorgegebenen Zeit so oft wie möglich wiederholt werden.

Ziel ist es, trotz lokaler Ermüdung der Beinmuskulatur durch wiederkehrendes Skipping, hohe Leistungsfähigkeit aufrechtzuerhalten. (Und es klappt, man muss nur oft genug bis zum Ende durchhalten.)

Übungsabfolge: (Auswahl)

1. Skipping
2. LvK-Smash im Sprung
3. Lauf ZP – LvK-Ecke
4. Beine anhocken
5. Skipping
6. Sprung ans Netz (Töten)
7. Uhclear rechts vorne
8. Strecksprung a. d. Hocke
9. Skipping
10. Vh-Smash im Sprung
11. Lauf zur Netzkante re
12. Liegestütz Beine anhocken
13. Skipping
14. (China-)Sprung zur Vh
15. Uhclear links vorne
16. Luftspagat li Bein vor
17. Skipping
18. Smash im senkr. Sprung
19. Lauf ZP – Vh-Ecke
20. Luftspagat re Bein vor
21. Skipping
22. Smash-Serie aus dem Stand
23. Lauf ZP – Rh-Ecke
24. Kopf an Knie aus Rückenlage
25. Skipping
26. Überkopf-Smash im Umsprung
27. Lauf zur Netzkante li
28. Grätschwinkelsprung
29. Skipping
30. Sprung ans Netz re (Töten)
31. Lauf ZP – Grundlinie Mitte
32. Situps

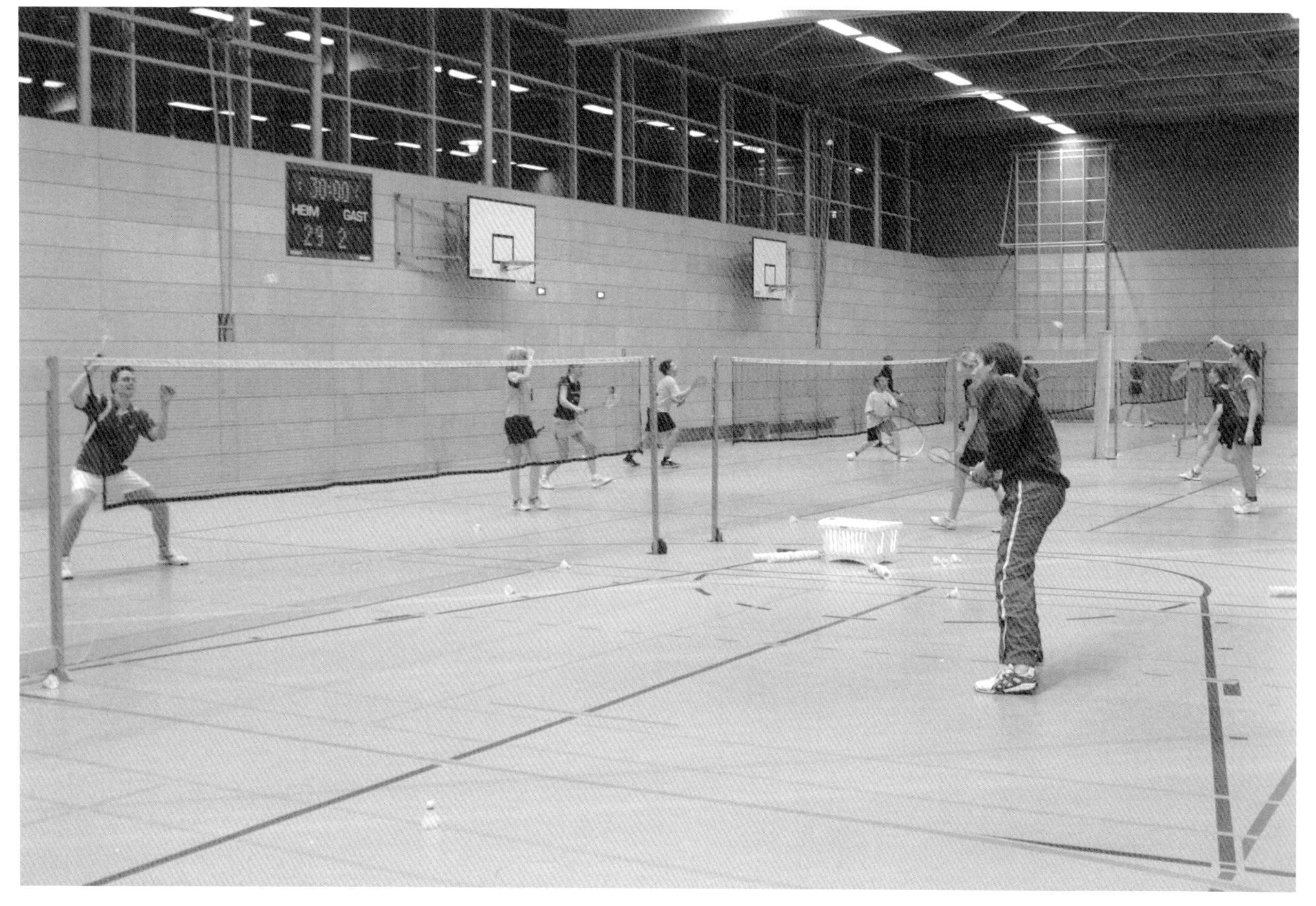

„Training“

Üben und Spielen – ein immerwärender Konflikt bei der Gestaltung der Übungsstunden.

Kapitel 10

Stationsbetrieb als Organisationsform im Gruppentraining

10

10.1 3 Personen auf einem Feld

Nr.	Ziele	Idee/Beschreibung	Hinweise/Organisation
901	3 x Angriffsspiel Angreifen Abwehren	Einzel gegen Doppel nach Badmintonregeln. Einzelspieler hat 2 Aufschläge. Über Feld- und Aufschlagfeldbegrenzungen einigen, sowie über Gewinnpunktzahl. Wer verliert, wenn er an der Station Einzel spielt, mit der geringsten Differenz?	8:11 Schlappi 2:11 Flasche 11:3 Meisterspieler
902	3 x Komplexe Technik Eingeschränktes Schlagrepertoire Genauigkeit Verdeckt schlagen	St. 1: Darf aus der Rh-Ecke nur schlagen: Rh-Clear Ll, Rh-Drop; aus Netzbereich in schraffierte gegn. Sektoren. St. 2: Darf aus Netzbereich nur schlagen: Stop, Uhclear in Rh-Ecke. St. 3: (in Vh-Ecke). Darf nur schlagen: Drop, Clear Ll, Drive Ll, Smash Ll.	
 903	3 x Kondition Ausdauer Schnelligkeit	1 gegen 2; freies Spiel. St. 1: Greift auf Teufel komm heraus an!! St. 2 und St. 3: Verteidigen (wenn es der Teufel überhaupt zulässt) jeweils eine Feldhälfte, ohne selbst auf Angriff zu spielen. Aber allerschnellst zu jedem Ball!	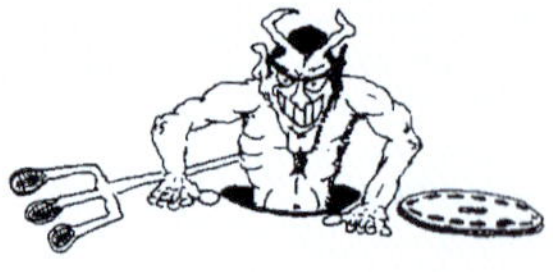
 904	1 x Kondition, 1 x Technik, 1 x Zuspiel Schlaggenauigkeit Schnelligkeit	Zuspielübung mit mehreren Bällen. St. 1: Zuspieler, schlägt aus ZP Drive entlang der Seitenlinien. St. 2: Abfangen der Drive mit Sh-Drop und Vorstürmen ans Netz, um den Netzdrop von St. 3 zu töten. St. 3: Spielt Sh-Drop von St. 2 als Netzdrop zurück.	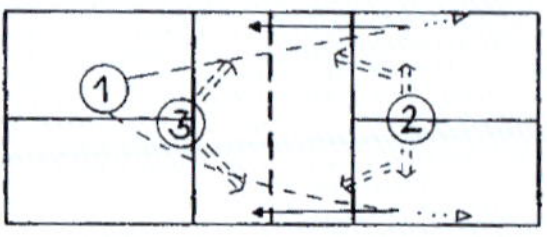
905	1 x Kondition, 1 x Reaktion, 1 x Zuspiel Smash-Abwehr Sprungkraft Power	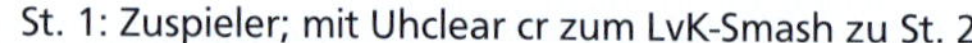 St. 1: Zuspieler; mit Uhclear cr zum LvK-Smash zu St. 2. St. 2: LvK-Smash Ll und Netzdrop auf ku Aw von St. 3. St. 3: Ku Abwehr cr auf LvK-Smash und erneutes Zuspiel zum Smash nach Netzdrop von St. 2. Erst wenn der Ball verloren geht, setzt der Zuspieler (mehrere Bälle) einen neuen mit Uhclear cr ein. Alle 1–3 min geschwinder Stationswechsel.	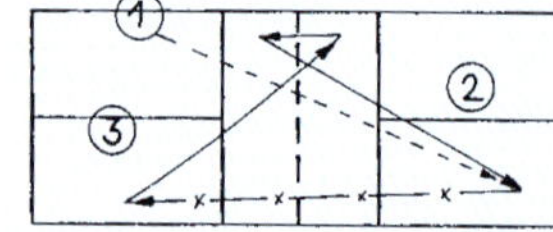

Nr.	Ziele	Idee/Beschreibung	Hinweise/Organisation
906	3 x Kondition + Technik Schlaggenauigkeit unter Belastung Ausdauer	St. 1: Clear Ll aus LvK-Ecke. Anschließend Lauf in Netzecke rechts, um den Drop cr aus St. 3 als Uhclear cr zurückzuspielen. St. 2: Aus Vh-Ecke stets Clear Ll mit anschließendem Lauf ans Netz zur Schlagsimulation Töten. St. 3: Aus gleicher Vh-Ecke stets Drop cr mit anschließendem Lauf ans Netz zur Schlagsimulation Töten.	
907	2 x Einfache Technik 1 x Kondition Zielgenauigkeit Ausdauer	St. 1: (aus Vh-Ecke). Entweder Clear Ll zu St. 2 oder Drop Ll zu St. 3. St. 2: (aus LvK-Ecke). Drop cr. (St. 1 Uhclear cr – Zuspiel Ll.) St. 3: (aus Netzecke links) Stop Ll oder cr. (St. 1 Netzdrop – Zuspiel in Vh-Ecke.)	
908	1 x Technik 2 x Kondition Weite beim Clear Ausdauer	St. 1: Von der Mitte der Grundlinie Clear, abwechselnd zu St. 2 und zu St. 3. St. 2: (im Umsprung) und St. 3 (aus dem Stand) schlagen jeweils Clear zurück und laufen nach jedem ihrer Schläge zum Netz, welches sie mit dem Schläger berühren sollen.	
909	1 x Technik 2 x Kondition + Technik Ballverteilen Schlaggenauigkeit Schnelligkeit	St. 1: Darf aus Netzecke rechts beliebige Bälle spielen. St. 2: (in gegenüberliegender re Fh) muss alles in diese Netzecke rechts zurückschlagen. St. 3: (in gegenüberliegender li Fh) muss ebenfalls alles in die Netzecke rechts von St. 1 zurückspielen.	
 910	3 x Taktik Taktik anwenden	1 gegen 2; freies Spiel. Aber: Das Paar steht immer in Angriffsstellung (hintereinander) und darf diese Stellung auch während der Ballwechsel nicht aufgeben. Wer beherrscht die taktischen Notwendigkeiten, die an den einzelnen Stationen jeweils gefordert sind, am besten?	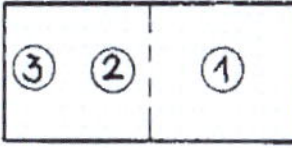

10

10.2 3 Personen auf einem Feld und Seitenraum

Nr.	Ziele	Idee/Beschreibung	Hinweise/Organisation
911	2 x Belastung 1 x Erholung Freizeitgestaltung Aggressionsentladung Körperpflege	St. 1: Einzelspiel auf Sieg. St. 2: Einzelspiel auf Rennen. St. 3: Erholsame Pause bei einem kleinen Fläschchen ...	
912	1 x Technik 2 x Kondition Verdeckt schlagen Felddiagonale Schnelligkeitsausdauer	St. 1: Aus LvK-Ecke unregelmäßig Clear Ll und Drop cr. St. 2: Aus der Vh-Ecke Clear Ll, aus der Netzecke links Uhclear cr. St. 3: Schattenbadminton. 20" B/20" P. Lauf durch die Diagonale Vh-Ecke – Netzecke links, wobei bei jedem Durchgang jeweils andere Schläge ausgeführt werden.	③
913	1 x Technik, 1 x Schlagsicherheit, 1 x Gewandtheit Stechen Schnell schlagen	St. 1 und 2 halten den Ball ohne feste Folge im Schlagfluss. St. 1: Stechen am Netz in der rechten Netzecke, auf jeden Ball, der dort hingespielt wird. St. 2: Ball möglichst oft dorthin schlagen. St. 3: Schlagsimulation. Spieler versucht, blitzartig 3 verschiedene Schläge aneinanderzureihen; mit Bein, aber ohne Laufarbeit.	③ Beispiele: Vh-Smash, Rh-Drive, Vh-Uhclear Rh-Drop cr, Stop Vh, LvK-Smash
914	2 x Technik 1 x Schnelligkeit Spiel am Netz Lauf ans Netz	St. 1: Spiel am Netz, möglichst viele Bälle cross schlagen. St. 2: Spiel am Netz, alle Bälle Ll schlagen. Sicher! St. 3: Aktionsschnelligkeit. Auf Netzkante stecken 3 Federbälle. Spieler macht Schlagsimulation LvK-Smash vor der Grundlinie, stürzt vor und wischt Ball von der Kante. 3 Wiederholungen, dann Pause bis zur vollständigen Erholung.	③ Vgl. Ü 393. Steht kein Netz zur Verfügung, Bälle auf Kasten stellen und runterschubsen.
915	2 x Kondition Anaerobe Ausdauer Allg. Körperbildung	St. 1: Multifeeding. Spielt Bälle abwechselnd zur Vh- und zur Rh-Seite. St. 2: 30" B/30" P. Schlägt zugespielte Bälle zurück. St. 3: Zirkel. 30" B/30" P. 1. Strecksprung aus Hocke. 2. Situps. 3. Unterarmdrehung mit Schläger. 4. Grätschwinkelsprung. 5. In Bauchlage Arme und Beine anheben. 6. Liegestütz.	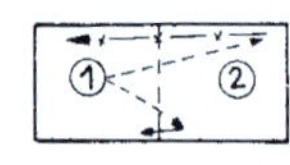 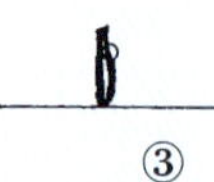 ③

Nr.	Ziele	Idee/Beschreibung	Hinweise/Organisation
916	2 x Technik 1 x Kondition Smash-Abwehr Rückkehr zur ZP Sprungkraft	St. 1 und St. 2 Einzelspiel. Es wird versucht, eine Standardsituation immer wieder herzustellen. St. 1: Fl Aw Vh Ll soll auf gegn. Smash cr gespielt werden. St. 2: Wann immer möglich, Vh-Smash cross (!) schlagen. St. 3: Zirkel . 20" B/30" P. 1. Skipping. 2. Beidbeiniges Anhocken. 3. Wedeln. 4. Luftspagat re Bein vor. 5. Schnelle Kniebeuge. 6. Liegestütz – anhocken – Strecksprung.	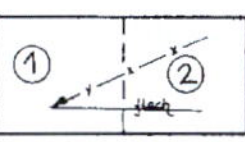 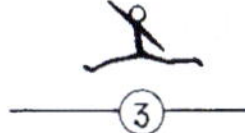
917	2 x Schlagsicherheit 2 x Kondition Bälle verteilen Bälle platzieren Armkraft	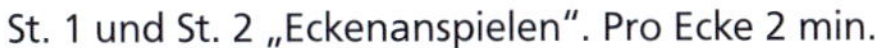 St. 1 und St. 2 „Eckenanspielen“. Pro Ecke 2 min. St. 1: Spielt alle Bälle in vereinbarte Ecke zurück. St. 2: Freie Schlagauswahl; versucht, die Ecken der gegn. Feldseite gut anzuspielen. St. 3: Zirkel mit Geräten. 20" B/30" P.	③ Armkraft 1. Handball gegen Wand werfen. 2. Supin./Pron. (Drehbewegung Unterarm) mit schwerem Schläger. 3. Basketball gegen Wand werfen. 4. Mit Kleinhantel (1–2 kg) Streckdrehbewegung des re Armes (für Clear) vollziehen. 5. Kl. Medizinball werfen (Wand). 6. Schnelle Smash-Folge mit Normalschläger (ohne Beinarbeit).
918	2 x Taktik, 1 x Technik Offensivspiel Defensivspiel Lauftechnik-stabilisierung.	St. 1 und St. 2 Einzelspiel. St. 1: Spieler versucht anzugreifen, viel Druck zu machen. St. 2: Spieler versucht, weit in gegn. Ecken zu spielen, dem Gegner ungünstige Treffbereiche aufzuzwingen. St. 3: Laufsimulation. Spieler übt eine zu verbessernde Lauf- oder Sprungtechnik, indem er sie mit Schläger, aber ohne Ball (korrekt!) vollzieht. In Serien à 6 Wiederholungen.	
919	2 x Technik+Taktik 1 x Kondition Angriffsschläge Spiel unter Druck Kraftausdauer Beine	St. 1 und St. 2 Komplexübung. St. 1: Spieler bekommt den Ball immer wieder hoch an Grundlinie gespielt. Von dort möglichst: Vh-Angriffsdrop und LvK-Smash. St. 2: Alle Angriffsbälle kurz oder flach abwehren. St. 3: „Bälle tauschen.“ 5 min ohne Pause zwischen zwei 5,18 m auseinanderstehenden Kästen.	③ Vgl. Ü 534.
920	3 x Kondition Ausdauer Kraftausdauer Arm	St. 1 und St. 2 schlagen Clear. St. 1: Aus re Feldhälfte Clear im Umsprung, mit Vorlauf nach jedem Schlag zur Feldmitte. St. 2: Entlang der ganzen Feldbreite Clear in Richtung gegn. re Feldhälfte. St. 3: Seilchenspringen. Alle 2 min Stationswechsel. Keine Pausen, viele Durchgänge.	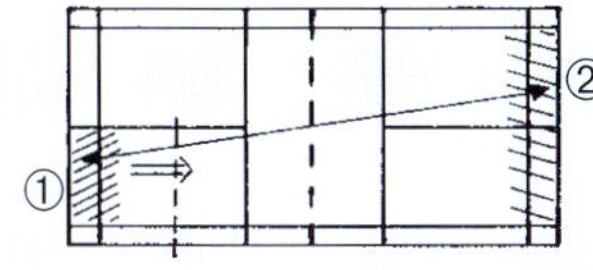

10

10.3 4 Personen auf einem Feld

Nr.	Ziele	Idee/Beschreibung	Hinweise/Organisation
921	4 x Taktik Doppel–Elemente	Doppelspiel in Standardstellung. Jeder hat taktische Aufgabe, die er während der Stationszeit verwirklicht. St. 1: Schmettere aus Grundlinienbereich wenn eben möglich. St. 2: Spiele aus Netzbereich keinen hohen Ball. St. 3: Versuche bei Abwehr-Bällen flach die gegnerische Rh-Ecke anzuspielen. St. 4: Ans Netz gehen und abfangen/drücken, wenns geht.	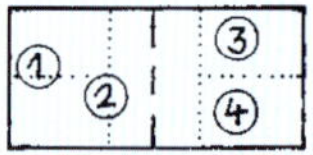
922	2 x Technik + Kondition 2 x Technik Angreifen Abwehren	An allen Stationen auf ½ Feld. St. 1: Smash Ll – vor zum Netz, Abwehr aus St. 2 töten. St. 2: Ku Abwehr auf Smash aus St. 1. Erneutes Zuspiel. St. 3: Smash Ll oder Angriffsdrop; am Netz möglichst töten. St. 4: Ku Abwehr oder ho Abwehr auf Smash aus St. 3, Uhclear auf Angriffsdrop.	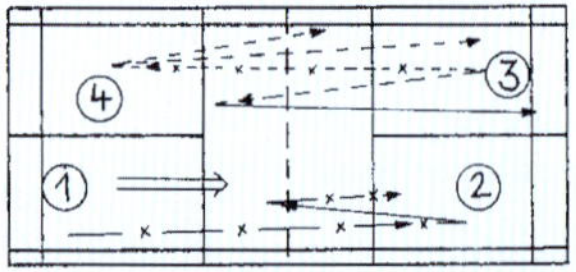
923	4 x Einfache Technik Stabilisieren	St. 1: Uhclear Vh cr und Stop Ll in Bewegungsschlagübung mit St. 4. St. 2: Vh-Drop cr und LvK-Drop Ll im Schlagfluss mit St. 3. St. 3: Uhclear Vh cr und Uhclear Vh Ll unregelmäßig; mit St. 2 im Schlagfluss. St. 4: Vh-Drop cr, Vorlauf, Netzdrop Rh Ll und zurück an die Grundlinie zum nächsten Drop.	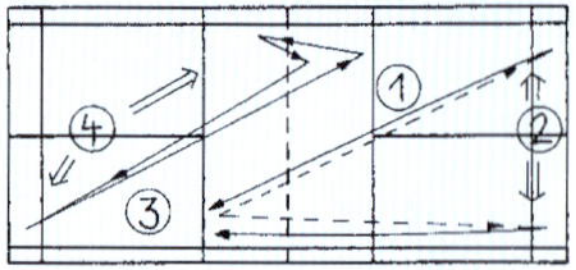
924	4 x Schlagsicherheit Feldbreite ausnutzen	St. 1: Aus Netz Mitte unregelmäßig in die gegenüberliegenden Grundlinienecken; im Schlagfluss mit St. 2. St. 2: Die Uhclear aus St. 1 als Drop zur Netzmitte zurück. St. 3: Aus Grundlinie Mitte Drop in die Ecken des gegenüberliegenden Netzbereiches; im Schlagfluss mit St. 4. St. 4: Die Drop aus St. 3 als Uhclear zur Mitte Grundlinie zurück.	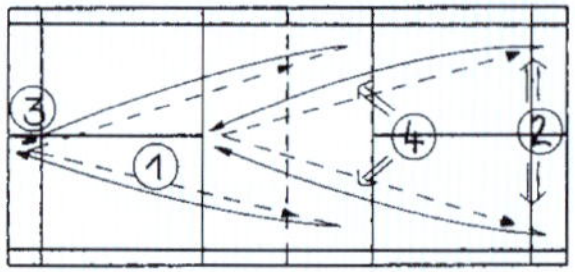
925	3 x Kondition + Koordinat. 1 x Zuspiel Clear, Smash Armkraft	St. 1: Vh-Clear cr (Lauf aus ZP) im Schlagfluss mit St. 3. St. 2: Multifeeding mit St. 4. Zuspieler. Bälle in 10er-Serien so zuspielen, dass sie zu schmettern sind. St. 3: Vh-Clear cr (Lauf aus ZP) im Schlagfluss mit St. 1. St. 4: LvK-Smash cr im Sprung (!) auf Multifeeding-Zuspiel von St. 2.	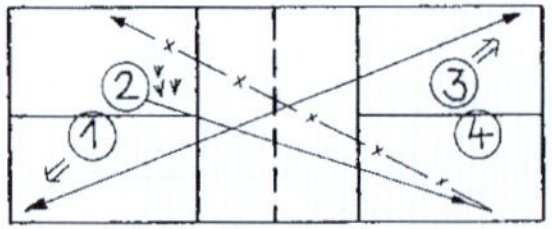

Nr.	Ziele	Idee/Beschreibung	Hinweise/Organisation
926	2 x Schlagsicherheit 2 x Kondition + Technik Fehler vermeiden Schnell und aggressiv spielen	St. 1: Uhclear mit St. 3 im Schlagfluss. St. 2: Sektorenspiel mit St. 4. Alle Schläge in schraffierte Fläche erlaubt. Schnell spielen. St. 3: Drop im Umsprung mit St. 1; immer Rückkehr zur Feldmitte. St. 4: Sektorenspiel mit St. 2; Bälle verteilen, am Netz hoch annehmen.	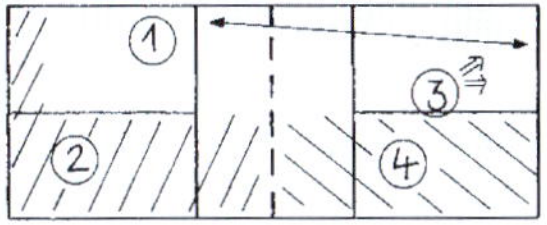
927	4 x Technik ohne Partner Aufschläge	St. 1: Hohe Einzelaufschläge in Zielfläche. St. 2: Kurze Doppelaufschläge. St. 3: Drive-Aufschläge Einzel. St. 4: Swip-Aufschläge Doppel. Jede Station mit mehreren Bällen.	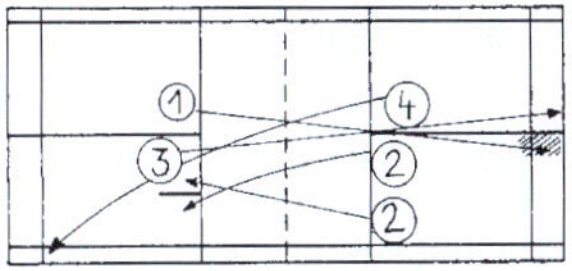
928	1 x Technik, 1 x Reaktion 2 x Kondition Ausdauer Spiel am Netz Abfangen	St. 1: Clear über ganze Feldbreite mit St. 3. Nach jedem Schlag Rückkehr zur ZP. Keine Rh-Schläge. St. 2: Spiel am Netz mit St. 4. Dabei versuchen, mit flachen Schlägen (Swip, Drive) vorbeizuspielen. St. 3: Clear mit St. 1. (Aufgaben wie dort.) St. 4: Spiel am Netz mit St. 2. Dabei versuchen, Bälle, die zur Grundlinie fliegen sollen, abzufangen (Sh-Drop).	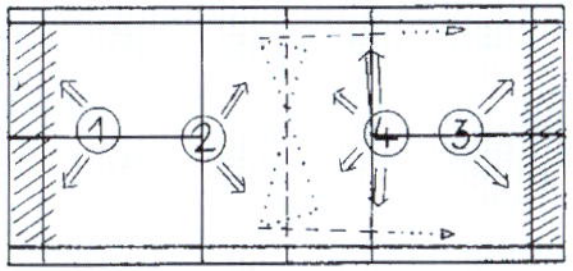
929	3 x Kondition 1 x Technik Ausdauer Schnelligkeit Verdeckt schlagen	An allen Stationen auf ½ Feld. St. 1: Von Grundlinie unregelmäßig Drop und Clear. St. 2: Drop/Clear von St. 1 als Uhclear bzw. Clear zurück. St. 3: Unregelmäßig Clear und Smash. St. 4: Clear von St. 3 als Clear und Smash mit ku Abwehr zurück. Mehrere Bälle, verschlagene sofort ersetzen.	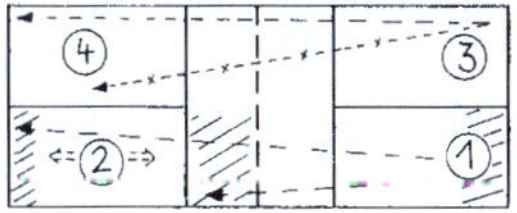
930	4 x Komplexe Technik Gestellte Aufgabe lösen	Paarweise Einzelspiel mit Einschränkung auf ½ Feld. St. 1: Von der Grundlinie nur Angriffsbälle. Ho Aufschläge. St. 2: Hohe Aufschläge von St. 1 müssen geschmettert werden. St. 3: Kein Rh-Schlag erlaubt. Auch nicht Uh oder Sh oder bei Smash-Abwehr. St. 4: Nur kurze und Swip-Aufschläge sind erlaubt.	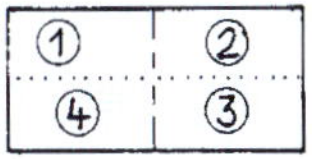

10.4 5 Personen auf einem Feld und Seitenraum

Nr.	Organisation	Material/ Hinweise	Beschreibung
931	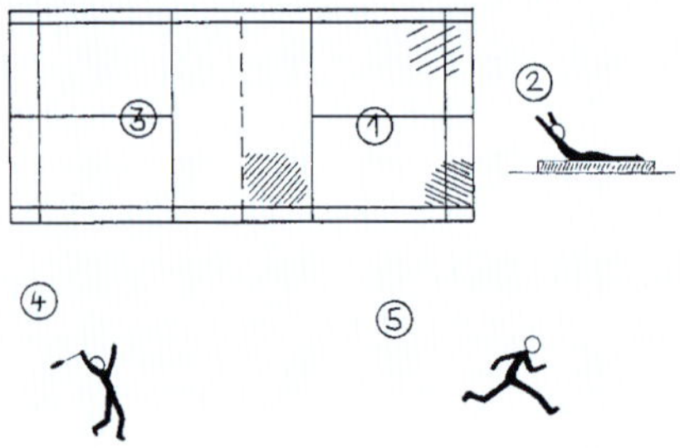	2 Stoppuhren. Matte für Zirkel.	ZIEL: 2 x Technik, 3 x Kondition St. 1: Bekommt die Bälle von St. 3 in Vh-Ecke (Üh), LvK-Ecke, Netzecke links zugespielt. In Vh muss er schmettern. St. 2: Bauch-Rücken-Zirkel: 30" B/30" P. 1. Aus Bauchlage Rumpf heben. 2. Aus Rückenlage Kopf auf die Knie. 3. Aus Sitz Stirn hinter Rücken auf Boden. 4. Wälzrolle mit Ellbogen an angezogene Knie. 5. Brücke. 6. Aus Rückenlage Füße hinter Kopf heben. St. 3: Spielt St 1 den Ball hoch an die Grundlinie (häufiger in LvK-Ecke) und in dessen Netzecke links. St. 4: Schlagsimulation: 10" LvK-Clear/20" P. (15) Durchgänge. St. 5: 5 m sprinten, auslaufen, zur Startlinie zurückgehen, erneut sprinten, usw.
932	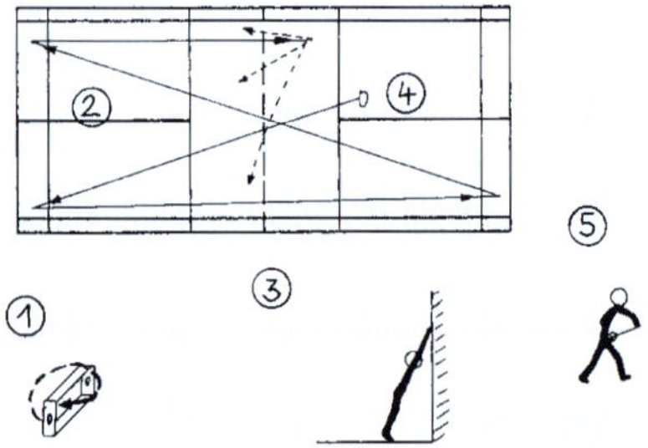	Stoppuhr, Tau für Zirkel. 1 Kastenteil.	ZIEL: 3 x Technik, 2 x Kondition. St. 1: Durch Kastenteil kriechen, überspringen, erneutes Durchkriechen ... In l0er-Serien mit Pausen. St. 2: Offene Schlagkombination (vgl. Ü 631 ff.) mit St. 4. St. 3: Armkraft-Zirkel: 30" B/30" P. 1. In Liegestütz im Kreis stützeln. 2. Mit nach oben gestreckten Armen gegen Wand federn. 3. Liegestütz. 4. Arme nach vorne strecken, Hände auf und zu. 5. Tau hochhangeln. 6. Hände gegeneinander drücken. St. 4: Offene Schlagkombination (vgl. Ü 63l ff.) mit St. 2. St. 5: Individuelle Technikkorrektur: Bewegungsführung bei verminderter Geschwindigkeit zur Optimierung einer ungenügend beherrschten Lauf- oder Schlagtechnik.

Nr.	Organisation	Material/ Hinweise	Beschreibung
933	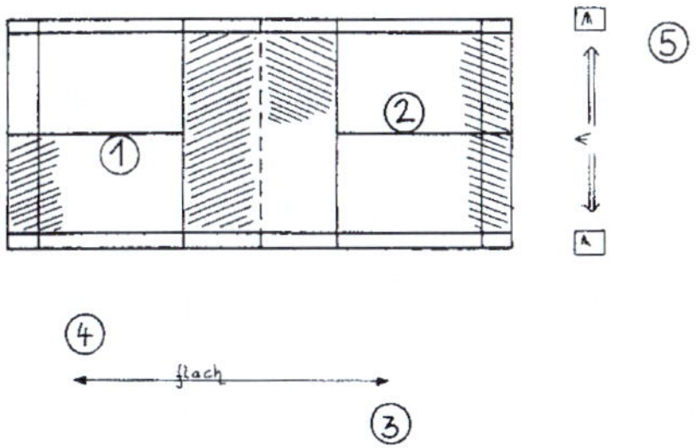	2 kleine Kästen, 3 abgespielte Federbälle, Uhr.	ZIEL: 2 x Technik + Taktik, 2 x Technik, 1 x Kondition. St. 1: Sektorenspiel mit St. 2. Zielsetzung: Zu Vorteilen zu gelangen. St. 2: Sektorenspiel mit St. 1: Zielsetzung: Zu Vorteilen zu gelangen. St. 3: Rh-Drive mit St. 5. St. 4: Entwicklung von Kraftausdauer der Beinmuskulatur: Auf 2 ca. 5 m voneinander entfernten Kästen „Bälle tauschen". (Vgl. Ü 534.) St. 5: Vh-Drive mit St. 3.
934	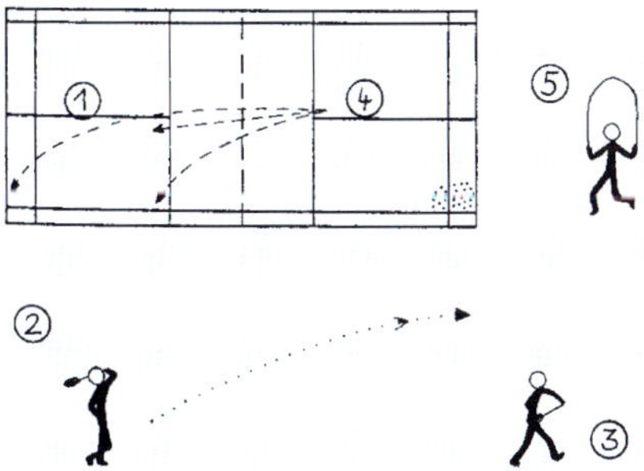	1 Sprungseil.	ZIEL: 2 x Spieltraining, 2 x Technik, 1 x Kondition. St. 1: Einzel (mit St. 4) mit taktischer Aufgabenstellung; z. B. Gegner häufig flach in Rh-Ecke anspielen. St. 2: Gutes Ballzuspiel zu St. 3, damit dieser Rh-Clear üben kann. St. 3: Rh-Clear auf Ballzuspiel von St. 2. St. 4: Einzel (mit St. 1) mit taktischer Aufgabenstellung; z. B. nur kurze und Swip-Aufschläge. St. 5: Seilchenspringen.

Nr.	Organisation	Material/ Hinweise	Beschreibung
935	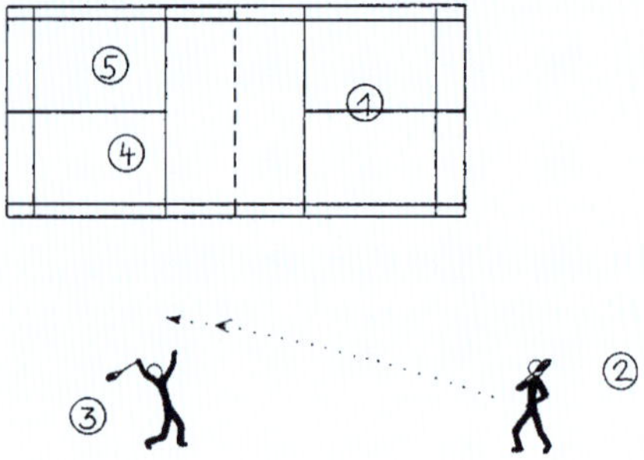	Einige Federbälle an Station 2.	ZIEL: 3 x Schlagsicherheit, 2 x Technik St. 1: Mit St. 4+5 Spiel „1 gegen 2". Jeder Ball soll erlaufen und zurückgespielt werden. St. 2: Einige Balle. Genaues Zuspiel an St. 3, damit dieser LvK-Smash schlagen kann. St. 3: LvK-Smash auf Ballzuspiel von St. 2. St. 4 und St. 5: Spiel „1 gegen 2" mit St. 1. Ball im Spiel halten; immer so spielen, dass er noch erreicht werden kann.
936	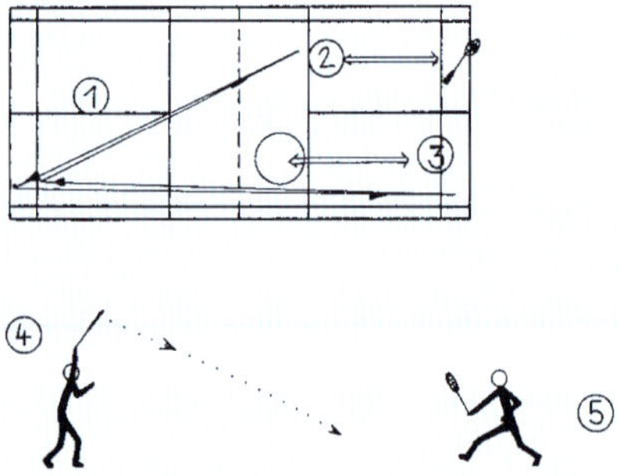	10 abgespielte Federbälle an Station 1. 1 Schläger an Station 2. 1 Reifen an Station 3.	ZIEL: 3 x Integriertes Konditionstraining, 2 x Technik St. 1: Position A St. 2: Bewegungsschlagübung mt Zusatzaufgabe. Vgl. Ü 847. Position B Position C St. 3: Drop zu St. 5. Zielpunkt so weit von dessen Standpunkt entfernt, St. 4: dass er ihn nur mit extremem Ausfallschritt erreichen kann. St. 5: Uhclear zu St. 4. Ausführung des Schlages beim Hineingehen in extremen Ausfallschritt.

Nr.	Organisation	Material/ Hinweise	Beschreibung
937	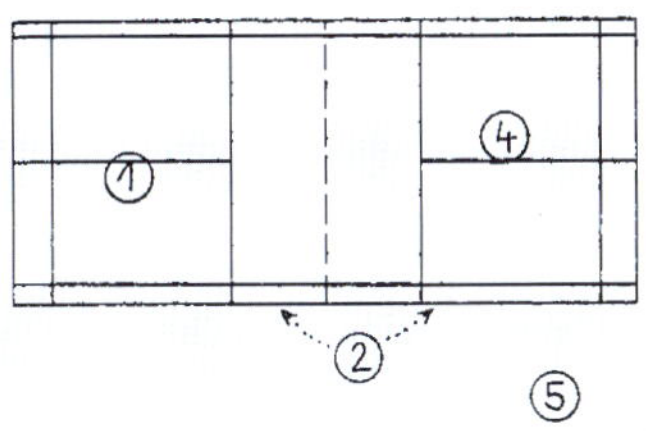 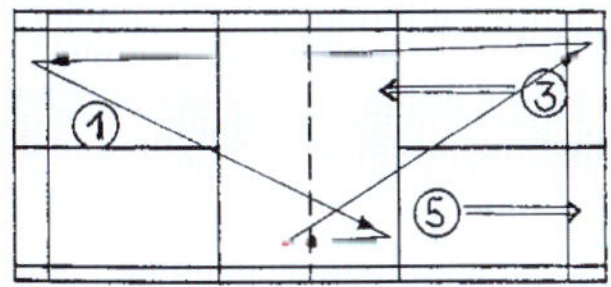	Stoppuhr.	ZIEL: 3 x Spieltraining, 2 x Kondition St. 1: Einzelspiel. Der Verlierer eines Ballwechsels muss jeweils für den nächsten Ballwechsel vom Feld. Der Wartende kommt dafür hinein. St. 2: Einzelspiel. St. 4: Einzelspiel. St. 3: Schattenbadminton: Teil I. 20" B/20" P. Simuliert werden sollen verschiedene Laufwege aus ZP ans Netz. St. 5: Schattenbadminton: Teil II. 20" B/20" P. Simuliert werden sollen verschiedene Laufwege aus ZP an die Grundlinie.
938	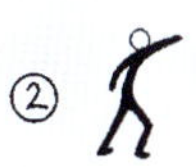 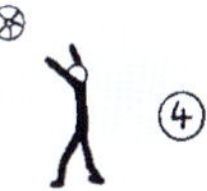	1 Medizinball.	ZIEL: 3 x Integriertes Konditionstraining, 2 x Allgemeine Körperbildung St. 1: Bewegungsschlagübung mit Zusatzaufgabe. Vgl. Ü 849. Position A St. 3: Bewegungsschlagübung mit Zusatzaufgabe. Vgl. Ü 849. Position B St. 5: Bewegungsschlagübung mit Zusatzaufgabe. Vgl. Ü 849. Position C St. 2 und St. 4: Medizinball gegenseitig zustoßen bzw. werfen. Je 20-mal bei wechselnden Wurftechniken: beidarmig über Kopf; ein-, beidarmig stoßen, werfen; rückwärts; durch die Beine; seitwärts ...

10

10.4 5 Personen auf einem Feld und Seitenraum

Nr. | **Organisation** | **Material/Hinweise** | **Beschreibung**

939

Material/Hinweise: Stoppuhr für Zirkel.

ZIEL: 4 x Technik, 1 x Kondition

St. 1:
St. 2: Innerhalb des schraffierten Dreiecks den Ball beliebig spielen.

St. 3: Sprungkraft-Zirkel:
30" B/30" P. 1. Grätschwinkelsprung. 2. Einbeinig Anhocken re. 3. Einbeinig Anhocken li. 4. Strecksprung aus der Hocke. 5. Luftspagat. 6. Aus der Hocke hochspringen mit Anhocken.

St. 4:
St. 5: Innerhalb des schraffierten Dreiecks den Ball beliebig spielen.

940

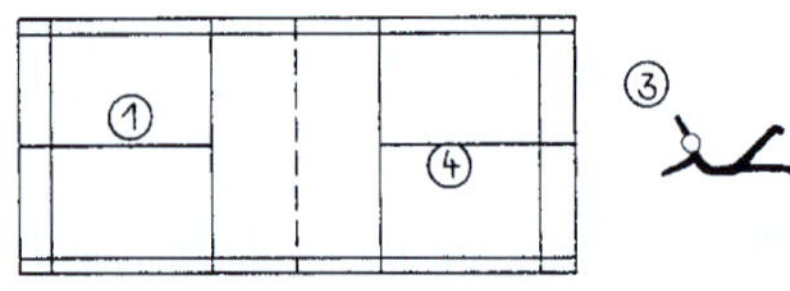

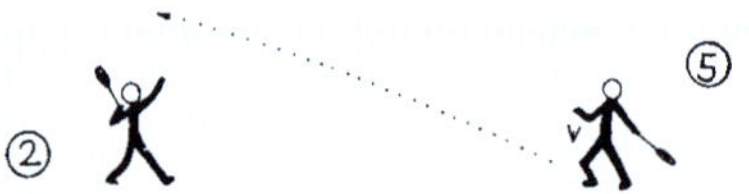

Material/Hinweise: Langbank, 1 Schläger, Stoppuhr für Zirkel. Einige Federbälle an Station 5.

ZIEL: 2 x Spieltraining, 1 x Technik, 2 x Kondition

St. 1: Mit St. 4 Einzelspiel um Punkte.

St. 2: Smash auf Uh-Zuspiel oder hohe Smash-Abwehr von St. 5.

St. 3: Zirkel zur allgemeinen Körperbildung: 30" B/30" P.
1. Ausfallschrittwechselsprung. 2. Supin./Pron. mit Badmintonschläger. 3. Klappmesser. 4. Beidbeiniger Sprung über Langbank. 5. In Bauchlage re Arm und li Bein anheben, ebenso li Arm und re Bein. 6. Schnelle Smash aus dem Stand in Folge.

St. 4: Mit St. 1 Einzelspiel um Punkte.

St. 5: Uh-Zuspiel zu St. 2, auch Zurückspiel des Smash mit hoher Abwehr. Zusätzlich: In regelmäßigen Abständen Grätschwinkelsprünge in 5er-Serien.

Nr.	Organisation	Material/ Hinweise	Beschreibung

941

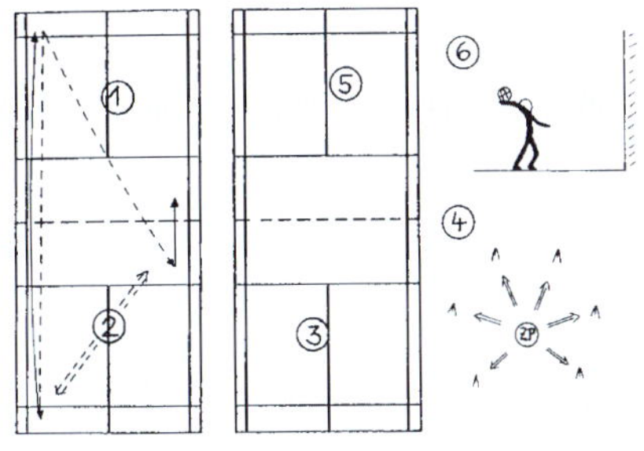

Material/Hinweise: 7 abgespielte Federbälle an Station 4. An Station 6 verschiedene Bälle: Handball, Basketball, Gymnastikball ...

ZIEL: 2 x Spieltraining, 2 x Technik, 2 x Kondition

St. 1: Vh-Drop cr im unregelmäßigen Wechsel mit Vh-Clear Ll. Bekommt von St. 2 die Clear als Clear und die Drop cr als Stop zurückgespielt.

St. 2: Abdecken der Diagonale re vorne/li hinten. Clear aus St. 1 als Clear, Drop cr als Stop, Netzdrop als Uhclear cr oder Netzdrop Ll zurückspielen.

St. 3: Einzelspiel mit St. 5 um Punkte. Zielsetzung: Am Netz möglichst Töten/Wischen.

St. 4: Kraftausdauer Beine: „Bälle tauschen – Reihum" (vgl. Ü 532).

St. 5: Einzelspiel mit St. 3 um Punkte. Zielsetzung: Nach jedem Schlag schnellstmöglich zur ZP zurück.

St. 6: Kraftausdauer Schlagarm: Verschiedene Bälle werden jeweils schnell gegen Wand geworfen. 45" B/15" P.

942

Material/Hinweise: Etliche Federbälle an Stationen 2 u 3.

ZIEL: 4 x Integriertes Konditionstraining, 2 x Schlagsicherheit

St. 1:	Multifeeding.	Schlägt zugespielte Bälle zurück.
St. 2:	30" B/30" P.	Spielt St. 1 auf die Vh-Seite zu.
St. 3.		Spielt St. 1 auf die Rh-Seite zu.

St. 4: Mit St. 5 + 6 Spiel „1 gegen 2". Jeder Ball soll erlaufen und zurückgespielt werden.

St. 5 und St. 6: Spiel „1 gegen 2" mit St. 4. Ball im Spiel halten; immer so spielen, dass er noch erreicht werden kann.

Nr.	Organisation	Material/ Hinweise	Beschreibung

943

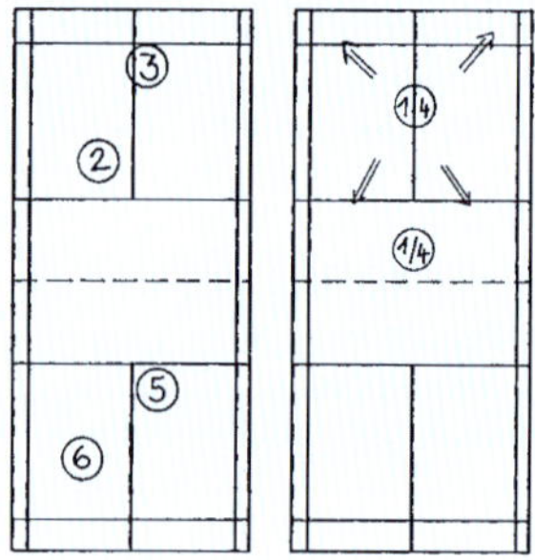

ZIEL: 4 x Spieltraining, 2 x Kondition

St. 1: / St. 4: Schattenbadminton: „Polizist" (vgl. Ü 891). Einer zeigt 10 Laufwege an, der andere läuft und umgekehrt.

St. 2: / St. 3: / St. 5: / St. 6: Doppelspiel mit wechselnden Personen um Punkte. Jeder schreibt sich die Differenz zwischen Plus- und Minuspunkten aus den einzelnen Spielen gut.

944

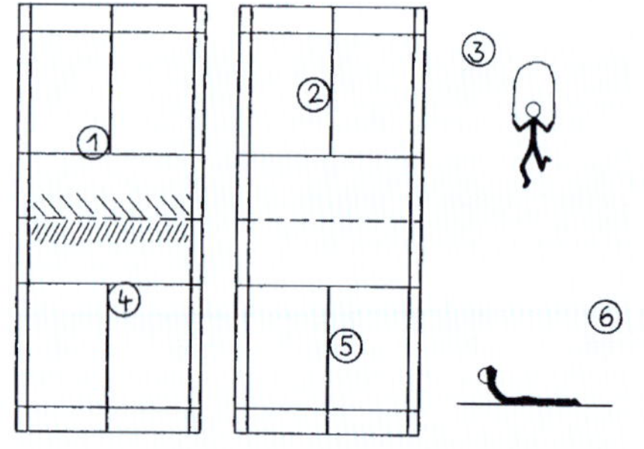

Stoppuhr für Zirkel. 1 Sprungseil.

ZIEL: 4 x Technik, 2 x Kondition

St. 1: Spiel am Netz mit St. 4. Zielsetzung: Schneiden.

St. 2: Komplexübung zum Angriffsspiel (vgl. Ü 651 ff. Position A) mit St. 5.

St. 3: Seilchenspringen. Im 10er-Wechsel: li, re, beidbeinig.

St. 4: Spiel am Netz mit St. 1. Zielsetzung: Cross-Bälle weit genug schlagen.

St. 5: Komplexübung zum Angriffsspiel mit St. 2. (Position B).

St. 6: Bauch-Rücken-Zirkel: 30" B / 30" P. 1. Aus Rückenlage Kopf auf die Knie. 2. Aus Bauchlage Rumpf heben. 3. Aus Sitz Stirn hinter Rücken auf Boden. 4. Im Sitz Rücken strecken und halten. 5. In Rückenlage beide Beine leicht anheben. 6. Bauchschaukel.

Nr.	Organisation	Material/ Hinweise	Beschreibung

945

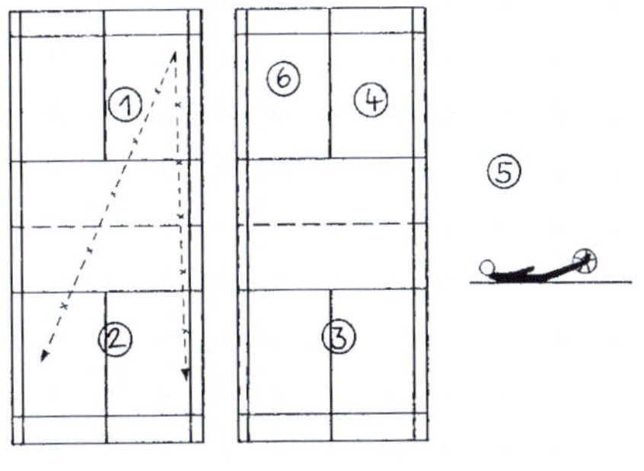

Medizinball und Stoppuhr für Zirkel.

ZIEL: 2 x Technik, 3 x Technik + Taktik, 1 x Kondition

St. 1: LvK-Smash Ll und cr im Rahmen einer einfachen Komplexübung mit St. 2.

St. 2: Ku Abwehr des Smash aus St. 1 und erneutes Zuspiel ...

St. 3: Mit St. 4 + 6 Spiel „1 gegen 2". Angriffsspiel!

St. 4 und St. 6: Spiel „1 gegen 2" mit St. 3. Angriffe abwehren und erneut Möglichkeit geben, anzugreifen.

St. 5: Zirkel zur allgemeinen Körperbildung: 30" B/30" P. Gerät: Medizinball. 1. Beidarmig gegen Wand werfen. 2. Beidbeinig überspringen. 3. Mit Schlagarm gegen Wand stoßen. 4. In Bauchlage Arme li – re über Ball heben. 5. Bei Streckung aus der Hocke hochwerfen. 6. Rückenlage; zwischen Füße klemmen und hochhalten.

946

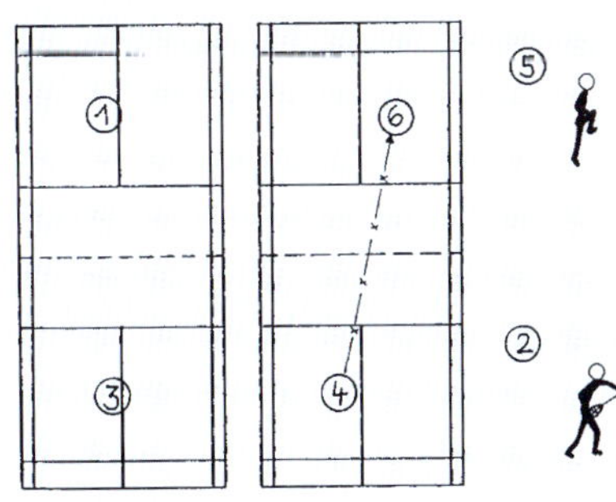

Stoppuhr für Zirkel.
An St. 2 muss vor dem Üben ein genauer „Sollwert" für das technische Element vermittelt werden.

ZIEL: 4 x Spieltraining, 1 x Technik, 1 x Kondition

St. 1: Einzel (mit St. 3) mit taktischer Aufgabenstellung; z. B. schnelles, wechselndes Anspielen gegn. Ecken.

St. 2: Individuelle Technikkorrektur: Bewegungsführung bei verminderter Geschwindigkeit zur Optimierung einer ungenügend beherrschten Lauf- oder Schlagtechnik.

St. 3: Einzel um Punkte gegen St. 1.

St. 4: Einzel (mit St. 6) mit taktischer Aufgabenstellung; z. B. auf Körper des Gegners schmettern und vorrücken.

St. 5: Sprungkraft-Zirkel: 20" B/20–30" P. 1. Beidbeinig anhocken. 2. In der Hocke seitwärts springen. 3. Skipping. 4. Wedeln. 5. Schnelle, tiefe Kniebeuge. 6. Ausfallschrittwechselsprung.

St. 6: Einzel um Punkte gegen St. 4.

10.5 6 Personen auf 2 Feldern und Seitenraum

Nr.	Organisation	Material/ Hinweise	Beschreibung
947	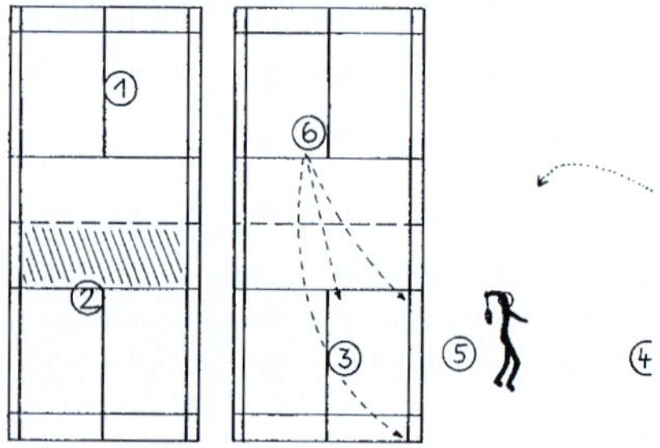	Einige Federbälle an Station 4.	ZIEL: 2 x Spieltraining, 2 x Schlagsicherheit, 2 x Kondition St. 1: Übung zur Schlagsicherheit mit St. 2: Alles in gegn. Netzbereich zurückspielen. St. 2: Übung zur Schlagsicherheit mit St. 1. Alle Bälle so zurückspielen, dass sie noch erreicht werden können. St. 3: Einzel um Punkte mit St. 6. St. 4: Einige Bälle. Genaues Uh-Zuspiel zu St. 5. Diesen mit Zuruf korrigieren; vor allem auf Rumpfeinsatz achten. St. 5: Smash auf Uh-Zuspiel von St. 4. Zielsetzung: Verbesserung der Gesamtkoordination, Einsatz von Schulter und Rumpf zur Schlagunterstützung. St. 6: Einzel um Punkte mit St. 3. Aufgabe: Möglichst viele Aufschlagvarianten einsetzen.
948			ZIEL: 4 x Spieltraining Doppel, 2 x Technik St. 1: } Verbesserung des Angriffsverhaltens im Doppel mit St. 2: } St. 5 + 6. Position Hinterer: Angreifen. Position Vorderer: Abfangen. St. 3: Schmettern (cross) mit St. 4. Versuchen, auf den Körper zu zielen und die Abwehr möglichst abermals zu schmettern. St. 4: Verbessern der flachen Abwehr im Doppel mit St. 3. Den Bällen entgegenrücken und flach abwehren. St. 5: } Verbesserung des Abwehrverhaltens St. 6: } im Doppel mit St. 1 + 2. Versuchen, zum Gegenangriff zu kommen. Beginn stets mit hohem Zuspiel zu St. 1.

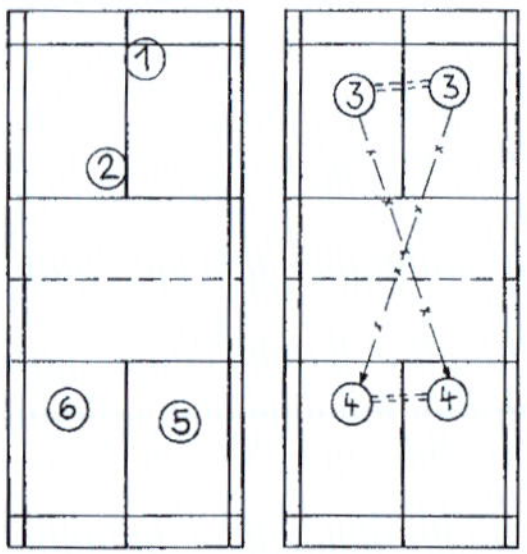

Nr. Organisation | Material/Hinweise | Beschreibung

949

Für Spieler unterschiedlicher Leistungsstärke.
Vgl. auch Ü 961 ff.

ZIEL: Stationen werden paarweise durchlaufen. 1 x Kondition, 1 x Schlagsicherheit, 1 x Spieltraining

St. 1: } Einzel um Punkte mit Aufgabenstellung für eig. spiel. Verhalten. — Z. B. Rückkehr zur ZP beschleunigen!
St. 2: } Z. B. Blick nicht vom Ball lösen!

St. 3: } Platzierungssicherheit bei Abwehrschlägen (vgl. Ü 767).
St. 4: } Mit Seitenwechsel.

St. 5 und St. 6: Partnerübungen zur allgemeinen Körperbildung: Je 20-mal, dann wechseln. Mehrere Durchgänge. 1. Sprintlauf mit Gegendrücken. 2. Kopf auf die Knie aus Rückenlage. 3. Rumpfheben aus Bauchlage. 4. Bocksprung. 5. Mit aufgehocktem Partner in Knie gehen.

950

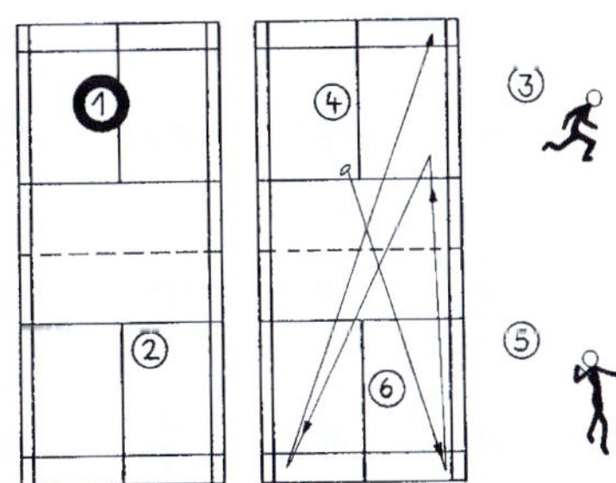

Stoppuhr für Schattenbadminton.

ZIEL: 1 x gegen guten Spieler spielen, 2 x Kondition, 2 x Schlagsicherheit

St. 1: Guter Spieler. Bleibt auf seiner Station und spielt gegen wechselnde Gegner auf St. 2. Einzel. Evtl. unter Auferlegung eines Handicaps (vgl. Ü 771 ff.).

St. 2: Einzel gegen St. 1. Möglichst viele Punkte erzielen.

St. 3: 5 m sprinten, auslaufen, zur Startlinie zurückgehen, erneut sprinten, usw.

St. 4: Offene Schlagkombination (vgl. Ü 631 ff.) mit St. 6.

St. 5: Schattenbadminton: 20" B/20" P. Simuliert werden verschiedene Laufwege aus ZP, die jeweils in einen harten Schlag einmünden.

St. 6: Offene Schlagkombination mit St. 4.

10

10.6 8 Personen auf 2 Feldern

Nr.	Organisation	Material/ Hinweise	Beschreibung
951	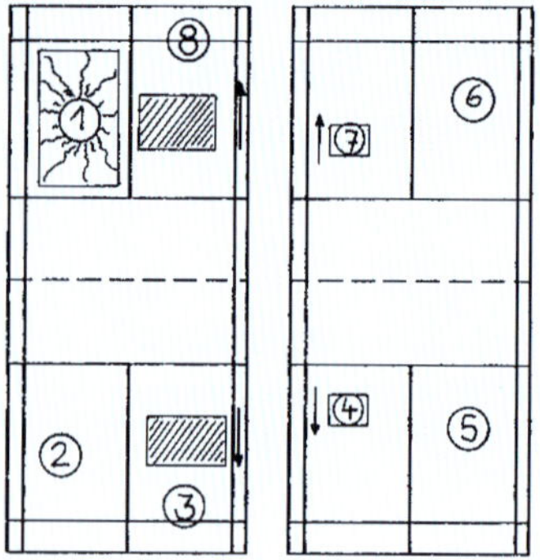	1 (große) Weichmatte, 2 Matten, 2 kleine Kästen.	ZIEL: Kindertraining – Spielerisches Miteinanderschlagen St. 1: Befindet sich auf einer Weichmatte. Schlägt mit St. 2. St. 2: Schlägt St. 1 so zu, dass dieser nicht von der Matte muss. St. 3: / St. 8: Miteinander Überkopf-Schläge weit. Beide stehen hinter Matten. Nach jeder gelungenen 5er-Serie werden die Matten ein Stück auseinandergezogen. St. 4: / St. 7: Miteinander. Beide stehen auf Kasten und spielen so zu, dass keiner vom Kasten muss. Nach gelungener 10er-Serie Abstand erhöhen. St. 5: / St. 6: Auf ½ Feld; freies Spiel.
952	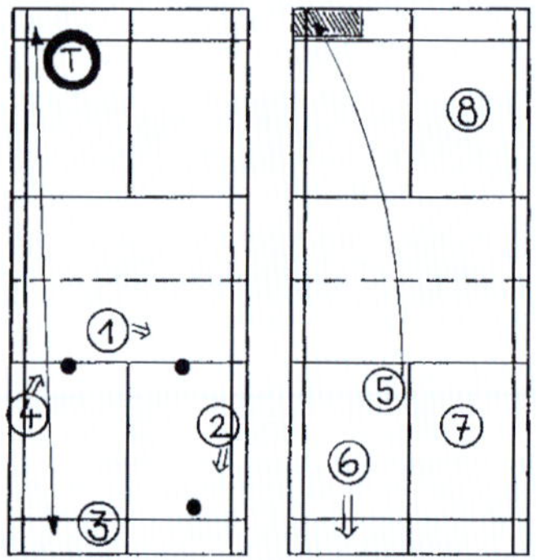	Kastenteil, einige Bälle an Station 5. Ballhülsen zur Markierung.	ZIEL: Kindertraining – Spielerisches Grundlagentraining T: Trainer als Zuspieler für Rundlauf. St. 1: / St. 2: / St. 3: / St. 4: Schlagen jeweils in der LvK-Ecke Clear mit T und laufen nach jedem Schlag um 3 Markierungspunkte. St. 5: Hohe Aufschläge in Zielfläche (Kastenteil). St. 6: Schlagsimulation: In 10er-Serien Überkopf-Schlag im Umsprung. St. 7: / St. 8: Freies Spiel; nur Uh-Schläge sind erlaubt.

Nr.	Organisation	Material/ Hinweise	Beschreibung

953

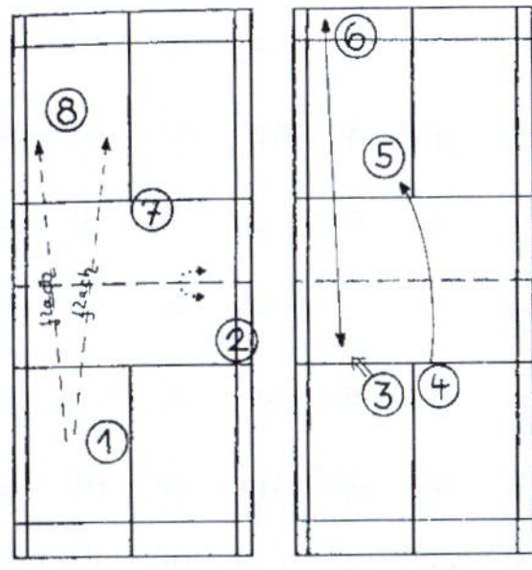

Einige Federbälle an Station 4.

ZIEL: Anfängertraining – Technikschulung Uh-Schläge Rh
St. 1: Rh-Drive mit St. 8, von dem er die Bälle flach in den Rh-Bereich zugespielt bekommt.
St. 2: Spiel am Netz; Einsatz von Netzdrop Rh im Schlagfluss mit St. 7.
St. 3: Uhclear Rh Ll im Schlagfluss mit St. 6.
St. 4: Kurze Aufschläge Rh.
St. 5: Annehmen kurzer Aufschläge durch Drücken des Balles mit Rh-Schlag. Zunächst Simulationen, dann mit St. 4.
St. 6: Schlägt Uhclear von St. 3 als Drop zurück.
St. 7: Spiel am Netz. Einsatz von Netzdrop Rh im Schlagfluss mit St. 2.
St. 8: Spielt alle Bälle flach in den Rh-Sh-Bereich von St. 1.

954

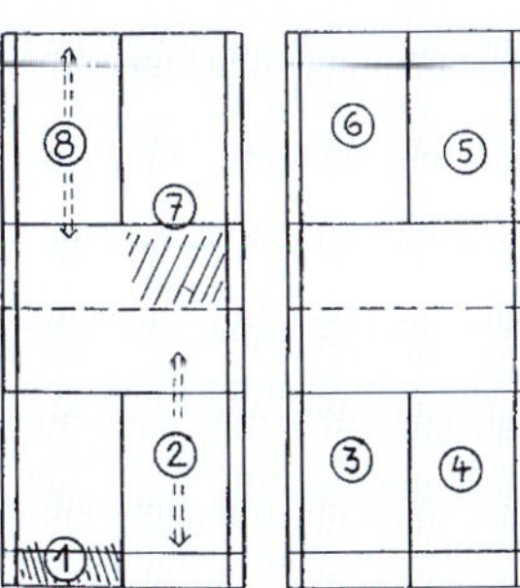

ZIEL: Anfängertraining – Spielfähigkeit entwickeln
St. 1: Von der Grundlinie unregelmäßig Clear und Drop; mit St. 8 auf ½ Feld.
St. 2: Spielt Bälle von St. 7 in dessen Netzbereich zurück.
St. 3: Bewegungsschlagübung auf ½ Feld mit St. 6: Clear – Clear – Drop – Drop – usw.
St. 4: St. 5: Einzel um Punkte auf ½ Feld.
St. 6: Bewegungsschlagübung auf 1/2 Feld mit St. 3.
St. 7: Nur aus Netzbereich. Unregelmäßig Uhclear, Stop und Netzdrop mit St. 2.
St. 8: Spielt alle Bälle von St. 1 hoch an dessen Grundlinie zurück.

10.6 8 Personen auf 2 Feldern

Nr.	Organisation	Material/ Hinweise	Beschreibung
955		Viele Federbälle zur Verfügung halten.	ZIEL: Minderung individueller Schwächen St. 1: Steht St. 8 als Partner zur Verfügung. Dieser erklärt, was er zu üben wünscht. Übungsform überlegen und üben. St. 2: Gelegenheit, an der Minderung einer persönlichen Schwäche zu arbeiten. St. 7 bekommt Zuspielauftrag erteilt. St. 3: Steht St. 6 als Partner zur Verfügung. Auf ½ Feld. St. 4: Gelegenheit, an der Minderung einer Schwäche aus dem Bereich der Schlagtechnik zu arbeiten. (Mit St. 5.) St. 5: Steht St. 4 als Zuspielpartner zur Verfügung. St. 6: Gelegenheit, an der Minderung einer persönlichen Schwäche zu arbeiten. St. 3 bekommt Zuspielauftrag erteilt. St. 7: Steht St. 2 als Partner zur Verfügung. Auf ½ Feld. St. 8: Gelegenheit, an der Minderung einer persönlichen Schwäche zu arbeiten. St. 1 steht als Partner zur Verfügung. Ganzes Feld ausnutzen, d.h., mit Laufarbeit üben.
956		Kleiner Kasten u. Schläger an Station 1. 8 abgespielte Federbälle an Station 7. Einige Federbälle an Station 4.	ZIEL: Integriertes Konditionstraining St. 1: Position Q St. 2: Schlagfluss mit Zusatzaufgabe. Position B St. 7: Vgl. Ü 877. Position A St. 8: Position P St. 3: Spielt St. 6 alle Bälle hoch in den Bereich Grundlinie Mitte. Höchstes Lauftempo anstreben. St. 4: Zuspieler für St. 5. St. 5: Smash aus der Hocke auf Zuspiel von St. 4. St. 6: Steht in der Mitte der Grundlinie und verteilt die Bälle. Je nach Leistungsvermögen seines Gegenübers auf St. 3 spielt er mehr oder weniger scharf. Er soll ihn allerdings nicht ausspielen. Pausen zwischen den Ballwechseln kurz halten.

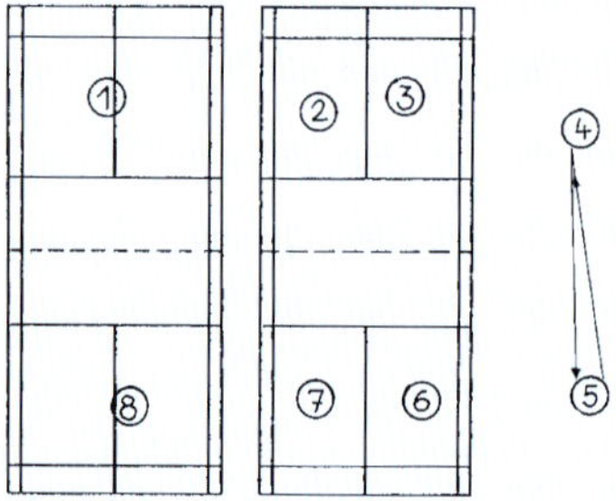

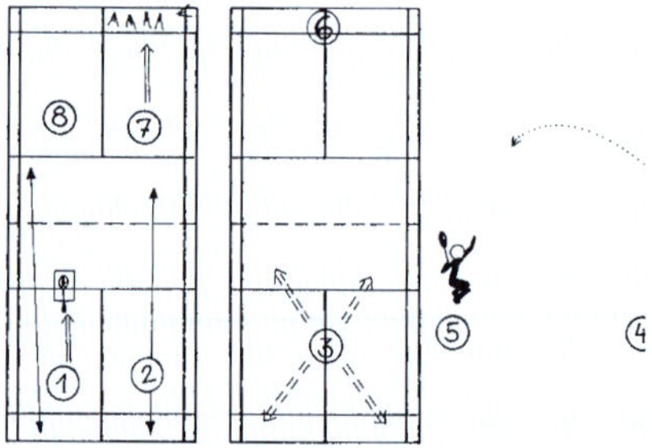

Nr.	Organisation	Material/ Hinweise	Beschreibung

957

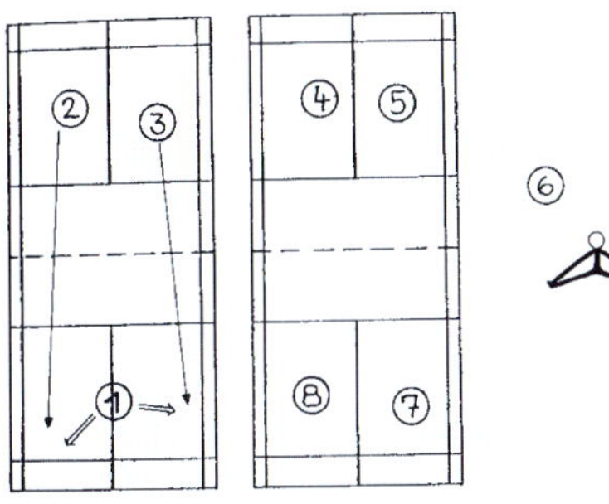

Viele Federbälle an Stationen 2 u. 3.
2 Stoppuhren.
2 Kastenteile, 1 Schläger für Zirkel.

ZIEL:	Konditionstraining	
St. 1:	Multifeeding.	Schlägt zugespielte Bälle zurück.
St. 2:	30" B/30" P.	Spielt St. 1 auf die LvK-Seite zu.
St. 3:		Spielt St. 1 auf die Vh-Seite zu.
St. 4: St. 8:	Bewegungsschlagübung:	Smash und Netzdrop Ku Abwehr u. Uhclear als Zuspiel
St. 5: St. 7:	Schattenbadminton „Ahnenlauf".	Vgl. Ü 899. 15" B/15" P.
St. 6:	Zirkel zur allgemeinen Körperbildung: 30" B/30" P. 1. Durch Kastenteil kriechen. 2. Über Kastenteil beidbeinig springen. 3. Unterarmdrehung mit normalem Schläger. 4. Situps. 5. Grätschwinkelsprung. 6. Aus Rumpfbeuge schnell strecken.	

958

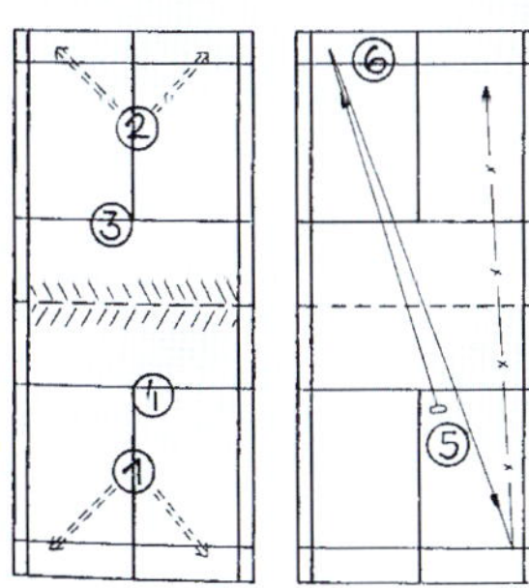

Stoppuhr.

ZIEL:	Gemischtes Mannschaftstraining Stationen werden paarweise durchlaufen.	
St. 1: St. 2:	Clear über ganze Felldbreite.	Nach jedem Schlag Ruck-kehr zur ZP!
St. 3: St. 4:	Spiel am Netz. Zielsetzung:	Einsatz von Finten.
St. 5: St. 6:	Freies Spiel mit Standarderöffnung: Ho Aufschlag – Clear cr – Smash ... Aufschlag hat stets der Gewinner des Ballwechsels.	
St. 7: St. 8:	Schattenbadminton. 15" B/30" P.	Abwechselnd denkt sich jeder einen spielgemäßen Laufweg aus, der dann nacheinander absolviert wird.

10.6 8 Personen auf 2 Feldern

Nr.	Organisation	Material/ Hinweise	Beschreibung
959	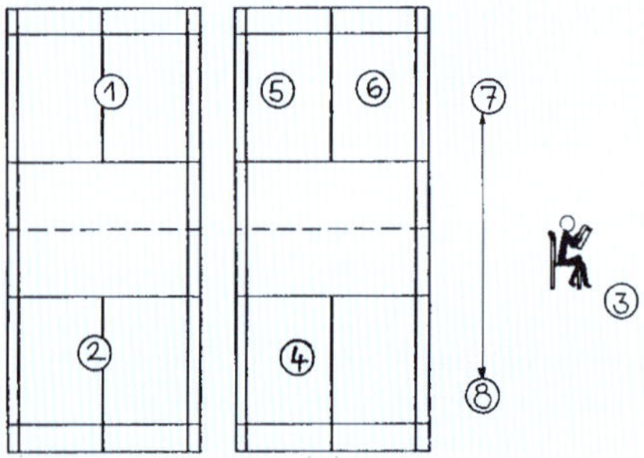	Fachzeitschrift an Station 3.	ZIEL: Viel Spieltraining St. 1: St. 2: Einzel um Punkte. St. 3: Lesen der neuesten Badmintonnachrichten. St. 4: Mit St. 5 + 6 Spiel „1 gegen 2". Angriffsspiel aus allen Lagen. St. 5 und St. 6: Spiel „1 gegen 2" mit St. 4. Angriffe von St. 4 abwehren und ihm erneut Möglichkeit zum Angriff geben. St. 7: St. 8: Neben den Feldern freier Schlagfluss, worin immer wieder Smash-Situationen eingeschoben werden.
960	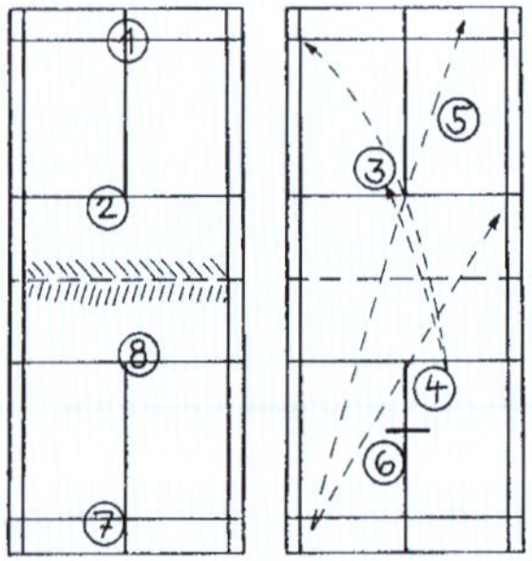	Einige Bälle an Station 4.	ZIEL: Techniktraining gemischt St. 1: Clear mit St. 7; vornehmlich auf dessen LvK-Seite spielen. Eigenen Umsprung verbessern. St. 2: Freies Spiel am Netz mit St. 8. Töten erlaubt. St. 3: Annehmen kurzer Doppel-Aufschläge von St. 4. Zurückschmettern der Swip. St. 4: Kurze Doppel- in Verbindung mit Swip-Aufschlägen. Abwehren der durch St. 3 mit Smash erwiderten Swip. St. 5: Alle Bälle von St. 6 hoch an dessen Grundlinie zurück. St. 6: Unregelmäßig LvK-Drop cr und LvK-Clear cr. Immer wieder zur ZP zurückkehren. St. 7: Clear mit St. 1; vornehmlich LvK-Clear Ll und cr üben. St. 8: Freies Spiel am Netz mit St. 2.

Nr.	Organisation	Beschreibung

961

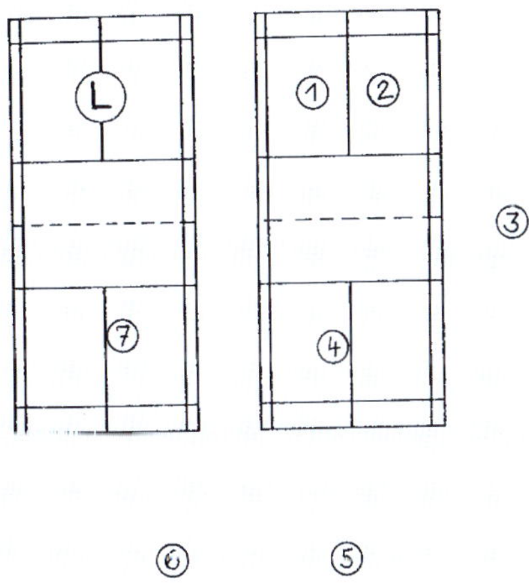

AUSGANGSSITUATION: 1 Leistungsspieler, 7 Durchschnittsspieler

Der „Leistungsspieler" bekommt eine Feldseite eingeräumt. Er hat sein eigenes Trainingsprogramm, das er mit wechselnden Partnern durchführt. Schon bei der Planung seiner Übungen sollte er das unterschiedliche Leistungsvermögen der jeweiligen Partner berücksichtigen.

Beispiel: Gegen A „Eckenanspielen" 1. und 2. Ecke.
Gegen B „Eckenanspielen" 3. und 4. Ecke.
Gegen C Smash-Abwehr. Gegner schmettert aus Vh.
Gegen D Smash-Abwehr. Gegner schmettert LvK.
Gegen E Angriffsspiel aus der LvK-Ecke. Gegner wehrt alles ab.
Gegen F Angriffsspiel aus der LvK-Ecke. Gegner wehrt alles ab.
Gegen G Schattenbadminton „Polizist" 1. Durchgang.
Gegen H Schattenbadminton „Polizist" 2. Durchgang.
E und F würden hier die spielstärksten Partner sein,
G und H die schwächsten.

Die „Durchschnittsspieler" durchlaufen eine Stationsfolge, wie sie etwa in Ü 941–960 beschrieben ist. Für sie ist das Besondere an Station 7 nur, dass sie dort individuell gesagt bekommen, was sie machen sollen.

10

10.7 8 Personen unterschiedlicher Leistungsstärke auf 2 Feldern

Nr.	Organisation	Beschreibung

962

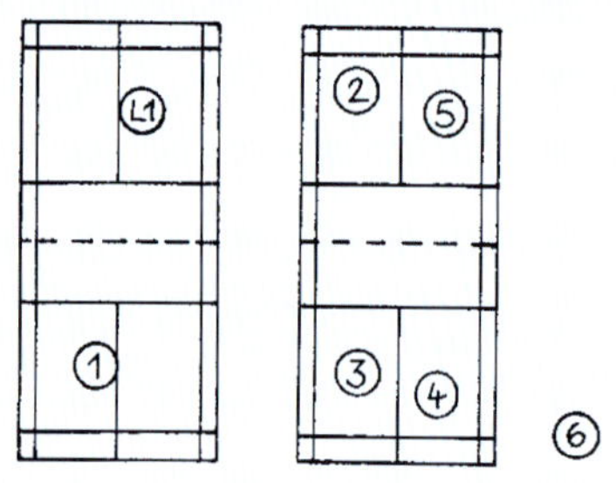

AUSGANGSSITUATION: 2 Leistungsspieler, 6 Durchschnittsspieler

1. Organisationsweg: Die beiden Leistungsspieler trainieren zusammen auf einem Feld. Die übrigen Spieler begnügen sich mit einem Feld und dem Seitenraum.
2. Organisationsweg: Die beiden Leistungsspieler nehmen jeweils auf einem Feld eine Seite (wie in Ü 961 beschrieben) und die übrigen Spieler haben jeweils eine Station als Partner bei ihnen.
3. Organisationsweg: Die beiden Leistungsspieler dritteln ihre Trainingsinhalte in: Spieltraining, Techniktraining, Konditionstraining. Sie absolvieren zunächst das Spieltraining auf einem Feld gegeneinander. Dann absolviert der erste (L1) sein Techniktraining (in der in Ü 961 beschriebenen Weise), während gleichzeitig der zweite (L2) außerhalb des Feldes sein Konditionsprogramm abspult. Nach der entsprechenden Zeit werden die Positionen getauscht.
   Die Durchschnittsspieler durchlaufen normalen Stationsbetrieb.

963

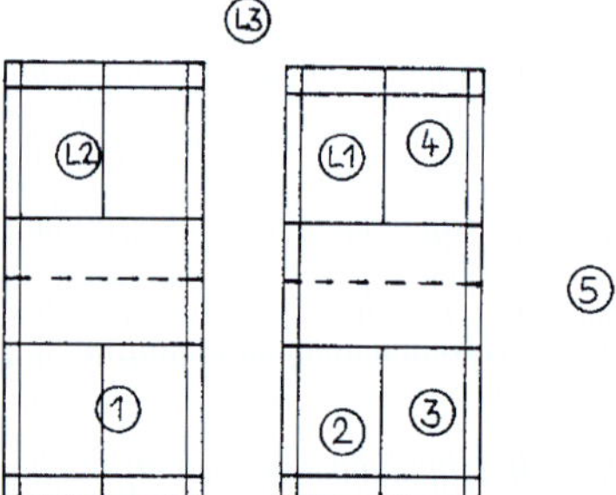

AUSGANGSSITUATION: 3 Leistungsspieler, 5 Durchschnittsspieler

1. Organisationsvorschlag:
   Die drei Leistungsspieler bekommen ein Feld und absolvieren ihr Training miteinander. Die fünf Durchschnittsspieler haben ebenfalls ein Feld zur Verfügung und richten ihren Stationsbetrieb so ein, wie es in Ü 931–940 beschrieben ist.
2. Organisationsvorschlag:
   Die drei Leistungsspieler haben eine Stationsabfolge, der sie folgen, die fünf Durchschnittsspieler eine andere. An zwei Stellen begegnen sich die Kreise und an diesen Stationen werden die Übungsinhalte jeweils von den Leistungsspielern bekanntgegeben.

Nr.	Organisation	Beschreibung

964

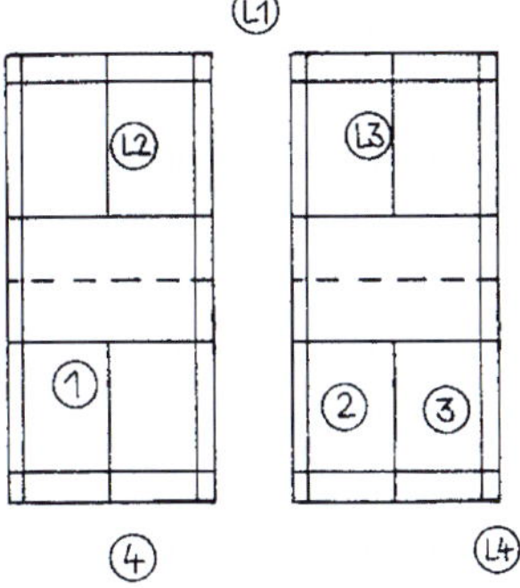

AUSGANGSSITUATION: 4 Leistungsspieler, 4 Durchschnittsspieler

1. Organisationsvorschlag: Jede Gruppe bekommt ein Feld und organisiert ihr Training dem Platzangebot entsprechend.
2. Organisationsvorschlag: Die Leistungsspieler haben eine Stationsabfolge, der sie folgen, die Durchschnittsspieler eine andere. Die Stationen berühren sich aber mehrfach.

Beispiel:

L2 mit St. 1: L2 stellt die Aufgabe (z. B. „Handicapeinzel").

L3 mit St. 2 + 3: „1 gegen 2". Die schwächeren Spieler versuchen, dem besseren heftige Gegenwehr entgegenzusetzen.

L4 mit St. 4: Der Leistungsspieler steht seinem Partner als Berater, Zuspieler, Trainer zur Verbesserung eines technischen Elementes zur Verfügung (z. B. Smash bei dauernder hoher Abwehr).

L1: Konditionstraining.

965

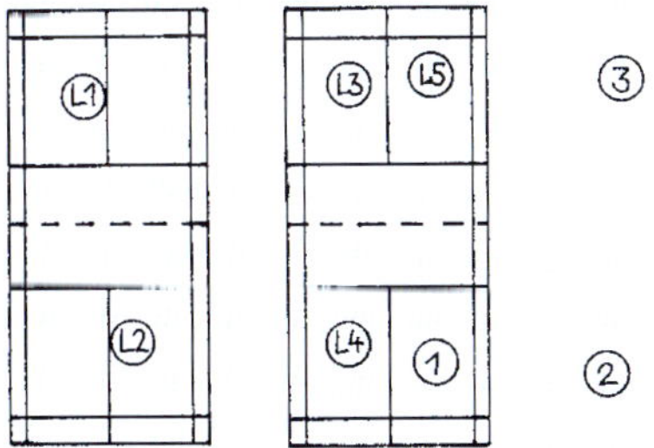

AUSGANGSSITUATION: 5 Leistungsspieler, 3 Durchschnittsspieler

1. Organisationsvorschlag: Die Leistungsspieler errichten 4 Stationen auf dem ersten Feld und eine auf dem zweiten. Die Durchschnittsspieler haben 3 Stationen, von denen zwei gegenüber von L5 auf dem zweiten Feld liegen und eine außerhalb.
2. Organisationsvorschlag: Die Leistungsspieler errichten nicht vier Stationen auf dem ersten Feld, sondern nur zwei oder drei. Sie erhalten dafür andere Stationen (für Konditionstraining) außerhalb.
3. Organisationsvorschlag: Die Leistungsspieler errichten zwei Stationen auf dem ersten Feld und drei Stationen auf dem zweiten.
   Die Durchschnittsspieler erhalten eine Station als Partner von L5 auf dem zweiten Feld und zwei außerhalb.

10.7 8 Personen unterschiedlicher Leistungsstärke auf 2 Feldern

Nr.	Organisation	Beschreibung
966	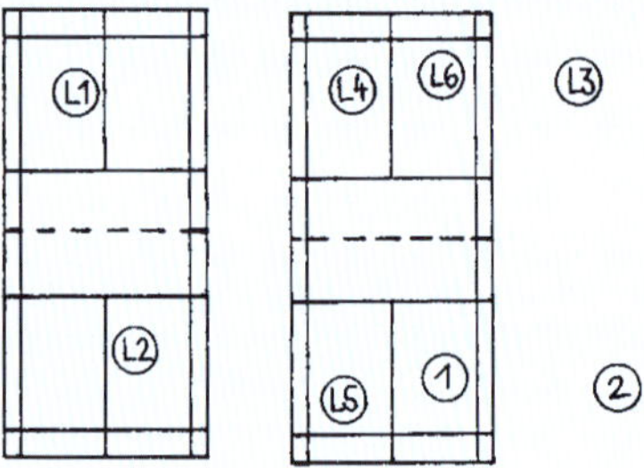	AUSGANGSSITUATION: 6 Leistungsspieler, 2 Durchschnittsspieler 1. Organisationsvorschlag: 8 Stationen auf den beiden Feldern. Die Leistungsspieler wechseln untereinander. Die Durchschnittsspieler haben ein halbes Feld und üben dort nacheinander ihre Elemente. 2. Organisationsvorschlag: Die 6 Leistungsspieler haben eine Stationsabfolge, der sie folgen, mit einer Station außerhalb der Felder. Die beiden Durchschnittsspieler haben eine Station auf dem Feld, eine außerhalb. Bei beiden Stationen steht ihnen ein Leistungsspieler als Berater, Zuspieler, Trainingspartner zur Verfügung; sie müssen ihm nur kundtun, was sie gerne üben möchten.
967	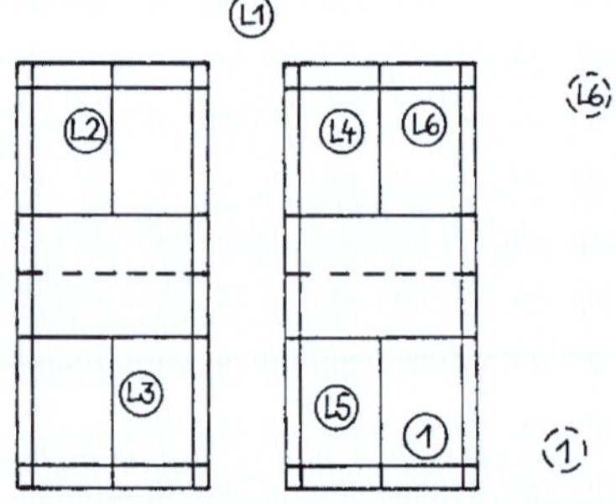	AUSGANGSSITUATION: 7 Leistungsspieler, 1 Anfänger/Durchschnittsspieler Organisationsvorschlag: Die Leistungsspieler richten sich eine Stationsabfolge ein, die ihren Trainingsabsichten entspricht. Sie berücksichtigen dabei, dass eine Station eingerichtet wird, bei der dem Anfänger jeweils ein Partner zur Verfügung steht. Der Anfänger hat sein eigenes Trainingsprogramm. Er teilt dem jeweiligen Stationsgegenüber mit, wohin er den Ball wie haben möchte.

Nr.	Organisation	Beschreibung

968

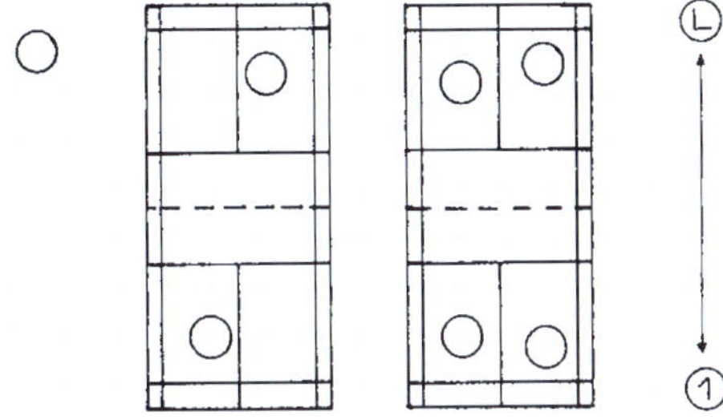

GRUPPENZUSAMMENSETZUNG: Leistungsspieler/Durchschnittsspieler/Anfänger

Organisationsvorschlag:
Ähnlich wie in Ü 961–966 beschrieben. Nur: Es wird eine Außenstation eingerichtet, bei der dem Anfänger jeweils ein besserer Spieler als Partner zur Verfügung steht.
Wichtig dabei ist, dass der Anfänger einen genauen Trainingsplan hat, damit seine Ausbildung nicht dem Zufall überlassen bleibt.
Wichtig außerdem, dass der bessere Spieler nicht gerade dann seine Pinkelpause macht, wenn er mit dem Anfänger zu spielen hat.

969

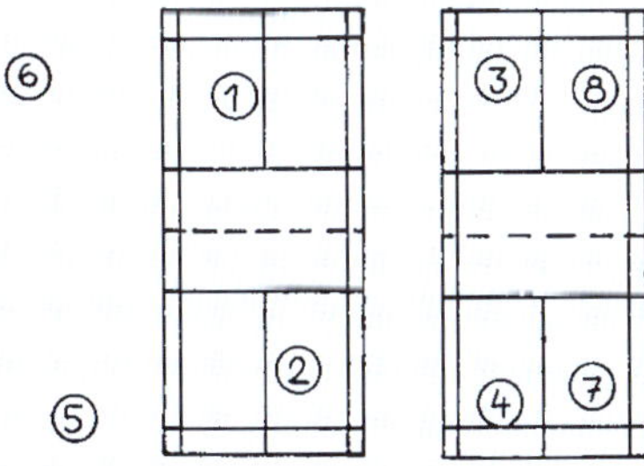

GRUPPENZUSAMMENSETZUNG: Unterschiedliches Leistungsniveau
Es soll paarweise vorgegangen werden.

Ist die Gruppenzusammensetzung sehr unterschiedlich, kann man paarweise arbeiten lassen. Jeder Spieler bekommt einen Partner ähnlicher Leistungsstärke für alle Übungen zugeteilt.
In diesem Fall werden die Übungsinhalte der einzelnen Stationen nur grob festgelegt. Die konkrete Übungsform wird dann anhand des Leistungsvermögens der jeweils dort anzutreffenden Spieler variiert.

Beispiel: St. 1 und 2 – Spieltraining
St. 3 und 4 – Individuelle Technikverbesserung
St. 5 und 6 – Konditionstraining
St. 7 und 8 – Aggressive Spielweise stärken.

10.7 8 Personen unterschiedlicher Leistungsstärke auf 2 Feldern

Nr.	Organisation	Material/ Hinweise	Beschreibung
970			

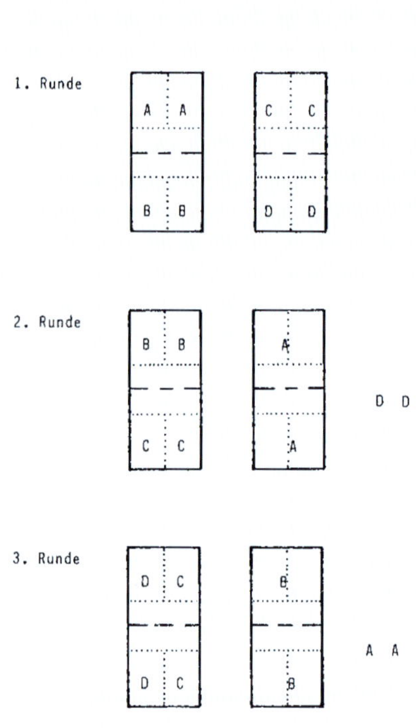

GRUPPENZUSAMMENSETZUNG: Unterschiedliches Leistungsniveau. Die jeweils besseren Spieler sollen den schwächeren etwas beibringen.

Will man dem Solidaritätsprinzip folgen und das Helfersystem in der Trainingsgestaltung anwenden, so kann man wie folgt verfahren:
Die Gruppe wird in 4 Paare eingeteilt. Paar A umfasst die leistungsstärksten, Paar D die leistungsschwächsten Spieler.

1. Runde
Alle Spieler auf den Feldern. Die Spieler A stehen den Spielern B als Berater, Zuspieler, Partner zur Verfügung, die Spieler C den Spielern D. Was geübt wird, richtet sich nach den Trainingszielen von B bzw. D.

2. Runde
Auf einem Feld stehen die Spieler B den Spielern C als Berater, Zuspieler, Partner zur Verfügung.
Auf dem anderen Feld üben die Spieler A jetzt miteinander.
Außerhalb der Felder machen die Spieler D individuelles Techniktraining im Bereich der grundlegenden Bewegungsführungen.

3. Runde
Auf einem Feld üben die Spieler B miteinander.
Auf dem zweiten Feld spielen (oder üben) die Spieler C und D jetzt untereinander.
Außerhalb der Felder absolvieren die (leistungsstarken) Spieler A Konditionstraining.

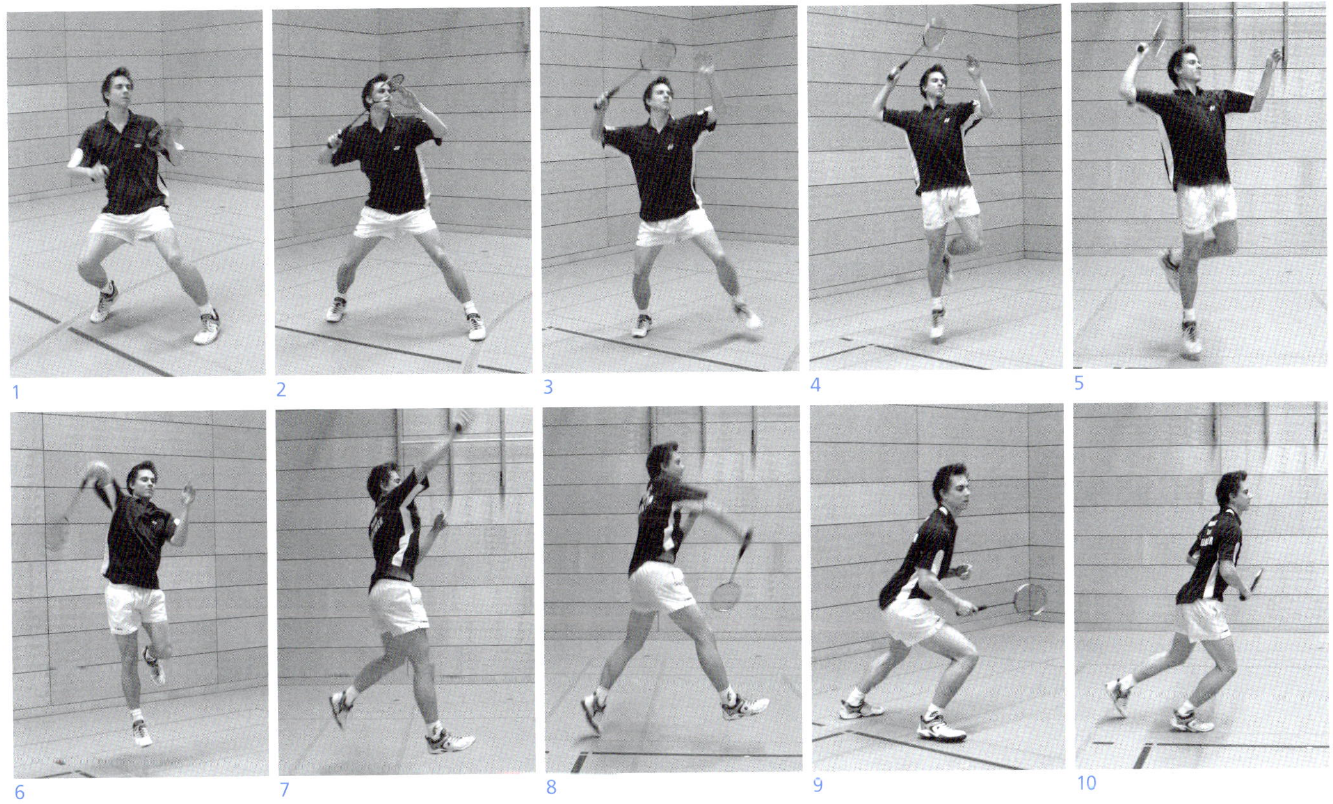

„Von hinten wieder nach vorn"

Mit dem UMSPRUNG kehrt man bei einem Schlag an der Grundlinie unmittelbar ins Feld zurück: (1) Der linke Fuß stößt den Körper nach hinten ab; (2) Gewicht geht über auf das rechte Bein, Schläger in „Null-Stellung"; (3) vom rechten Bein erfolgt ein Hochspringen; (4) die linke Körperhälfte beginnt, sich nach hinten zu drehen, während der Schläger immer noch in der „Null" ist; (5) der Schläger beginnt, sich zur Beschleunigung in die Schwungschleife zu senken; (6) der Schläger erreicht seinen tiefsten Punkt; (7) er wird ohne Unterbrechung hoch zum Ball weiter beschleunigt, während gleichzeitig durch das Vorbringen der rechten Schulter die halbe Körperdrehung vollendet wird; (8) der Schläger schwingt nach vorne-links aus, der Fuß beginnt mit der Landung; (9) die Landung erfolgt voll auf dem hinteren linken Bein, welches den Körper aus der Landespannung unmittelbar ins Feld zurück drückt; (10) über das rechte Bein erfolgt der Lauf zurück in den Zentralbereich (vgl. Übungsreihe Ü 221–240).

10.8 ca. 10 Personen auf 2 Feldern und Seitenraum

Nr.	Organisation	Material/ Hinweise	Beschreibung

971

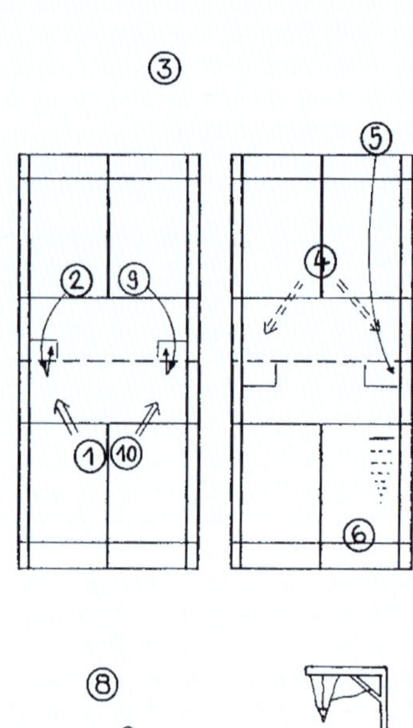

Mindestens 24 Bälle. Falls vorhanden: Ballpendel.
4 kleine Kästen. Ersatzweise können durchaus auch Handtücher genommen werden.
Jede Station 5 (–10) min; Schlagsimulationen in 10er-Serien.

ZIEL: Anfängergruppe – Grundausbildung (Schlag- und Lauftechnik); ohne Konditionsübungen

1. Lauf ans Netz/Netzdrop Rh: Spieler läuft aus der Feldmitte ans Netz und spielt den Ballzuwurf von St. 2 als Netzdrop Rh im Ausfallschritt in den umgedrehten Kasten.
2. Wirft St. 1, von der vo A-linie aus, den Ball mit Uh-Wurf zu.
3. Wechsel Vh-Rh-Griff: Schlagsimulation durchführen, wobei zwischen Sh-Schlag Vh und Rh (Daumeneinsatz!) abgewechselt wird.
4. Lauf an die Netzkante: Aus ZP abwechselnd die Netzecken re und li anlaufen. Dabei jeweils im Ausfallschritt einen Federball in Kasten werfen.
5. Gefühl für Schlaggenauigkeit entwickeln: Von Grundlinie Uhclear Vh in Kasten hinter dem Netz schlagen.
6. Weite bei Uh-Schlägen: Von vo A-linie Uh-Schlag Vh bis über die gegenüberliegende hi A-linie. Nach einem gelungenen Versuch einen Schritt zurück.
7. Koordination bei Überkopf-Schlägen: Clear am Ballpendel. (Sonst Schlagsimulation.)
8. Geschicklichkeit: Ball mit Uh-Schlag senkrecht hochschlagen, abwechselnd vor und hinter dem Körper.
9. Wirft St. 10, von der vo A-linie aus, den Ball mit Uh-Wurf zu.
10. Lauf ans Netz/Netzdrop Vh: Spieler läuft aus der Feldmitte ans Netz und spielt den Ballzuwurf von St. 9 als Netzdrop Vh im Ausfallschritt in den umgedrehten Kasten.

Nr.	Organisation	Material/ Hinweise	Beschreibung

972

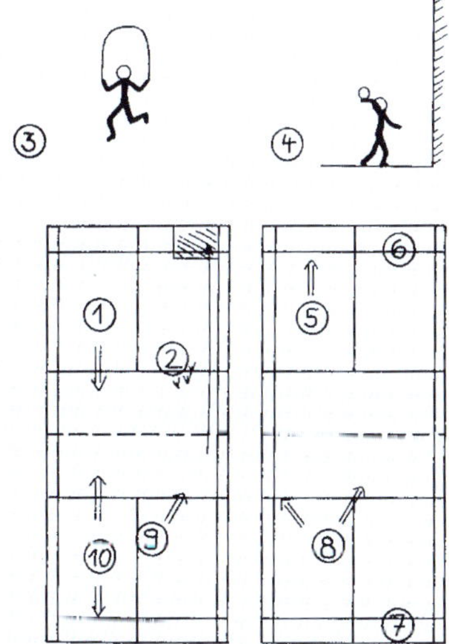

Viele Federbälle an St. 2. Sprungseil. Hand- oder Gymnastikball.
Laufsimulationen locker in 10er-Serien mit kleinen Pausen.
Erweiterung der Stationenzahl zwischen St. 8 und St. 9 jederzeit möglich.

ZIEL: Anfängergruppe – Grundausbildung (Schlag- und Lauftechnik); mit Konditionsübungen

1. Abwechselnd Uhclear und Stop zu St. 10.
2. Spieler wirft St. 9 Bälle so zu, dass dieser Uhclear Vh schlagen kann.
3. Seilchenspringen. Jeweils 20er-Serien in verschiedenen Sprungtechniken.
4. Gymnastik- oder Handball kräftig gegen Wand werfen (Clearnahe Wurftechnik anstreben).
5. Laufsimulation: Aus der Feldmitte zur Grundlinie zum Schlag im Umsprung und zurück.
6. Clear mit St. 7. Ballwechsel werden mit Aufschlag neu begonnen, sobald die Clear
7. Clear mit St. 6. keine Clear mehr sind.
8. Laufsimulation: Aus der Feldmitte zum Netz und zurück. Abwechselnd zur Vh- und zur Rh-Seite.
9. Auf Ballzuwurf von St. 2 Uhclear Vh Ll. Versuchen, auf eine Zielfläche (Kastenteil) zu spielen.
10. Spieler läuft zwischen Netzbereich und Grundlinie. Schlägt Stop aus St. 1 als Netzdrop, Uhclear als Drop oder Uh-Drop zurück.

10

10.8 ca. 10 Personen auf 2 Feldern und Seitenraum

Nr.	Organisation	Material/ Hinweise	Beschreibung

973

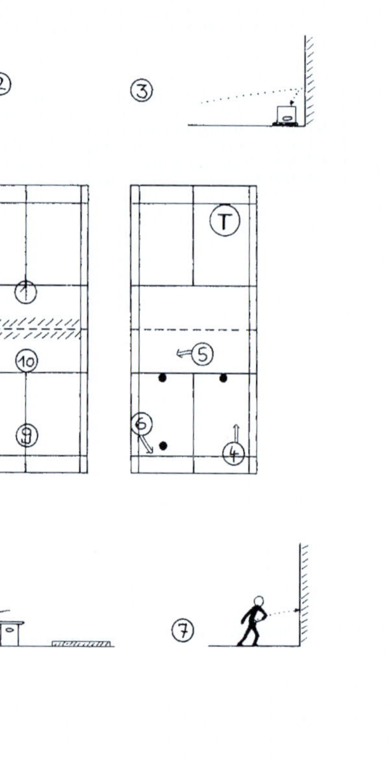

2 kleine Kästen. 2 Matten. Falls vorhanden: Ballpendel.
3 Markierungspunkte (Ballhülsen). Einige Federbälle an Station 3.

ZIEL: Kindergruppe – Spielerisches Anfängertraining; Geschicklichkeits– und Koordinationsübungen mit Trainerbeteiligung

1. Spiel am Netz mit St. 10. Zielsetzung: Wechsel zwischen Vh- und Rh-Griff einüben.
2. Schlagsimulation: Drehbewegung des Unterarms (Supination/Pronation) einüben. In 10er-Serien. Abwechselnd für Vh- und Rh-(Uh-)Schläge.
3. Federball mit festem Uh-Schlag gegen eine Wand schlagen; und zwar so, dass er abprallend genau in einen vor der Wand aufgestellten umgedrehten Kasten fällt.

T: Zuspieler für „Rundlauf". Spielt alles hoch zur gegenüberliegenden Grundlinie.

4. Schlagen jeweils in der Vh-Ecke beliebigen Überkopf.
5. Schlag zu T und laufen nach jedem Schlag um
6. 3 Markierungspunkte.
7. Federball mit Schläger fortlaufend gegen Wand schlagen.
8. 2 Matten mit kleinem Kasten dazwischen. Auf den Matten: Rolle vorwärts, Rolle rückwärts. Wer hat verschiedene Varianten drauf?
9. Schlagsimulation: Clear. In 10er-Serien. (Wenn möglich Übung am Ballpendel durchführen.)
10. Spiel am Netz mit St. 1. Zielsetzung: Ball nicht zu weit hinters Netz spielen (drunter- statt dagegenschlagen).

Nr.	Organisation	Material/ Hinweise	Beschreibung

974

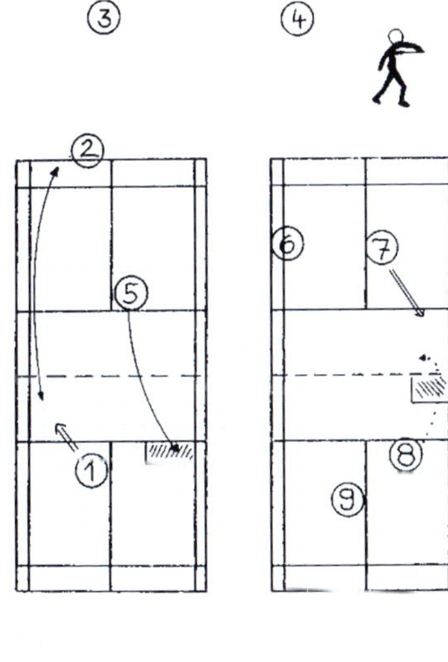

Kastenteil. Handtuch. Jeweils mehrere Bälle an den Stationen 5 und 8.

ZIEL: Kindergruppe – Spielerische Stabilisierung der „Uh-Schläge Rh"

1. Weiten Uhclear Rh im Ausfallschritt zu St. 2.
2. Steht hinter der Grundlinie und schlägt den Ball aus St. 1 mit Uh-Schlag so zurück, dass er als Uhclear Rh von St. 1 gespielt werden kann.
3. Schlagsimulation: Rh-Schläge in den 3 Treffbereichen Uh, Sh, Üh. In 10er-Serien abwechselnd und durcheinander.
4. Ball mit Uh-Schlag Rh senkrecht gegen die Decke schlagen.
5. Ball aus der Hand mit Rh-Schlag (= Aufschlag) in Zielfläche (Kastenteil) schlagen.
6. Freies Spiel auf ½ Feld mit St. 9. Aber: Es sind nur Rh-Schläge erlaubt!
7. Netzdrop Rh in eine Zielfläche (Handtuch, umgedrehter kleiner Kasten) schlagen, auf Ballzuwurf von St. 8. Lauf jeweils aus Richtung ZP.
8. Steht auf vo A-linie. Uh-Ballzuwurf zu St. 7. Ball so werfen, dass Gegenüber Netzdrop Rh (in Netzhöhe) schlagen kann.
9. Freies Spiel auf ½ Feld mit St. 6. Aber: Es sind nur Rh-Schläge erlaubt!
10. Schlagsimulation: Überwechseln vom Vh- zum Rh-Griff und umgekehrt. Im 10er-Serien nach vorgegebenem Wechselrhythmus (1:1, 3:3, 2:3:1, ...) üben.

10.8 ca. 10 Personen auf 2 Feldern und Seitenraum

Nr.	Organisation	Material/ Hinweise	Beschreibung
975	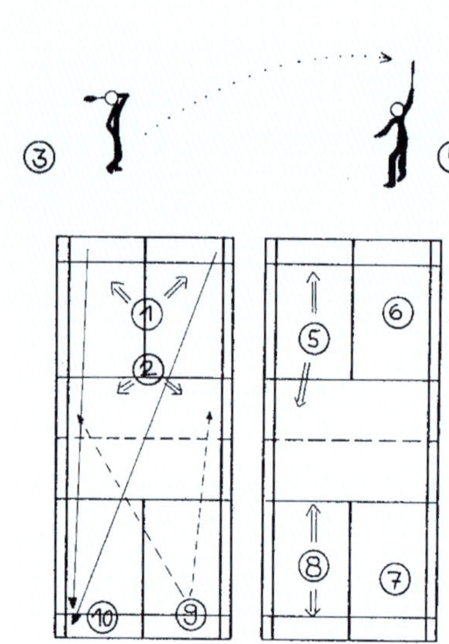	Einige Bälle an Station 3.	ZIEL: Durchschnittsspieler – Verbesserung der Grundschläge 1. Clear von der Grundlinie in die gegenüberliegende LvK-Ecke zu St. 10. Lauf jeweils aus ZP. 2. Uhclear Vh bzw. Rh in die gegenüberliegende Vh-Ecke zu St. 9. 3. Einige Bälle. Genaues Uh-Zuspiel zu St. 4. 4. Vh-Smash im (seitlichen) Sprung. Zielsetzung: Koordination Sprung/ Schlag. 5. Auf ½ Feld. Wird von St. 8 unregelmäßig im Grundlinien- und im Netzbereich angespielt. Zielsetzung: Vh-Stop so steil zu setzen, dass er unmittelbar hinter dem Netz niederfällt. Wichtig: Drüber muss der Ball aber zunächst auf jeden Fall! 6. Zielsetzung Schlagsicherheit. Bewegungsschlagübung mit St. 7: Clear – Clear – Smash – Ku Abwehr – ... Spieler beginnt nach Unterbrechung immer mit hohem Aufschlag. 7. Zielsetzung Schlagsicherheit. Bewegungsschlagübung mit St. 6. Konzentration besonders auf die Smash-Abwehr. 8. Spielt unregelmäßig Drop und Clear. St. 5 spielt Clear als Clear zurück, den Drop als Stop. 9. Nach Lauf aus der Feldmitte von der Grundlinie Drop Ll und cr zu St. 2. 10. Nach Lauf aus der Feldmitte von der Grundlinie Clear Ll und cr zu St. 1.

Nr.	Organisation	Material/ Hinweise	Beschreibung
976	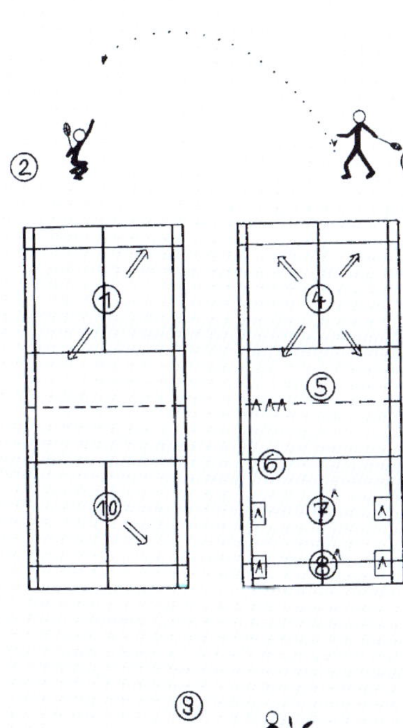	10 abgespielte Bälle an Station 6. 4 Kleine Kästen. Stoppuhr. Verweildauer an jeder Station 5 min, wobei auf höchste Belastungsintensität geachtet wird. Beim Stationswechsel wird dann jeweils eine gemeinsame Pause eingelegt.	ZIEL: Durchschnittsspieler – Fitnesstraining in der Saisonvorbereitung 1. Wird unregelmäßig in LvK-Ecke und Netzecke rechts von St. 10 angespielt. Schlägt alles in gegenüberliegende Vh-Ecke zurück. 2. Smash aus der Hocke auf Zuspiel von St. 3. 3. Zuspieler für St. 2. 4. Schattenbadminton „Polizist" (vgl. Ü 891) in Zusammenarbeit mit St. 5. Einer zeigt an, der andere läuft. Jeweils in 10er-Serien. 5. Schattenbadminton „Polizist" in Zusammenarbeit mit St. 4. 6. Laufsimulation: Wischen am Netz im Sprung. Auf der Netzkante stecken 10 abgespielte Federbälle (vgl. Ü 293). Im Sprung von der vo A-linie sollen sie heruntergewischt werden. Mehrere Serien. 7. „Bälle tauschen" (vgl. Ü 534) im Wettkampf mit St. 8. In 10er-Serien arbeiten. Wer hat jeweils den zehnten Ball zuerst abgestellt? 8. „Bälle tauschen" im Wettkampf mit St. 7. 9. Armkraft-Zirkel. 15" B/15" P. Drehbewegung des Unterarms (Supination/Pronation) in schneller Folge. 5 x für Vh-(Uh-)Schlag, 5 x für Rh-(Uh-)Schlag. 10. Aus ZP im (China-)Sprung in die Vh-Ecke: Clear Ll oder Drop cr mit St. 1.

10.8 ca. 10 Personen auf 2 Feldern und Seitenraum

Nr.	Organisation	Material/ Hinweise	Beschreibung
977	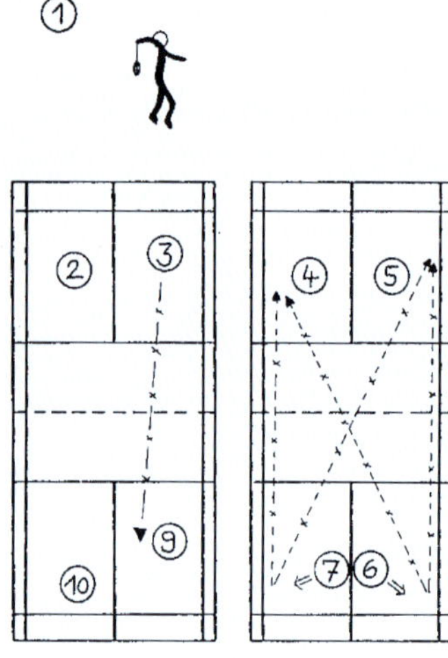		ZIEL: Durchschnittsspieler – Verbesserung einer ausgewählten Technik Hier: Smash. 1. Schlagsimulation: Überkopf-Smash. Zielsetzung: Rumpf- und Schulterunterstützung, Gesamtkoordination. In Einzelschlägen üben, mit höchster Konzentration auf den Bewegungsablauf. 2. „Wechselseitig schmettern" mit St. 10. (Smash – Ku Aw – Zuspiel – Smash – usw.). 3. „Durchschmettern" gegen St. 9. Spieler bekommt den Ball hoch zugespielt, schmettert und muß dann versuchen, den Angriff zu vollenden. 4.–7. Dauerschmetterübung: Smash – Ku Aw – Netzdrop – erneutes Zuspiel ... St. 4 und St. 5 wehren ab und spielen erneut zu, und zwar abwechselnd zu St. 6 und St. 7 (zum Vh- und zum LvK-Smash). Diese schmettern jeweils Ll oder cr und rücken ans Netz zum Netzdrop. 8. Schlagsimulation: Vh-Smash und LvK-Smash. Nacheinander und nebeneinander, jeweils in 10er-Serien. 9. Spieler versucht, den Smash von St. 3 so gut es geht abzuwehren und auch den nachfolgenden Angriff zu überstehen. Alles erlaubt. 10. „Wechselseitig schmettern" mit St. 2.

Nr.	Organisation	Material/ Hinweise	Beschreibung

978

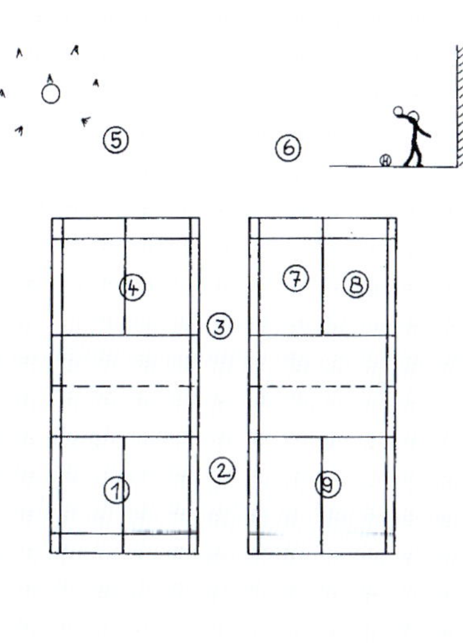

7 abgespielte Federbälle an Station 5. Gemeinsame Stoppuhr für Stationen 5 und 6. Handball, Basketball, Gymnastikball... an Station 6. Medizinball und Stoppuhr für Zirkel.

ZIEL: Durchschnittsspieler – Einzelspiel

1.–4. Ein Paar auf dem Feld. Das andere wartet, es kommt dran, sobald das spielende Paar einen Fehler gemacht hat. Zielsetzung: Schlagsicherheit. Ball so lange im Spiel halten wie möglich. Ständige Wiederholungen gleicher Schläge sind allerdings nicht erlaubt.

5. Kraftausdauerübung für Beinmuskulatur: „Bälle tauschen – Reihum". (Vgl. U 532.) 45" B/15" P.
6. Kraftausdauerübung für Schlagarmmuskulatur: Verschiedene Bälle werden jeweils in schneller Folge gegen eine Wand geworfen. 45" B/15" P.
7. und 8.: Spiel „1 gegen 2" mit St. 9. Ball im Spiel halten, defensiv spielen.
9. Mit St. 7 + 8 Spiel „1 gegen 2". Spieler soll versuchen, gegn. Paar (mit Plan) auszuspielen.
10. Zirkel zur allgemeinen Körperbildung: 30" B/30" P. Gerät: Medizinball. 1. Beidarmig rückwärts über Kopf gegen Wand werfen. 2. Einbeinig überspringen. 3. Einarmig gegen Wand stoßen. 4. Aus Rückenlage aufrichten und gegen wand werfen. 5. In Bauchlage gegen Wand stoßen. 6. Aus der Hocke beidbeinig überspringen.

10.8 ca. 10 Personen auf 2 Feldern und Seitenraum

Nr.	Organisation	Material/ Hinweise	Beschreibung

979

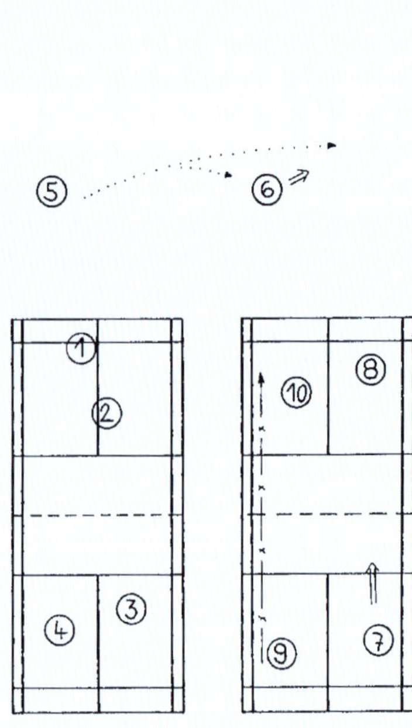

Spieler durchlaufen die Stationen paarweise.
Bei einer Verweildauer von 10 min wird also bei den Stationen 5/6, 7/8, 9/10 nach 5 min intern gewechselt.

ZIEL: Durchschnittsspieler – Doppelspiel

1.–4. Freies Doppelspiel ohne Aufschlagphase. Die Ballwechsel beginnen jeweils mit einem hohen Aufschlag von St. 3 + 4 an die Grundlinie.

5.–6. Swip-Aufschlagannahme-Situation. St. 5 spielt Swip aus Bewegung für kurzen Aufschlag, St. 6 Sprung und Smash aus der Rücklage.

7.–8.
7. Aus Smash-Abwehr-Stellung genauen Stop auf gegn. Drop (aus St. 8) im Vorwärtssprung. Ein Smash wird hoch zurückgespielt, ein Clear als Clear.
8. Smash oder Clear oder Drop auf St. 7. Nach Drop vorrücken ans Netz und versuchen, gegn. Stop zu töten.

9.–10.
9. Smash auf St. 10 und versuchen, den Angriff zu vollenden.
10. Flache Smash-Abwehr, wodurch versucht werden soll, dem Gegenüber keine weitere Angriffschance mehr zu geben.

Nr.	Organisation	Material/ Hinweise	Beschreibung

980

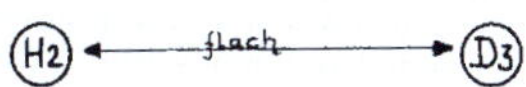

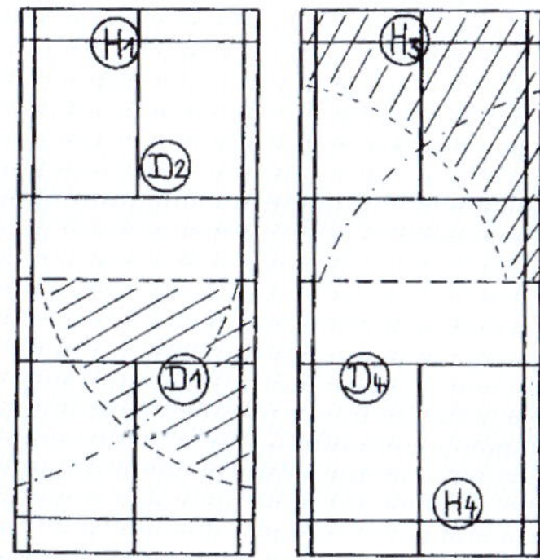

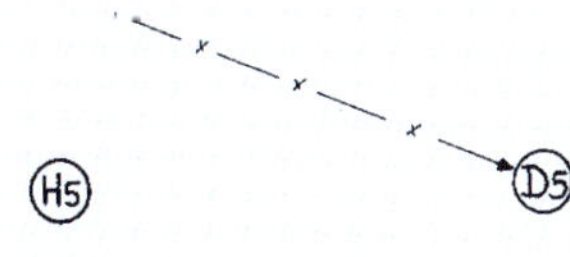

Verweildauer pro Station z. B. 10 min
Die Damen wechseln innerhalb der D-Stationen, die Herren innerhalb der H-Stationen.

ZIEL: Durchschnittsspieler – Gemischtes Doppel
Je 5 Stationen für Damen und für Herren.

H1 + D2: Angriffsspiel auf D1. Es wird nur der gegnerische Feldsektor angespielt, für dessen Verteidigung die Dame zuständig ist.

D1 beginnt mit hohem Uh-Zuspiel an die Grundlinie von H1 und verteidigt dann so gut es geht.

H3 bekommt den Ball hoch an die Grundlinie gespielt und greift von dort aus an. Er versucht, den Angriff erfolgreich abzuschließen.

H4 + D4: Abwehr der Angriffe des gegenüberstehenden Herrn. Es wird (weitgehend) nur der gegnerische Feldsektor angespielt, für dessen Verteidigung der Herr zuständig ist. (Statt Angriffe zu vollenden, erneut hoch an die Grundlinie spielen.)

H2 / D3: Drive-Schlage in allen Variationen.

H5 / D5: Der Herr schmettert aus 5–7 m der Dame auf den Körper oder in die enge Umgebung des Körpers.
Die Dame wehrt ab, es erfolgt ein Zwischenschlag und dann ein erneutes Zuspiel zum Smash.

10.9 ca. 16 Personen auf 4 Feldern

Nr.	Organisation	Material/ Hinweise	Beschreibung

981

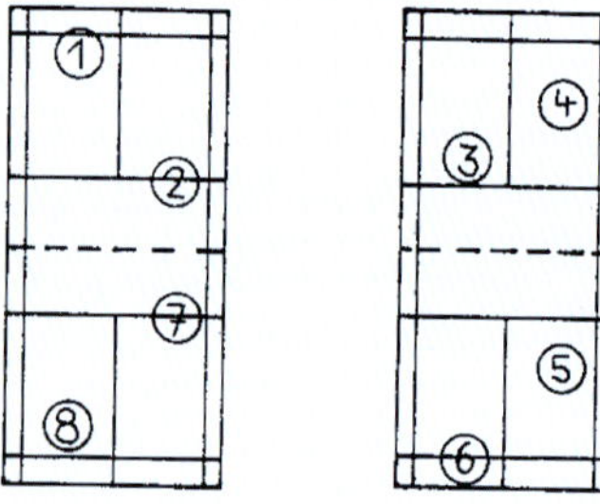

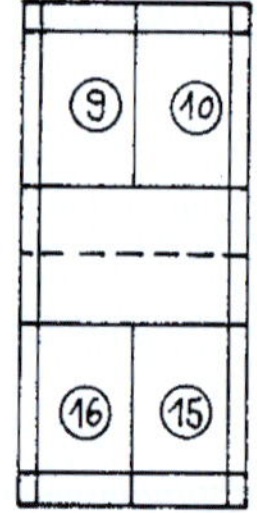

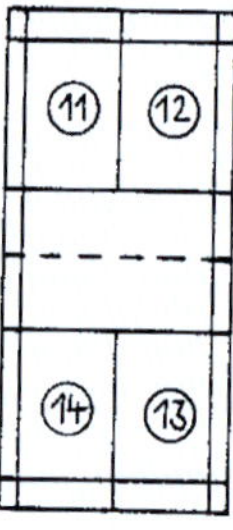

ORGANISATION: Stationszahl = Spielerzahl (Anfänger-/Grundlagentraining)
An jeder Station wird mit einem Gegenüber geschlagen. Alle Übungen finden auf ½ Feld statt.
Die Aufgaben an den einzelnen Stationen sind dem Grundlagentraining entnommen und dem Leistungsvermögen der Gruppe angemessen.

Etwa:

St. 1 mit St. 8	Beide Clear.
St. 2 mit St. 7	Spiel am Netz.
St. 3 mit St. 6	Uhclear und Drop.
St. 4 mit St. 5	Uhclear als Zuspiel (stets derselbe) – Drop – Stop – Netzdrop – Uhclear als Zuspiel ...

St. 9 mit St. 16 ...
Beispiele hierzu liefern z. B. die Übungen 161–200.

Nr.	Organisation	Material/ Hinweise	Beschreibung

982

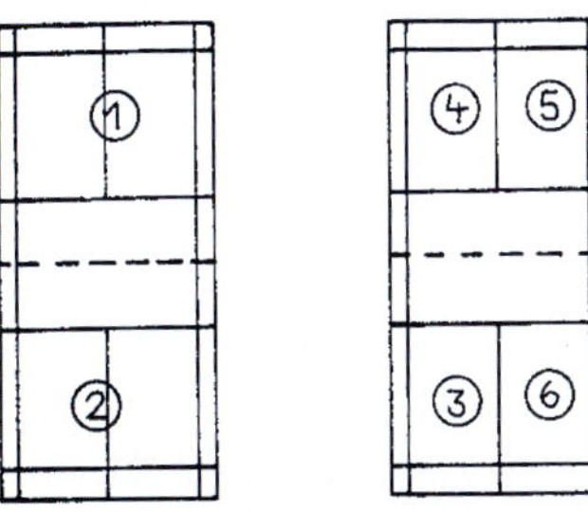

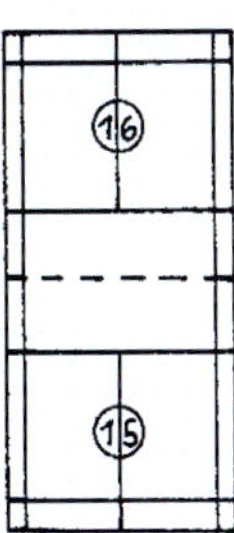

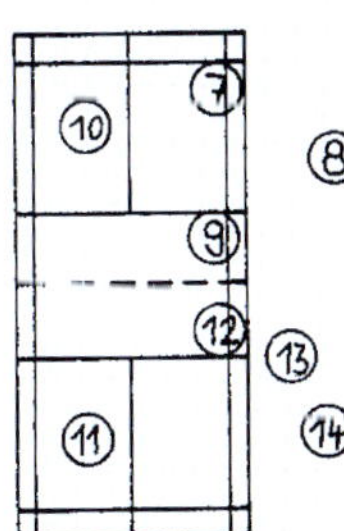

ORGANISATION: Stationszahl = Spielerzahl
(Gemischtes Training für Durchschnittsspieler; mit Übungen zur Konditionsverbesserung)
Auf den Feldern werden 16 Stationen errichtet, an denen mit jeweils verschiedener Zielsetzung geübt wird.

Etwa:

St. 1–St. 2 Spieltraining.
St. 3–St. 6 Stabilisierung eines technischen Elementes.
St. 7–St. 9 Badmintonspezifische Kondition (Schlag-, Laufsimulation).
St. 10–St. 11 Aufschlagtraining.
St. 12–St. 14 Allgemeine Kondition.
St. 15 – St. 16 Schlagsicherheit.
Zahlreiche weitere Beispiele finden sich in den Übungen 901–960, die nur entsprechend zusammengesetzt werden müssen.

10.9 ca. 16 Personen auf 4 Feldern

Nr. Organisation Material/Hinweise Beschreibung

983

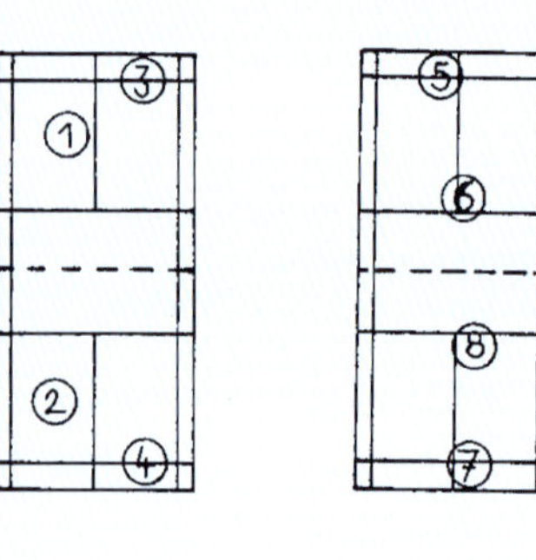

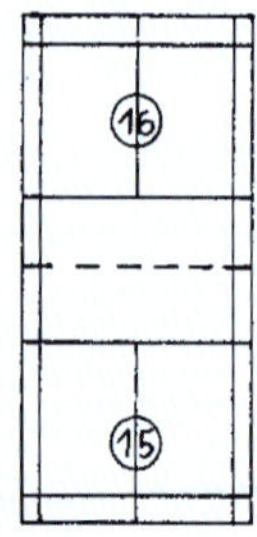

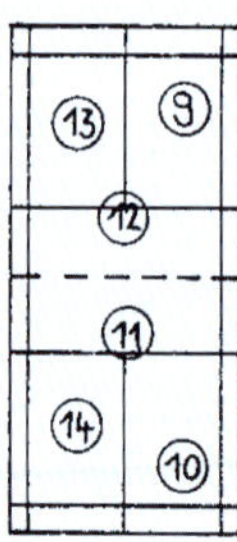

ORGANISATION: Stationen werden paarweise durchlaufen.
Es werden 8 Stationen errichtet.
Die Spieler schließen sich zu Paaren zusammen; diese durchlaufen jeweils die Stationen.
Die Übungen können so ausgewählt werden, dass beide Partner das gleiche Element üben.

Etwa:

St. 1–2 Wechselseitig schmettern.
St. 3–4 Clear.
St. 5–8 Drop – Uhclear.
St. 6–7 Uhclear – Drop.
St. 9–10 Medizinball stoßen.
St. ...

Sind die Übungsinhalte für die beiden Partner nicht identisch, muss während der Stationsverweilzeit gewechselt werden.

Nr.	Organisation	Material/ Hinweise	Beschreibung
984	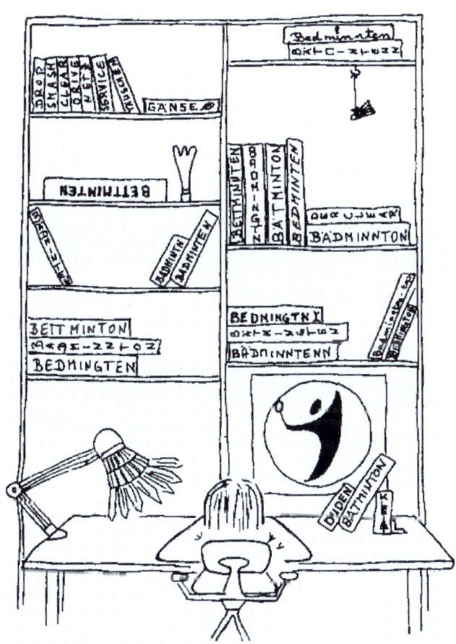		ORGANISATION: Stationen werden in 4er-Gruppen durchlaufen (Gut geeignet, wenn Spieler unterschiedlichen Leistungsniveaus zusammen trainieren.) Spieler organisieren sich in leistungsmäßig zusammenpassenden 4er-Gruppen. Auf jedem Feld wird während der Verweilzeit einer anderen Zielsetzung gefolgt. Etwa: Feld 1: Spieltraining. Feld 2: Verbesserung eines technischen Elementes (z. B. Smash). Feld 3: Verbesserung der Laufarbeit. Feld 4: Integriertes Konditionstraining. Innerhalb der Felder kann es dann durchaus noch Unterstationen geben, zwischen denen noch einmal gewechselt werden müsste.

10

Nr.	Organisation	Material/ Hinweise	Beschreibung
985			

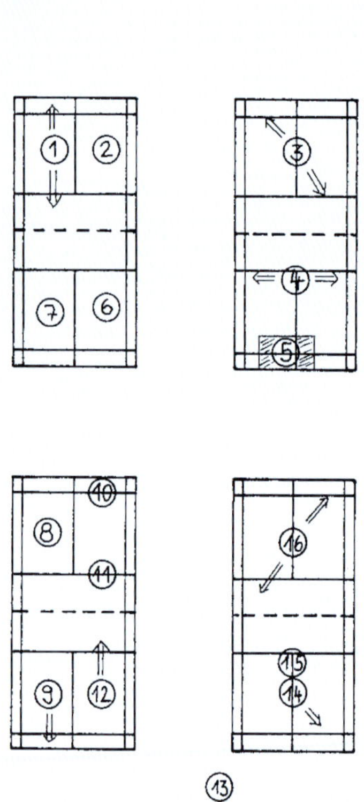

ORGANISATION: Nur Konditionsstationen
Es werden auf den Feldern, entsprechend der Spielerzahl, Stationen errichtet, an denen jeweils eine Übung aus dem Bereich des Konditionstrainings absolviert werden soll.
Der Wechsel erfolgt nach dem Prinzip des Zirkel-Trainings.
Die Übungsauswahl kann aus dem Bereich der Lauf- und Schlagtechnik erfolgen (vgl. Ü 891–899), sie kann ebensogut natürlich auch ausschließlich aus allgemeinen körperbildenden Übungen zusammengesetzt sein (mit oder ohne Gerät) oder aus einer Mischung von beidem (vgl. Ü 900).

Etwa:

St. 1: Lauf Netzkante – Grundlinie.
St. 2: Medizinballstoßen mit St. 6.
St. 3: Lauf durch die Diagonale Vh-Ecke/Netzecke links.
St. 4: Ausfallschritt abwechselnd auf linke und rechte Seitenlinie.
St. 5: Situps.
St. 6: Medizinballstoßen mit St. 2.
St. 7: Smash aus der Hocke.
...

Nr.	Organisation	Material/ Hinweise	Beschreibung

986

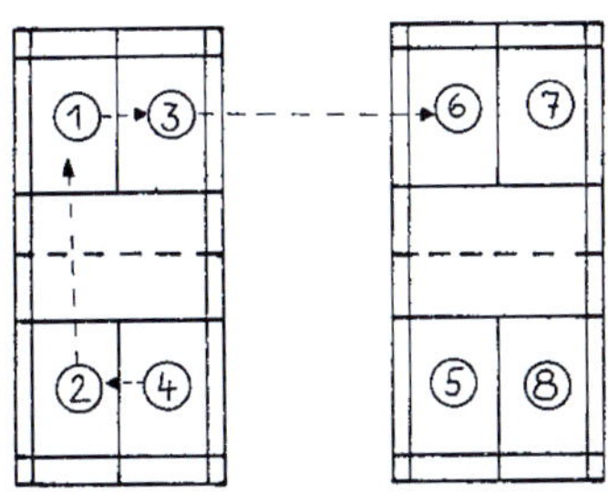

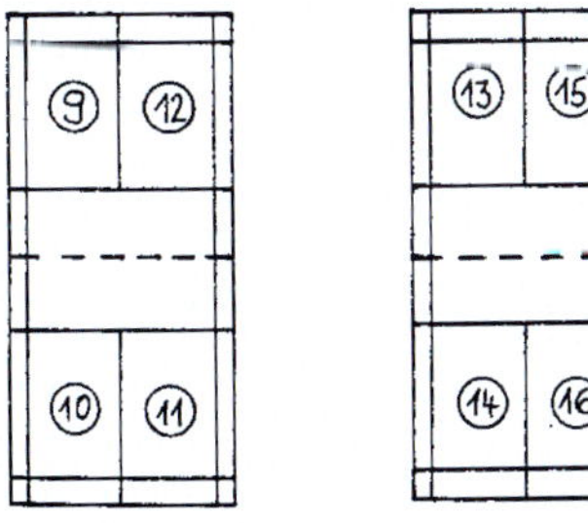

In großen Hallen kann nach dem gleichen System auf ganzen Feldern gespielt werden.

ORGANISATION: Spieltraining mit wechselnden Partnern („Kaiserspiel" mit Weiterrücken)

Gespielt wird jeweils Einzel nach Badmintonregeln auf ½ Feld nach Zeit. Wer bei Abpfiff einen Punktevorsprung hat (bei Unentschieden, wer den 1. Punkt gemacht hat), darf aufrücken. Wer im Rückstand war, muss abwärtsrücken.

Die Anfangseinteilung der beteiligten Spieler erfolgt in der Weise, dass der vermeintlich schwächste die „Pooleposition" auf Station 1 zugeteilt bekommt, der vermeintlich stärkste an den Schluss des Feldes beordert wird. Die anderen Spieler kommen entsprechend dazwischen.

Die guten Spieler sollen sich nun Sieg um Sieg zur Spitzenposition durchkämpfen.

Der Wechsel erfolgt, indem der Verlierer eines Spiels ein halbes Feld abwärts rückt, der Gewinner ein halbes Feld aufwärts. Ausnahmen bilden dabei nur die Spieler auf den Stationen 1 und 16. (Auf welchen Netzseiten der Feldhälften gestanden bzw. gespielt wird, ist im Mittelfeld ohne Belang.)

Beispiel:

Angenommen, St. 1 verliert gegen St. 2 und St. 3 verliert gegen St. 4. Dann rücken als Sieger St. 2 auf die Spitzenposition und St. 4 auf die erste Feldhälfte. Als Verlierer rücken St. 1 auf die zweite Feldhälfte (dort gegen den Sieger aus St. 5 gegen St. 6) und St. 3 auf die dritte Feldhälfte (dort gegen den Sieger aus St. 7 gegen St. 8).

Nr.	Organisation	Material/ Hinweise	Beschreibung
987	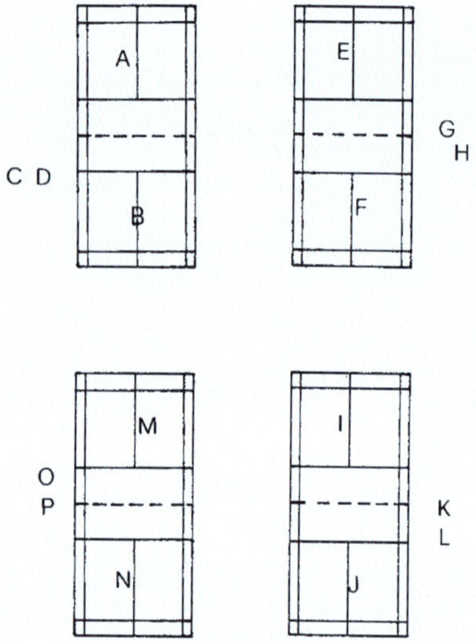 A, B, C D, E, F, G H, M, N, O P, I, J, K L	Vorrunde: 6 Spiele à 3 min = 18 min. Endrunde: 6 Spiele à 4 min = 24 min.	ORGANISATION: Spieltraining – Vor- und Endrunde Aus den Spielern werden 4 Gruppen gebildet, wobei man die vermeintlich stärksten auf die Gruppen verteilt. Es wird zunächst eine Vorrunde gespielt. Jeder Gruppe steht ein Feld zur Verfügung. Jeder spielt gegen jeden (auf ganzem oder auf ½ Feld nach Zeit). Der Sieger eines Spiels erhält 2 Punkte, bei Unentschieden jeder einen. Schema: A – B C – D A – C B – D A – D B – C Nach der Vorrunde werden in der Endrunde die Platzierungen ausgespielt. Die 4 Gruppensieger spielen in Gruppe I nach gleichem Schema wie in der Vorrunde um die Plätze 1 bis 4. Die Zweitplatzierten in Gruppe II um die Plätze 5 bis 8 usw.

Nr.	Organisation	Material/ Hinweise	Beschreibung

988

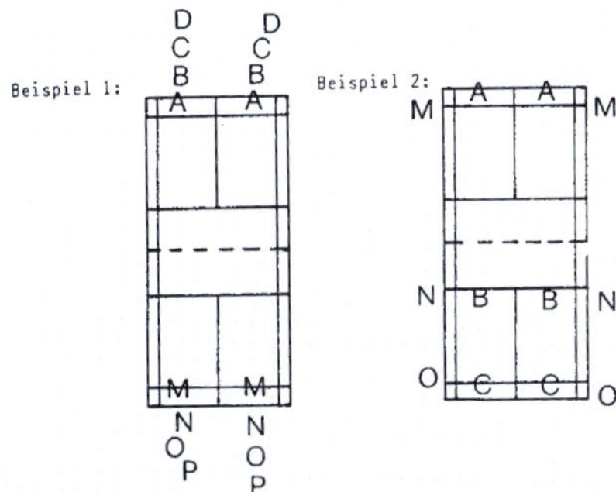

Beispiel 3:

ORGANISATION: Nach englischer Art (I)

Im englischen Badmintontraining versteht man es geschickt, eine große Anzahl von Spielern auf engstem Raum („space available") unterzubringen. Die folgenden Beispiele sind entnommen aus:
J. C. Downey „Better Badminton for all".

Beispiel 1:
16 Spieler auf einem Feld.
Spieler stehen sich in 4er-Gruppen auf je ½ Feld gegenüber.
Nach Absolvieren des vereinbarten Schlages stellt man sich hinten an seine Gruppe wieder an. Neben dem Feld steht für jeden a Cup of Tea.

Beispiel 2:
12 Spieler auf einem Feld.
Auf dem Feld befinden sich zunächst nur A, B, C. Sie spielen Bewegungsschlagübung auf je ½ Feld: B Uhclear – A Clear zu C – C Clear zu A – A Drop – ... Nach 10 Wiederholungen Wechsel mit den Spielern M, N, 0. Haben diese ihre 10 Wiederholungen absolviert, kommen wieder A, B, C an die Reihe, aber mit veränderten Positionen: A zu B, B zu C, C zu A. usw.

Beispiel 3:
8 Spieler auf einem Feld.
Bewegungsschlagübung mit je 4 Spielern auf ½ Feld. Nach der gewunschten Zahl von Wiederholungen wechseln A mit B und M mit N.

A Drop
N Stop
B Uhclear
M Drop
B Stop
N Uhclear
...

Nr.	Organisation	Material Hinweise	Beschreibung

989

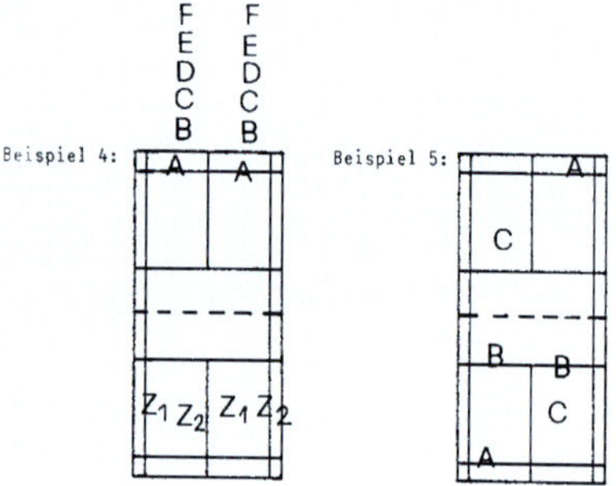

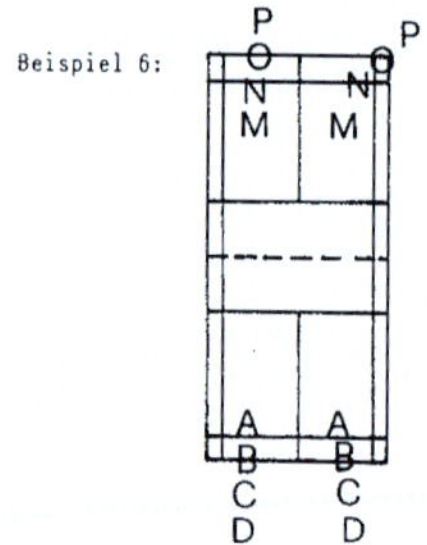

ORGANISATION: Nach englischer Art (II)

Beispiel 4:
16 Spieler auf einem Feld.
Z1 und Z2 haben etwa 12 Federbälle. Jeder der gegenüberstehenden Spieler soll zweimal hintereinander schmettern und sich dann wieder hinten anschließen.

Z1 Hohes Uh-Zuspiel
A Smash
Z2 Hohes Uh-Zuspiel
A Smash und hinten anstellen.
B darf zweimal schmettern.

Beispiel 5:
6 Spieler auf einem Feld.
A, B, C spielen Bewegungsschlagübung.

A Smash
C Kurze Abwehr
B Netzdrop
C Uhclear als Zuspiel zum Smash.

Positionswechsel nach der gewünschten Wiederholungszahl.

Beispiel 6:
16 Spieler auf einem Feld.
Die Spieler der Gruppen ABCD schmettern (dann hinten anstellen).
Die Spieler der Gruppen MNOP wehren hoch ab (nach jedem Schlag ebenfalls hinten anstellen).
Der Ball soll möglichst nicht auf den Boden fallen (was schon eines soliden technischen Könnens der ausführenden Spieler bedarf).

Nr.	Organisation	Material/ Hinweise	Beschreibung

990

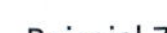

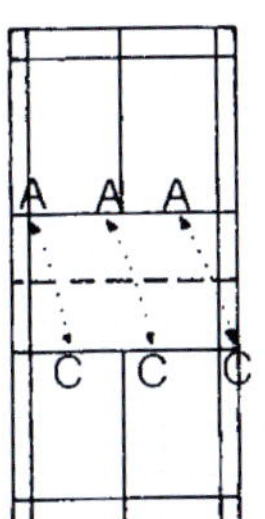

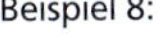

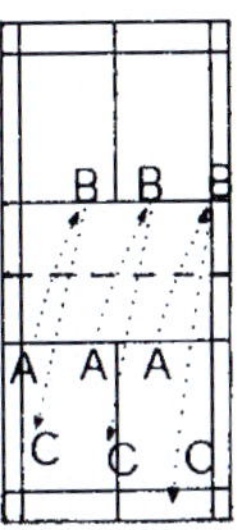

Beispiel 9:

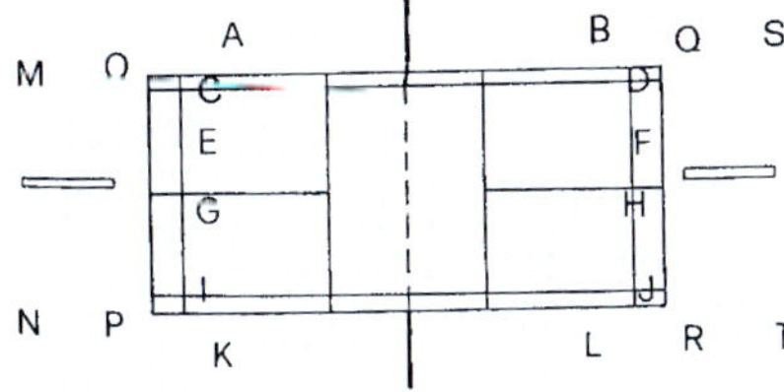

ORGANISATION: Nach englischer Art (III)

Beispiel 7:
6 Spieler auf einem Feld.
Man übt einzelne Techniken, wie z. B. kurze Aufschläge, das Annehmen derselben, Töten, Netzdrop ...

Beispiel 8:
9 Spieler auf einem Feld.
Die Übungen aus Beispiel 7 werden dahingehend erweitert, dass noch jeweils ein dritter Spieler einbezogen wird, z. B. A Kurzer Aufschlag – B Uhclear – C Smash.

Beispiel 9:
20 Spieler auf einem Feld.
Auf dem Feld befinden sich 8 Spieler, die paarweise miteinander schlagen. Links und rechts des Feldes schlägt je ein Paar über verlängertes Netz. 4 Paare schlagen über 2 Bänke, die an den beiden Kopfseiten des Feldes aufgestellt sind.
(Der aufmerksame Leser wird daran wieder einmal erkennen, dass alles nur eine Frage der Organisation ist. Im übrigen ist es kein Problem, auf dem beschriebenen „space available“ noch etliche weitere Spieler unterzubringen. Die 8 bereits auf dem Feld befindlichen Spieler werden mit Spiel am Netz beauftragt. Dadurch können hinter ihnen 8 weitere Spieler Aufstellung nehmen und Clear schlagen. Und über eine Langbank können locker 3 Paare spielen.) Viel Vergnügen also ...

10

Nr.	Organisation	Material/ Hinweise	Beschreibung

991

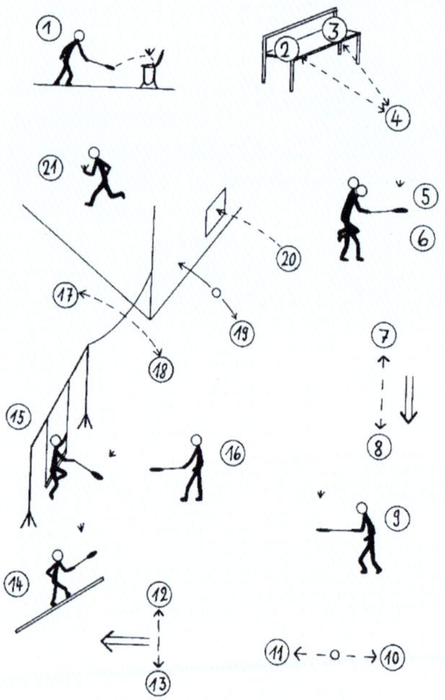

Material/Hinweise: 19 Schläger, 11 Federbälle, 2 Softbälle. 1 Behältnis, Wand, Mauer, Bank.
Beliebige Erweiterung leicht über St. 21–24 „Nachlaufen" möglich.

ZIEL: Draußen spielen. Viele Kinder auf Schulhof, Spielplatz oder im Park mit Federballspielen beschäftigen.

1. Wer trifft Ball mit Uh-Schlag in Papierkorb oder Eimer?

2.–4. Zwei stehen auf einer Bank und dürfen nicht runter, einer steht davor, schlägt ihnen abwechselnd den Ball zu.

5.–6. „Huckepack". Der Reiter hat Schläger und versucht Ball hochzuschlagen, während das Pferd mit ihm geht.

7.–8. Zwei spielen sich den Ball zu und gehen dabei vorwärts bzw. rückwärts von einem Platzende zum anderen.

9. Den Ball im Gehen hochschlagen, abwechselnd Vh und Rh.

10.–11. Zwei spielen sich einen Softball zu.

12.–13. Zwei spielen sich den Ball zu und gehen dabei seitwärts von einem Platzende zum anderen.

14. Auf Rasenbegrenzungssteinen balancierend Ball senkrecht hochschlagen.

15.–16. Einer sitzt auf Baum/Mauer/Schaukel, der andere spielt zu.

17.–18. Zwei spielen sich Ball über eine Leine zu.

19. Softball gegen Hauswand schlagen.

20. Ball mittels Uh-Schlag in Wandmarkierung hineintreffen.

21.–24. Nachlaufen-Haschen-Fangen. Es wird nicht mit der Hand abgeschlagen, sondern mit geworfenem Ball abgetroffen.

Nr.	Organisation	Material/ Hinweise	Beschreibung

992

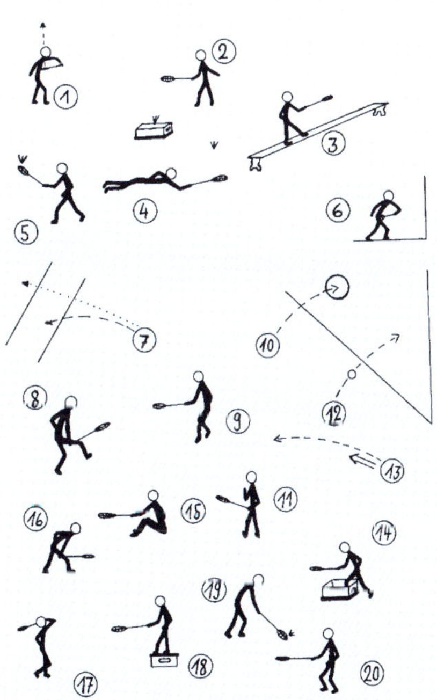

Pro Spieler Schläger und Ball. Softball, Reifen, Langbank, kleine Kästen.

ZIEL: Umgang mit dem Schläger, und Ballgeschicklichkeit schulen. (Ohne Netze und Felder; jeder Spieler für sich.)

1. Ball senkrecht hochschlagen, mit Rh-Seite.
2. Ball mit Uh-Schlag in 2 m entfernten Kasten treffen.
3. Über Bank balancierend Ball senkrecht hochschlagen.
4. Auf dem Bauch liegend, den Ball vor sich hochschlagen.
5. Ball hochwerfen und in der Luft mit Schläger auffangen.
6. Ball mit Uh-Schlag ununterbrochen gegen Wand schlagen.
7. Uh-Schlag weit. Ball über entfernte Linien schlagen.
8. Schläger unter angehobenem re Bein, Ball hochschlagen.
9. Abwechselnd auf einem Bein hüpfen und dabei hochschlagen.
10. Ball in einen an Wand geklebten Reifen schlagen (Uh-Rh).
11. Ball hochschlagen, aber Schläger ist in Hüfthöhe hinter dem Rücken zur linken Körperseite geführt.
12. Spiel mit Softball gegen die Wand.
13. Ball hoch weit fortschlagen, hinterherlaufen, auffangen.
14. Beim Ballhochschlagen durch umgedrehten Kasten steigen.
15. Ball im Sitzen hochschlagen.
16. Ball hochschlagen, aber Schläger von hinten durch die Beine führen, ohne die Füße vom Boden zu heben.
17. Ball mit Vh-Seite hochschlagen bis unter die Decke.
18. Auf Kasten stehend Ball hochschlagen.
19. Ball mit dem Schläger vom Boden aufnehmen.
20. Ball hochschlagen, dabei stetiger Wechsel zwischen Vh-und Rh-Seite.

Nr.	Organisation	Material/ Hinweise	Beschreibung

993

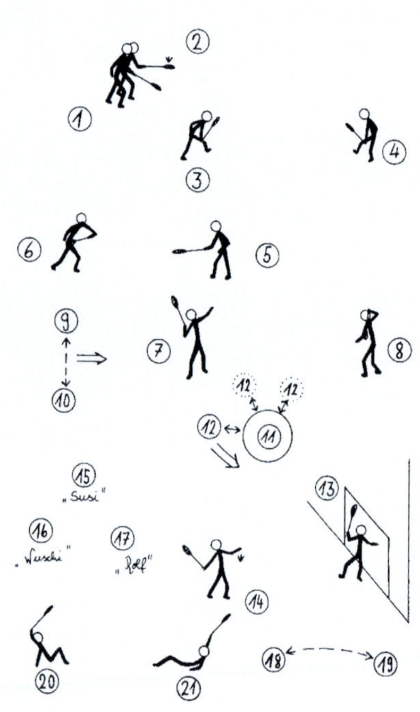

21 Schläger, 10 Federbälle. Reifen, Tor.
Beim Wechsel immer nur eine Station weiterrücken.

ZIEL: Partnerweise gegenseitiges Ballzuspiel schulen. (Ohne Netz und Felder.)

1. 2. Nebeneinander stehend, Ball abwechselnd hochschlagen.

3. 4. Gegenseitig zuspielen, beide schlagen durch die Beine.

5. 6. Gegenseitig zuspielen, einer schlägt Uh-Vh, einer Uh-Rh.

7. 8. Gegenseitig zuspielen, beide schlagen Überkopf.

9. 10. Beim Zuspielen von einer Hallenseite zur anderen wandern.

11. 12. Zuspielen, einer in Reifen, anderer wandert um ihn rum.

13. 14. Einer Torwart im Handballtor, der andere 7-m-Schläger.

15. 16. 17. Dreiergruppe hält Ball in der Luft. Jeweiliger Schläger ruft den Namen dessen, der als nächster dran sein soll.

18. 19. Gegenseitig zuspielen, beide liegen auf dem Bauch.

20. 21. Zuspielen, sitzend beginnen, dann auf Rücken legen.

Nr. Organisation | Material/Hinweise | Beschreibung

994

11 Schläger, 7 Bälle. Medizinball, Handball, Basketball, Basketballkorb/-brett, Seilchen, kleine Kästen, Kastenteile, Langbank.
Beim Wechsel immer nur eine Station weiterrücken.

ZIEL: Anfänger-Schlagübungen, durchsetzt mit allgemeinen körperbildenden Übungen. (Ohne Netze und Felder.)

1.
2. Gegenseitig Ball zuspielen, beide schlagen Überkopf.
3. Kleinen Medizinball beidarmig gegen Wand werfen.
4. Ball mit Uh-Schlag in 3 m entfernten Kasten treffen.
5. Rückenlage, Füße einklemmen, Kopf auf die Knie.
6. Ball hochschlagen, dabei hin und her über Bank steigen.
7. Auf Bank aufstützen, beidbeinig li re Überhocken.
8. Ball bis unter die Decke schlagen.
9. Steht auf einem Kasten.
10. Spielt St. 9 und St. 11 abwechselnd den Ball zu.
11. Steht auf einem Kasten.
12. Handball einarmig gegen Wand werfen.
13.
14. Zuspielen, beide schlagen im Sh- und Uh-Treffbereich.
15. Durch Kastenteil kriechen, drüberhupten, durchkriechen ...
16. Ball mit Uh-Schlag in 8 m entferntes Kastenteil treffen.
17. 3 Dehnübungen – z. B. Knie durchgedrückt, Hände zu Boden.
18. Basketball in Basketballkorb werfen
19. Mit Ball mittels Uh-Schlag das Basketballbrett treffen.
20. Seilchenspringen.

10

Nr.	Organisation	Material/ Hinweise	Beschreibung
995	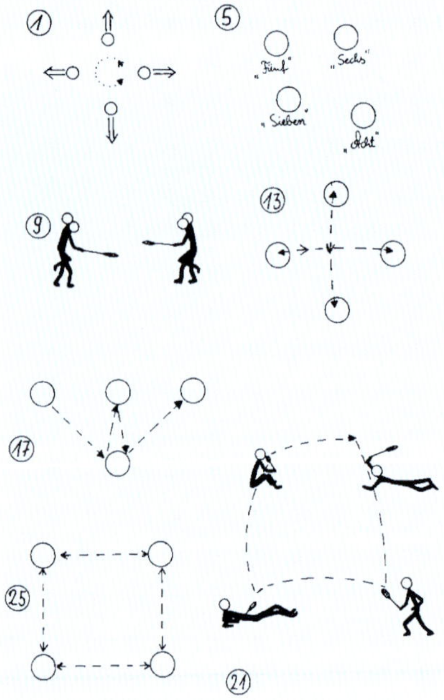	26 Schläger, 8 Bälle. Langbank. Wechselsystem gruppenweise oder einzeln. Bei letzterem wird schnell (alle 2 min) gewechselt.	ZIEL: Anfänger-Schlagübungen in Vierergruppen (Ohne Netze und Felder.)

1.
2. Im Kreis stehen und den Ball reihum weiterleiten.
3. Dabei den Kreis langsam verengen und erweitern.
4.

5.
6. Ball senkrecht hochschlagen. Jeder hat eine Nummer. Der jeweils
7. Schlagende ruft die Nummer dessen, der als nächster schlagen soll.
8.

9.
10. Zwei spielen Pferde, zwei Reiter. Aufsitzen. Die Reiter
11. versuchen, sich gegenseitig den Ball zuzuspielen.
12.

13.
14. 2 Bälle paarweise, aber über Kreuz zuspielen. Spieler
15. versuchen, Bälle in der Luft zusammenstoßen zu lassen.
16.

17. Drei stehen nebeneinander auf einer Bank und dürfen sie nicht
18. verlassen. Einer steht davor und spielt ihnen nacheinander
19. den Ball zu.
20.

21. Einer steht.
22. Einer sitzt.
23. Einer liegt auf Bauch.
24. Einer liegt auf Rücken.

Spieler sollen eine Reihenfolge finden, bei der der Ball im Spiel gehalten werden kann.

25.
26. Im Viereck aufstellen. Jeder der angespielt wird, darf nur seinen
27. linken oder rechten Nebenmann anspielen, nie den diagonal
28. gegenüberstehenden Spieler.

Nr.	Organisation	Material/ Hinweise	Beschreibung
996	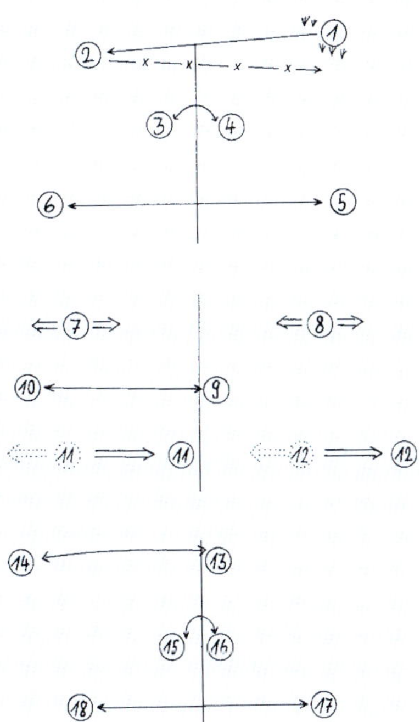	19 Schläger, 13 Bälle, 3 Netze. Statt der Netze sind auch Leine oder Zauberschnur möglich, über die man Zeitungen oder Lappen hängt. An einem Netz können bis zu 3 Paare spielen.	ZIEL: Grundschläge üben (Mit Netzen, aber ohne Felder.) 1. Zuspieler mit mehreren Bällen spielt St. 2 stets neu zu. 2. Schmettert das Zuspiel von St. 1. 3. 4. Spiel am Netz im Ausfallschritt. 5. 6. Zuspielen, nur Überkopf-/Überhand-Schläge. 7. 8. Freies Spielen. 9. Uhclear aus Netzbereich. 10. (Überkopf-)Drop aus Grundlinienbereich zu St. 9. 11. Wer treibt den anderen (mit Clear) soweit zurück, dass 12. dessen Return nicht mehr übers Netz kommt? 13. Uhclear aus Netzbereich. 14. Uh-Drop (!) aus Grundlinienbereich zu St. 13. 15. 16. Spiel am Netz. Beide sitzen auf dem Boden. 17. 18. Gegenseitiges Zuspiel mit Sh-Drive Vh und Rh. 19. Schlagsimulation Clear. 20. Uh-Schlag gegen Wand, ohne dass der Ball zu Boden fällt.

10

Nr.	Organisation	Material/ Hinweise	Beschreibung
997	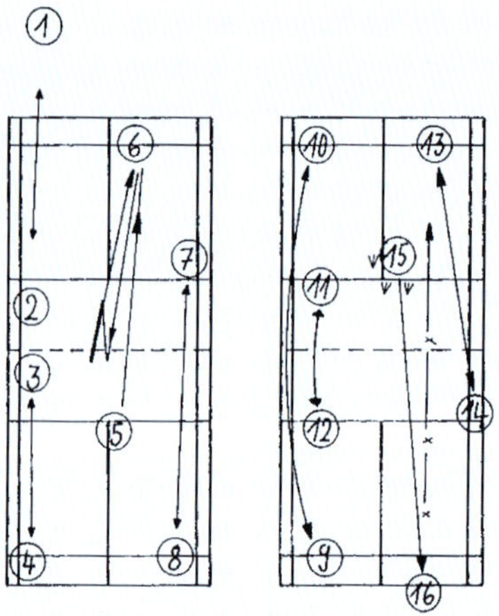	2 Felder mit Netzen. 16 Schläger, 12 Bälle. Das Wechseln kann paarweise oder einzeln vollzogen werden. Ein wenig Schlagsicherheit sollte bei den Spielern schon vorhanden sein.	ZIEL: 16 Personen auf 12 Feldern mit Übungen zu den Grundschlägen beschäftigen. 1. Gegenseitiges Uh-Zuspiel (Uh-Drop) mit jeweils neuem 2. Hineingehen in den Ausfallschritt. 3. 4. Schnelles Zuspiel von Sh-Drive, mit Vh/Rh-Wechsel. 5. Bewegungsschlagübung: 6. 5 Clear – 6 Drop – 5 Drop – 6 Drop – 5 ... 7. Uhclear Vh. 8. Drop aus Grundlinienbereich. Mit St. 7 im Schlagfluss. 9. 10. Gegenseitiges Zuspiel von Clear. 11. 12. Spiel am Netz. 13. Drop aus Grundlinienbereich. 14. Uhclear Rh. Mit St. 13 im Schlagfluss. 15. (Mit mehreren Bällen.) Hoher Einzelaufschlag. 16. Schmettert die hohen Aufschläge von St. 15 Ll.

Nr.	Organisation	Material Hinweise	Beschreibung
998	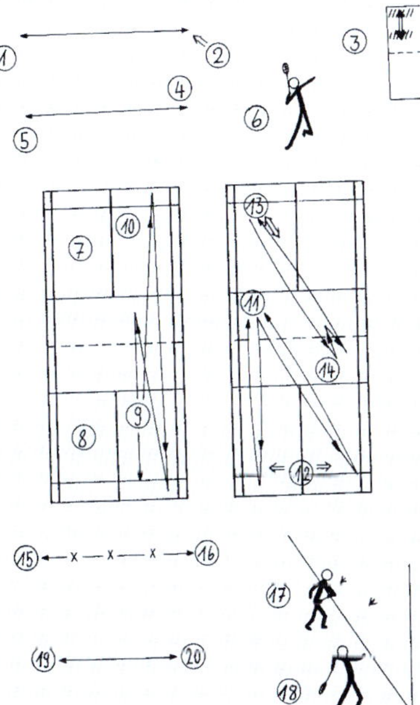	2 Felder mit Netzen, 20 Schläger, 10 Federbälle. Seitenraum sollte nicht zu gering bemessen sein.	ZIEL: 20 Personen auf 2 Feldern und Seitenraum mit Schulung verschiedener technischer Fertigkeiten beschäftigen. 1. Rh-Drop aus dem Stand. 2. Uhclear als Zuspiel für St. 1. 3. Laufsimulation ZP – Grundlinie, mit Schlag im Umsprung. 4. 5. Beide stehen nach rechts versetzt und üben LvK-Schläge. 6. Schlagsimulation Clear. Immer in 5er-Serien. 7. 8. Freies Spielen. 9. Bewegungsschlagübung: 10. 9 Clear – 10 Clear – 9 Drop – 10 Clear – 9 Clear – usw. 11. Uhclear Vh, abwechselnd Ll und cr. 12. Drop von der Grundlinie, im Schlagfluss mit St. 11. 13. Vh-Drop cr und Lauf ans Netz zum Netzdrop. 14. Spielt St. 13 abwechselnd Uhclear Vh cr und Stop Vh Ll zu. 15. „Wechselseitig schmettern." 15 Smash – 16 ku Aw – 15 Uh- 16. Zuspiel – 16 Smash – 15 ku Aw – 16 Uh-Zuspiel – usw. 17. Uh-Schlag gegen Wand, ohne dass der Ball zu Boden fällt. 18. Fortlaufend Überkopf-Schläge gegen Wand, ohne dass der Ball zu Boden fällt. 19. 20. Festes Zuspiel von Drive, mit schnellen Vh/Rh-Wechseln.

Nr.	Organisation	Material/ Hinweise	Beschreibung
999	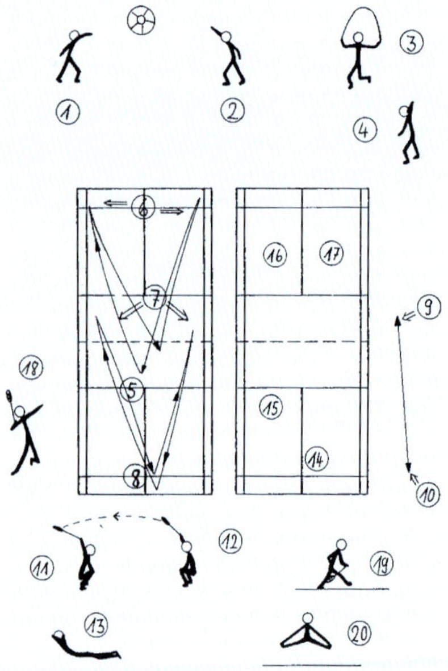	2 Felder mit Netzen. 14 Schläger, 5 Federbälle, Seilchen, Medizinball. Erweiterung mit zusätzlichen Konditionsstationen jederzeit möglich.	ZIEL: 20 Personen auf 2 Feldern und Seitenraum mit Schulung verschiedener technischer Fertigkeiten sowie allgemeiner konditioneller Eigenschaften beschäftigen. 1. 2. Gegenseitiges Zustoßen eines Medizinballes mit re Arm. 3. Seilchenspringen. 4. 3 Dehnübungen – z. B. re Hand von oben zum Schulterblatt. 5. Uhclear zu St. 6, abwechselnd in gegn. Vh- und LvK-Ecke. 6. Drop von der Grundlinie in den gegn. Bereich Netz Mitte. 7. Uhclear aus Netzbereich zur Mitte der gegn. Grundlinie. 8. Drop abwechselnd in gegn. li und re Netzecke als Zuspiel. 9. Vh-Drop im Sprung. 10. Uhclear Rh im Ausfallschritt als Zuspiel für St. 9. 11. 12. Überkopf-Drive. Beide Spieler befinden sich in der Hocke. 13. Jeweils Füße einklemmen: aus Bauchlage, bei im Nacken verschränkten Armen, Oberkörper anheben; aus Rückenlage Stirn an die Knie. Abwechselnd in 10er-Serien. 14. 15. Doppel-Spiel gegen St. 16 + 17. 16. 17. Doppel-Spiel gegen St. 14 + 15. 18. Schlagsimulation Smash. 19. Schlagsimulation Uhclear Vh, Uhclear Rh nebeneinander. 20. Abwechselnd: 5 Grätschwinkelsprünge, 10 x beidbeinig seitwärts hüpfen („Wedeln").

Nr.	Organisation	Material/ Hinweise	Beschreibung

1000

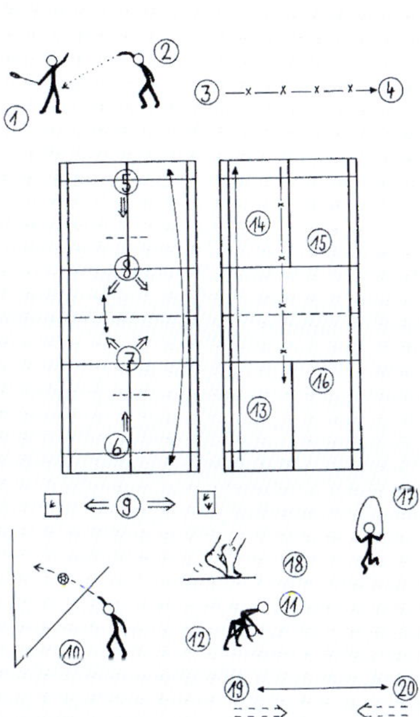

2 Felder mit Netzen. Handball, Medizinball, Seilchen, 2 kleine Kästen, Stoppuhr. Stationen paarweise oder einzeln durchlaufen. Bei 5 min pro Station ergeben sich 100 min Übungszeit.

ZIEL: (Improvisiertes) Leistungstraining mit 20 Personen auf 2 Feldern und Seitenraum.

1.–2. Beide stehen sich in 2 m Abstand gegenüber. St. 2 wirft Federball rasch in Sh-Bereiche von St. 1. Der versucht, den Ball zu schlagen.

3.–4. Bewegungsschlagübung zum Smash: Smash – ku Aw – kurz – erneutes Zuspiel zum Smash – usw.

5.–6. Clear über die ganze Feldbreite, jeweils mit Lauf zur ZP.

7.–8. Spiel am Netz über die ganze Feldbreite (ohne Töten).

9. „Bälle tauschen", zwischen zwei 5 m auseinanderstehenden Kästen.

10. Armkraft-Zirkel mit 3 Stationen: z. B. Handballwurf.

11.–12. 5 Partnerübungen zur allgemeinen Körperbildung: z. B. Adlerschwünge, Bockspringen mit Durchkriechen. Je 30 sec.

13.–14. Komplexübung: Darf von Grundlinie nur Clear schlagen. Muss von Grundlinie Angriffsball spielen.

15.–16. Freies Spiel.

17. Seilchenspringen.

18. 3 Dehnübungen: z. B. Bein nach hinten, Ferse auf Boden.

19.–20. Drive schlagen und dabei immer näher zusammenrücken.

Nr.	Organisation	Material/ Hinweise	Beschreibung

1001

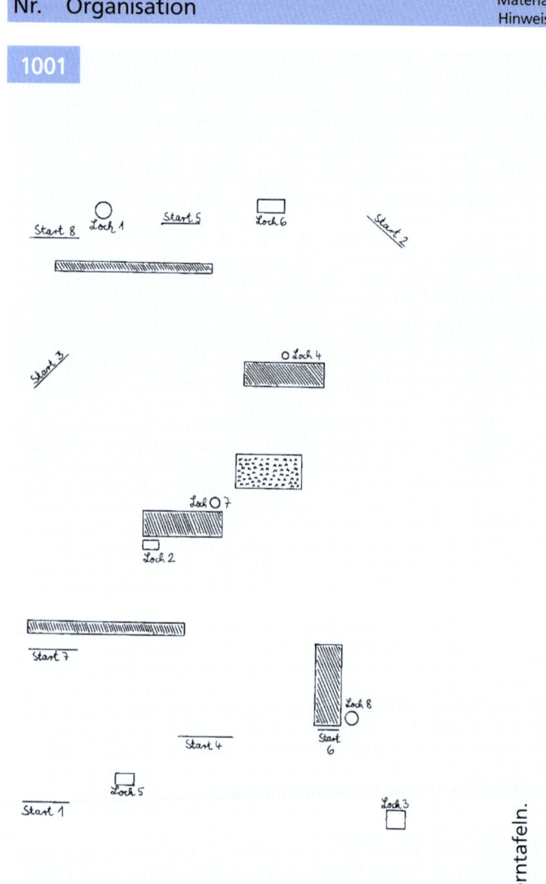

Nummerntafeln.

Federballgolf

In der Halle werden (8) „Löcher“ errichtet. Dies sind Zielflächen, in die der Federball hineingespielt werden soll. Es können umgedrehte Kästen, Kastenteile, Papierkörbe, (hängende) Reifen, Taschen, Stühle... sein. Außerdem werden noch einige größere Hindernisse (große Kästen, Matten als Wasser...) beliebig in der Halle aufgestellt.

Zu jedem Loch gehört eine Startlinie, die möglichst weit entfernt liegt. Von dieser Startlinie soll nun der Federball mittels Uh-Schlägen „eingelocht“ werden. Der Spieler macht also an der Startlinie einen weiten Uh-Schlag, geht zu der Stelle, wohin der Ball gefallen ist, macht von dort einen zweiten Schlag usw., bis er den Ball ins Loch hineingetroffen hat.

Die Anzahl der Schläge, die er dafür braucht, wird gezählt. Wer die wenigsten Schläge gesammelt hat, wenn alle Löcher gespielt sind, ist Sieger.

Var.: Wer es mit (8) Schlägen nicht schafft, bekommt 10 Punkte aufgeschrieben.

Nr.	Organisation	Material/ Hinweise	Beschreibung

1002

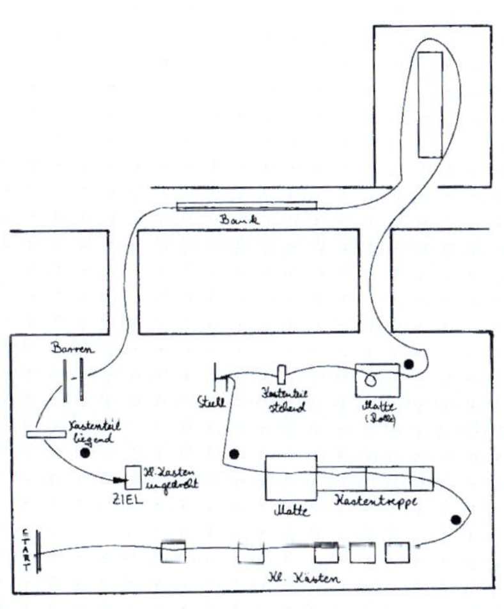

Was immer sich von der Hallenausstattung zum Hindernisbau eignet, wird verwendet.
Für Kinder ist schon das Überwinden kleiner Hindernisse federballschlagenderweise schwierig.

Großes Hindernisspiel
In der Halle wird ein riesiger, fantasievoll erdachter Hinderniskurs aufgebaut, der nicht nur durch die Halle, sondern auch durch Gänge und Umkleidekabinen führt. Die Spieler müssen, während sie über den Parcours klettern, gehen oder laufen, mit einem Schläger einen Federball fortlaufend senkrecht hochschlagen. Fällt der Ball zu Boden, zurück zum Start und neuer Versuch.

Spielweisen:
- Bis der erste Spieler das Ziel erreicht hat. (Je nach Bau der letzten Hindernisse kann dies beeinflusst werden.)
- Nach Bestzeit. Die Zeit derjenigen, die durchkommen, wird gestoppt.
- Nach Punkten. Man erzielt Punkte beim Erreichen gewisser Zwischenmarken. Sie werden von den Spielern bei mehreren Versuchen addiert.

Nr.	Beschreibung
1003	**Das GROSSE HINDERNISSPIEL im Freien** Idee und Ablauf von Ü 1002 werden auf einen Platz im Freien übertragen (Park, Hof, Kinderspielplatz, Straße, Sportplatz, Wald, Garten ...). Hier bietet sich der Vorteil, dass „natürliche" Hindernisse zu einem Parcours zusammengestellt werden können. Etwa: Klettergerüste, Bordsteine, Mauern, Bänke, Wippen, Bäume, Schaukeln, Mülltonnen, Treppen, Planschbecken, Seen ... Auch kann gefordert werden, dass der Ball zwischendurch über einen Ast am Baum geschlagen wird oder über ein Möhrenbeet. In gleicher Weise kann auch Ü 1001 FEDERBALLGOLF im Freien gespielt werden.
1004	**Schlägerfußball** 2 Mannschaften bilden. Gespielt wird auf (Handball)tore (ohne Berücksichtigung des Wurfkreises). Im Tor steht ein Torwart mit Schläger. Spielgeräte sind Badmintonschläger, von denen jeder Spieler einen in der Hand hält, und ein Softball (Variante mit Federball). Dieser soll ins gegnerische Tor getroffen werden. Regeln sind nur insofern wichtig, als dass Schlägerkollisionen abzuwenden sind. Es sollte daher der Grundsatz gelten, dass ein schlagender Spieler (= in Ballbesitz befindlich) nicht angegriffen werden darf. (Empfindliche Strafen für Zuwiderhandelnde!) Ein Ball kann also nur im Flug erobert werden. In die Hand nehmen darf den Ball nur der Torwart. Auf dem Schläger ruhen zu lassen, ist nicht erlaubt.

Nr.	Beschreibung
1005	**Volleyball-Federball** Zwei nebeneinanderliegende Felder (mit Netzen) werden zu einem Feld vereinigt. Auf jeder Seite 3–7 Spieler. Zugrunde gelegt werden die Regeln des Volleyballspiels, nur mit dem Unterschied, dass statt des Volleyballs ein Federball mit dem Schläger geschlagen wird. Aufschlag jeweils von rechts hinten; bis zu 3 Ballberührungen sind innerhalb der Mannschaft erlaubt; einen Punkt kann nur das Team erzielen, das Aufschlagrecht hatte. Ein Aufschläger bleibt so lange im Amt, wie Punkte erzielt werden; beim Wiedergewinn des Aufschlagrechtes kommt das nächste Mannschaftsmitglied an die Reihe. Notwendige Einschränkung: Der Schlag, der den Ball über das Netz bringt, muss ein Uh-/Sh-Schlag sein! (Andernfalls kann der Ball zu leicht unerreichbar geschlagen werden.)
1006	**Basketbrett-Parteifederball** 2 Mannschaften werden gebildet. Ihr Ziel soll es sein, den Federball vom Augenblick des Besitzes an, durch die Halle zu transportieren und abschließend gegen das gegnerische Basketballkorbbrett zu schlagen. (Brett 1 Pkt., durch Korb 2 Pkte.) Dabei kann senkrecht hochgeschlagen oder gegenseitig zugespielt werden. Ein Spieler der in Ballbesitz ist, darf nicht unmittelbar angegriffen werden (Schlägerkollision!). Der Ball kann nur durch Abfangen während eines Zuspiels erkämpft werden oder dann, wenn er dem hochschlagenden Spieler zu weit vom Schläger springt. Fällt der Ball zu Boden, gehört er der anderen Partei, die mit einem Uh-Abspiel ihrerseits einen Angriff versucht.

Nr.	Beschreibung
1007	**Anti-Strip-Turnier** Ein Jux-Turnier für den Nachmittag vor dem Sommerfest. Austragungsmodus nach einem der bekannten Turniersysteme. Alle beginnen in Sportkleidung. Der jeweilige Sieger eines Spiels muss beim nächsten Spiel ein weiteres Kleidungsstück anlegen. Dieses Kleidungsstück sollte nicht zu unscheinbar sein, sondern sich vielmehr durch eine gewisse „Derbheit" auszeichnen. Die Besten werden das Endspiel somit schließlich in Hut und Mantel (die vorsorglich bereitgelegt wurden) bestreiten müssen.
1008	**Fastnachts-Karnevals-Faschings-Turnier** Ein vereinsumfassendes Einladungsturnier mit lockenden Preisen wird ausgetragen. Einzige Auflage: Jeder muss verkleidet sein – und zwar möglichst so, dass er nicht erkannt wird. Verkleidung und Maske dürfen natürlich während der (Kurz-)-Spiele nicht abgenommen werden. Nicht der Sieg zählt bei diesem Turnier, sondern die richtige Lösung (schriftlich in Urne) folgender Aufgabe: Wer errät sie all, die Namen, die sich hinter den schwarzen Rittern und schleierbehängten Mohammedanerinnen verbergen?

Nr.	Beschreibung
1009	**Treiben** Gespielt wird nach einem der Turniersysteme. Man tritt also immer gegen einen einzelnen Gegner an. Mehrere Duelle können gleichzeitig in der Halle stattfinden. Beginn diesseits und jenseits gleichweit von der Mittellinie entfernt. Nach hohem Aufschlag folgen Clear, wobei beide Spieler versuchen, den Gegenüber nach rückwärts zu drängen. Das Ziel des Spiels liegt nämlich darin, den Ball an die jeweils gegenüberliegende Wand zu schlagen. Einen Sprung vorwärts kann man dann machen, wenn es gelingt, den Ball so weit zu schlagen, dass er hinter dem Gegner zu Boden fällt. Dadurch bleibt man in Ballbesitz, läuft schnell hin und schlägt abermals. Fällt ein Ball vor oder neben dem Spieler zu Boden, setzt dieser das Spiel mit einem Uh-Schlag fort.
1010	**Zwillings-Doppel** Ein hochinteressantes Spiel für jede Partnerbeziehung. Wurde von badmintonspielenden Gefangenen der Strafkolonie Cayenne auf der Flucht entwickelt. Man spielt ein ganz gewöhnliches Doppel, nach ganz gewöhnlichen, für das Doppel im Badminton vorgesehenen Regeln und tut im übrigen so, als wenn nichts wäre. Es ist auch nicht viel. Nur eine Kleinigkeit. – Die Doppelpartner sind jeweils mit einem etwa 50–100 cm langen Strick aneinandergebunden ...

10.11 Das 1011. Spiel und 10 weitere Federballspielereien

Nr.	Organisation	Material Hinweise	Beschreibung
1011	Die 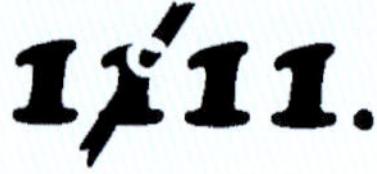 Übung.		

Und zum Abschluss noch

11 Spielchen für Hof und Garten

1. Einer steht im Rosenbeet, der andere davor. Gelingt es, zwanzigmal hin und her zu schlagen, ohne die Waden zu zerkratzen?
2. Wer trifft den Federball aus 2, 3, 4, 5 m genau in einen Eimer mit Wasser hinein?
3. Zwei sitzen auf einer Wippe. Geht's, hin und her zu schlagen, auch wenn gewippt wird?
4. Zwei stehen im Abstand von 6 m und spielen sich den Ball zu. Ein dritter steht dazwischen und schleckt ein Eis. Wem gelingt es, den Ball so zu schlagen, dass dem zwischenstehenden Spieler das Eis vom Hörnchen geschossen wird?
6. Nachlaufen-Haschen-Fangis: Statt mit der Hand abzuschlagen, wird mit dem Federball abgetroffen.
7. Einer klettert auf Vaters Garagendach. Von dort spielt er mit einem Kameraden, der am Boden steht.
8. Zwei spielen hin und her. Ein Dritter versucht, mit dem Strahl aus dem Gartenschlauch den Ball herunterzuholen.
9. Eine Leiter wird geholt. Dann hat jeder drei Versuche im Hochschlagen. Wer trifft am häufigsten in die Dachrinne?
10. Einer ist Torwart vor dem Garagentor. Wer erzielt mit dem Schläger die meisten Federballtore?
11. Kinder spielen im Garten Federball. Eltern sitzen auf Balkon oder Terrasse bei Kaffee und Kuchen. Welchem kleinen Meisterspieler gelingt es schon, einen Federball so präzise zu schlagen, dass er haargenau in eine der Kaffeetassen hineinfällt?

Literaturverzeichnis

Da beim erstmaligen Erscheinen des Buches Übungssammlungen nicht vorlagen, war die damalige Literatur für die Zusammenstellung der Übungen bis auf punktuelle Anregungen wenig ergiebig und wurde als Quelle entsprechend wenig genutzt.

Die Sammlung ist entstanden durch jahrelange praktische Trainerarbeit, die sich in allen Bereichen abspielte, in denen man im (deutschen) Badminton tätig sein kann. Sie erstreckte sich vom Anfängertraining in den Vereinen bis zum Individualtraining mit nationalen Spitzenspielern innerhalb und außerhalb von Leistungszentren, vom Betreuen von Neigungsgruppen im Grundschulbereich bis zum verantwortlichen Coachen der deutschen Nationalmannschaft, von der Trainerausbildung bis zur Lehrerweiterbildung.

Obwohl der Verfasser während all dieser Tätigkeiten immer bemüht war, Abwechslung bringende und zweckmäßige Übungs- bzw. Spielformen zu entwickeln, ist vieles von dem, was niedergeschrieben ist, doch Allgemeingut aller Badmintonspieler. Ungenannterweise sei also deshalb all meinen Trainer- und Spielerkollegen gedankt, die irgendwann einmal irgendwo mit einer Idee zur Füllung der Sammlung beigetragen haben.

Die angeführten Titel sind Veröffentlichungen zum Badmintontraining, die beim Erscheinen der 8. Auflage im Handel waren.

BUSCH, Marcus: Badminton: Schlagtechnikübungen – „Wie man mit dem Schläger denken lernt". Übungsbuch zum Schlagtechnik- und „Zeitdrucktraining" im Badminton. 200 Seiten. SMASH-Verlag, Velbert 2003.

DBV-REFERAT FÜR SCHULSPORT: Badminton in der Schule – Eine Informationsmappe für Lehrerinnen und Lehrer. 5., überarbeitete und erweiterte Ausgabe 2007. 96 Seiten. Die Broschüre informiert u. a. über Grundlagen von Technik und Taktik, über Übungs- und Spielformen, über Lernerfolgskontrollen. Preis: 5,50 Euro. Vertrieb: Meyer & Meyer Verlag, Aachen.

DICKHÄUSER, Michael: Badminton – Tipps & Tricks. Band 1 1998 (ISBN-Nr. 3-909191-10-X) und Band 2 1999 (ISBN-Nr. 3-909191-14-2). Stans (CH).

DIEHL/KELZENBERG/KERST/KLÖCKNER/WITT: Rahmentrainingskonzeption Badminton – für Kinder und Jugendliche im Leistungssport. Hrsg. Landessportbund Nordrhein-Westfalen u. a. (Band 13 der Schriftenreihe Rahmenkonzeptionen für Kinder und Jugendliche im Leistungssport.) 133 Seiten. Wiesbaden 1999. (ISBN 3-7853-1618-6).

ENGEL, Barbara: Badminton-Handbuch. Grundlagentraining mit Kindern. 50 methodisch aufgebaute Übungseinheiten für das Training in Schule und Verein. Aichtal 1992 (Selbstverlag). Bezugsquelle E-Mail: engel.aichtal@arcor.de

FABIG, Ralf/OLINSKI, Karl-Heinz/SKLORZ, Martin: Richtig Badminton. 128 Seiten. BLV-Buchverlag, München 2003.

Fischer, Ulrich/Wolff, Uwe/Hidajat, Rachmat: Sportiv Badminton. Kopiervorlagen für den Badmintonunterricht. 223 Seiten. Leipzig-Stuttgart-Düsseldorf 1996.

Kelzenberg, Heinz: Badminton - Unterlagen zum Kinder- und Jugendtraining. 216 Seiten (A4) in Ringbuch. (Selbstverlag 2003.). Bezugsquelle E-Mail: hkelzi@aol.com.

Lemke, Klaus-Dieter/Mesek, Ulrich: Handbuch für Badminton. Meyer & Meyer Verlag, Aachen 1996.

Lemke, Klaus-Dieter/Mesek, Ulrich: Badmintontraining. Meyer & Meyer Verlag, Aachen 2001.

Meis, Hartmut/Schaller Bernd: Von der Hand zum Racket – Entwicklung der koordinativen Fähigkeiten für die Rückschlagspiele mit Schläger und Ball. Hrsg. Ministerium für Kultus, Jugend und Sport Baden-Württemberg. 55 Seiten (A4). Bestellungen über www.schulsport-in-bw.de. Preis: 9,20 Euro.

Poste, Detlef/Hasse, Holger: Badminton Schlagtechnik – Mit dem Schläger denken lernen. 208 Seiten. SMASH-Verlag, Velbert 2002.

Einige weitere Badmintonbücher des Verfassers (alle vergriffen):

Knupp, Martin: Badminton Praxis. 284 Seiten. Rowohlt Taschenbuch Verlag, Reinbek 1989, ^{2}1993.

Knupp, Martin: Badminton verständlich gemacht. 120 Seiten. Copress Verlag, München 1993.

Knupp, Martin: Badminton – Wissenswertes von A–Z. 126 Seiten. Falken Verlag, Niedernhausen 1997.